D1876050

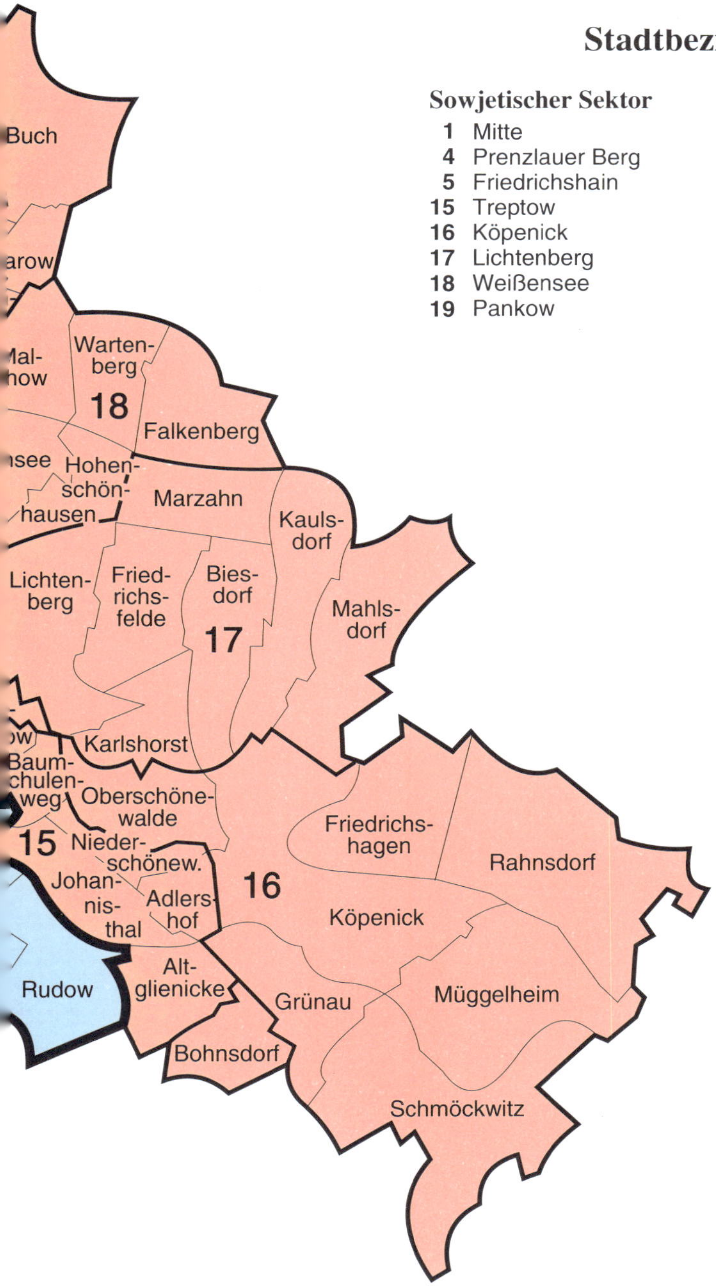

Stadtbezirke

Sowjetischer Sektor

1 Mitte
4 Prenzlauer Berg
5 Friedrichshain
15 Treptow
16 Köpenick
17 Lichtenberg
18 Weißensee
19 Pankow

Westsektoren

2 Tiergarten
3 Wedding
6 Kreuzberg
7 Charlottenburg
8 Spandau
9 Wilmersdorf
10 Zehlendorf
11 Schöneberg
12 Steglitz
13 Tempelhof
14 Neukölln
20 Reinickendorf

Reinhard Appel

Die Regierenden von Berlin seit 1945

Reinhard Appel

Die Regierenden von Berlin seit 1945

Die Nachkriegsgeschichte der Stadt im Spiegel ihrer Bürgermeister

Mit 178 historischen Fotos

edition q

Die Porträts von Friedrich Ebert und Herbert Fechner
schrieb Joachim Dresdner

Die Deutsche Bibliothek - CIP-Einheitsaufnahme

Appel, Reinhard:
Die Regierenden von Berlin seit 1945: die
Nachkriegsgeschichte der Stadt im Spiegel ihrer Bürgermeister
/Reinhard Appel. - Berlin: Ed. q, 1996
ISBN 3-86124-288-5

Copyright © 1996 by edition q Verlags-GmbH Berlin

Dieses Werk ist urheberrechtlich geschützt.
Jede Verwertung außerhalb der engen Grenzen des Urheberrechtsgesetzes
ist ohne Zustimmung des Verlages unzulässig und strafbar.
Dies gilt insbesondere für Vervielfältigungen, Übersetzungen,
Mikroverfilmung und die Einspeicherung und Verarbeitung in
elektronischen Systemen.

Lektorat: Dr. Jürgen Schebera
Umschlaggestaltung: Atelier Höpfner-Thoma, München
Umschlagfotos: Ullstein Bilderdienst, Berlin
Druck- und Bindearbeiten: Ebner Ulm
Printed in Germany

ISBN 3-86124-288-5

Inhalt

Einleitung

Die Oberbürgermeister und Regierenden Bürgermeister von Berlin seit 1945 zu porträtieren, ihre Nöte, Erfolge und Unzulänglichkeiten zu beschreiben, bedeutete gleichzeitig, die Nachkriegsgeschichte der Stadt wiederzuspiegeln. Das war ein Zeitabschnitt dramatischer Entwicklungen im Spannungsfeld zwischen Krieg und Frieden. Er begann mit dem Jahr 1945 und der unmittelbaren Zeit danach, in der die Berliner durch den von Hitler verursachten Krieg mit den verheerenden Zerstörungen fertig werden mußten, und setzte sich fort mit Demontagen und Demütigungen durch die Rote Armee, mit Unterwerfungsversuchen der Sowjets durch die Blockade, dem eskalierenden kalten Krieg, dem Moskauer Ultimatum bis hin zum Mauerbau durch Ulbricht und Honecker. In Reaktion auf die östlichen Erpressungen erfolgten die westlichen Verteidigungsmaßnahmen für West-Berlin, die Währungseinheit mit Westdeutschland und die Luftbrücke - bis hin zum Plazet der Alliierten für die fast vollständige Integration West-Berlins in die Bundesrepublik. All diese Stationen hielten nicht nur die Berliner, sondern auch die Welt in Atem. 1989 wurden wir schließlich Zeugen des Wunders der Wiedervereinigung Berlins und Deutschlands, beginnend mit dem Fall der Mauer.

Berlins Stadtoberhäupter waren zunächst mehr oder weniger Befehlsempfänger der Besatzungsmächte, und danach mit dem Beginn des kalten Krieges zwischen Ost und West und der sich verfestigenden Teilung der Stadt entweder Ausführungsorgane der kommunistischen Staatspartei in Ost-Berlin oder aus freien, geheimen Wahlen hervorgegangene Politiker der jeweiligen Mehrheitsparteien in West-Berlin.

Obwohl damit eine wesentliche Unterscheidung gegeben ist, haben sich Verlag und Autor entschlossen, auch die vier von der SED berufenen Oberbürgermeister Ost-Berlins in das vorliegende Buch aufzunehmen, damit trotz der Unvergleichbarkeit stadtgeschichtlich ein Gesamtbild des inzwischen wiedervereinigten Berlin entsteht. 18 Porträts habe ich selbst recherchiert und geschrieben, für die beiden Ostberliner Oberbürgermeister Ebert und Fechner habe ich meinen früheren Kollegen Joachim Dresdner vom ehemaligen „Deutschlandsender Kultur" gewinnen können, der in Ostberlin aufgewachsen ist, Herbert Fechner kennt und ihn noch persönlich sprechen konnte.

Alle noch lebenden früheren Regierenden Bürgermeister oder Oberbürgermeister - also Klaus Schütz, Dietrich Stobbe, Hans-Jochen Vogel, Richard von Weizsäcker, Walter Momper, Tino Schwierzina - wie auch den amtierenden Regierungschef Eberhard Diepgen habe ich über ihre Amtszeit interviewen und dadurch zusätzlich eine aktuelle Interpretation ihrer Politik festhalten können. Auch der beim Fall der Mauer amtierende Ostberliner OB Erhard Krack, der seine Mit-Verantwortung für die Wahlfälschung vom Mai 1989 öffentlich eingestand und im Februar 1990 zurücktrat, hat mir ein aufschlußreiches Interview über seine Amtszeit, besonders die Zeit während und nach der Wende gewährt.

Der Leser erfährt über die Darstellung der Amtszeiten von Arthur Werner bis Eberhard Diepgen, wie die Sowjets ihre militärische Eroberung mit Hilfe deutscher Kommunisten politisch absichern wollten, wie und warum es zur Spaltung der Stadt Berlin kam, welche internationalen Rahmenbedingungen und Entwicklungen dafür maßgeblich waren, inwieweit die Berliner Stadtoberhäupter politisch Getriebene oder Treibende waren, wie man sich im geteilten Berlin einzurichten versuchte und wem die von der Roten Armee bis 1994 eingeschlossenen Westberliner jeweils ihr politisches Vertrauen schenkten oder auch entzogen.

In keiner westdeutschen Gebietskörperschaft, weder im Bund noch in den Ländern oder den Kommunen, sind die Oberhäupter so oft ausgewechselt worden wie in Berlin. Aber ebenso bemerkenswert ist die Tatsache, daß die Berliner, wenn es um existentielle Probleme ging, ihre „Regierenden" stets mit absoluten Mehrheiten ausgestattet haben: bei der Blockade Ernst Reuter, beim Mauerbau Willy Brandt, und als die APO in eine studentische Dauerrebellion überzugehen drohte, Richard von Weizsäcker.

Wie in Bonn regierten in Berlin zunächst Politiker, die in der Weimarer Republik Erfahrungen gesammelt hatten oder durch den Widerstand gegen das Hitlerregime geprägt waren. Dann folgte die Kriegsgeneration, und jetzt regiert die Nachkriegsgeneration.

Diese Porträtsammlung zu den 19 Repräsentanten Berlins seit 1945 will keine wissenschaftlich detaillierte historische Dokumentation sein. Dem Verleger Horst-Wolfgang Haase, dem ich für die Anregung zum vorliegenden Buch danke, ging es um ein populäres, wiewohl exakt recherchiertes politisches Lesebuch zur fünfzigjährigen Nachkriegsgeschichte Berlins im Spiegel seiner Regierenden. Da ich Spandauer bin und als Journalist seit langem in Bonn lebe, mag das Buch auch den Bonnern ebenso wie anderen Neulingen von fern und nah, die nach Berlin kommen, eine Hilfe sein, um über die Kenntnis der Nachkriegsentwicklung in dieser Stadt für manche heute noch anzutreffenden Gegebenheiten oder auch Irritationen Verständnis aufzubringen.

Die Entscheidung des Deutschen Bundestages über die Verlegung des Parlaments- und Regierungssitzes nach Berlin brachte für die Hauptstadt an der Spree ebenso eine Zäsur wie die Entscheidung der Parlamente von Berlin und Brandenburg, beide Bundesländer zu fusionieren, was durch eine Volksabstimmung noch zu sanktionieren ist.

Die 50 Jahre Stadtgeschichte seit Ende des Zweiten Weltkriegs - von der bedingungslosen Kapitulation über die Teilung der Stadt bis zur Wiedervereinigung - stellen aber auch unabhängig von den jüngsten Entscheidungen einen bedeutenden Abschnitt dar, der zum Rückblick einlädt. Die Verknüpfung von geschichtlichen Entwicklungen mit der Beschreibung der an führender Stelle der Stadt handelnden Politiker macht, zusammen mit den aus heutiger Sicht interpretierenden Interviews mehrerer ehemaliger Regierender, das Besondere dieses Buches aus. Zudem laden fast 200 historische Fotos auch zu einem optischen „Rundgang“ durch die Berliner Nachkriegsgeschichte ein und vervollständigen die Porträts.

Für mich ist es ein optimistisches Buch, weil über die Porträts der Regierenden bewiesen wird, daß die Berliner sich zu keiner Zeit unterkriegen ließen. Und wenn jetzt von einer „Identitätskrise“ Berlins und seiner Suche nach einem „neuen Profil“, von zahlreichen Unsicherheiten und Unwägbarkeiten dieser Stadt die Rede ist, so kann man aus der Beschäftigung mit der Vergangenheit den zuversichtlichen Schluß ziehen, daß Berlin aufs neue den Mut und die Kraft finden wird, die bestehenden Schwierigkeiten zu überwinden und einen Neuanfang zu finden, der die kulturelle Vielfalt und die Weltgeltung von einst zurückbringen wird.

Aus vielen Vorarbeiten und Quellen, die in der Bibliographie verzeichnet sind, konnte ich Nutzen ziehen. Besonders wertvoll waren die Beiträge in dem von Wolfgang Ribbe herausgegebenen Band „Stadtoberhäupter“. Ich danke dem Lektor Dr. Jürgen Schebera für eine reibungslose und harmonische Zusammenarbeit.

März 1996 Reinhard Appel

Zeittafel

1877	Am 15. April geboren in Berlin.
1907	Abschluß als Diplom-Ingenieur an der Technischen Hochschule Charlottenburg.
1908 - 1910	Werner betreibt eine eigene technische Lehranstalt mit dem anspruchsvollen Namen „Schinkel-Akademie“.
1911	Regierungsbaumeister beim Regierungspräsidium Frankfurt/Oder
1912	Promotion zum Dr. Ing. an der Technischen Hochschule Danzig.
1914 - 1918	Kriegsdienst, nach Frontverwundung ab 1916 Brückenbauingenieur an einer Pionierschule in Regensburg.
1919 - 1941	Die nunmehr „Technische Privatschule von Dr.-Ing. Arthur Werner“ entwickelt sich zur bekanntesten Einrichtung ihrer Art in der Reichshauptstadt. Nach Schließung durch die Nazis im Sommer 1941 zieht sich Werner ins Privatleben zurück.
1945	12. Mai: Von Walter Ulbricht zu einem Gespräch gebeten, bietet dieser ihm das Amt des Oberbürgermeisters von Groß-Berlin an. Nach kurzem Bedenken sagt Werner zu.
	17. Mai: Feierliche Einsetzung des Magistrats Werner durch die sowjetische Militärbehörde.
1946	5. Dezember: Nach dem Wahlsieg der SPD vom Oktober wählt die Stadtverordnetenversammlung Otto Ostrowski als neuen Oberbürgermeister.
1947 - 1949	Lehrauftrag an der Technischen Hochschule (4 Wochenstunden, später auf 2 Stunden reduziert).
1950	Wiedereröffnung seiner privaten Lehranstalt.
1967	Am 27. Juli gestorben in Berlin.

Arthur Werner

Mai 1945 - Dezember 1946

Bereits wenige Tage nach Kriegsende, am 13. Mai 1945, wurde der erste Nachkriegs-Oberbürgermeister Groß-Berlins, der Privatschuldirektor Dr. Ing. Arthur Werner, vom sowjetischen Stadtkommandanten, Generaloberst Bersarin, in sein Amt eingesetzt. Ausgewählt worden war er freilich von der ersten, am 30. April aus Moskau eingeflogenen Gruppe deutscher KPD-Emigranten, die unter Führung von Walter Ulbricht („Gruppe Ulbricht") in Zusammenarbeit mit der sowjetischen Militäradministration die deutsche Verwaltung aufbaute. Arthur Werner, damals schon 68 Jahre alt, paßte als wissenschaftlich gebildete, würdig und seriös erscheinende, aber unpolitische Persönlichkeit in das Wunschbild Ulbrichts, der aus taktischen Gründen an die Spitze Berlins keinen Kommunisten, sondern eine bürgerliche Galionsfigur setzen wollte.

Am 15. April 1877 in Berlin-Lichterfelde geboren, besuchte Werner das Friedrichwerdersche Realgymnasium, studierte Hochbautechnik - Gustav Stresemann zählte zu seinen Schul- und Studienfreunden - und promovierte zum Dr. Ing. Sein erstes Geld verdiente er als Regierungsbaumeister. Im Ersten Weltkrieg wurde er wegen einer Verwundung 1916 nach Hause geschickt. Schon 1906 hatte er in Berlin-Lichterfelde seine technische Privatschule gegründet, die bis 1941 existierte. Dann wurde die Schule wegen Werners politischer Einstellung von der Gestapo geschlossen. Auch hatten sich Schüler von ihm aktiv gegen das Regime gewandt. Bis zum Kriegsende privatisierte er daraufhin und pflegte seinen Garten.

Die Berufung zum Oberbürgermeister - ursprünglich war er als Bürgermeister von Lichterfelde vorgesehen - empfand Arthur Werner als eine außerordentliche und persönliche Ehre.

Der spätere Innenminister der DDR, Karl Maron (SED), hatte ihn am 12. Mai in seinem Haus in Biesdorf aufgesucht, ihm Grüße eines

ehemaligen antinationalsozialistischen Schülers ausgerichtet, mit ihm über seine politische und berufliche Vergangenheit diskutiert und Werner schließlich gefragt, ob er ihn mit dem ehemaligen Reichstagsabgeordneten der KPD, Walter Ulbricht, bekanntmachen dürfte.

Im Gespräch mit Ulbricht in Friedrichsfelde, dessen „seltsames Russisch" er registrierte, wurde ihm, dem Baufachmann, schließlich der Posten des Oberbürgermeisters im zerstörten Groß-Berlin angeboten. Artur Werner war angenehm überrascht. „Ja, ich will mithelfen, das Chaos, das der Faschismus hinterlassen hat, zu überwinden", ant-

Das schwer zerstörte Rote Rathaus, Zustand Ende 1945. Die gesamtberliner Stadtverordneten tagten bis zur Spaltung des Magistrats im Gebäude der ehemaligen Feuersozietät in der Parochialstraße, jetzt Neues Stadthaus genannt. In den Jahren 1950 bis 1958 erfolgte durch die DDR die Wiederherstellung des Gebäudes und danach der Einzug des Ostberliner Magistrats. Seit 1991 ist das Rote Rathaus wieder Sitz des Regierenden Bürgermeisters von Berlin.

wortete er. Ein paar Stunden später - Ulbricht ließ dem körperlich geschwächten alten Herrn zuerst etwas zu Essen bringen und gab ihm Gelegenheit, sich auszuruhen - wurde er dem sowjetischen Stadtkommandanten Bersarin vorgestellt, der ihn wohl tief beeindruckte. Merkwürdigerweise habe ihn der General unter anderem aufgefordert (so erinnerte er sich einige Zeit später in einem Interview mit der *Neuen Zeitung*): „Erziehen Sie mir die Berliner in einem Geiste, daß es einen Gott gibt. Fangen Sie an." Diesen Satz habe er einem Kommunisten nicht zugetraut. Das Vertrauen des Generals der Roten Armee wertete Arthur Werner deshalb als eine hohe Verpflichtung.

Am 14. Mai 1945 bestätigte das sowjetische Militärkommando alle Berufungen für den Berliner Anfangs-Magistrat, den die „Gruppe Ulbricht" zusammengestellt hatte. An entscheidender Stelle wurden die Kommunisten Karl Maron als stellvertretender Oberbürgermeister und Arthur Pieck als Personalchef plaziert, aber es kamen auch so berühmte bürgerliche Persönlichkeiten in den Magistrat wie Professor Sauerbruch für das Gesundheitsressort (er mußte allerdings im Oktober wegen seines Engagements in der Hitlerzeit wieder gehen), der seit den zwanziger Jahren zur Avantgarde des Neuen Bauens zählende Architekt Prof. Dr. Scharoun für das Bau- und Wohnungswesen, der zur bekennenden Kirche gehörenden Propst Grüber für kirchliche Angele-

17. Mai 1945: Einsetzung des Magistrats Werner durch die sowjetische Besatzungsmacht. V. l.: Stadtkommandant Generaloberst Bersarin, Oberbürgermeister Dr. Arthur Werner bei seiner Antrittsansprache sowie der Erste stellvertretende Bürgermeister Karl Maron (SED).

genheiten und der ehemalige Reichslandwirtschaftsminister Hermes von der früheren Zentrumspartei für das Ernährungsressort. Zu dessen Mitarbeitern zählte Jakob Kaiser, mit dem er bald danach die CDU gründete.

Da das Rote Rathaus schwer zerstört war, erfolgte die Unterbringung der deutschen Stadtverwaltung in einem alten, einigermaßen erhaltenen Gebäude am Alexanderplatz, und die Vorstellung des Magistrats durch Generaloberst Bersarin im Gebäude der Feuersozietät in der Parochialstraße, in einem noch halbzerstörten Saal. Arthur Werner erklärte in seiner Antrittsrede: „Hitler hat Berlin zu einer Stadt der Zerstörung gemacht. Wir werden Berlin zu einer Stadt der Arbeit und des Fortschritts machen."

Der Brandgeruch des Krieges war in jenen Maitagen 1945 noch nicht verflogen. Die ehemalige Reichshauptstadt schien dem Untergang geweiht. Bis zur Kapitulation der Wehrmacht am 8. Mai hatte sich der Krieg noch einmal mörderisch zugespitzt und auf beiden Seiten der Front viele tausende Tote verursacht. Die *Prawda* schrieb am Tag der Kapitulation: „Berlin ist furchtbar verwüstet. Überall Ruinen, kein

Transportwesen, kein Wasser. Überall Hunger, . . . die Bevölkerung ist dem Tod geweiht."
Am 19./20. April 1945 hatte die sowjetische Armee unter Marschall Shukow mit der „Operation Berlin" die Peripherie der Reichshauptstadt erreicht. Stalin hatte festgelegt, die Offensive müsse bis zu den Feiern am 1. Mai abgeschlossen sein. Hitler hatte in seinem letzten Tagesbefehl vom 15. April prophezeit, daß „die Bolschewisten vor der Hauptstadt des Deutschen Reiches verbluten" würden, der Tod Roosevelts die „Wende des Krieges" bringen werde, daß „Berlin deutsch bleibt" und das am 14. April besetzte Wien „wieder deutsch wird".

Hitlers Vorhersage wurde auf andere Weise grausame Wirklichkeit. Vom Beginn der Offensive auf Berlin bis zur Kapitulation mußten noch Hundertausende Russen und Deutsche ihr Leben lassen, 20.000 allein in den Straßenkämpfen um Berlin. Der Krieg, den Hitler am 1. September 1939 von Berlin aus erklärt hatte, erreichte nun mit unerbittlicher Konsequenz die Stadt und ihre Menschen selbst. Der russische Schriftsteller Ilja Ehrenburg stachelte die sowjetischen Soldaten, die auf ihrem Vormarsch von der Wolga bis zur Spree durch ihre von deutschen Truppen verwüstete Heimat marschiert und ohnehin verbittert waren, noch weiter an: „Tötet - tötet. Kein Deutscher ist unschuldig - gewaltsam brecht den Rassenstolz der deutschen Frau . . ." Brutale Vergewaltigungen durch die ersten Fronttruppen gehörten dann leider auch zur Gesamtbilanz des sowjetischen Einmarsches, der im Heuss'schen Sinne Befreiung und Niederlage in einem war. Auf deutscher Seite lautete der radikale Befehl zur Verteidigung Berlins: „Die Reichshauptstadt wird bis zum letzten Mann und bis zur letzten Patrone verteidigt." Und Goebbels drohte: „Wer sich ergibt, wird gehängt oder erschossen".

Ich habe eine persönliche Erinnerung an diese Zeit, denn ich diente damals als 17jähriger bei der von Reichsjugendführer Axmann aufgestellten, von Militärs an Panzerfäusten ausgebildeten Hitler-Jugend-Einheit im Reichssportfeld. Axmann, der sich bis zum Selbstmord Hitlers im Führerbunker der Reichskanzlei an dessen Seite aufhielt, hatte von uns „unverrückbare Treue zu Adolf Hitler" gefordert, denn: „Es gibt nur Sieg oder Untergang!" Entlang der Heerstraße, zwischen Olympiastadion und Pichelswerder, ließ die Führung dann noch Hunderte von kampfunerfahrenen, schlecht ausgebildeten HJ-Soldaten verbluten, auch um sich einen Fluchtweg in den Westen offenzuhalten.

Berlin glich einer Ruinenlandschaft

Dort war der alliierte Oberbefehlshaber, General Eisenhower, bei seinem Vormarsch, an dem ihn die deutschen Truppen nicht mehr hinderten, an der Elbe bei Magdeburg stehengeblieben. Gegen den Wunsch der Briten hatte er auf eine Beteiligung an der Eroberung Berlins verzichtet, um den Triumph allein der Sowjetarmee zu überlassen, die durch den Hitler-Krieg 20 Millionen tote Landsleute zu beklagen hatte. Die sowjetischen Armeen eroberten mit Berlin die am häufigsten bombardierte Stadt Deutschlands. Seit dem ersten Luftangriff der Briten im August 1940 bis zum Durchbruch der Russen in die Berliner Vororte waren 450 angloamerikanische Einsätze geflogen und mehr als 45.000 Bomben und Luftminen abgeworfen worden. 20.000 Menschen wurden allein Opfer dieses Luftkrieges, weitere Tausende mußten danach während des Endkampfs ihr Leben lassen, obwohl jeder Soldat angesichts des nahenden, unvermeidlichen Kriegsendes möglichst noch überleben wollte. Berlin glich einer Ruinenlandschaft. US-Präsidentenberater Harry Hopkins erklärte nach einem Flug über die Trümmerwüste Berlin: „Das ist das zweite Karthago.“ Und Bertolt Brecht schrieb: „Berlin. Der Schutthaufen bei Potsdam.“ Kein kommunaler Versorgungsbetrieb arbeitete mehr. Es gab zumeist kein Trinkwasser, keinen Strom, kein Gas. Der Verkehr und das Telefonnetz waren lahmgelegt, Flüchtlingstrecks durchquerten die Stadt. Die Freude über das Kriegsende war begleitet von der Sorge um die Zukunft, um die nackte Existenz, um die Ernährung, das Dach über dem Kopf und um eine Arbeit; vielfach auch um Angehörige, die noch nicht vom Krieg zurückgekehrt, verwundet oder verschleppt waren.

Als die sowjetische Armee am 20. und 21. April 1945 die ersten Vororte Berlins - Buch, Karlshorst, Wilhelmshagen und Rahnsdorf - erobert hatte, setzte sie überraschenderweise sofort neben den Militärkommandanturen deutsche Bezirksbürgermeister ein, deren Aufgabe es war, die notwendigen Aufräumungsarbeiten zu organisieren und die Versorgung der Stadt wieder in Gang zu bringen. In Lichtenberg bekamen beispielsweise gesunde Personen nur dann eine Lebensmittelkarte, wenn sie bis zu einem bestimmten Termin mindestens 150 Stunden Arbeit nachweisen konnten. Bald hingen Plakate in den Straßen mit der Aufschrift: „Stalin: Die Hitlers kommen und gehen, aber Deutschland bleibt bestehen.“

Die Sowjets und die „Gruppe Ulbricht"

Zusammen mit dem politischen Stab der sowjetischen Militäradministration von Armeegeneral Shukow übernahm die „Gruppe Ulbricht" die Aufgabe, eine deutsche Verwaltung aufzubauen. Walter Ulbricht, ehemaliger Reichstagsabgeordneter der Kommunistischen Partei Deutschlands (KPD), gehörte zu den führenden Emigranten, die sich in Moskau auf den Wiederaufbau und die Beherrschung Nachkriegsdeutschlands nach Hitlers Sturz vorbereitet hatten. Seine Devise für die Anfangsphase lautete: Sofort arbeitsfähige Bezirksverwaltungen auf die Beine zu stellen, um im allgemeinen Chaos als Ordnungsfaktor zu erscheinen und dafür, nach dem Zeugnis seines Mitstreiters Karl Maron, nicht nur erprobte Antifaschisten, sondern „auch fortschrittlich denkende Bürger und Angehörige der Intelligenz" zu gewinnen.

In bürgerlichen Stadtbezirken wie Zehlendorf, Wilmersdorf und Charlottenburg sollten deshalb auch bürgerliche Persönlichkeiten an die Spitze gestellt werden. Allerdings behielten sich die Kommunisten vor, in den Bezirksverwaltungen die Mehrheit zu stellen und obligatorisch die erste Stellvertretung sowie mindestens das Personal-, das Organisations- und das Polizeiressort zu besetzen. Die Gruppe Ulbricht nutzte - mit der Sowjetarmee im Rücken - die Zeit, um systematisch noch vor dem vereinbarten Einzug der Westmächte in Berlin und der Aufteilung der Stadt in vier Sektoren zuerst in den Bezirken Berlins und dann für den gesamtberliner Magistrat politisch und personell möglichst vollendete Tatsachen zu schaffen.

Arthur Werner mag für die großen Opfer der Russen bei der Befreiung vom Hitlerregime und für ihr Engagement bei der Beseitigung der Trümmer aufrichtigen Dank empfunden und sich deshalb zur Zusammenarbeit verpflichtet gefühlt haben, wie er es auch später mehrfach bekundete; durchschaut hat er die gemeinsame Strategie der deutschen und russischen Kommunisten zur Sicherung des sowjetischen Einflußbereichs in ihrer Zone und in ihrem Sektor wohl kaum. Noch zwanzig Jahre nach seiner eineinhalbjährigen Amtszeit schwärmte er von „der schönsten Zeit meines Lebens". Mit naivem Stolz präsentierte er Besuchern sein Gästebuch mit Dankesbotschaften von Wilhelm Pieck, Walter Ulbricht und Otto Grotewohl sowie ein Porträtfoto von „meinem Freund Tulpanow" von der sowjetischen Administration, einem hochgebildeten, perfekt deutsch sprechenden und

Dr. Arthur Werner während einer Besprechung mit dem sowjetischen Verbindungsoffizier Lipnitzki, Juli 1945.

politisch eiskalten Funktionär, mit dem er eng zusammengearbeitet hat.

Die Westmächte wollten in Berlin bei ihrem Eintreffen im Juli 1945 die Zusammenarbeit mit den Sowjets in der Anti-Hitlerkoalition des Krieges trotz mehr und mehr aufkommenden Mißtrauens nicht aufs Spiel setzen und stimmten gutgläubig dem von den Russen ausgearbeiteten Befehl Nr. 1 der Alliierten Kommandantur vom 11. Juli 1945 zu, wonach „alle früheren von der Roten Armee ausgegebenen Befehle und Anordnungen in Kraft bleiben". Damit waren alle politischen, organisatorischen und personellen Entscheidungen sanktioniert, auch jene, die die Gruppe Ulbricht den Russen nahelegte. Der amerikanische Stadtkommandant Howley räumte später ein, daß sich die Westmächte durch ihre Zustimmung zu diesem Dokument „mit der russischen Kontrolle Berlins abgefunden" hätten, und er begründete diese Fehlentscheidung damit, daß man den (wohl schon seit der Konferenz von Jalta heraufdämmernden) Argwohn der Russen zerstreuen und beweisen wollte, daß „wir Freunde sind".

Sowjetische Kulturoffiziere und die „deutsche Seele“

Daß der Keim zum „kalten Krieg“ schon gelegt war, ahnten die Berliner damals noch nicht. Die meisten waren durch den katastrophalen Zusammenbruch gedemütigt, erschüttert über die nun zu Tage tretende ganze Wahrheit des verbrecherischen KZ-Regimes und besorgt um die nackte Existenz. Aber in den Modergeruch von Tod und Zerstörung mischte sich der Duft eines sonnigen Frühlings. Lebensmut brach sich Bahn und schuf eine gewisse Aufbruchstimmung, vor allem auch in der Kulturszene, die nun begierig all das Internationale einströmen ließ, was in den vergangenen zwölf Jahren der „braunen Nacht“ (Brecht) verboten gewesen war. Schon am 14. Mai lud der sowjetische Stadtkommandant Bersarin bekannte Theaterleiter wie Gustaf Gründgens, Ernst Legal, Victor de Kowa, Heinz Tietjen und Paul Wegener nach Friedrichsfelde ein, um „Pläne zum Wiederaufbau des Berliner Kunstlebens“ zu erfragen. Am Vortag hatte bereits ein erstes öffentliches Konzert des Berliner Kammerorchesters im Bürgersaal des Schöneberger Rathauses unter dem Dirigenten H. v. Benda stattgefunden. Die Berliner Philharmoniker traten am 26. Mai unter Leo Borchard mit der „Sommernachtstraum“-Ouvertüre von Felix Mendelssohn Bartholdy auf. Am 27. Mai hob sich im Renaissance-Theater in der Hardenbergstraße unter der Direktion von Ernst Legal der Vorhang zum Schwank „Der Raub der Sabinerinnen“. Am Fehrbelliner Platz traten Brigitte Mira und Peter Kreuder im neuerstandenen Kabarett der Komiker auf, in der Tribüne am Knie spielten Ilse Werner und Victor de Kowa. Bald danach folgte auch die Eröffnungsmatinee im Deutschen Theater in der Schumannstraße. Amerikanische und russische Filme wurden aufgeführt, es gab eine Chagall-Ausstellung. Im Stadion von Lichterfelde fand ein Fußballspiel vor 10.000 Zuschauern statt. Die Sowjets bemühten sich um die „Seele der Deutschen“ (so Marschall Shukow) und stellten ihre Liebe zur deutschen Kultur in den Dienst ihrer Expansionspolitik.

Oberbürgermeister Arthur Werner hatte am 30. Mai von Bersarin den Befehl erhalten, bis zum 1. Oktober erstens die verschiedenen Netzanschlüsse für die Stromzufuhr wieder instandzusetzen, zweitens die Kraftwerke Rummelsburg, Moabit, Charlottenburg und Wilmersdorf in Betrieb zu nehmen, drittens das Wasserrohrnetz instandzusetzen, viertens den Kanalisationsabfluß aus der Stadt zu den Rieselfeldern in die Wege zu leiten und fünftens die Gaswerke und Hotels wieder in Betrieb zu nehmen. Jede Woche mußte Dr. Werner Generaloberst Bersarin einen Zwischenbericht übermitteln. Tatsächlich wurde relativ schnell Ordnung in der Stadt geschaffen.

Stadtkommandant Bersarin verunglückt tödlich

Bersarin war überall dort in der Stadt anzutreffen, wo Schwierigkeiten auftraten, und sorgte für deren Beseitigung, weshalb er sich bei der Mehrheit der Bevölkerung einer bemerkenswerten Beliebtheit erfreute. Umso erschrockener reagierten die Menschen, als Mitte Juni 1945 mitgeteilt wurde, der sowjetische Stadtkommandant Bersarin sei bei einem Motorradunfall - bei einem Überholmanöver neben einem sowjetischen Lastwagen hätten die Bremsen versagt - tödlich verunglückt. Vereinzelt auftauchende Zweifel an dem Unfall konnten niemals belegt werden. Weil in Berlin nicht nur die Funktionsträger seine dynamische Tatkraft, seine Sympathie für die deutsche Kultur und seinen Sinn für das Notwendige gerade in den ersten Wochen nach dem Zusammenbruch respektvoll schätzten, trägt der frühere Baltenplatz seit April 1946 bis heute seinen Namen.

Arthur Werner: redlich - fleißig - unpolitisch

In der Rückschau von fünfzig Jahren gewinnt die unmittelbare Nachkriegszeit in Berlin trotz aller Not auch da und dort kontrastreiche, faszinierende Züge. Neben dem Chaos herrschte auch Kreativität, es gab Elend und zugleich Erneuerung, man trifft auf Lichtgestalten und Verbrecher, auf Verzweiflung und Hoffnung, auf Hunger und den Schwarzen Markt, auf ideologischen Kampf und auf opportunistische Anpassung, auf Weltpolitik und Streit á la Krähwinkel. Arthur Werner rückt in dieser Betrachtung an einen unbedeutenden Rand. Er führte gutwillig und gehorsam die Befehle aus und sonnte sich in seiner Machtfülle. Redlich und fleißig bemühte er sich, die ihm gestellten Aufgaben zu erfüllen, stets gute Worte findend und freundlich lächelnd, aber doch auch eine andere Welt verkörpernd, wenn man ihn neben Ulbricht, Pieck und Grotewohl im schwarzen Cut, der gestreiften Hose und seinem hohen, steifen Kragen begegnete. Auch in der hektischen Zeit vergaß er seinen Privatberuf nicht und verschaffte sich einen Lehrauftrag an der Technischen Universität. Dort las er, neben seinen Pflichten als Oberbürgermeister, vier Wochenstunden über antike Baukunst und Technik; wahrscheinlich vorausahnend, daß seine Amtszeit begrenzt sein könnte und er sich trotz seines hohen Alters über die Zeit danach Gedanken machen mußte, denn zwei seiner Söhne waren im Krieg gefallen, und als parteiloser Privatmann ohne Amt würde er auf sich selbst angewiesen sein.

Sieht man von antifaschistischen Bekenntnissen, allgemeinen Friedens- und Solidaritätsbekundungen ab, so sind von Arthur Werner keine grundsätzlichen, politisch-programmatischen Gedanken überliefert. Auch nicht, als es in Berlin um gravierende Weichenstellungen wie etwa die Beschlagnahme von Eigentum, die Bodenreform oder die Frage einer antifaschistischen Einheitsfront der Parteien unter kommunistischer Führung oder um die Selbständigkeit demokratisch strukturierter Parteien in einer pluralistischen Ordnung ging. Die Führung der Arbeiterklasse durch die Kommunisten hat Arthur Werner, der sich als gläubigen Christen betrachtete, niemals in Frage gestellt. Auf der Gründungsversammlung des neuen Magistrats am 19. Mai 1945, an der übrigens auch Heinz Rühmann teilnahm, hatte er erklärt: „Wir danken unserem Herrgott, daß er uns die Gnade erweist, diese Zeit mitzuerleben und die Saat einer neuen Zeit zu streuen. Unsere antifaschistische Einheit hat uns zu den ersten sichtbaren Erfolgen geführt, sie ist das Unterpfand der Neugeburt des deutschen Volkes.“

Die Westmächte ziehen in Berlin ein

Der Einzug der amerikanischen, britischen und französischen Truppen Anfang Juli 1945 in Berlin und die Einteilung der Stadt in vier Sektoren veränderte die Situation zwar mittelfristig, aber die Bevölkerung bekam keineswegs die erhoffte Verbesserung ihrer Lage sofort zu spüren. Die Amerikaner verfügten ein Fraternisierungsverbot und beschlagnahmten als erstes ganze Häuserreihen. Zudem teilte Marschall Shukow seinen westlichen Kommandanten-Kollegen sogleich mit, daß die sowjetische Besatzungsmacht nicht mehr in der

Feierliche Wiedereröffnung der Berliner Humboldt-Universität, 29. Januar 1946. Erste Reihe v. l.: Oberst Tulpanow, Generalleutnant Rokow, Oberbürgermeister Dr. Werner.

Lage sei, die Berliner Zivilbevölkerung zu ernähren. Die Westalliierten sollten sich in ihren Sektoren über die Versorgung selbst Gedanken machen - worauf sie nicht vorbereitet waren. Die Folge war eine bittere Hungerperiode. Die Sowjets hatten die Lebensmittelzuteilung in ihrer Allein-Regierungszeit nach fünf Kategorien festgesetzt, vom Schwerstarbeiter und Künstler in der ersten bis zum Arbeitslosen und der Hausfrau in der niedrigsten, die einer heutigen Abmagerungskur gleichkam: 200 Gramm Brot, 10 Gramm Zucker, 50 Gramm Fleisch, 5 Gramm Fett, 600 Gramm Kartoffeln, 20 Gramm Salz und 3 Gramm Kaffee pro Tag. Im September 1945 beschloß die Alliierte Kommandantur gnädig, für Jugendliche von 9 bis 17 Jahren die Lebensmittelration von 1388 auf 1550 Kalorien täglich zu erhöhen. Dennoch wurden für die Berliner Kinder im Winter 1945/46 wegen Kälte und Unterernährung Hilfsmaßnahmen erforderlich. Mit der Aktion „Rettet die Kinder" brachte man viele Tausende von ihnen in den Westen Deutschlands. Ich war inzwischen aus russischer Gefangenschaft nach Spandau heimgekehrt und brachte meine beiden jüngeren Geschwister im Rahmen dieser Aktion nach Norddeutschland.

Auf welcher Seite Arthur Werner im Konfliktsfall zwischen Ost und West stand, wurde auch deutlich, als die Westalliierten, angeführt vom amerikanischen Stadtkommandanten Lucius D. Clay, für ihre Sektoren das von den deutschen und sowjetischen Kommunisten eingerichtete System der Haus- und Straßenobleute untersagten. Es hatte mehrere Übergriffe, Verschleppungen von Personen und Einschüchterungsversuche gegeben. Der Oberbürgermeister von Ulbrichts Gnaden verteidigte artig die kommunistische Methode der Überwachung und versuchte sie auch den westlichen Stadtkommandanten mit dem fragwürdigen Argument schmackhaft zu machen, die Obleute seien ein Sprachrohr der Stimmung in der Bevölkerung, was sich für Befehle der Stadtkommandanten als nützlich erweisen könnte. Die Amerikaner aber waren nicht gewillt, ihren Beschluß rückgängig zu machen, Briten und Franzosen folgten ihrer Linie. Im Ostsektor wurde dagegen das Obleute-System, das fatal dem Blockwart-System der Nazis glich, systematisch nach dem Motto vorangetrieben, die Obleute seien auch „Träger des antifaschistischen Gedankens".

Unpolitisch und vertrauensselig blieb Arthur Werner auch, als die Kommunisten nach Gründung der politischen Parteien und noch vor Einzug der westlichen Truppen in Berlin ihre Offensive zur antifaschistischen Blockbildung der Parteien unter ihrer Führung und dabei vor allem den Druck zur Vereinigung von SPD und KPD verstärkten. Als parteiloser, wissenschaftlich orientierter Fachmann wurde der Oberbürgermeister vermutlich nicht einmal von politischen Entscheidungen vorab informiert, geschweige denn gefragt. Die sich verschärfenden Auseinandersetzungen zwischen den Parteien, insbesondere zwischen KPD und SPD, die sich ja auch in seinem Magistrat mit Entlassungen, Diskriminierungen und Drohungen abspielten, ließ er geschehen, als gingen sie ihn nichts an, jedenfalls finden sich in den Quellen keinerlei Erklärungen oder Kommentare Werners zu dieser Thematik. Politischer Kopf war offensichtlich sein erster Stellvertreter, der Alt-Kommunist Karl Maron. Nach der weitgehend unter Druck erzwungenen Vereinigung von KPD und Ost-SPD zur SED baute er die Vormachtstellung der Kommunisten in der im Ostsektor residierenden Gesamtberliner Verwaltung ohne Gegenwehr von Seiten Arthur Werners konsequent aus. Nur in den Westsektoren konnten sich unter dem Schutz der Westmächte eigenständige kommunale Selbstverwaltungen und auch eigenständige Parteien entwickeln.

Daß die Sowjets in ihrem Sektor eine Urabstimmung von SPD-Mitgliedern über die Vereinigung mit der KPD untersagten, weil sie wußten, wie diese ausfallen würde (in den Westsektoren stimmten

Allmählich kam auch die Eigenproduktion von Lebensmitteln in der Stadt wieder in Gang. Oberbürgermeister Dr. Werner (mit Stock) besucht eine Süßwarenfabrik im Bezirk Prenzlauer Berg, Januar 1946.

82,5 Prozent gegen die sofortige Vereinigung), und daß die Westmächte zugleich in ihren Sektoren die im Osten zwangsvereinigte SED zur ersten freien Wahl nicht zuließen, verdeutlichte das immer stärker werdende Auseinanderdriften der einstigen Kriegsalliierten.

Mit Zustimmung der Sowjets freie Wahl in Groß-Berlin

Die erste freie Wahl seit 1933 war für den 20. Oktober 1946 angesetzt und von allen vier Besatzungsmächten genehmigt worden. Mit allen Mitteln, mit Lockungen und Drohungen versuchten die Kommunisten im Wahlkampf die Meinungen der konkurrierenden Parteien wie der Wähler zu ihren Gunsten zu beeinflussen. Auch die sowjetische Besatzungsmacht half kräftig mit, die Chancen ihrer Genossen zu verbessern. So ordnete man für den Ostsektor beispielsweise an, daß jede SPD-Wahlversammlung der Genehmigung bedürfe, unter Aufsicht der östlichen Politoffiziere stattzufinden habe, die Tagesordnung vorher bekannt gegeben und der Referent vorher benannt werden müsse. Der Ostsektor wurde besser mit Obst und Gemüse beliefert, und die Stromversorgung funktionierte hier weitgehend störungsfrei. Nachdem der Sozialdemokrat Otto Grotewohl als Vorsitzender der SPD in der sowjetisch besetzten Zone (SBZ) und in Berlin gemeinsam mit Wilhelm Pieck die Vereinigung zur SED vollzogen hatte, war es für die in den Westsektoren unabhängig bestehen gebliebene SPD schwierig, im Ostsektor eigene Aktivitäten zu entfalten und eine eigene Organisation aufzubauen, da die alte zerschlagen worden war. Die SED beschimpfte alle Sozialdemokraten, die sich der Vereinigung mit den Kommunisten entzogen hatten, als „Agenten des Imperialismus", als „Revanchisten" oder als „Knechte des Monopolkapitalismus". Zugleich ahnte man wohl - auch durch jüngste internationale Erfahrungen bei freien Wahlen etwa in Österreich und Ungarn -, wie es um die Unterstützung für den stalinistischen Kommunismus nach dem Krieg tatsächlich bestellt war. Um einer offenen Konkurrenz aus dem Wege zu gehen und vor allem den direkten Vergleich mit der SPD zu vermeiden, warb die SED inständig, „um reaktionäre Kräfte zu verhindern", für gemeinsame Listen mit Gewerkschaften, Betriebsräten und Kirchen, aber die West-SPD - unter der nationalen Führung des überragenden Kopfes Kurt Schumacher, in Westberlin des Haudegens aus dem Arbeiterstand, Franz Neumann - ließ sich nicht auf den durchschaubaren Verliererpakt ein. Auch Drohungen des sowjetischen Marschalls Sokolowski, die SPD verstoße gegen Anordnungen der Besatzungsmacht und er werde Wahlversammlungen verbieten, verfingen bei den Berlinern nicht mehr.

Weltpolitisch hatte sich der Wind gedreht. Das Zerwürfnis der ehemaligen Kriegsalliierten hatte sich, auch durch die sowjetische Expansionspolitik auf dem Balkan, verstärkt. Der amerikanische Außenminister Byrnes hielt Anfang September 1946 im Württembergischen Staatstheater Stuttgart - ich war als junger Reporter der *Stuttgarter Zeitung* dabei - eine sensationelle Rede, in der er den Wandel der amerikanischen Besatzungspolitik u.a. mit dem Satz ankündigte, es sei Ziel der amerikanischen Politik, dem „deutschen Volk zu

Sprößlinge aus dem Kindergarten des Lettehauses am Viktoria-Luise-Platz überbringen dem Oberbürgermeister Ostergrüße, April 1946.

einem ehrenvollen Platz unter den freien, friedliebenden Völkern der Welt zu verhelfen und dem wirtschaftlichen und föderativen Wiederaufbau Deutschlands zu dienen". Solche Töne aus amerikanischem Mund waren die apathisch gewordenen, zermürbten Deutschen nicht mehr gewohnt. Jetzt schöpfte man auch in der von den Sowjets eingeschlossenen Insel West-Berlin neuen Mut. Dazu trug auch ein Leitartikel von Hans Habe in der von den Amerikanern herausgegebenen *Neuen Zeitung* (Feuilleton-Chef: Erich Kästner) erheblich bei, dessen Überschrift den Berlinern mit Blick auf die Wahlen vom 20. Oktober 1946 verkündete: „Fürchtet euch nicht!" Wohl selten hat sich ein Pressebeitrag so nachhaltig in Geschichte umgesetzt, denn er konnte als Garantie der Amerikaner gewertet werden, erstens das Ergebnis der ersten freien Wahl seit Beginn der Nazizeit, wie immer es ausfallen würde, zu schützen; und zweitens die amerikanische Präsenz in Berlin solange nicht aufzugeben, wie die Sowjets in Berlin sein würden (was die Amerikaner dann ja auch eingehalten haben).

Empfindliche Wahlschlappe für die Kommunisten

Das Wahlergebnis war für die Kommunisten in Moskau und Berlin ernüchternd. Bei einer Wahlbeteiligung von 92,3 Prozent votierten von 2,3 Millionen Wahlberechtigten in Groß-Berlin 48,7 Prozent für die SPD, 22,2 Prozent für die CDU, 19,8 Prozent für die SED und 9,3 Prozent für die LPD. Nach dieser Wahlschlappe in Berlin sollte die SED während ihrer folgenden, mehr als vierzig Jahre währenden Herrschaft freie Wahlen nicht mehr zulassen. Der Schock saß tief, weil man von der Bevölkerung - angesichts der objektiv nicht zu bestreitenden, beachtlichen Aufbauleistung der von der SED beherrschten Verwaltung in den eineinhalb Jahren seit Kriegsende - mehr Dankbarkeit erwartet hatte. Verbittert kommentierte die SED, daß die „noch aus der Nazizeit vorhandenen antikommunistischen Stimmungen ausgenutzt“ worden seien und „die Partei mit der Verantwortung für alles belastet“ würde, was „als Auswirkung des Hitlerkrieges über Berlin und seine Bevölkerung gekommen war“. Sicherlich mußten die moskauhörigen Kommunisten auch die Zeche für das Verhalten mancher sowjetischer Frontkämpfer und auch für die Überlegung bezahlen, unter welcher Besatzungsherrschaft man lieber leben wollte.

So sehr sich die Kommunisten in der Analyse der Niederlage auch anstrengten, um das Ergebnis schönzureden, es half nichts. Sie waren zudem auch noch schlechte Verlierer - und Arthur Werner war mit ihnen im Bunde.

Der neue sowjetische Stadtkommandant, Generalmajor Kotikow, wies Oberbürgermeister Werner an, öffentlich mitzuteilen, die Geschäftsverteilung des künftigen Magistrats habe „in der Form wie bisher zu erfolgen“; jede beabsichtigte Änderung sei der Kommandantur vorzulegen. In der „bisherigen Form“ waren u. a. 11 Kommunisten Ressortchefs im Magistrat, nach der gewonnenen Wahl verlangte die SPD nun ihrerseits 11 Resorts. Die westlichen Alliierten wiesen

Eine der letzten Amtshandlungen des scheidenden OB Dr. Werner war am 26. November 1946 die Verpflichtung neuer Stadtverordneter, hier von Louise Schroeder.

das Ansinnen Kotikows zwar zurück, aber die gegebene Entscheidungslage bei den Allierten stärkte die sowjetische Position. Beim Amtsantritt des neuen Magistrats unter Führung von Dr. Ostrowski kam es dann auch zu ständigen Verzögerungen. Wegen der fehlenden Bestätigung der neuen Ressortchefs durch die Alliierte Kommandantur verweigerte Oberbürgermeister Werner zunächst die Übergabe der Amtsgeschäfte an den nach der Wahl vom 20. Oktober einstimmig von der Stadtverordnetenversammlung berufenen Sozialdemokraten Dr. Otto Ostrowski. Auch sonst leistete er sich einige Peinlichkeiten, indem er beispielsweise seinen sozialdemokratischen Nachfolger, weil dieser noch nicht förmlich ernannt war, aus dem Büro weisen ließ. Bei der Verpflichtung von Jakob Kaiser als Stadtverordneter verließ Werner ostentativ das Haus und wartete die Szene in seinem Kraftwagen ab. Unmittelbar nach der auch für ihn offensichtlich enttäuschenden Volkswahl plädierte er öffentlich für einen „nicht parteigebundenen" Kandidaten als künftigen Oberbürgermeister, der politisch neutral sein müsse, womit er wohl sich selbst mein-

te. Erst am 10. Dezember 1946 konnte der neue Ostrowski-Magistrat seine Amtsgeschäfte aufnehmen. In einem Abschiedswort bezeichnete Werner seine Administration als den Magistrat der „Bahnbrecher und Pioniere“. Sie hätten dem „Verfall Einhalt geboten“, und wenn ihre Arbeit nun kritisiert werde, dann liege das „an der Unzulänglichkeit der Kritiker“. Für Journalisten ein klassischer Ausspruch vorübergehend mächtiger Mandatsträger.
Arthur Werner ist 1967 im Alter von 90 Jahren in seinem Haus in Lichterfelde gestorben. Die reichlich zwanzig Jahre nach seiner Amts-

Glückwünsche zum 90. Geburtstag vom Ostberliner Stadtrat Harry Krebs, 1967.

zeit als Oberbürgermeister waren schwer für ihn. Die Dienstwohnung in Biesdorf mußte er bald räumen. Eine Pension war für ihn nicht vorgesehen. Für vier Wochenstunden an der Technischen Universität erhielt er 250 DM, später nur noch 125 DM für zwei Wochenstunden, da er ja kein ordentlicher Professor war. Zuhause pflegte er seine kranke Frau und einen kranken Sohn. Um eine etwas bessere Lebensmittelkarte zu bekommen, mußte er beim amerikanischen Stadtkommandanten Howley betteln gehen. Howley half. „Sie haben Ihr Amt im schwersten Augenblick übernommen. Ich will ihnen helfen, wo ich kann“. Aber Geld verdienen mußte er schließlich als Vertreter in Baustoffen. „Ich muß arbeiten wie ein Dreißigjähriger. Wer kümmert sich noch um mich?“ klagte er.

In der Erinnerung an die Amtszeit ließ er sich 1954 dazu bewegen, als Parteiloser ehemaliger OB auf der Liste der SED für das Westberliner Abgeordnetenhaus zu kandidieren - ohne Erfolg. Er war vergessen. Zum 20. Jahrestag der Gründungsversammlung des ersten Magistrats von 1945 lud ihn die SED nochmals nach Ost-Berlin ein, dabei genoß er die Aufmerksamkeit seines Nachfolgers Friedrich Ebert und seines ehemaligen ersten Stellvertreters Karl Maron. Dankbar sagte er ihnen, was sie hören wollten: „Ich bin dem demokratischen Senat treu geblieben . . .Was wir damals wollten, ist hier verwirklicht“. Und: „Ich freue mich, daß in der DDR und in ihrer Hauptstadt die edlen Ziele des Humanismus verwirklicht wurden.“

Die Zeitung der Ost-LDP, *Der Morgen*, würdigte 1967 seinen Tod mit den Worten: „Sein Name hat für immer einen Ehrenplatz im Buch des neuen fortschrittlichen Deutschland.“ Die sozialdemokratische West- *Berliner Stimme* urteilte hingegen: „Dr. Werner blieb eine Marionette des Ostens und ein Stück lebendigen Museums für die Roßtäuschertricks, derer sich die ‘Gruppe Ulbricht’ nach 1945 in Deutschland bediente.“

Arthur Werner - eines von vielen deutschen Nachkriegsschicksalen.

Zeittafel

1883	Am 28. Januar geboren in Spremberg als Sohn eines Tuchmachers.
1909	Nach Studium der Romanistik in Berlin und mehreren Auslandsaufenthalten Promotion zum Dr. phil. an der Universität Greifswald.
1910 - 1921	Tätigkeit als Lehrer in Berlin, Fürstenwalde und Nordhausen/Harz. Ab 1914 (da als kriegsdienstuntauglich eingestuft) in der Berliner Vorortgemeinde Lankwitz.
1922 - 1925	Nach Eintritt in die SPD Bürgermeister von Finsterwalde/Niederlausitz.
1926 - 1933	Bezirksbürgermeister von Berlin-Prenzlauer Berg.
1933 - 1945	Nach Entfernung aus dem Amt und vorübergehender Verhaftung streitet Ostrowski bis 1938 gegen ein von den Nazis gegen ihn angestrebtes Disziplinarverfahren. Es wird schließlich zu seinen Gunsten entschieden und eingestellt. Danach lebt er von einer Vermögensverwaltung und verbringt die Jahre ab 1943 in der brandenburgischen Provinz. Ab Mai 1945, zurückgekehrt nach Berlin, aktive Beteiligung am Neuaufbau der SPD.
1946	Mai: Bezirksbürgermeister von Berlin-Wilmersdorf. 5. Dezember: Wahl zum Oberbürgermeister von Groß-Berlin.
1947	18. April: Ostrowski tritt von seinem Amt zurück.
1948 - 1951	Leiter des Hauptprüfungsamts Berlin (Vorläufer des Landesrechnungshofes).
1963	Am 21. Juni gestorben in Knokke (Belgien).

Otto Ostrowski

Dezember 1946 - April 1947

Der erste seit 1931 frei gewählte Oberbürgermeister Groß-Berlins amtierte nur 133 Tage. Dr. Otto Ostrowski, der am 5. Dezember 1946 gewählt wurde, war kommunalpolitisch durchaus erfahren, denn nach dem Ersten Weltkrieg war er bereits Bezirksbürgermeister in Lankwitz und von 1926 bis 1933 in Prenzlauer Berg. Er scheiterte nicht an mangelnder Kompetenz, sondern an den politischen Umständen - als Verhängnis stellte sich für ihn der Versuch heraus, mit den Russen und der SED in dem sich bereits anbahnenden Ost-West-Konflikt Kompromisse zu finden. In seine Amtszeit fiel außerdem der schwierigste Nachkriegswinter mit zahlreichen Hunger- und Kälteopfern. Um regieren zu können und den Folgen der Naturkatastrophe Einhalt gebieten zu können, redete er vertraulich mit den kommunistischen Machthabern. Als seine geheimen Kontakte später bekannt wurden, entzogen ihm nicht nur die eigene Partei, sondern auch alle anderen in der Stadtverordnetenversammlung vertretenen Parteien mit Ausnahme der SED das Vertrauen und er mußte schließlich zurücktreten.

Otto Ostrowski wurde am 28. Januar 1883 in Spremberg als Sohn eines Tuchmachers geboren. Er studierte in Berlin, Paris und Lyon, war Privatlehrer in England und verschaffte sich auch als Schulreformer Anerkennung. 1933 wurde er als Bezirksbürgermeister von Prenzlauer Berg von den Nazis aus dem Amt gejagt und war mehrere Wochen in Haft.

Die SPD, zu der er sich frühzeitig bekannt und deren Politik zur Verhinderung der Vereinigung mit den Kommunisten er unterstützt hatte, ließ ihn auch nach seinem erzwungenen Rücktritt nicht fallen, sondern lancierte ihn in das Amt des Hauptprüfungsamt-Präsidenten. Als er 1963 im Alter von 80 Jahren starb, erschienen in den Westberliner Zeitungen verständnisvolle Würdigungen.

Neues Stadthaus, 5. Dezember 1946. Der soeben gewählte Oberbürgermeister Dr. Otto Ostrowski wird vereidigt. Links hinter ihm sein Erster Stellvertreter, Bürgermeister Dr. Ferdinand Friedensburg.

Im Rückblick auf die Amtsperiode Ostrowskis im gesamtberliner Magistrat wird bei globaler Betrachtung erkennbar, daß die Sowjets im Verbund mit den deutschen Kommunisten das unter schweren Opfern eroberte Terrain in Mitteleuropa, einschließlich Berlin, unter keinen Umständen aufgeben wollten. Sie folgten dem Motto aus den Tagen der Oktoberrevolution: Wer Berlin hat, hat Deutschland, wer Deutschland hat, hat Europa. Wenn schon eine Teilung Deutschlands mit den Westmächten, wie in Jalta beschlossen, unvermeidlich war, dann wollten sie zumindest in ihrem Sektor Berlins, wie auch in ihrer Besatzungszone auf keinen Fall die Macht aus den Händen geben. Den freien Wahlen vom 20. Oktober 1946 in Groß-Berlin hatten sie überhaupt nur zugestimmt, weil sie wohl glaubten oder hofften, daß ihr hoher Blutzoll für die Beendigung der Hitlerdiktatur, die ersten zwei Monate Alleinherrschaft in der zerstörten Stadt mit dynamischem Aufbauwillen und zahlreichen Kulturaktivitäten und schließlich die Allparteien-Blockpolitik der SED die Berliner überwiegend freundlich und zuversichtlich stimmen würden. Aber sie hatten sich

Dr. Otto Ostrowski bei seiner Antrittsansprache, 5. Dezember 1946. Hinter ihm in der ersten Reihe v. l.: Dr. Friedrich-Wilhelm Lucht (SPD), Dr. Walther Schreiber (CDU), Ottomar Geschke (SED) und Fritz Hausberg (LDP). In der zweiten Reihe die Verbindungsoffiziere der Alliierten.

in der Einschätzung ihres Ansehens geirrt. Mit dem Erscheinen der Westmächte faßten die Berliner Mut, gegen die ungeliebten Kommunisten zu stimmen. Sie wollten der russischen Herrschaft möglichst wieder entrinnen und hofften auf die Unterstützung des Westens.

Die SED will sich mit der Wahlschlappe nicht abfinden

Die Enttäuschung über die empfindliche Wahlschlappe der Kommunisten mündete bei den Sowjets wie auch bei der SED zuerst in kleinliche Verzögerungs- und Verhinderungstaktiken gegenüber dem demokratisch gewählten Magistrat und schließlich in eine immer plumpere Obstruktions- und Spaltungspolitik. Die DDR-Geschichtsschreibung qualifizierte später die Wahl vom 20. Oktober 1946 als „eine verhängnisvolle Fehlentscheidung der Mehrheit der Berliner Bevölkerung, eine Fehlentscheidung, die es den Gegnern von Demokratie und Fortschritt erleichterte, die Stadt in den folgenden zwei Jahren an den Rand der Katastrophe zu führen und schließlich zu zerreißen".

Der Berliner SPD-Vorsitzende Franz Neumann meldete nach dem eindeutigen Wahlerfolg seiner Partei - sie hatte fast die Hälfte aller Stimmen erhalten - sofort den Führungsanspruch der SPD im Berliner Magistrat mit einer vollständig neuen personellen Besetzung an. Das hieß Entiassung der Kommunisten. Darüber hinaus forderte Neumann die Auflösung aller nicht parlamentarischen sogenannten Volksausschüsse, die unter Regie der SED entstanden waren. Die SED hingegen verlangte die weitere Zusammenarbeit in der Einheitsfront aller Parteien, der Volksausschüsse und Massenorganisationen, und sie bezeichnete sich trotz eindeutiger Wahlniederlage nach wie vor als „die führende Kraft beim Neuaufbau von Berlin". Aufgrund der vorläufigen Verfassung von Berlin mußten tatsächlich alle zugelassenen politischen Parteien im Magistrat vertreten sein, wenn sie dies verlangten. Die Frage war jedoch, in welchem Umfang und mit welchem Einfluß. Der SED konnte nach dieser Bestimmung eine weitere Beteiligung an der Magistratsarbeit jedoch nicht gänzlich verwehrt werden.

Nach etlichen Querelen wählte die Stadtverordnetenversammlung schließlich am 5. Dezember 1946 unter ihrem neuen Vorsteher Dr. Otto Suhr (SPD) den neuen Magistrat. Oberbürgermeister wurde der bisherige Wilmersdorfer Bürgermeister Dr. Otto Ostrowski (SPD). Stellvertreter waren als Erster Bürgermeister Dr. Ferdinand Friedensburg (CDU), als Zweiter Bürgermeister Dr. Heinrich Acker (SED), und an dritter Stelle Bürgermeisterin Louise Schröder (SPD). Die SPD stellte entsprechend ihrer Stärke sieben der vierzehn Stadträte und ersetzte damit auch einige SED-Funktionäre.

Die neue Stadtverordnetenversammlung setzte sich zusammen aus 63 Abgeordneten der Sozialdemokratischen Partei Deutschlands (SPD), 29 der Christlichen Demokratischen Union (CDU), 26 der Sozialistischen Einheitspartei Deutschlands (SED) und 19 der Liberalen Demokratischen Partei Deutschlands (LDPD).

Emigrant Ernst Reuter wird Stadtrat

Unter den neuen SPD-Stadträten befand sich auch Ernst Reuter, der schon in der Weimarer Zeit Verkehrsstadtrat von Berlin war, danach in die Türkei emigrieren mußte und im November 1946 nach Berlin zurückkehrte. Die Sowjets verweigerten zunächst ihre Genehmigung für die Berufung Ernst Reuters, was möglicherweise damit zusammenhing, daß sich Reuter im Ersten Weltkrieg als junger Soldat in Rußland unter dem Eindruck der Oktoberrevolution der Kommunistischen Partei angeschlossen, dann auch in Deutschland leitende Funktionen in der KPD eingenommen hatte, jedoch 1922 wegen „rechtsabweichlerischer Positionen und Fraktionsbildung" aus der Partei ausgeschlossen worden war, ehe er dann in der SPD politisch aktiv wurde. Nachdem die Sowjets - nicht zuletzt auf Intervention der SED - den von der CDU als Kämmerer vorgeschlagenen demokratisch gewählten Bankier Dr. Ernst unter Protest der CDU endgültig abgelehnt hatten, weil er als Mitinhaber einer Bank angeblich in Interessenkonflikte geraten könnte, akzeptierten sie schließlich - vielleicht als eine Art politischen Ausgleich und um die SPD weiter für eine Zusammenarbeit zu gewinnen - die Amtseinsetzung von

Im Saal während der Wahl des OB am 5. Dezember 1946: die CDU-Stadtverordneten Joachim Tiburtius und Schauspielerin Hilde Körber.

Mitglieder des Magistrats Ostrowski stellen sich den Fotografen, v. l.: Louise Schroeder (Dritter Bürgermeister), Paul Fuellsack (Stadtrat für Ernährung), Dr. Ferdinand Friedensburg (Erster Bürgermeister), Waldemar Schmidt (Stadtrat für Arbeit) sowie OB Dr. Otto Ostrowski.

Ernst Reuter als Stadtrat für Verkehr und Versorgungsbetriebe im Ostrowski-Magistrat.

Die neuen Stadträte der demokratisch gewählten Parteien fanden allerdings in ihren Ressortverwaltungen die schon im ersten Magistrat eingesetzten kommunistischen Stellvertreter und Referenten vor, die sich vielfach weigerten zurückzutreten oder andere, ihnen angebotene Funktionen zu übernehmen. Hinter den sowjetischen Anordnungen steckte in der Regel die SED. Was die SED ablehnte, wurde auch von den Sowjets nicht erlaubt. Da bei den Abstimmungen der Alliierten Kommandantur der vier Mächte Einstimmigkeit vorgeschrieben war, konnten alle vom neuen Magistrat oder den Bezirksämtern gefaßten Beschlüsse verzögert oder verhindert werden. Als beispielsweise in der Stadtverordnetenversammlung auf Antrag der SPD beschlossen wurde, die von der SED initiierten und beherrschten Volks-Frauenausschüsse für Gesamtberlin und für die Bezirke aufzulösen und ihre Aufgaben auf amtliche Stellen zu übertragen, wehrte sich die SED dagegen, und die sowjetischen Bezirkskommandanten verfügten in den Ostbezirken entsprechende Anordnungen. Auch die Bestätigung von demokratisch gewählten Bezirksbürgermeistern und Stadträten wurde verhindert oder verzögert, was ausnahmslos Sozialdemokraten betraf. Als die SPD-Fraktion in der Stadtverordnetenversammlung diesen Zustand anprangerte, gab Oberbürgermeister Ostrowski seinen Genossen z.T. unwahre, beschwichtigende Auskünfte.

Lebensbedrohender Nachkriegswinter 1946/47

Was an Schwierigkeiten auf ihn zukommen würde, war Ostrowski wohl klar, denn er sagte bei seinem Amtsantritt im Dezember 1946 realistisch: „Jeder Berliner weiß, daß wir nicht zaubern können und das materielle Schicksal Berlins in den Händen der vier Besatzungsmächte liegt. Ich werde Anwalt der Berliner Nöte sein. Das dringendste Problem für die kommenden Monate ist die Sicherstellung der Ernährung und des Wohnraums, die Versorgung der Bevölkerung mit allen Dingen des täglichen Bedarfs und vor allem die Belieferung mit den von den Besatzungsmächten in Aussicht gestellten Brennmaterialien für den kommenden Winter." Und dieser Winter 1946/47 sollte im Unterschied zum ersten Nachkriegswinter 1945/46 einer der lebensbedrohendsten der Nachkriegszeit werden, woran sich viele Berliner auch noch Jahrzehnte danach lebhaft erinnerten. Ostrowski sprach von einer Naturkatastrophe, er zitierte in der Stadtverordnetenversammlung Sophokles mit den Worten: „Ein großes Sterben ist ausgebrochen, und täglich steigt die Zahl der Todesopfer."

Zu Beginn des Jahres 1947 hatte eine zweite, schwere Kältewelle mit Temperaturen bis minus 20 Grad die Stadt in einen Eiskeller verwandelt. Der neugewählte Oberbürgermeister mußte erklären, daß „im Augenblick keine Kohlen herbeigeschafft werden können, weil die Wasser- und Transportwege vereist und die Schienen- und Landwege in Ermangelung ausreichender Lokomotiven und Lastkraftwagen nicht nutzbar sind.“ Dankbar registrierte er, daß Berlin aus den Lausitzer Braunkohlerevieren in der sowjetischen Besatzungszone wenigstens etwas Brennstoff-Hilfe erhielt. Die schlesischen Gruben, die einst 40 Prozent des Berliner Kohlebedarfs gedeckt hatten, standen jetzt unter Verwaltung des kommunistischen Polen und waren abgeschnitten. Die Förderung der Ruhrkohle hatte noch nicht einmal die Hälfte des Vorkriegsstandes erreicht. Nur ein Viertel der in Berlin benötigten Kohle erreichte die Stadt.

Der Leiter des Büros der amerikanischen Militärregierung, Oberst Howley, übte Kritik daran, daß die Sowjets trotz fester Vereinbarung mit den Westberliner Alliierten die von Januar an zugesagten 100.000 Tonnen Briketts nicht nach Berlin geschickt hätten. Ostrowski verhandelte mit dem sowjetischen Stadtkommandanten Kotikow über die dringend benötigten Kohlelieferungen und appellierte zugleich an die deutsche Ruhrindustrie, von der die wirksamste Hilfe hätte kommen können: „Wir können nicht mehr, helft uns, rettet die Menschen“. Außer an Kälte starben viele Berliner auch an Hunger und Krankheiten, weil ihr Körper keine Widerstandskräfte mehr besaß. Der Stadtrat für Wirtschaft, Gustav Klingelhöfer, teilte Ende Januar mit, allein in den ersten 14 Tagen des Jahres seien 55 Kältetote zu beklagen gewesen, darüber hinaus befänden sich 177 Personen mit schweren Erfrierungen in Krankenhäusern und 17.244 Personen mit mittleren und leichten Erfrierungen in ambulanter Behandlung. Bürgermeisterin Louise Schröder bildete einen Notausschuß, der es sich zur Aufgabe machte, Wärme- und Aufenthaltsräume für die Bevölkerung zu schaffen, Nachbarschaftshilfe zu leisten, Luxuslokalitäten zu schließen und auf „provozierende“ Veranstaltungen zu verzichten. Der für die Versorgungsbetriebe zuständige Stadtrat Ernst Reuter mußte der Bevölkerung Strom- und Gassperren verkünden, nachdem viele Kraftwerksmaschinen und -ausrüstungen in Berlin demontiert und in das zerstörte Rußland abtransportiert worden waren. Ich erinnere mich noch deutlich daran, daß in jener Zeit auch der Baumbestand des Tiergartens durch verständlichen Notraub erheblich reduziert wurde.

Ostrowski in der Zwickmühle zwischen Ost und West

Die Kältekatastrophe mit bitteren Folgen für die Bevölkerung hinderte die SED und die Sowjets indes nicht daran, ihre politischen Nah- und Fernziele, gerade auch in Berlin, im Auge zu behalten. Ein Hebel für diese Politik bildete u.a. das Korps der von den Kommunisten im Magistrat und in den Bezirksverwaltungen eingesetzten „leitenden Angestellten“ aus dem ersten Magistrat. Dagegen forderten die SPD-Genossen aufgrund ihres Wahlergebnisses vom Oberbürgermeister eine konsequente Sozialdemokratisierung der Magistratspolitik und den Austausch der kommunistischen „leitenden Angestellten“. Otto Ostrowski geriet damit fast automatisch in eine Zwickmühle zwischen den Kommunisten als Inhaber der tatsächlichen Macht und den vom Volk gewählten Demokraten mit ihren Reformvorstellungen. In dieser Lage bemühte er sich im Interesse der Arbeitsfähigkeit des Magistrats in Briefen und vertraulichen Gesprächen um einen pragmatischen Kompromiß. Am 30. Dezember 1946 richtete er in seiner Bedrängnis ein vertrauliches Schreiben an die Alliierte Kommandantur und bat darin um genaue Auslegung des in Artikel 36 der vorläufigen Verfassung verwandten Begriffs der „leitenden Angestellten“, also beispielsweise die Frage, ob die Stadtverwaltung sie nach einer Wahl entlassen oder versetzen konnte. Als vom sowjetischen Stadtkommandanten, ohne Widerspruch der Westmächte, die Antwort in Form einer neuen Anordnung eintraf, stellte man fest, daß dadurch der Entscheidungsspielraum der Stadtverwaltung für die erforderlichen Personalveränderungen noch stärker beschnitten wurde als zuvor, ja daß nach Meinung Westberliner Experten fortan von einer selbständigen und demokratischen Personalpolitik in der Stadtverwaltung nicht mehr die Rede sein konnte. Die neue Anordnung verursachte große Unruhe. Stadtverordnetenvorsteher Dr. Otto Suhr plädierte nicht sogleich für einen Protest, sondern zunächst für genaue Prüfung der neuerlichen alliierten Interpretation durch den Verfassungsausschuß des Stadtparlaments. Dort präsentierte nun der stellvertretende Oberbürgermeister Acker von der SED zur allgemeinen Überraschung die bis dahin vertraulich gebliebene Anfrage von Oberbürgermeister Ostrowski, welche die neue, einengende Interpretation in der Personalpolitik ausgelöst hatte. Es kam zum Eklat zwischen dem OB und seiner Partei. Der SED-Bürgermeister Acker hatte mit Erfolg zwischen Ostrowski und seine Par-

Oberbürgermeister Dr. Ostrowski (Mitte, mit Hut) verabschiedet eine Gruppe von 34 Berliner Lehrern zu einer Studienfahrt nach Frankreich, Frühjahr 1947.

tei einen Keil getrieben. Auch die anderen Parteien, außer der SED, bedauerten das eigenmächtige Verhalten des Oberbürgermeisters.

Im Verlaufe der sich anschließenden scharfen Auseinandersetzungen im Parlament und innerhalb der SPD kam plötzlich auch das Protokoll einer Geheimverhandlung zwischen dem Sozialdemokraten Ostrowski und seinem Vertrauten Stumm auf der einen und den SED-Politikern Maron, Matern und Litke auf der anderen Seite ans Licht der Öffentlichkeit. Sie hatten am 22. Februar 1946 „über die Regelung kommunalpolitischer und bestimmter Personalfragen" verhandelt und einen politischen Deal vereinbart: die SED erklärte sich bereit, ihre Genossen Dusiska und Stark als leitende Angestellte ohne

Bedingungen aus der Stadtverwaltung zurückzuziehen; auch auf die Genossen Wildangel und Martin Schmidt wollte die SED verzichten, „wenn zwischen der SPD und der SED ein gemeinsames Arbeitsprogramm während der nächsten drei Monate zur Durchführung kommt und alle Polemiken während dieser Zeit in Presse und öffentlichen Versammlungen abgestellt werden“.

Der politische Skandal war damit perfekt. Die Amerikaner - mißtrauisch geworden dadurch, daß Teile der SPD offenbar auf Kosten der westlichen Alliierten ein Arrangement mit der SED anstrebten - verlangten von der SPD-Führung Aufklärung und forderten den Wortlaut des Protokolls an. Der Berliner SPD-Vorsitzende Franz Neumann verharmloste in seiner Reaktion zunächst das Treffen Ostrowskis mit der SED und weigerte sich gegenüber den Amerikanern, auch nach energischen Nachfragen, das Protokoll herauszugeben. Wenn die Russen dergleichen forderten, würde er „lächeln“, und bei der amerikanischen Anfrage „müßte ich das gleiche tun“, hielt Neumann in einer Aktennotiz fest. Auf einer außerordentlichen Vorstandssitzung der Berliner SPD verteidigte Neumann seine Haltung mit der Begründung, er sei schließlich auch kein „Befehlsempfänger der Amerikaner“. Vor seinen Genossen stellte er jedoch im Blick auf den Parteifreund Ostrowski unzweideutig fest, daß es „nicht Aufgabe eines Magistratsmitglied sei, von sich aus politische Verhandlungen mit anderen Parteien zu führen“. Nach dieser Klarstellung war Otto Ostrowski als Oberbürgermeister nicht mehr zu halten.

In Ostberliner Analysen aus dieser Zeit wird ein „Befehl“ des Captain Biel von der amerikanischen Militärregierung an den SPD-Vorstand zitiert, in dem es heißt: „Dr. Ostrowski hat eine Wendung um 180 Grad zu den Bolschewiken hin gemacht. Er ist als trojanisches Pferd innerhalb der SPD zu betrachten. Er hat zu verschwinden.“ In einer Sitzung der Stadtverordnetenversammlung am 10. April 1946 versuchte Ostrowski nochmals, seine Position zu verteidigen, bat um Vertrauen und gab seiner Hoffnung Ausdruck, die Schwierigkeiten durch gemeinsames Handeln überwinden zu können. CDU und SPD betrachteten diesen Appell Ostrowskis als Aufforderung, ihm das Vertrauen für die weitere Arbeit auszusprechen. Sie beantragten für den folgenden Tag eine Sondersitzung, in der nur über dieses Thema debattiert werden sollte. Der spätere Regierende Bürgermeister Klaus Schütz erinnerte sich in einem Gespräch mit mir an jene Tage und schilderte, daß auf einer Landeskonferenz der Jungsozialisten in Anwesenheit der gesamten Führungsspitze der SPD gegen Ostrowskis

OB Dr. Ostrowski eröffnet die Ausstellung „Werte unter Trümmern“ am Funkturm, Februar 1947.

weitere Amtführung wegen seiner „Russenkungelei“ Stimmung gemacht und sein Rücktritt gefordert wurde.

Ostrowski verliert das Vertrauen der eigenen Partei

In der Sondersitzung der Stadtverordnetenversammlung vom 11. April wurde Ostrowskis Verhalten nur noch von der SED verteidigt. In der Abstimmung sprachen ihm 85 Abgeordnete das Mißtrauen aus, nur 20 SED-Mitglieder gaben ihm noch ihre Stimme. Die Sowjets wollten in einer Beratung der Alliierten Kommandantur den Rücktrittszwang nicht anerkennen und gaben der SPD-Führung die Schuld an der Verwaltungskrise. Der Leiter des Büros der amerikanischen Militärregierung, Oberst Howley, erklärte dagegen, daß es den Deutschen erlaubt sein müsse, „selbst über ihre Regierung zu bestimmen“, und überraschenderweise kritisierte er nun sogar die sowjetische (in einem „Befehl“ zur Auslegung der Verfassung bereits verfügte) Auffassung, daß „sämtliche personellen und sachlichen Maßnahmen des Magistrats von der Alliierten Kommandantur genehmigt werden müßten“. Zuvor, im Januar und Februar, hatten die Amerikaner den sowjetischen Befehl zur Personalpolitik allerdings unbeanstandet passieren lassen - was deutlich zeigt, daß sich bereits im Jahre 1947 der Ost-West-Konflikt Monat für Monat weiter zuspitzte. Ostrowski geriet dabei zwischen Baum und Borke.

Am 12. April forderte der Magistrat unter Vorsitz des ersten Stellvertretenden Bürgermeisters Friedensburg (CDU) Oberbürgermeister Ostrowski (SPD) zum Rücktritt auf, nachdem ihm die Stadtverordnetenversammlung am Vortag mit großer, auch von seiner eigenen Partei getragener Mehrheit das Mißtrauen ausgesprochen hatte. Ostrowski klammerte sich aber noch, unter Berufung auf seinen Eid, an das Amt und verlangte eine Stellungnahme der Alliierten. Der Magistrat teilte die Rücktrittsweigerung daraufhin der Stadtverordnetenversammlung förmlich mit und wartete ab. Der SPD-Vorsitzende Franz Neumann berief ad hoc eine außerordentliche Sitzung der SPD-Kreisvorstände ein, bei der er das politische Sündenregister des Genossen Ostrowski auflistete. Dieser habe „enge Verbindung zur SPD“ versäumt, kein „gedeihliches Verhältnis zur Stadtverordnetenversammlung“ hergestellt, die notwendige harmonische Zusammenarbeit der Magistratsmitglieder „nicht sichern können“ und vor allem „nicht den Mut aufgebracht, die Angelegenheit der stellvertretenden Abteilungsleiter“ (leitenden Angestellten) im Sinne des Wahlergebnisses vom 20. Oktober 1946 „zu regeln“. Im übrigen würden von der SPD nicht die Besuche Ostrowskis beim sowjetischen Stadtkommandanten Kotikow, sondern seine Geheimabmachungen mit dem SED-Vorstand kritisiert. Die SPD-Kreisvorstände mißbilligten nicht nur einstimmig das Verhalten des Oberbürgermeisters, also ihres Genossen Ostrowski, sondern sie beschlossen auch, alle Vorgänge in einem „informierenden Aufruf an die Berliner Bevölkerung“ öffentlich zu machen. Jetzt gab Ostrowski den Kampf um sein Amt auf.

In der Sitzung der Stadtverordnetenversammlung vom 17. April 1947 kam Ostrowski einer Abstimmung über die Rücktrittsaufforderung der SPD zuvor und erklärte seinerseits den Rücktritt, da ihn das Mißtrauensvotum der Abgeordneten „in eine Zwangslage gebracht“ habe. Stadtverordnetenvorsteher Dr. Suhr informierte die Alliierte Kommandantur vom Rücktritt und ersuchte um die Genehmigung für diesen Schritt, aber diese Genehmigung ließ wegen der Ostruktionspolitik des sowjetischen Stadtkommandanten Kotikow, der sich wie die SED mit dem Rücktritt Ostrowskis nicht abfinden wollte, lange auf sich warten. Damit entstand bis zur Neuwahl eines Oberbürgermeisters eine mehrmonatige Übergangszeit, in der nach einem Beschluß der Stadtverordnetenversammlung vom 8. Mai Bürgermeisterin Louise Schröder zwischenzeitlich mit der Führung der Amtsgeschäfte des Stadtoberhauptes betraut wurde.

Zeittafel

1887	Am 2. April geboren in Altona bei Hamburg als Tochter eines Bauarbeiters und einer Gemüsehändlerin.
bis 1918	Nach Besuch der kaufmännischen Gewerbeschule Tätigkeit als Büroangestellte in einer Versicherungsgesellschaft.
1910	Eintritt in die SPD.
1919 - 1933	Louise Schroeder wird Berufspolitikerin. Sie zieht für die SPD in die Weimarer Nationalversammlung ein und gehört danach als Abgeordnete für Schleswig-Holstein sämtlichen Reichstagen bis 1933 an. Daneben Wegbereiterin der 1919 gegründeten Arbeiterwohlfahrt und ab 1925 Dozentin an der Arbeiterwohlfahrtsschule in Berlin. Am 23. März 1933 votiert sie mit 93 der 120 SPD-Abgeordneten gegen Hitlers Ermächtigungsgesetz.
1933 - 1938	Nach Verbot der SPD Hausdurchsuchungen, Louise Schroeder muß sich regelmäßig auf ihrem Polizeirevier melden. Ihren Lebensunterhalt verdient sie in Hamburg mit einem Brotladen.
1939 - 1945	Umzug nach Berlin, dort Bürotätigkeit in einer Baufirma. Erlebt das Kriegsende auf einer Baustelle in Dänemark.
1945 - 1946	Aktive Mitarbeit am Neuaufbau der SPD in Berlin. Im Dezember 1946 Wahl als Bürgermeisterin und Stellvertreterin von OB Otto Ostrowski.
1947	8. Mai: Nach dem Rücktritt Ostrowskis und sowjetischem Veto gegen Ernst Reuter Wahl zur Amtierenden Oberbürgermeisterin.
1948	Ende August: Louise Schroeder erkrankt schwer und muß sich zur Rekonvaleszenz nach Hamburg begeben. Ihre Amtsgeschäfte führt Bürgermeister Ferdinand Friedensburg. 30. November: Nach monatelangen heftigen Auseinandersetzungen endgültige Spaltung des Magistrats, als in Ostberlin Friedrich Ebert zum „Oberbürgermeister von Groß-Berlin“ ernannt wird.
1949 - 1951	Bürgermeisterin im neugewählten Westberliner Magistrat unter Ernst Reuter.
1957	2. April: Als erster Frau in der Geschichte der Stadt wird ihr zum 70. Geburtstag die Ehrenbürgerschaft Berlins verliehen. 4. Juni: Gestorben in Berlin.

Louise Schroeder

Mai 1947 - Januar 1949

In der gesamten Geschichte Berlins, die preußische Zeit eingeschlossen, war Louise Schroeder die einzige Frau, die je an die Spitze des Stadtstaates Berlin gelangte. Außerdem war sie die letzte freigewählte Oberbürgermeisterin Groß-Berlins vor der Spaltung der Stadt im Nachkriegsjahr 1948. Diese Besonderheiten beschreiben aber nur unzulänglich die Bedeutung der Sozialdemokratin für die Berliner Bevölkerung in einer krisenhaften Phase. Den Ehrentitel „Mutter Berlins" erhielt sie damals auch nicht, weil sie in der Zeit der sowjetischen Blockade West-Berlins etwa politische Weichenstellungen forcierte, wie dies z. B. Ernst Reuter tat. Vielmehr unternahm sie bei aller politischen Klarheit immer wieder Brückenschläge für den Frieden in Groß-Berlin und blieb im beginnenden kalten Krieg mit seinen strangulierenden Auswirkungen auf Berlin ein Symbol der Fürsorge, Geduld und Zuversicht. Sie verkündete keine politischen Programme. Ihre Popularität entwickelte sich aus ihrer Bescheidenheit und Normalität, ihrer Glaubwürdigkeit und menschlichen Ausstrahlung, ihrer Umsicht und ihrem Abscheu vor Pathos. Viele Menschen haben sich mit ihr identifiziert, weil sie „wie du und ich" wirkte, die Sorgen und Hoffnungen und vielleicht auch die gelegentlichen Illusionen der Berliner teilte. Keine Frau im Nachkriegsdeutschland ist wohl mit so vielen Auszeichnungen - von der Ehrenbürgerschaft Berlins über die Ehrendoktorwürde bis zur höchsten Klasse des Verdienstkreuzes - bedacht worden wie Louise Schroeder, die derlei Anerkennung überhaupt nur hinnahm, um erhöhte Aufmerksamkeit für ihr menschliches und sozialpolitisches Engagement zu erreichen.

Louise Schroeder war Oberbürgermeisterin Groß-Berlins vom 8. Mai 1947 bis zum 14. Januar 1949, also in jener Zeitspanne, in der schließlich die Spaltung des Stadtparlaments und des Magistrats erfolgte und die Sowjets die Zugangswege von und nach Berlin sperrten. Sie war die Nachfolgerin des Sozialdemokraten Ostrowski, der von den eigenen Genossen zum Rücktritt gezwungen worden war und zu dessen Stellvertretern sie gehört hatte. Der sozialdemokratische Stadtverordnetenvorsteher Otto Suhr hatte die ehemalige, langjährige Reichtagsabgeordnete nach der Wahl im Oktober 1946 dazu überredet, als Bürgermeisterin und Stellvertreterin des OB in den Ostrowski-Magistrat einzutreten, damit die SPD mit einer - auch in der Sozialpolitik - erfahrenen Frau in der Stadtspitze vertreten war. Zunächst amtierte Louise Schroeder nach der Absetzung Ostrowskis nur als Stellvertreterin des gewählten Oberbürgermeisters Ernst Reuter. Als aber die Sowjets die Wahl Ernst Reuters zum Nachfolger Ostrowskis wochenlang nicht akzeptierten, obwohl er mit 89 gegen die 17 SED-Stimmen gewählt worden war und die SPD sich andererseits weigerte, einen Alternativkandidaten zu nominieren, schlug die SPD dann vor, Louise Schroeder unbefristet mit der Wahrnehmung der Geschäfte des Oberbürgermeisters zu beauftragen und sie auch formell in diese Funktion zu wählen. Die Mehrheit der Stadtverordnetenversammlung stimmte diesem Vorschlag am 8. Mai 1947 zu. Nur die SED, stets in einer Marschrichtung mit den Sowjets, lehnte diese Regelung ab, nahm aber hin, daß Louise Schroeder nun als „Stellvertretende Oberbürgermeisterin" fungierte. Bei den drei westlichen Besatzungsmächten war sie als „Amtierende Oberbürgermeisterin" anerkannt. Nach ihrer Wahl schrieb die gerade 60 Jahre alt gewordene Louise Schroeder an ihre Freundin und Mitgründerin der Arbeiterwohlfahrt aus der Weimarer Zeit, Marie Juchacz, man habe ihr nach der Oberbürgermeister-Krise mit der Stellvertretung „eine neue schwere Last auferlegt", von der „ich gar nicht recht weiß, ob ich sie tragen soll", denn „ich bin eigentlich eine alte Frau" und „man verlangt von mir, daß ich wie eine Junge arbeite, und ich probiere es auch." Sie rechnete fest damit, daß sie bei der Amtsführung von ihren engeren Parteifreunden Otto Suhr und Ernst Reuter unterstützt werden würde. Ernst Reuter war bei seiner Rückkehr aus der Emigration von ihr gebeten worden, nicht ein Aufgaben-Angebot aus dem Ruhrgebiet anzunehmen, sondern in sein altes politisches Wirkungsfeld Berlin zurückzukehren, wo er nach 1926 für einige Jahre sozialdemokratischer Stadtrat für Verkehr und Betriebe gewesen war.

Sowjetisches Veto gegen Ernst Reuter

Diese Funktion hatte Reuter dann im Ostrowski-Magistrat von 1946 auch wieder übernommen, nachdem die sowjetische Kommandantur ursprünglich, in Abstimmung mit der SED, Bedenken gegen den „Renegaten“ angemeldet und die Genehmigung zu seiner Berufung verzögert hatte. Weil die SED aber immer noch auf eine engere Zusammenarbeit mit der Berliner SPD hoffte, stellte sie ihr Mißtrauen gegen den unbestrittenen Fachmann Reuter als sozialdemokratischen Personalvorschlag für das Verkehrsressort vorübergehend zurück. Aber als Oberbürgermeister wollten sie den ausgewiesenen Antikommunisten unter keinen Umständen hinnehmen und sorgten deshalb für das sowjetische Veto gegen seine Wahl durch die Stadtverordnetenversammlung. Nach den Demokratievorstellungen der Westmächte bedeutete die sowjetische Intervention zwar einen Schlag gegen eine demokratische kommunale Selbstverwaltung, aber da sie den Sowjets das Vetorecht eingeräumt hatten, mußten sie nun auch die sowjetische Entscheidung hinnehmen. Der sowjetische Stadtkommandant Kotikow hatte seinen Widerstand gegen Reuter als Oberbürgermeister schon vor der Wahl angekündigt und vielleicht gehofft, die Sozialdemokraten würden auf die Nominierung verzichten. Diese aber ließen sich von den Sowjets nicht mehr einschüchtern und setzten Reuters Wahl in der Stadtverordnetenversammlung in geheimer Abstimmung mit großer Mehrheit gegen die SED durch - auch in der Hoffnung auf Stützung durch die demokratisch gesonnen Westmächte. Prompt erklärte daraufhin der sowjetische Stadtkommandant Kotikow, Reuter werde auf diesem Posten „nicht zugelassen“, er sei „antisowjetisch eingestellt“ und habe „eine unbefriedigende politische Vergangenheit“, was Reuter, den die Nazis 1933 als Stadtrat abgesetzt und ins KZ gesteckt hatten, zwar sofort zurückwies, aber die politische Marschrichtung gegen ihn war klar. Die westlichen Stadtkommandanten setzten zwar noch eine Überprüfung des Vetos beim Viermächtekontrollrat für ganz Deutschland durch, aber auch hier scheiterte Reuters Amtsantritt am sowjetischen Veto.

Truman-Doktrin gegen sowjetische Expansion

Die internationale Entwicklung, im Krieg von der Anti-Hitler-Koalition USA-UdSSR-Großbritannien geprägt, hatte sich 1946/47 gewandelt. Es begann der Kampf um die Vorherrschaft in Deutschland und Europa. Das Vordringen der Sowjets in den süd- und osteuropäischen Ländern durch kommunistische Putsch- und Umsturzaktionen, wie zum Beispiel in Prag, von Churchill seit der Konferenz von Jalta vorausgesagt, alarmierte nun auch die US-Regierung. Der amerikanische Diplomat, Historiker und Rußlandexperte George F. Kennan hatte als Planungschef des Außenministeriums eine Politik des Containment empfohlen. Sie führte im März 1947 zur „Truman-Doktrin“, nach der sich die USA verpflichteten, „alle freien Völker zu unterstützen, die sich der Unterwerfung durch bewaffnete Minderheiten oder durch Druck von außen widersetzen“. Der amerikanische Präsident war zu einer Politik „des kalkulierten Risikos“ bereit. Er wollte eine Ausweitung des sowjetischen Einflußbereichs verhindern und die westliche Welt durch eine weltweite Militär- und Wirtschaftspolitik stabilisieren. Die sowjetischen Versuche, eine Teilhabe an der Beherrschung des Ruhrgebietes zu erreichen, wurden von den Westmächten abgeblockt. In Berlin horchte man auf. Die Politik des Containment, der Eindämmung des sowjetischen Expansionsdrangs, entsprach exakt der Seelenlage, den geheimen Hoffnungen der Berliner, denn sie fürchteten, sowjetisiert zu werden. Und das konkrete Projekt des Marshallplans zum Wiederaufbau Europas, benannt nach dem amerikanischen Außenminister George C. Marshall, ermutigte sie weiter, sich den Pressionen der Kommunisten nicht mehr zu beugen. Die Kriegskoalition der Siegermächte ging rapide ihrem Ende entgegen. Der Ost-West-Konflikt verschärfte sich. Berlin wurde zum Seismographen und zu einem zentralen Austragungsort für den sich anbahnenden kalten Krieg. Ernst Reuter, eine charismatische Persönlichkeit mit internationalen Erfahrungen, erkannte die Chancen der neuen Lage und verfolgte fortan konsequent eine Berlin-Politik der Westbindung. Das mühselige Oberbürgermeisteramt in der noch weitgehend zerstörten, leidgeprüften Viersektoren-Stadt und dem Allparteien-Magistrat, der seinen Sitz nach wie vor im sowjetischen Sektor Berlins hatte, mußte Louise Schroeder versehen.

Louise Schroeders Lebensgeschichte

Ihre Lebensgeschichte war auf alles andere hin angelegt als auf die große Politik. Am 2. April 1887 in der Altstadt von Altona in einer Arbeiterfamilie im Hinterhof als jüngstes von vier Kindern geboren, im proletarischen Milieu aufgewachsen – der Vater engagierte sich in der sozialistischen Arbeiterbewegung –, besuchte sie eine Mittel- und dann eine kaufmännische Gewerbeschule für Mädchen. Ihre Mutter betrieb einen Gemüseladen in einem Kellergeschoß, in dem Louise ihre Schularbeiten machte, weil kein Kinderzimmer vorhanden war.

Ihren Berufsweg begann sie als kleine Bürokraft in einem der großen Handelshäuser an der Binnenalster und avancierte schließlich zur Chefsekretärin. Mit 23 Jahren trat sie der SPD bei und engagierte sich in sozialpolitischen Fragen. Vor allem widmete sie sich dem Thema der Gleichstellung der Frau. Im Ersten Weltkrieg bekannte sie sich als Pazifistin. 1919, inzwischen Vorstandsmitglied in ihrem Ortsverein und durch fürsorgerische Aktivitäten Wegbereiterin der Arbeiterwohlfahrt, wurde sie als eines der jüngsten Mitglieder in die Weimarer Nationalversammlung gewählt. Zu ihren Weggefährten aus dieser Zeit gehörte der spätere Reichstagspräsident und Alterspräsident des Deutschen Bundestages, Paul Löbe. Louise Schroeders Arbeitsfeld war die Sozialpolitik. Bis 1933 gehörte sie ohne Unterbrechung allen Reichstagen an. Sie kämpfte zusammen mit der nach dem Ersten Weltkrieg bekanngewordenen Zentrumsabgeordneten Christine Teusch gegen die Diffamierung von unehelichen Kindern und deren Müttern, setzte sich für Maßnahmen zur Bekämpfung der Geschlechtskrankheiten ein und packte mutig auch weitere unpopuläre Themen an.

Auch ihren beruflichen Schwerpunkt hatte sie inzwischen nach Berlin verlegt, wo sie seit 1925 als Dozentin an der Arbeiterwohlfahrts-Schule lehrte. Im Reichstag stimmte sie am 23. März 1933 mit ihren Parteifreunden gegen das Ermächtigungsgesetz für Hitler. Doch die Mehrheit der Abgeordneten votierte dafür, und die parlamentarische Demokratie wurde außer Kraft gesetzt. Mit der Verordnung zur Auflösung der SPD verlor auch Louise Schroeder ihre Ämter. Sie zog sich in die Heimat Altona zurück und mußte sich regelmäßig bei ihrem zuständigen Polizeirevier melden. Um sich über Wasser zu halten, betrieb sie einen Brotladen. Da sie sich aber weigerte, mit „Heil Hitler" zu grüßen und die Hakenkreuzfahne herauszuhängen, wurde sie zunehmend boykottiert und mußte schließlich ihr Geschäft wieder aufgeben. Alte Freunde holten sie nach Berlin. Dort fand sie nach einiger Zeit einen Gesinnungsgenossen, Prokurist einer kriegswichtigen Baufirma, der ihr half, die Hitler-Zeit zu überstehen. Sie arbeitete in der Sozialabteilung der Firma, betreute Hilfsbedürftige, darunter auch „Fremdarbeiter", denen sie Lebensmittelkarten verschaffte, und versorgte Betriebsangehörige auf Außenstationen. Als sie wegen neugieriger Fragen zum Kriegsverlauf auffiel und als die ehemalige sozialdemokratische Reichstagsabgeordnete Louise Schroeder dekuvriert wurde, fürchtete sie die sofortige Entlassung. Aber ihr Firmenchef, Max Tschentscher, hielt weiter die Hand über sie. Nachdem sie ihre Wohnung in der Uhlandstraße durch einen Bombenangriff ver-

Louise Schroeder auf einer Wahlkundgebung der SPD in der „Neuen Welt“, Hasenheide, Oktober 1946.

loren hatte, nahm er sie aus der Schußlinie und schickte sie im Frühjahr 1944 zu ihrem Schutz und zur Erholung zu einem Bauprojekt der Firma nach Dänemark, wo sie bis zum Kriegsende bleiben konnte.

Körperlich geschwächt, aber entschlossen, am demokratischen Neuaufbau des Landes und ihrer Partei in Berlin mitzuwirken, folgte sie dem Aufruf zur Wiedergründung der SPD im Juni 1945, den der sowjetische Marschall Shukow veranlaßt hatte. Gleichzeitig hatten die Sowjets Räume zur Verfügung gestellt - es sollte unbedingt sichergestellt sein, daß sich das Parteibüro im künftigen Sowjetsektor Berlins niederließ. Im „Deutschen Hof“ an der Luckauer Straße in Kreuzberg nahm Louise Schroeder am 17. Juni an der Gründungsversammlung der SPD teil. Im neuen Parteibüro in der Behrenstraße war die erfahrene Sozialdemokratin hoch willkommen. Als die KPD später ihren Vereinigungs-Druck auf die SPD verstärkte und die sowjetische Militär-Administration (SMA) die von der Berliner SPD geforderte Urabstimmung über die Vereinigung mit der KPD hintertrieb, verließ sie mit Franz Neumann im Frühjahr 1946 den Ostsektor und etablierte mit ihm zusammen ein neues Parteibüro im Westen der Stadt. Nur dort konnte nun die Urabstimmung stattfinden. 82 Prozent der SPD-Mitglieder in den drei Westsektoren befürworteten zwar eine allgemeine Zusammenarbeit mit den Kommunisten, lehnten jedoch die geforderte sofortige Verschmelzung mit der von Moskau abhängigen KPD ab. Damit war die Berliner SPD, im Osten durch Otto Grotewohl und Max Fechner repräsentiert, gespalten. Unter Führung von Franz Neumann gehörte Louise Schroeder dann zusammen mit Swolinzky zum Vorstand der (West-)Berliner SPD, die einen leidenschaftlichen Wahlkampf gegen die Verschmelzung mit der KPD und für eine unabhängige SPD führte. Ihnen war klar, daß die Kommunisten in einer vereinten Partei allein ihre mit dem Sowjets abgestimmte Politik durchsetzen und sozialdemokratische Überzeugungen ignorieren würden. Obwohl die Sozialistische Einheitspartei Deutschlands, die SED, unterstützt von den Sowjets, in ihrem Wahlkampf die Berliner mit Verlockungen und Drohungen zu beeinflussen versuchte, wählten diese am 20. Oktober 1946 bei einer Wahlbeteiligung von 92,3 Prozent zu 48,7 Prozent sozialdemokratisch. Die von dem Altkommunisten Wilhelm Pieck und dem Vorsitzenden der SPD in der sowjetisch besetzten Zone (SBZ), Otto Grotewohl, unter dem Schirm der Sowjets geschaffene vereinigte SED wurde mit 19,8 Prozent hinter der CDU mit 22,2 Prozent nur drittstärkste Partei. Die LDP erhielt 9,3 Prozent. (Siehe dazu auch die Porträts von Arthur Werner und Otto Ostrowski.)

Louise Schroeder hatte zum erfolgreichen Wahlergebnis für die SPD beigetragen und wurde vom Stadtverordnetenvorsteher Dr. Otto Suhr, der auch Generalsekretär der Westberliner SPD war, gefragt, ob sie im Groß-Berliner Magistrat ein Bürgermeisteramt annehmen würde. Zunächst zögerte sie wohl, weil sie nicht wußte, ob sie sich ein solches Amt zutrauen durfte, und auch, weil sie schon von ihrer Vaterstadt Hamburg eine politische Aufgabe angeboten bekommen hatte. Ihr Mentor Otto Suhr, mit dem zusammen sie auch Lizenzträgerin des neuen Parteiorgans *Der Sozialdemokrat* war, konnte sie jedoch schließlich für den neuen Berliner Magistrat gewinnen, und damit begann ihr außerordentlicher politischer Weg in hohe Verantwortung, den vor allem auch die Berliner Frauen mit Sympathie verfolgten.

Von ihrem gesellschaftlichen und sozialen Engagement in der Weimarer Zeit, ihrer stillen, unangepaßten Zurückgezogenheit im Hitlerregime bis zur Solidarität mit den Trümmerfrauen Berlins ließ sich bei der ledigen, zarten und doch eindrucksvoll entschlossenen Frau eine gerade, klare Linie ihres Lebens ziehen. Als Bürgermeisterin unter ihrem SPD-Genossen Oberbürgermeister Otto Ostrowski waren ihr zunächst vorwiegend alle sozialen Ressorts einschließlich der Flüchtlingsfragen und im Hunger- und Kältewinter 1946/47 die Nahrungsmittel- und Brennmaterialzuteilung zugeordnet worden.

Nachfolgerin Ostrowskis - anstelle von Ernst Reuter

Als Louise Schroeder dann zuerst im Frühjahr 1947 provisorisch - in der Nachfolge des von der SPD selbst zurückgezogenen Oberbürgermeisters Ostrowski - und später im Sommer 1947 anstelle des von den Sowjets nicht akzeptierten, obwohl demokratisch gewählten Oberbürgermeisters Ernst Reuter endgültig mit der Führung Groß-Berlins betraut wurde, begann für die Stadt gerade eine lange Leidensgeschichte. In den Jahren 1947/48 nahm der Prozeß der Spaltung seinen Anfang, der knapp fünfzehn Jahre später, 1961, mit dem Bau der Mauer durch Berlin und der Stacheldrahtgrenze durch Deutschland endgültig vollzogen sein sollte.

Durchaus in Erkenntnis dieser voraussehbaren Konsequenzen waren 1947 von Deutschen in Berlin und auch international von den Siegermächten viele Versuche unternommen worden, um die Teilung Berlins und Deutschlands zu vermeiden. Aber sowohl die Moskauer Friedenskonferenz vom April 1947 als auch die Pariser Folgekonferenz vom Juni 1947 blieben ergebnislos. Der CDU-Vorsitzende für Berlin und die SBZ, Jakob Kaiser, unternahm zusammen mit dem bayerischen CSU-Vorsitzenden Dr. Josef Müller („Ochsensepp") verzweifelt mehrere Versuche, die sich abzeichnende Spaltung Deutschlands aufzuhalten. So bemühte er sich etwa um eine gesamtdeutsche Allparteienkonfernz, eine Interzonenarbeitsgemeinschaft der CDU/CSU (der sich der CDU-Vorsitzende der britischen Zone, Konrad Adenauer, widersetzte), und dann schließlich um eine gesamtdeutsche Ministerpräsidentenkonferenz in München. Alle diese Versuche blieben letzten Endes ergebnislos. Die fünf Ministerpräsidenten der SBZ (Brandenburg, Sachsen, Thüringen, Sachsen-Anhalt, Mecklenburg-Vorpommern) erschienen zwar in München, stellten

Die amtierende Oberbürgermeisterin an ihrem Schreibtisch, mit Stadtverordnetenvorsteher Dr. Otto Suhr, 1947.

aber unverzüglich, wie vorher mit den Sowjets vereinbart, unakzeptable Forderungen und reisten danach sofort wieder ab. Louise Schroeder mußte auf dieser Ministerpräsidentenkonferenz Berlin erstmals außerhalb der Stadt vertreten. Sie erreichte immerhin durch ihre eindringliche Schilderung der Unterernährung der Berliner, daß die Stadt offiziell zum Notstandsgebiet erklärt wurde, und sie drückte angesichts der politisch gescheiterten Konferenz ihre Zuversicht aus, daß „vielleicht doch der Tag komme, wo sich die Vertreter aller deutschen Länder in Berlin wiedertreffen".

Die erste Bewährungsprobe nach außen hatte sie bestanden, aber im Magistrat selbst war ihre Lage kompliziert, denn ihr Parteifreund Ernst Reuter fühlte sich als gewählter, wenn auch von den Sowjets nicht bestätigter Oberbürgermeister dazu legitimiert, im Hintergrund die Politik des Magistrats mitzugestalten, dem er als Stadtrat für Verkehr und Versorgungsbetriebe nach wie vor angehörte. Er ließ sich

Enthüllung einer Gedenktafel für den Widerstandskämpfer Wilhelm Leuschner an dessen letztem Wohnhaus in der Bismarckstraße 84. Louise Schroeder bei ihrer Ansprache, September 1947.

z. B. Visitenkarten mit der Aufschrift drucken: „Der gewählte, aber nicht bestätigte Oberbürgermeister Berlins".

In Marthina Koerfers nuancierter und sehr lesenswerter Biographie von Louise Schroeder, der ich viele Angaben verdanke, heißt es u. a. zu diesem sensiblen Verhältnis: „Für Ernst Reuter war Louise Schroeder keine wirkliche Konkurrenz. Vielmehr konnte er hinter den Kulissen ungefährdet die Rolle des 'heimlichen Königs von Berlin' weiterspielen - was vor allem im Blockadejahr deutlich wurde - und nach außen zugleich als Helfer von Louise Schroeder, der körperlich schwachen und doch so tapferen Frau, erscheinen." Auch parteiintern hatte Ernst Reuter die Fäden immer fester in seine Hand genommen und bestimmte fortan den Kurs. Louise Schroeder fügte sich, wehrte sich aber in Magistratsangelegenheiten, wo es ihr richtig erschien. Als sie beispielsweise wegen Arbeitsüberlastung die Zuständigkeit für die Polizei ihrem ersten Stellvertreter, dem Bürgermeister Dr. Ferdinand Friedensburg von der CDU, übertrug und diese Entscheidung wieder rückgängig gemacht werden sollte, bestand sie energisch auf ihrer Entscheidung zugunsten Friedensburgs und ließ daran nicht rütteln. Einen offenen Streit mit Louise Schroeder konnte sich die SPD nicht leisten, also lenkte sie ein.

Die Spaltung Berlins bahnt sich an

Das Verhältnis zwischen dem sowjetisch besetzten, von der SED beherrschten Ost-Berlin und dem Westen Berlins wurden immer schwieriger. Zahlreiche Entführungen mißliebiger Personen vom Westen in den Ostsektor, willkürliche Absetzungen von demokratisch gewählten Politikern im Ostsektor und Bespitzelungen vergifteten die Atmosphäre im gesamtberliner, im Ostsektor residierenden Magistrat und auch in der Stadtverordnetenversammlung. Die Sowjets forcierten die Entwicklung ihres Sektors zur Zentrale eines künftigen sowjetzonalen Staatsgebildes. Die Parteien in der SBZ und im Ostsektor Berlins wurden gleichgeschaltet. Massenorganisationen wurden gebildet und von den Kommunisten dirigiert. Zugleich versuchten die Sowjets und ihre deutschen Helfer, sich die Stadtverordnetenversammlung und den Magistrat gefügig zu machen. Wer keine Änderungen mehr erhoffte und nicht mitmachen wollte, ging in den Westen. Die Truman-Doktrin zur Eindämmung der sowjetischen Expansionspolitik und der Marshallplan zum Wiederaufbau Europas spitzten die Lage weiter zu und zwangen zur Entscheidung für den Osten oder den Westen, für Kommunismus oder Demokratie. Eine Entscheidung, die in Berlin längerfristig die Spaltung der Stadt bedeutete.

Louise Schroeder, wie auch Ferdinand Friedensburg und viele andere in allen demokratischen Parteien, wollte sich mit dieser Konsequenz nicht ohne weiteres abfinden und bemühte sich redlich, in Berlin und in Deutschland die Einheit so lange wie möglich zu erhalten. Die Oberbürgermeisterin geriet dabei verschiedentlich in Bedrängnis. Normalerweise vermied sie es, zu nationalen oder internationalen Fragen Stellung zu nehmen, und wenn sie doch dazu genötigt war, formulierte sie ihre Meinung unpolemisch, zwischen Ost und West Brücken schlagend.

Der Kampf um die neue Währung

Als die Westmächte im Interesse der wirtschaftlichen Gesundung der drei Westzonen in Deutschland die Währungsreform vorantrieben, plädierte Louise Schroeder noch im Mai 1948 vor dem Städtetag in Frankfurt, auf jeden Fall dafür zu sorgen, „daß die Reform uns nicht noch mehr trennt. Das ist nicht nur eine Sorge für Berlin, sondern für ganz Deutschland". Wie Friedensburg setzte sie sich für eine gesamtdeutsche Währungsreform ein, weil logischerweise zwei Währungsgebiete in Deutschland die Teilung besiegelten. Aber die westlichen Alliierten hatten schon mehrere Monate lang vergeblich versucht, mit den Sowjets eine Einigung über eine gemeinsame Währungsreform zu erreichen. Dem Erfahrungssatz folgend: Wer die Währung hat, der hat auch die Macht, wollte keine Seite die Macht teilen, und Berlin saß mitten drin. Die Berliner SPD forderte, die deutsche Währungseinheit zu erhalten oder wenigstens eine gemeinsame Berliner „Bärenmark" zu schaffen, aber Ernst Reuter, unterstützt vom sozialdemokratischen Wirtschaftsstadtrat Gustav Klingelhöfer, setzte sich vehement für die Einbeziehung wenigstens West-Berlins in die westdeutsche Währungsreform ein. Für die Sowjets bedeutete eine derartige Entscheidung den casus belli. In Vorahnung dieser Entwicklungen hatten sie im Frühjahr 1948 als Warnung mehrfach die Zugangswege von und nach Berlin verstärkten Kontrollen unterworfen oder zeitweise ganz gesperrt. Aus Protest gegen die Absicht der Westmächte, in den drei Westzonen eine verfassungsgebende Versammlung (den „Parlamentarischen Rat") einzuberufen, waren die Sowjets auch bereits protestierend aus dem Alliierten Kontrollrat ausgeschieden.

Am 20. Juni 1948 wurde in Westdeutschland die weitgehend von Ludwig Erhard mitkonzipierte und erfolgreich umgesetzte Währungsreform von der ziemlich wertlosen Reichsmark auf die neue Deutsche Mark vollzogen. Der sowjetische Marschall Sokolowski stellte dazu in einem Schreiben fest, Berlin sei „wirtschaftlich ein Teil der sowjetischen Besatzungszone" und deshalb könne dort auch „nur eine Währung im Umlauf" sein. Die Westmächte wiesen diese Interpretation sofort zurück. Der amerikanische Militärgouverneur Lucius D. Clay wollte andererseits aber keinen Krieg mit den Sowjets provozieren - den er in diesem Zusammenhang nicht ausschloß - und hatte deshalb Berlin zunächst bewußt aus der westlichen Währungsreform ausgeklammert. Am 23. Juni 1948 bestellte die sowjetische Zentralkommandantur die Oberbürgermeisterin zur Entgegennahme eines Befehis ins Stadthaus. Frau Schroeder forderte Friedensburg auf, sie zu begleiten. Stundenlang ließ man die beiden warten. Weil sie sie nicht wohl fühlte, ging sie um Mitternacht nach Hause und bat Friedensburg, den Befehl in ihrem Namen entgegenzunehmen, was dann schließlich um 0.30 Uhr geschah. Der sowjetische Befehl betraf die Währungsumstellung auf Ostmark in der sowjetischen Besatzungszone einschließlich Groß-Berlins mit bevorzugten Umtauschquoten für die sowjetischen Aktiengesellschaften, für Parteien und Gewerkschaften. Die Russen wollten mit der Einheitswährung ganz Berlin schlucken. Friedensburg sollte den Befehl bis morgens um 6.00 Uhr für ganz Berlin bekanntmachen. Seine Frage, was die Berliner Verwaltung tun solle, wenn die drei Westmächte sich weigerten, die neue Ostwährung in ihrem Stadtgebiet einzuführen, blieb unbeantwortet. Tatsächlich erklärten die drei westlichen Stadtkommandanten dann die sowjetischen Anweisungen über die Einheitswährung in ihren Sektoren sofort für ungültig. Mit Wirkung vom 25. Juni wurde Westberlin dann erlaubt, sich der Währungsumstellung Westdeutschlands anzuschließen. Damit wurde Berlin währungspolitisch und mit weitgehenden Konsequenzen geteilt, aber gleichzeitig existenzsichernd mit Westdeutschland verbunden.

Eine außerordentliche Stadtverordnetenversammlung, die am 23. Juni von Otto Suhr zur Währungsproblematik einberufen worden war, konnte nicht termingemäß beginnen. Von den Kommunisten organisiert, kamen mehrere hundert Demonstranten auf Lastkraftwagen

23. Juni 1948: SED-Demonstranten dringen zu Beginn einer außerordentlichen Stadtverordnetensitzung zur Währungsproblematik in das Stadthaus ein und verhindern zunächst den Beginn der Beratung. Oberbürgermeisterin Louise Schroeder fordert zum Verlassen des Saales auf, rechts neben ihr Stadtverordnetenvorsteher Dr. Suhr, dahinter die Vertreter der Alliierten.

angerückt und besetzten gewaltsam das Stadthaus und den Plenarsaal. In Sprechchören forderten sie „eine einheitliche Währung für Berlin". Otto Suhr und Louise Schroeder versuchten, die Menge zu beruhigen und zum Verlassen des Plenarsaals zu bewegen, aber sie wurden niedergeschrien, einzelne Abgeordnete wurden sogar tätlich angegriffen. Die Polizei unter Befehl des kommunistischen Polizeipräsidenten Markgraf griff nicht ein. Schließlich räumten die Demonstranten unter Absingen der Internationale das Haus, und die Sitzung konnte eröffnet werden. In einem Beschluß forderten die Stadtverordneten dann gegen die Stimmen der SED die Gültigkeit beider Währungen in Berlin.

West-Berlin-Blockade und Luftbrücke

Sofort nach Einführung der D-Mark in den Westsektoren Berlins verfügten die Sowjets wegen angeblicher Kohleknappheit eine Stromsperre für West-Berlin. Zugleich wurde wegen „technischer Störungen“ der Personen- und Güterverkehr auf Straße und Schiene zwischen Berlin und Helmstedt unterbrochen. Auch die Wasserwege wurden geschlossen. Die Blockade West-Berlins nahm ihren Anfang. Die Berliner sollten in die Knie gezwungen werden. Durch permanente Stromabschaltungen, Nahrungsmittel- und Kohlerationierungen begann eine opferreiche Zeit, aber der amerikanische Präsident Truman und sein Militärgouverneur in Deutschland, General Lucius D. Clay, ließen die Berliner nicht im Stich. General Clay hatte seine Landsleute mehrfach energisch davor gewarnt, sich aus Berlin zurückzuziehen. In einer Telefonkonferenz zwischen Berlin und Washington erklärte er: „Wenn Berlin fällt, wird Deutschland als nächstes an die Reihe kommen. Wenn wir Europa gegen den Kommunismus halten wollen, dürfen wir nicht weichen ...“ Seine Warnung zeigte Erfolg. Die Amerikaner begannen in einer welthistorisch einmaligen Leistung mit der Versorgung der Millionenstadt Berlin aus der Luft und schufen sich mit dieser Luftbrücke ein Denkmal, das bei den meisten Berlinern politisch und moralisch unvergessen ist. Mit der Luftbrücke begann ein neues Kapitel im Nachkriegsverhältnis insbesondere zwischen den Deutschen und den Amerikanern, und die Westberliner rückten untereinander wie in einer Schicksalsgemeinschaft enger zusammen.

Den mehr oder weniger verdeckten Aufforderungen der Sowjets an die Amerikaner, Berlin zu verlassen, da der Alliierte Kontrollrat nicht mehr funktioniere, setzte Washington, auch zur Beruhigung der Berliner, unzweideutige Versicherungen entgegen. Präsident Truman erklärte, das Verbleiben der amerikanischen Besatzungstruppen in Berlin stehe außer Frage. Außerdem ordnete er die Entsendung von Flugzeugen des Typs B-29 nach Deutschland an, die als Atombomber bekannt waren. Auch die Briten und Franzosen bekräftigten ihre Berlin-Präsenz und ihre Beteiligung an der Luftbrücke. Im Unterschied zu den Landverbindungen von und nach Berlin waren die Luftkorridore völkerrechtlich verbindlich abgesichert.

Louise Schroeder nannte man in der Zeit der Berliner Blockade liebevoll „Mutter Berlin“, weil sie in den immer problematischer werdenden Spannungen zwischen Ost und West den Menschen der Stadt zu helfen und diese zu trösten versuchte. Allerdings eckte sie mit ihrem beharrlichen Eintreten für den Brückenschlag auch an. Als den westdeutschen Ministerpräsidenten von den westalliierten Militärgouverneuren die Aufforderung zur Bildung eines Dreizonenstaates mit vorausgehender Ausarbeitung einer Verfassung übermittelt wurde, trafen sich die Länderchefs auf dem Rittersturz bei Koblenz zur Beratung. Louise Schroeder vertrat Berlin und appellierte an ihre Kollegen, auch mit Rücksicht auf die Einheit Berlins mit den übrigen Zonen, „nichts Endgültiges und Unwiderrufliches" zu beschließen, sondern den provisorischen Charakter aller Entscheidungen in den Vordergrund zu stellen. Diese Argumentation entsprach auch einer früheren Lagebewertung der SPD, aber die Entwicklung zwischen Ost und West hatte sich neu zugespitzt und verlangte nun klare Bekenntnisse.

General Clay soll über Louise Schroeders Äußerungen während der Konferenz auf dem Rittersturz sehr verärgert gewesen sein und die Frage aufgeworfen haben, ob bei einer derartigen deutschen Einstellung die Luftbrücke noch aufrechtzuerhalten sei. Kurz, man sprach von einem „Rittersturz-Debakel" der Berliner Oberbürgermeisterin. Um die Verständigung, insbesondere mit den Amerikanern, wieder herbeizuführen, wurde zur Nachfolgekonferenz der Ministerpräsidenten in Rüdesheim für Berlin nicht mehr Louise Schroeder, sondern Ernst Reuter entsandt, „ohne Frau Schroeder in irgendeiner Weise desavouieren" zu wollen, wie man versicherte. Clay hatte es allerdings schon in der Vergangenheit vorgezogen, mit Ernst Reuter und nicht mit Louise Schroeder zu konferieren, wenn er wissen wollte, wie die Berliner dachten und ob sie im Ernstfall in Kauf nehmen würden, sogar kämpfen zu müssen. Reuter setzte sich dann in Rüdesheim energisch für die westdeutsche Staatsgründung ein, weil nur so auf die Dauer wirtschaftlich und politisch die Anziehungskraft geschaffen werde, die eines Tages zur Wiedervereinigung Deutschlands führen könne.

Ferdinand Friedensburg

Louise Schroeder erkrankte in der Folgezeit schwer und zog sich für mehrere Monate nach Hamburg zur Erholung zurück. Ihre Funktion übernahm in einer turbulenten Zeit ihr Stellvertreter, Bürgermeister Dr. Ferdinand Friedensburg von der CDU. Daß die SPD in dieser

Louise Schroeder und Dr. Ferdinand Friedensburg, 1947.

Phase die Besetzung der Spitzenposition in Berlin durch einen CDU-Politiker hinnehmen mußte, war ihr nicht angenehm. Tatsächlich profilierte sich Friedensburg dann aber sehr rasch durch mutiges Verhalten gegenüber den sich steigernden Pressionen der sowjetischen und deutschen Kommunisten. Ein Jahr älter als Louise Schroeder, stammte er aus Schweidnitz in Schlesien. Sein Großvater war Oberbürgermeister von Breslau, sein Vater Senatspräsident. Ferdinand Friedensburg wurde 1925 Vizepräsident der Berliner Polizei, von 1927 bis zu seiner Amtsenthebung durch die Nazis amtierte er als Regierungspräsident in Kassel. 1945 gehörte er zu den Mitbegründern der CDU in Berlin, zusammen mit Jakob Kaiser, Andreas Hermes, Walther Schreiber und anderen.

Als Bergfachmann war Friedensburg 1945 zum Präsidenten der Zentralverwaltung für die Brennstoffindustrie in der sowjetischen Besatzungszone (SBZ) ernannt worden. Zu diesem Amt gehörte auch die Kontrolle der Bergakademie Freiberg. Im September 1946 enthob man ihn jedoch auf Befehl des Chefs der sowjetischen Militärverwaltung in Deutschland seines Postens. Er besaß also Erfahrung im Umgang mit den Kommunisten, und er scheute die Konfrontation nicht. Allerdings wurde die Lage des von ihm kommissarisch geführten Magistrats immer brenzliger. Im Ostsektor waren zahlreiche sozialdemokratische Amtsträger, darunter die Bezirksbürgermeisterin Ella Kay, von der sowjetischen Kommandantur unter diversen Vorwänden entlassen worden.

Am 26. Juli 1948 suspendierte Bürgermeister Friedensburg den kommunistischen Polizeipräsidenten Paul Markgraf „wegen fortgesetzter, verfassungswidriger Maßnahmen und fortgesetzter Weigerung, Weisungen des Magistrats auszuführen". Markgraf hatte willkürlich Polizisten, die sich zum Westen bekannten, entlassen und neue eingestellt. Insbesondere bei der Besetzung des Stadthauses durch die Demonstranten am 23. Juni hatte er nicht die Weisungen des Magistrats befolgt, sondern „Beihilfe zum Landfriedensbruch", so Friedensburg, geleistet.

Zum neuen Polizeipräsidenten ernannte der Magistrat Dr. Johannes Stumm. Die Folge war das übliche Zusammenspiel der deutschen Kommunisten mit ihren sowjetischen Schutzherren. Stadtkommandant Kotikow lehnte die Suspendierung Markgrafs und die Ernennung von Dr. Stumm ab und verfügte dessen sofortige Entlassung. Die westlichen Besatzungsmächte wiederum bestätigten die Suspendierung von Markgraf und die Berufung von Dr. Stumm. Die sowjetische Entlassung Stumms setzten sie für ihre Sektoren außer Kraft. Da sich aber Markgraf trotz rechtsgültiger Weisung des Magistrats weigerte, sein Amt abzugeben und das Polizeigebäude zu verlassen, entschloß sich der Magistrat, das Berliner Polizeipräsidium aus dem Ostsektor (Elsässer Straße) in den amerikanischen Sektor zu verlegen, in die Friesenstraße.

Beide Polizeipräsidenten erklärten fortan jeweils die Anordnungen des anderen für ungültig, d. h. Markgrafs Polizeigewalt beschränkte sich mit Hilfe der Besatzungsmacht auf den Sowjetsektor, und Dr. Stumms Anordnungen erstreckten sich auf die drei Westsektoren. Als sich etliche Polizisten aus dem Ostsektor bei Dr. Stumm im Westsektor zum Dienst meldeten, ließ Markgraf sie verhaften. Die Lage eskalierte und die Spaltung der Stadt schritt weiter voran. Friedensburgs Appell an die Sowjets, „rechtzeitig Vorsorge zu treffen, daß das deutsche Volk später einmal in Freundschaft und mit einer gewissen friedfertigen Haltung an die Besatzungszeit zurückdenken kann",

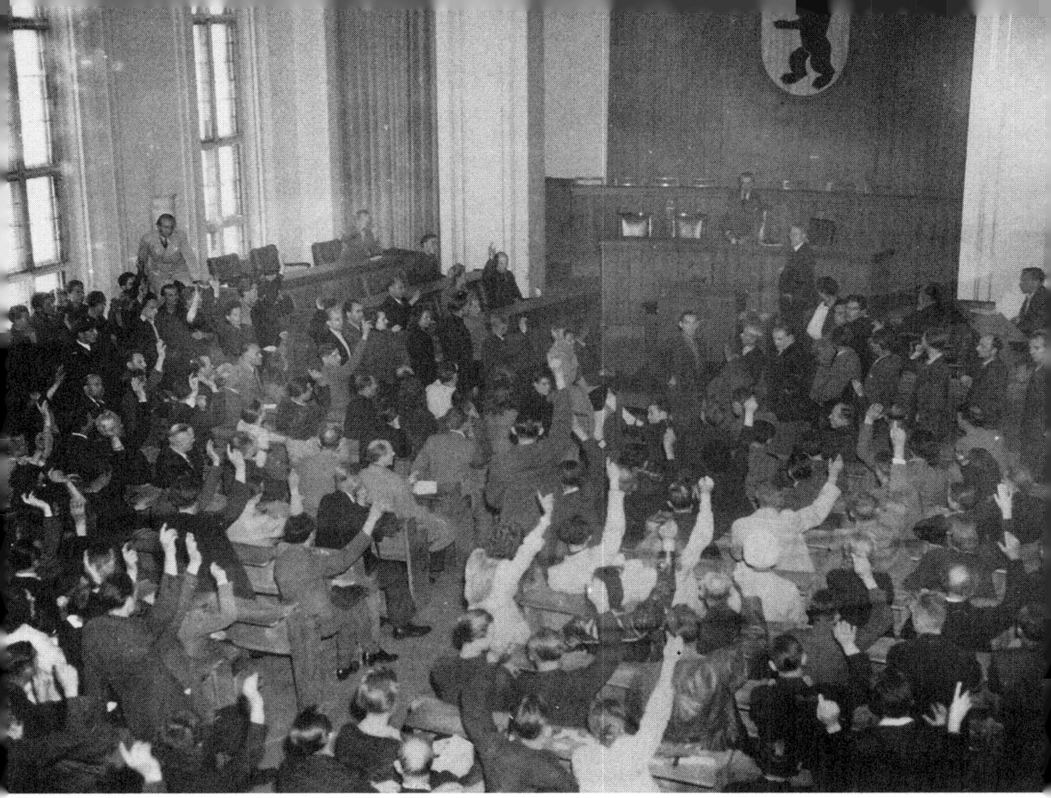

Dramatische Momente auf der letzten gemeinsamen Sitzung der Stadtverordneten, 26. August 1948. Demonstranten der SED sind erneut in das Stadthaus eingedrungen und bekunden ihrem Genossen Ottomar Geschke (im Präsidium stehend) Zustimmung beim Protest gegen die Suspendierung des kommunistischen Polizeipräsidenten Markgraf durch Bürgermeister Dr. Friedensburg.

hatte die gleiche Wirkung, die etwa ein Hund erfährt, wenn er den Mond anbellt.

Immerhin schlug Stalin Anfang August 1948 die Aufhebung aller Transportbeschränkungen von und nach Berlin, also die Aufhebung der Blockade vor, wenn in ganz Berlin die Ostwährung eingeführt und die beabsichtigte Regierungsbildung in Westdeutschland aufgeschoben werde; aber die Amerikaner gaben nicht mehr nach. Im Gegenteil, General Clay versicherte, daß er „notfalls die Kapazität der Luftbrücke auf täglich 10.000 Tonnen steigern“ könne, und er äußerte sich voller Respekt über die Standhaftigkeit der Berliner Bevölkerung.

Anhänger der SED haben sich am 26. August 1948 zum wiederholten Male vor dem Stadthaus in der Parochialstraße versammelt und blockieren den Eingang.

Im sowjetischen Sektor, dem Sitz des Magistrats, nahmen indessen die Versuche der SED zu, die Verwaltung gegen den Wählerwillen vom 20. Oktober 1946 an sich zu reißen. Am 26. und 27. August 1948 wurden wieder Kolonnen von kommunistischen Demonstranten Richtung Stadthaus in Marsch gesetzt, um auf die Stadtverordnetenversammlung und den Magistrat Druck mit dem Ziel auszuüben, eine einheitliche Währung in Berlin durchzusetzen und den kommunistischen Polizeipräsidenten Markgraf wieder formell in sein Amt einzusetzen. Viele Abgeordnete konnten das Stadthaus nicht mehr betreten. Ein sowjetischer Verbindungsoffizier ließ gegen die Anordnung von Dr. Friedensburg das Hauptportal öffnen, um die Demonstranten in den Plenarsaal einzulassen. Der SED-Fraktionsvorsitzende Litke eröffnete dort eine „öffentliche Versammlung der Arbeiterklasse". In seiner Ansprache prophezeite er der Bevölkerung in den Westsektoren „Hunger, Elend und Tod", wenn sie ihre Lebensmittel nicht im Sowjetsektor bezögen. Durch die Hilfe der Sowjetunion und der osteuropäischen Völker sei die Versorgung ganz Berlins gesichert.

Gegenkundgebung von SPD, LDP, CDU und UGO vor dem Reichstagsgebäude zur Demonstration der SED vor dem Stadthaus, 26. August 1948.

Als sich Stadtverordnetenvorsteher Dr. Otto Suhr beim sowjetischen Kommandanten Kotikow darüber beschwerte, daß die parlamentarische Arbeit von der Polizei nicht geschützt werde und er die Bestätigung des parlamentarisch verabschiedeten Bannmeilengesetzes anmahnte, erwiderte Kotikow lakonisch, ob sich denn der sowjetische Kommandant etwa „in die Beziehungen des Magistrats zu den Berliner Arbeitern und Angestellten einmischen soll, die mit der Politik des Magistrats und der Stadtverordnetenversammlung unzufrieden sind". Auf einer interfraktionellen Besprechung erwogen daraufhin die Abgeordneten erstmals, die Stadtverordnetenversammlung nach Westberlin zu verlegen. Bürgermeister Friedensburg erklärte seinerseits, der Magistrat werde vor der Gewaltdrohung einer verschwindend kleinen Minderheit nicht kapitulieren.

Am 6. September 1948 sollte die nächste Stadtverordnetensitzung im Ostberliner Stadthaus stattfinden, aber kommunistische Demonstranten stürmten aufs Neue das Stadthaus. An diesem Tag war ich zu Besuch bei meinen Eltern in Spandau, und als Reporter der *Stutt-*

Freiheitskundgebung in West-Berlin gegen die Putschversuche der SED im Stadthaus und die sich anbahnende Spaltung der Stadt. Ernst Reuter hält am 9. September 1948 die Ansprache auf dem Platz der Republik, mit den historisch gewordenen Worten: „Völker der Welt, schaut auf diese Stadt . . .!“

garter Zeitung verschaffte ich mir Einlaß, um gegebenenfalls über die Ereignisse in der Stadtverordnetenversammlung zu berichten. Der Sitzungssaal war von den Demonstranten bereits besetzt. Zwei RIAS-Kollegen, die Tonaufnahmen machen wollten, wurden geschlagen, ohne daß Polizei oder ein Ordnungsdienst einschritten. SED-Abgeordnete hielten Propagandareden an die Demonstranten. Dr. Suhr hatte telefonisch mitteilen lassen, daß die Sitzung vertagt sei. Das Gebäude war aber inzwischen umstellt, und an den Ausgängen wurde kontrolliert. Im Stadthaus wurden mehrere Personen festgenommen, darunter auch einige meiner Journalistenkollegen. Schlägertrupps liefen durch das Gebäude. Ich war Zeuge, wie Bürgermeister Friedensburg mehrfach bei einem russischen Offizier protestierte und erklärte, daß es den Stadtverordneten nicht mehr zugemutet werden könne, im sowjetischen Sektor Berlins Sitzungen abzuhalten.

Wie würde ich hier wieder heil herauskommen? Auch amerikanische Verbindungsoffiziere befanden sich im Gebäude und lehnten die Aufforderung ab, das Haus zu verlassen. Von meinem Bruder, der in Stuttgart u. a. Korrespondent der amerikanischen *Neuen Zeitung* war, für die auch ich gelegentlich schrieb, besaß ich einen amerikanischen Presseausweis. Der war in diesem Moment meine Rettung, denn die Posten der Demonstranten hielten mich wohl für einen Amerikaner und ließen mich passieren.

Am frühen Abend eröffnete Dr. Suhr dann im Studentenbau am Steinplatz im britischen Sektor die Sitzung in Abwesenheit der SED-Fraktion, für die aber Plätze freigehalten wurden. In einer einstimmig angenommen Entschließung wurde gegen die „Sabotage der parlamentarischen Arbeit" durch die „putschistische Tätigkeit der SED wie vor 1933" protestiert, diesmal „unter Duldung der sowjetischen Besatzungsmacht". Außerdem wurde einstimmig beschlossen, in Berlin Neuwahlen der Stadtverordneten und der Bezirksverordneten durchzuführen, auch um den Ortswechsel vom Ostsektor in die Westsektoren zu legitimieren. Wenige Tage später protestierten etwa 300.000 Berliner in der bisher größten Freiheitskundgebung auf dem im amerikanischen Sektor gelegenen Platz der Republik vor dem Reichstag gegen die kommunistischen Putschaktionen und unterstützten damit den Auszug der Abgeordneten aus dem Ostsektor. Zu den Rednern gehörte Ernst Reuter. Er appellierte an die Weltöffentlichkeit mit dem berühmt gewordenen Satz: „Völker der Welt, schaut auf diese Stadt und erkennt, daß ihr diese Stadt und dieses Volk nicht preisgeben dürft, nicht preisgeben könnt!" Unmittelbar nach der Kundgebung kam es am Brandenburger Tor und auf dem Pariser Platz zu Zusammenstößen zwischen Ostberliner Teilnehmern und absperrender Polizei des sowjetischen Sektors (Markgrafpolizisten), die in die andrängende Menge schoß. Mehrere Personen wurden verletzt, ein 15jähriger Schüler starb auf dem Weg ins Krankenhaus.

Trotz der immer auswegloser werdenden Situation und des bereits erfolgten Umzugs der Stadtverordneten in den britischen Sektor hielt Bürgermeister Friedensburg weiter an der Präsenz des gesamtberliner Magistrats im Ostsektor fest. Als die Stadtverordneten allerdings mit großer Mehrheit - wegen seines undemokratischen Verhaltens - die Entlassung des SED-Stadtrats für Arbeit, Waldemar Schmidt, verlangten und Friedensburg ihn daraufhin aufforderte, sein Amt niederzulegen, weigerte sich der Kommunist schlicht, die Sitzung und sein Büro zu verlassen. Die Autorität des Magistrats war im sowjetisch besetzten und SED-beherrschten Sektor auf Null gesunken. Daraufhin zog auch der Magistrat mit mehreren Dienststellen in den bri-

Bundespräsident Prof. Theodor Heuss überreicht Louise Schroeder das Verdienstkreuz mit Stern des Verdienstordens der Bundesrepublik Deutschland, Januar 1952.

tischen Sektor und es war klar, daß nunmehr in den drei Westsektoren am 5. Dezember Neuwahlen stattfinden mußten.

Louise Schroeder war inzwischen aus ihren Krankheitsurlaub nach Berlin zurückgekehrt. Die Stadtverordnetenversammlung sprach ihr für ihre engagierte Arbeit einen außerordentlichen Dank aus. Ihr Vertreter, Ferdinand Friedensburg, wurde in diesen Dank nachdrücklich eingeschlossen.

Die 23 Stadtverordneten der SED, die ja den Umzug des Stadtparlaments in den Westen nicht mitgemacht hatten, inszenierten nun im Ostsektor eine Art Staatsstreich. Ein „Demokratischer Block", zu dem neben der SED auch Parteien gehörten, die ursprünglich demokratisch gewesen waren, nun aber die Vorherrschaft der Kommunisten akzeptierten, eröffnete am 30. November 1948 im Admiralspalast in der Friedrichstraße eine sogenannte außerordentliche Stadtverordnetenversammlung von Groß-Berlin. Im Saal waren über 1.600 Teil-

Der Regierende Bürgermeister Ernst Reuter gratuliert zum 65. Geburtstag, 2. April 1952. Dahinter der Alterspräsident des Deutschen Bundestages, Paul Löbe.

nehmer aus Betrieben und Massenorganisationen versammelt. Diese Versammlung war durch keinerlei Wahl legitimiert, sondern allein von den Kommunisten mit Hilfe der Sowjets zielgerichtet organisiert worden. Man erklärte den Schroeder/Friedensburg-Magistrat „wegen Mißachtung elementarer Lebensinteressen Berlins und seiner Bevölkerung“ für abgesetzt und beschloß gleichzeitig, „einen provisorischen demokratischen Magistrat“ zu bilden. Nach Ansprachen von Fried (CDU Ost), Schmidt (LDP Ost), August Burde (SPD Ost) und Robert Gropper (SED) „wählte“ diese kommunistische „Volksversammlung“ den Präsidenten des Landtags von Brandenburg, Friedrich Ebert, Sohn des ehemaligen deutschen Reichspräsidenten, „einstimmig“ zum Oberbürgermeister von Groß-Berlin. Da aber diese Wahl-Farce von den Westmächten natürlich nicht anerkannt wurde, beschränkte sich sein Amtsbereich auf den Ostsektor.

Bei den Neuwahlen am 5. Dezember 1948 in den Westsektoren Berlins erzielten die Sozaldemokraten bei einer Wahlbeteiligung von 86,3

Als erster Frau in der Geschichte der Stadt wird Louise Schroeder anläßlich ihres 70. Geburtstags die Ehrenbürgerschaft von Berlin zuerkannt, 2. April 1957. Der Regierende Bürgermeister Dr. Suhr bei Überreichung der Urkunde, dahinter v. l.: FU-Rektor Prof. Paulsen, Bundesminister Ernst Lemmer und Franz Neumann von der Berliner SPD-Spitze.

Prozent mit 64,5 Prozent einen ihrer bedeutendsten Wahlerfolge. Die CDU erhielt 19,4, die LDP 16,1 Prozent. Die SED hatte sich nicht beteiligt. Ernst Reuter wurde erneut zum Oberbürgermeister gewählt, und die Sowjets konnten nun seinen Amtsantritt nicht mehr verhindern. Louise Schroeder, „die sich durch die Art, wie sie ihr Amt geführt hat, einen Platz in den Herzen aller Berliner erworben" habe, forderte er auf, als stellvertretende Bürgermeisterin weiter in seiner Stadtregierung zu wirken. Sie blieb bis 1951 Bürgermeisterin und ging gleichzeitig für Berlin in den Bundestag. Im Winter 1956/57 erkrankte sie schwer. Am 2. April wurde ihr 70. Geburtstag gefeiert. Kurz danach starb sie. Sie wurde in Hamburg begraben. Als der Sarg die Zonengrenze passierte, säumten viele Menschen die Straßen, und selbst die Volkspolizei salutierte.

Zeittafel

1894	Am 12. September geboren in Bremen als ältestes Kind des SPD-Politikers und späteren Reichspräsidenten Friedrich Ebert.
1909 - 1914	Lehre und Gesellenzeit als Buchdrucker. Eintritt in die Sozialistische Arbeiterjugend und 1913 in die SPD.
1915 - 1918	Kriegsdienst in Frankreich und Rußland.
1919 - 1925	Redakteurstätigkeit bei der SPD-Presse, ab 1923 beim *Vorwärts*.
1926 - 1933	Chefredakteur der sozialdemokratischen *Brandenburger Zeitung* und SPD-Abgeordneter in Brandenburg/Havel, ab 1928 Stadtverordnetenvorsteher, zugleich Reichstagsabgeordneter der SPD.
1933	Juli: Verhaftung; bis Dezember in verschiedenen Konzentrationslagern.
1934 - 1939	Ohne feste Arbeit, Kontakt zu verschiedenen Widerstandsgruppen.
1939 - 1945	Kriegsdienst, ab 1940 im Reichsverlagsamt.
1945 - 1948	Ebert gehört zu den Sozialdemokraten, die sich für das Zusammengehen mit der KPD aussprechen und bekleidet ab 1946 hohe SED-Funktionen in der Mark Brandenburg.
1948	30. November: Ebert wird in Ost-Berlin zum „Oberbürgermeister von Groß-Berlin" gewählt. Damit ist die Spaltung des Magistrats vollzogen. Er bleibt knapp 20 Jahre Ostberliner Stadtoberhaupt.
1967	Juli: Der 73jährige Ebert übergibt sein Amt an Herbert Fechner. Weiterhin Mitglied des ZK der SED sowie des Staatsrats der DDR.
1979	Am 4. Dezember gestorben in Berlin.

Friedrich Ebert

Dezember 1948 - Juli 1967

Admiralspalast in der Friedrichstraße, 30. November 1948. Reichlich drei Monate nach der letzten, tumultartig verlaufenen Sitzung des gesamtberliner Magistrats im Stadthaus schafft die SED nun vollendete Tatsachen. Ihre Stadtverordneten versammeln sich, zusammen mit Berliner „Werktätigen“, und „wählen“ auf einer „Außerordentlichen Sitzung“ Friedrich Ebert zum Oberbürgermeister von Groß-Berlin - was nur heißen konnte: von Ost-Berlin. Die Spaltung des Magistrats war damit vollzogen, sechs Wochen später, am 18. Januar 1949, fand im Rathaus Schöneberg die Wahl Ernst Reuters zum Bürgermeister West-Berlins statt.

Friedrich Ebert und sein Magistrat regierten in den ersten sieben Jahren ihrer Amtszeit ohne eine gewählte Stadtverordnetenversammlung. Bis 1953 fungierte das Präsidium des „Demokratischen Blocks“ (d. h. die Berliner Vorsitzenden von SED und Blockparteien sowie diverser Massenorganisationen) unter Führung der SED als Kontrollorgan für den Oberbürgermeister. Erst im Oktober 1954 durften die Ostberliner dann ihr Stadtparlament wählen, über eine Einheitsliste, die 99,4 Prozent der Stimmen erhielt.

Der 1893 geborene älteste Sohn des ersten Reichspräsidenten der Weimarer Republik war 1913 in die SPD eingetreten und hatte von 1915 bis 1918 als Soldat am Ersten Weltkrieg teilgenommen. Ab 1919 arbeitete er als Redakteur bei verschiedenen Parteiblättern, darunter auch einige Zeit beim *Vorwärts*. Mitte der zwanziger Jahre wurde er Vorsitzender des SPD-Unterbezirks Brandenburg/Westhavelland und gehörte bis 1933 auch der SPD-Fraktion im Reichstag an. Wegen seines bekannten Namens schickten ihn die Nazis unmittelbar nach ihrer Machtergreifung für einige Monate ins KZ. Nach der Entlassung stand Ebert ständig unter Polizeiaufsicht, wurde 1939 zum Kriegsdienst in Polen eingezogen und war danach von 1940 bis Kriegsende im Reichsverlagsamt tätig. 1945 knüpfte er als Sekretär des SPD-

Spaltung des Magistrats. Am 30. November 1948 „wählt“ eine Außerordentliche Sitzung der Stadtverordneten der SED, unterstützt von ca. 1.500 Anhängern aus Betrieben, im Admiralspalast am Bahnhof Friedrichstraße (heute Metropol-Theater) Friedrich Ebert zum „Oberbürgermeister von Groß-Berlin“, was nur heißen konnte: von Ost-Berlin.

Bezirksverbands Brandenburg-Land an seinen früheren politischen Weg an. Ebert setzte sich zunächst für den Wiederaufbau seiner Partei, dann für den Zusammenschluß mit der KPD ein.

Am 10. und 11. Februar 1946 beriet sich der Zentralausschuß der SPD mit den Landesvorsitzenden, unter ihnen Ebert, über die Vereinigung von SPD und KPD. Einerseits erkannten die Genossen, daß das Politikverständnis von Sozialdemokraten und Kommunisten unvereinbar war, andererseits fühlten sie sich von der Basis und der ostzonalen Parteiführung zu einem Entschluß gedrängt. Drei Wochen zuvor hatte die SPD bei Teilwahlen in Hessen 41,4 % , die KPD nur 4,6 % der Stimmen erhalten.

Otto Grotewohl, SPD-Vorsitzender im Osten, warf die Frage einer Vereinigung mit der KPD nur „in unserer Zone“ zwischen Ostern und

Ost-OB Ebert und sein Stadtrat für Wirtschaft, Karl Maron, beim Verlassen des Stadthauses nach der ersten Sitzung des neuen Ostberliner Separat-Magistrats am 1. Dezember 1948.

dem 1. Mai 1946 auf, andere wollten sich nicht in die Schablone der KPD pressen lassen. Sie plädierten für eine „Vereinigung mit Vorbehalt". Zwei Abstimmungen wurden nötig. Wie Friedrich Ebert bei der ersten votierte, ist nicht belegt. Bei der zweiten schloß er sich den anderen Landesvorsitzenden aus der SBZ an und stimmte für die Vereinigung. Am 21. April 1946 bildeten Pieck und Grotewohl in Berlin die SED. Friedrich Ebert wurde Mitglied des ersten Parteivorstands, danach des Zentralkomitees der Partei, was er auch nach seiner „Wahl" zum Ostberliner Oberbürgermeister blieb.

In seiner Antrittsrede im Admiralspalast hatte der neue Oberbürgermeister versprochen, er werde alles daran setzen, um die Einheit der Berliner Verwaltung wieder herzustellen. In Wirklichkeit vertiefte sich

Nationales Aufbauwerk der DDR. Oberbürgermeister Ebert im FDJ-Hemd beim Säubern von Ziegelsteinen auf einer Baustelle in der Stralauer Allee, 1950.

die Spaltung der Stadt mit jedem Tag mehr. Die Parlamentarier im Westteil der Stadt beanspruchten, für ganz Berlin zu sprechen, was auch Eberts „Verwaltung“ für sich in Anspruch nahm. Friedrich Ebert jun., der „blasse Mann mit dem über dem Doppelkinn ein wenig gedunsenem Gesicht“, amtierte wenig nahbar. Bei öffentlichen Auftritten tönt er oft mit abstrakter Polemik und allgemeiner Statistik. Er vertrat die Linie der SED, was neben anderem dazu führte, daß er den Kontakt mit seiner Familie in Westdeutschland abbrach. Sein

Bruder war Abgeordneter der SPD im württemberg-badischen Landtag. Seine Mutter, die Frau des ehemaligen Reichspräsidenten, traf er 1948 zum letzten Mal (sie starb dann 1954).

Für Ebert - wie auch für seine Ostberliner Nachfolger im Amt des Oberbürgermeisters - galt, daß er allein die Politik der SED durchzusetzen hatte. „Ex officio konnte er Grundfragen vorbereiten", schreibt Rainer Kubatzki dazu, „aber nicht selbst entscheiden. Seinen Handlungsspielraum gewährte ihm das Politbüro der SED, im Konkreten auch die Bezirksleitung der SED, bestimmt wurde er aber wohl von der sowjetischen Berlin-Politik, die ihre Vertreter vor Ort hatte."

Wenn Ebert in seiner Antrittsrede erklärt hatte, er wolle die Konfliktstoffe in der Stadt abbauen und beseitigen, so bedeutete dies in seiner Lesart selbstverständlich: unter den Vorzeichen der Arbeiter- und Bauernmacht, sprich, unter der Herrschaft selbsternannter SED-Kader.

Seine ersten Jahre als Ostberliner OB waren geprägt von zwei Dingen: dem Aufbau der zerstörten Stadt und der ständigen Konfrontation mit dem Westberliner Senat. Bei ersterem nutzte er seinen Handlungsspielraum voll aus. Ebert setzte sich für den Wiederaufbau von Brandenburger Tor und Rotem Rathaus, von Zeughaus und Staatsoper Unter den Linden ein. Oft sah man ihn auf den Baustellen, sein besonderer Ehrgeiz galt dem Wohnungsneubau im Rahmen des verkündeten „Nationalen Aufbauwerks" (NAW) der DDR. Damit hat er sich zweifellos Verdienste erworben.

Schon in seinem ersten Amtsjahr, 1948/49, machte Ebert mit einem Winternotprogramm deutlich, daß seine Politik „nicht nur auf den Ostsektor gerichtet" sei. Deshalb habe er Lebensmittel- und Kohlelieferungen für ganz Berlin bestimmt und auch den Westberliner Bezirksämtern angeboten.

Es sei also nicht Schuld seines Magistrats, wenn die Westberliner frieren müßten oder nicht genügend lange elektrisches Licht hätten. Zusätzliche Lebensmittel und Kohlen wurden an Bedürftige, Krankenhäuser, Kinderheime und Werksküchen verteilt. Mitte Januar 1949 mußte Ebert dann feststellen, daß die „Geister", die er rief, tatsächlich kamen. Inzwischen wurden 100.000 Westberliner mit Lebensmitteln und Kohle beliefert, immer mehr versorgten sich auch persönlich im Ostsektor. Das warf schwierige Verteilungsprobleme auf.

Ebert fühlte sich bei der Lösung durch Bürokraten in den Verwaltungen behindert und kümmerte sich persönlich um viele Details. Inzwischen stand seinem Magistrat das Wasser bis zum Hals. Er könne seine Aufgaben nicht allein lösen, signalisierte Ebert und wandte sich um Hilfe an die Partei. Die jedoch hatte nichts anderes zu bieten als eine noch festere Ausrichtung nach Osten, mit der KPdSU Stalinscher Prägung als Vorbild.

Der ehemalige Sozialdemokrat Ebert gehörte 1950 der Regierungsdelegation an, die zu Stalins 70. Geburtstag nach Moskau reiste. Dort begeisterte ihn der Wohnungsbau. Zurückgekehrt, schilderte er den Berlinern die Moskauer Fließbandmethode: eine Baukolonne schachte, die nächste mauere die Fundamente - so rücke man mit hohem Tempo stetig weiter. Der OB empfahl nicht nur die Übernahme dieser Technologie, sondern auch der Moskauer Architektur für die neu zu errichtende Stalinallee im Stadtbezirk Friedrichshain. Dort störte ihn der „noch immer . . . starke Einfluß des Dessauer Bauhausstils“. Ihn ärgerte der Mietskasernencharakter neuer Wohnhäuser, während ihn der „Zuckerbäckerstil“ Stalinschen Typs voller Fassadenornamentik und Kapitellen, den er in Moskau bewundert hatte, imponierte.

„Fort mit den Trümmern und was Neues hingebaut, um uns selber müssen wir uns selber kümmern, und heraus gegen uns, wer sich traut!“ hieß es trotzig in einem Aufbaulied aus dieser Zeit.

Die letzte Zeile richtete sich gegen die „amerikanischen Kriegshetzer“ und ihre „verbrecherischen Handlanger in Schöneberg“. Der kalte Krieg war in vollem Gange, in der Tat eine Periode gegenseitiger Schwarz-Weiß-Malerei. Aus Ost-Berlin tönte die Propaganda: Vollbeschäftigung (gleich welcher Effektivität) und wissenschaftliche Blüte im Osten - 300.000 Arbeitslose im Westen. Ein zusätzliches Aufbauprogramm und Preissenkungen im Osten - im Westen nicht einmal Mittel zur Enttrümmerung des Reichstagsgebäudes. Und in der „bankerotten Bundesrepublik“ (Ebert) stieg sogar der Zuckerpreis - natürlich „als Folge der Remilitarisierung“, die man im Westen heraufziehen sah. Für den Frieden und die Einheit (auch Berlins) kämpfte, nach eigener Auffassung, einzig die deutsche Arbeiterklasse, womit sich die SED selbst meinte. Es ging letztlich immer um die Vormacht dieser Partei und ihrer Führung, der Ebert angehörte. Und als Folge kehrten immer mehr skeptische Menschen der DDR und Ost-Berlin den Rücken und meldeten sich in den Westberliner Notaufnahmelagern.

Während Ebert zu diesem Vorgang schwieg, schob er den „Schwarzen Peter“ der immer tieferen Spaltung Berlins den Westmächten und den „Herren in Schöneberg“ zu. In Westberlin, so erklärte er, drohe eine Militärdiktatur, der Verrat an den Lebensinteressen der Berliner. Dieser Kurs trieb mitunter auch merkwürdige Blüten. So warnte Ebert etwa im August 1952 seinen Gegenspieler Ernst Reuter, die Neuköllner Kleingärtner stünden in ihrem Kampf gegen den „Frontstadtterror“ nicht allein. Was war geschehen?

Die Neuköllner Bezirksverwaltung unter Lipschütz hatte den Generalpachtvertrag für rund 10.000 „Laubenpieper“ gekündigt und neue Verträge in Aussicht gestellt. Ebert suggerierte von Ost-Berlin aus, nur mit willfährigen Reuter-Anhängern würden neue Pachtverträge abgeschlossen werden. Im Osten dagegen könnten 7.000 Westberliner in ihren Kleingärten auch weiterhin ungestört Ruhe und Erholung finden. Natürlich würden die Opfer der Jagd auf Laubenkolonien nicht ohne Laube bleiben, versprach der Oberbürgermeister. Auf Berlins größtem Richtfest, in der Stalinallee, stellte er kurz darauf die dort entstehenden ersten 2.100 Wohnungen dem Westberliner Wohnungsbauprogramm gegenüber. Dieses wäre, im Gegensatz zum „volkseigenen Wohnungsbau“, allein von der Marshallplanhilfe abhängig, da Privatgelder und Hypotheken für Wohnungsneubauten in Westberlin nicht aufzutreiben seien.

1953 stand die dritte Verwaltungsreform in Eberts Amtszeit an. Dem Parteitagsbeschluß zum Aufbau des Sozialismus gemäß, wurde dem Volk nun versichert, es würde künftig die Staatsgewalt selbst ausüben. Diese wäre nicht mehr in eine gesetzgebende, eine vollziehende und eine richterliche Gewalt aufgesplittert. In Wirklichkeit aber bedeutete der Beschluß allein die Festschreibung der führenden Rolle der SED in allen Bereichen der Gesellschaft.

Indes klangen in Eberts Rechenschaftsbericht über seine fünfjährige Amtszeit ungewohnt selbstkritische Töne an. Der Magistrat habe nicht alle Aufgaben erfüllt, er sei insgesamt zu sehr vom Leben isoliert gewesen. Mit der Verwaltungsreform würde er nun aber die politisch zuverlässigsten und fachlich qualifiziertesten Menschen in die Ämter holen. Diese Reform sicherte Ebert auch von unten ab. Sogenannte Haus- und Straßenvertrauensleute sollten zum Beispiel freie oder unterbelegte Wohnungen melden und „Initiativen bei der Abwehr feindlicher Einwirkungen“ entfalten. Sich aufdrängende Parallelen zu den Blockwaltern der NSDAP wies er vehement als vollkommen unberechtigt zurück.

Im April 1953 war die Katholische Kirche an der Reihe. Der Ostberliner Magistrat hatte alle Grundstücke, die Westberlinern oder

Westdeutschen gehörten, unter seine Kontrolle gestellt, darunter auch ein Altersheim der Kirche. Bischof Westkamms Protest nutzte nichts, Ebert blieb hart und verlangte die Räumung.

Das Warenangebot in Ost-Berlin und der DDR verschlechterte sich, es gab oft weder Fett noch Fleisch in den Geschäften. Einzelhändler mußten schließen, die Zahl der Republikflüchtigen nahm ständig zu. Am 28. Mai 1953 beschloß der Ministerrat der DDR, die Arbeitsnormen um rund 10 % zu erhöhen. Diese Maßnahme sollte in der staatlichen Industrie und in Berlin bis zum 30. Juni durchgesetzt sein. In vielen Bereichen war das Niveau der Vorkriegsproduktion noch nicht wieder erreicht worden. Die Arbeiter hatten versucht, ihre geringen Löhne durch kräftige Übererfüllung der Normen auszugleichen.

Die Folgen sind bekannt. Am 16. Juni marschierten vor allem Bauarbeiter der Stalinallee zum Haus der Ministerien in der Leipziger Straße. Erste Meldungen darüber strahlte der RIAS in Schöneberg um 13.30 Uhr aus. Sechs Stunden später informierte der Sender über die Forderungen der Arbeiter: die Löhne nach der alten Norm auszahlen, die Lebenshaltungskosten senken, freie und geheime Wahlen. Zu dieser Stunde saß das Ostberliner Parteiaktiv, saßen Ulbricht, Grotewohl und Ebert zusammen.

Bis 22.15 Uhr rangen sie sich zu der Erklärung durch, der Partei gehe es um eine ernstgemeinte Aussprache mit dem Volk und die Korrektur der „fehlerhaften Maßnahmen“. Kein Wort zu den Demonstrationen. Aber bereits die Entschlossenheit, bei weiterer Eskalation der Ereignisse die Sowjets um Eingreifen zu ersuchen.

Der Morgen des 17. Juni brach an, und mit ihm große Demonstrationen, Streiks, Unruhen und schließlich das Eingreifen sowjetischer Panzer. Bertolt Brecht sagte auf einer Vollversammlung seines „Berliner Ensembles“, dem Volk werde der Sozialismus verordnet wie Medizin. Ein Bühnenarbeiter rechnete vor: „Ich habe brutto 428 Mark, gehe mit 350 nach Hause, Miete 65 Mark, Wäsche 20, Licht 10 - also rund 100 Mark sind erst mal weg. Mit den Lebensmittelkarten sind wir ab dem 15. fertig.“

Einen Monat später teilte Ebert in einem ADN-Interview mit, was die Partei in Folge der Unruhen und Streiks schließlich zugestanden hatte: Teilrückgabe von beschlagnahmtem Privateigentum und von landwirtschaftlichen Betrieben, kurzfristige Kredite, Duldung kirchlicher Aktivitäten, verbesserte Gesundheitsfürsorge in den Betrieben, zusätzliche Industrieproduktion für den persönlichen Bedarf, mehr

Obst und Gemüse. Die Normerhöhung war schon vorher zurückgenommen worden. Dies alles sei eine Reaktion auf die „disziplinierte und staatsbewußte Arbeit der Werktätigen“.

Schließlich hätten, so Ebert dann auf einer Veranstaltung im November 1953, die „Arbeiter und Bauern im Bunde mit den sowjetischen Freunden die Kriegsbrandfackel westlicher Aggressoren ausgetreten“.

Dankbar vernahm Friedrich Ebert, der zwischen 1950 und 1958 auch Präsident der Gesellschaft für Deutsch-Sowjetische Freundschaft (DSF) war, den Vorschlag der Sowjetregierung, Deutschland ab 1. Januar 1954 von Reparationszahlungen und Schulden zu befreien. Die Geste stand im Zusammenhang mit dem Berliner Treffen der Außenminister der Siegermächte. Es verlief, ebenso wie die vorangegangenen Tagungen in London (1947) und Paris (1949 und 1951) ergebnislos.

Die Außenminister von USA, UdSSR, Großbritannien und Frankreich diskutierten (besser: tauschten Statements aus) über die deutsche Frage und die europäische Sicherheit. „Sie waren jedoch nicht imstande, sich in diesen Fragen zu einigen“, wie das Abschlußkommuniqué feststellte.

Eine Einladung vom Präsidenten des Westberliner Abgeordnetenhauses im Vorfeld der Konferenz wertete Ebert als Ablenkmanöver. Die Schöneberger hatten die ehemals dem gesamtberliner Stadtparlament angehörenden SED-Abgeordneten gebeten, die Plätze bei ihnen wieder einzunehmen und mitzuarbeiten. Einige von ihnen wollten tatsächlich auf Versammlungen in westlichen Stadtbezirken über die deutsche, demokratische Wiedervereinigung referieren, was ihnen natürlich im Zeichen des kalten Krieges untersagt wurde.

Am Abend des ersten Tages der Außenministerkonferenz orakelte Ebert im Ostberliner Friedrichstadtpalast vor 3.000 Zuhörern: „Alles wird dort (im Westen - d. A.) der Remilitarisierung, der Wiedererrichtung des Militarismus in Gestalt einer faschistischen Wehrmacht geopfert, die Einheit und der Friede . . .“ Verteuerungen und Arbeitslosigkeit seien die Folge. Und auf einer Veranstaltung des Berliner Friedensrates sagte der OB kurze Zeit später, das vereinte Deutschland werde eine „unteilbare Deutsche Demokratische Republik sein, von der Goethe bereits träumte.“

In seinem zehnten Amtsjahr wich Friedrich Ebert 1959 in einem diffizilen Punkt plötzlich von der offiziellen Linie der SED ab.

Oberbürgermeister Ebert und Baufachleute (2. v. l. Eberhard Gißke, später in der Ära Honecker Verantwortlicher für „Sonderbaumaßnahmen Berlin“) am Pariser Platz vor der wiederhergestellten Quadriga, August 1958. Kurz darauf bekam diese wieder ihren alten Platz auf dem Brandenburger Tor.

Anläßlich des 20. Jahrestags der Befreiung der Stadt verleiht OB Friedrich Ebert zehn hohen sowjetischen Militärs die Ehrenbürgerschaft von Ost-Berlin. Im Bild links Marschall Tschuikow, rechts Marschall Sokolowski. Die meisten dieser Ehrenbürgerschaften wurden nach 1990 aufgehoben.

Freimütig räumt er einem süddeutschen Zeitungsreporter ein, auch er fühle sich an den Viermächtestatus von Berlin gebunden. Auf dessen Respektierung lege die Sowjetregierung größten Wert. Damit hatte er indirekt ausgesprochen, daß es nur die Sowjets waren, die bisher die totale Trennung der Stadt verhindert hatten. Der Magistrat wollte schon damals die Sektorengrenze in der Richtung von Ost nach West sperren. Das Grenzgängertum, die Arbeit von Ostberlinern im Westteil der Stadt, sollte unterbunden werden. Dem Staat lief das Gefolge davon. Bis 1958 hatten bereits mehr als drei Millionen Ostdeutsche und Ostberliner ihre Heimat verlassen.

Im gleichen Jahr sprach Ebert vor schwedischen Journalisten in Stockholm über die Entwicklung seiner Stadt. Diese hatten erwartet, etwas über Handelsmöglichkeiten mit der DDR zu erfahren, statt des-

Auch nach Aufgabe des OB-Amtes weiter in hohen Funktionen:
Das Mitglied des ZK der SED und des Staatsrats der DDR, Friedrich Ebert, nimmt 1970 die Glückwünsche der Parteiführung zum 76. Geburtstag entgegen. V. l. die Politbüromitglieder Mittag, Lamberz, Norden, Stoph, Verner, Jarowinsky und Honecker sowie Partei- und Staatschef Walter Ulbricht.

sen mußten sie über lange Strecken Eberts politische Ergüsse zur „Berlin-Frage" hinnehmen. Erst zum Schluß kam er auf sein Thema der Stadtentwicklung: Fünfzehn Jahre nach Ende des Zweiten Weltkriegs, so habe die DDR-Regierung entschieden, solle nunmehr dem Zentrum Ost-Berlins ein „Metropolen-Gesicht" gegeben, vom Brandenburger Tor bis zum Strausberger Platz das Stadtinnere neu gestaltet werden. Daneben werde auch der Wohnungsbau unverändert fortgeführt .

Auf sowjetische Vorbilder angesprochen, meinte er, die Nachahmung des „Palastes der Glücklichen" in Leningrad sei nicht vorgesehen. (Die Eröffnung des „Palasts der Republik" in Berlin-Mitte konnte Friedrich Ebert schließlich 1976 noch miterleben.)

Dann änderten die Sowjets ihren Berlin-Kurs, es folgten Chruschtschows Ultimaten und schließlich der Mauerbau von 1961, den Ebert nachdrücklich unterstützte. Danach war er noch weitere sechs Jahre im Amt. Hin und wieder setzte er sich weiter mit den „Störenfrieden" in Schöneberg, der SPD-Führung unter Brandt und Wehner und der westdeutschen Kirche auseinander, als diese die Militärseelsorge wieder aufnahm.

1965 sprach der OB, inzwischen Mitglied des SED-Politbüros, der höchsten Führungsebene der DDR, von einer „Normalisierung" der Beziehungen zwischen der Regierung der DDR und dem Senat von West-Berlin. Seit vier Jahren war die Stadt auf Kosten der Berliner und ihrer persönlichen Beziehungen geteilt. Jetzt hatte es mit dem Passierscheinabkommen einen ersten Fortschritt gegeben. Die Sehnsüchte einfacher Menschen nach einem Wiedersehen nutzte Ebert geschickt aus. Würden in Westberlin - so drohte er auf einer Festveranstaltung zu Lenins 95. Geburtstag - Provokationen gegen die DDR geduldet, so „belaste" dies die Ausgabe von Passierscheinen für den Grenzübertritt.

1967 übergab der inzwischen 73jährige Friedrich Ebert das Ostberliner Spitzenamt an seinen langjährigen politischen Gefährten Herbert Fechner, dem er seit der gemeinsamen Zeit in der SPD ein „Lehrmeister" gewesen war. Noch kurz vor seinem Tode würdigte er 1979 wieder einmal die Vereinigung von SPD und KPD im Osten, die er als „Krönung seiner politischen Tätigkeit" ansah.

An seinem 85. Geburtstag blickte Ebert am 12. September 1979 auch auf seine Amtsjahre als Oberbürgermeister von Ost-Berlin zurück, als er sagte: „Fünfundachtzig Jahre, das ist, na es war erträglich, aber es war manchmal sehr schwer, besonders in den Jahren seit 1945 . . ." Knapp drei Monate später erlag der Ex-OB einem Herzversagen.

1973 hatte er vor der Interparlamentarischen Union (IPU) in Helsinki eine „Wendung" vom kalten Krieg hin zu Frieden und Zusammenarbeit in Europa konstatiert. Im Sommer des gleichen Jahres starb Walter Ulbricht. Damals mag Friedrich Ebert jun. sich wohl einen Augenblick lang gewünscht haben, in die Fußstapfen seines berühmten Vaters treten zu dürfen und als Staatsratsvorsitzender der DDR so etwas wie ein zweiter deutscher Präsident Ebert, wenigstens in der DDR, sein zu können. Wenn das so war, so war es ein unrealistischer Wunsch. Der neue Staatsratsvorsitzende hieß für kurze Zeit Willi Stoph, und dann bis zum Ende der DDR Erich Honecker.

Zeittafel

1889	Am 29. Juli geboren in Apenrade/Nordschleswig.
1908 - 1912	Studium der Philosophie und Sozialwissenschaften in Marburg und München.
1913 - 1915	Privatlehrer in Bielefeld, dort Eintritt in die SPD. Ab 1914 Geschäftsführer des Bundes „Neues Vaterland" in Berlin.
1916 - 1917	Kriegsdienst an der Ostfront, schwere Verwundung und russische Gefangenschaft. Unter dem Eindruck der Februarrevolution Anschluß an die Bolschewiki. Reuter lernt russisch und wird im Dezember 1917 von Lenin zum Volkskommissar der Wolgadeutschen Republik ernannt.
1918 - 1922	Rückkehr nach Berlin, Eintritt in die KPD und Parteiarbeit, ab 1920 Erster Sekretär der Stadtorganisation Berlin. Wegen „oppositioneller Meinungen" im Januar 1922 Ausschluß aus der KPD. Oktober: Wiedereintritt in die SPD.
1923 - 1925	Redakteur beim SPD-Zentralorgan *Vorwärts*.
1926 - 1930	Dezernent für Verkehr im Magistrat von Groß-Berlin.
1931 - 1932	Oberbürgermeister von Magdeburg. Mitglied der SPD-Fraktion im Reichstag.
1933 - 1935	Mehrfache Verhaftung, zweimal Einweisung in das KZ Lichtenberg. Mit Hilfe englischer Freunde 1935 Emigration nach Holland.
1936 - 1945	Berufung in die Türkei als Berater des Wirtschafts- und Verkehrsministers. Ab 1940 Professor an der Verwaltungsakademie Ankara.
1946	Rückkehr nach Berlin. Erneut Verkehrsdezernent, im Magistrat Ostrowski.
1947	24. Juni: Der von den Stadtverordneten gewählte Oberbürgermeister kann infolge sowjetischen Vetos das Amt nicht antreten. Louise Schroeder wird amtierender OB.
1949	18. Januar: Nach erneuter Wahl Oberbürgermeister, ab Januar 1951 Regierender Bürgermeister von West-Berlin.
1953	Am 29. September gestorben in Berlin.

Ernst Reuter

Januar 1949 - September 1953

Keinem Regierenden Bürgermeister haben die freiheitsbewußten Berliner so viel zu verdanken wie Ernst Reuter. In höchster Not, als die Sowjets durch die Straßenblockade gegen das nicht fügsame West-Berlin die nichtkommunistische Bevölkerung rücksichtslos aushungern und ohne Strom und Heizmaterial der Winterkälte preisgeben wollten, gelang es der außerordentlichen Überzeugungskraft dieses Ex-Kommunisten, die Opferbereitschaft und den Durchhaltewillen der von der Roten Armee eingeschlossenen Menschen zu mobilisieren und bis zum Ende zu stabilisieren. Gleichzeitig errang er die Achtung insbesondere der Amerikaner, die er unter der Führung von Lucius D. Clay dafür gewinnen konnte, zusammen mit den Engländern über eine monatelang anhaltende Luftbrücke eine Grundversorgung an Lebensmitteln und Brennstoffen sicherzustellen. In Spitzenzeiten landeten alle 62 Sekunden Transportflugzeuge auf dem Flughafen Berlin-Tempelhof.

Wenn man über die verschiedenen Stationen bis zum Zusammenbruch des Sowjetsystems in den 90er Jahren nachdenkt, gehört Reuters riskanter, aber erfolgreicher Kampf gegen die weitere Expansion des Kommunismus Ende der vierziger Jahre in Berlin zu den markanten Haltepunkten, an denen Stalins Offensive in Richtung Westen in Berlin gestoppt und eine Gegenoffensive eingeleitet wurde. Gewiß wäre dieser Widerstand ohne die Unterstützung der Truman-Regierung in Washington, die zu ihrem sowjetischen Anti-Hitler-Bündnispartner immer deutlicher auf Distanz ging, und ohne die Erkenntnis vor Ort in Berlin sowie ohne das Organisationstalent des amerikanischen Militärgouverneurs General Clay für die Luftbrücke nicht stark genug gewesen. Aber es ist auch belegt, daß Ernst Reuter den Amerikanern als Garant für die Entschlossenheit der Berliner galt, sich dem kommunistischen Druck zu widersetzen und in der

Bei der Einweihung des neubenannten Platzes der Luftbrücke mit alliierten Fliegern, 25. Juni 1949.

ideologischen Auseinandersetzung klar für die westliche Demokratie zu votieren.

Die Weltöffentlichkeit, die drei Jahre nach Kriegsende noch den Widerstand der Hitler-Wehrmacht in Berlin im Gedächtnis hatte, horchte auf. Clay war ursprünglich gegenüber dem national gesonnenen, charismatischen Ernst Reuter und seinem vieldeutigen Lebenslauf eher zurückhaltend und skeptisch, aber im Laufe der Zeit lernte er den profilierten Sozialdemokraten wegen seiner Kompetenz, seiner Verläßlichkeit und seiner eindeutigen Westorientierung immer mehr schätzen, und schließlich wollte er sich über Konfliktsfragen in Berlin nur noch mit ihm beraten. Auf die Frage Clays, ob denn die Berliner die nicht vermeidbaren Härten und Entbehrungen auf Dauer erdulden und klaglos hinnehmen würden, soll Reuter derartige Bedenken mit dem Satz zerstreut haben: „You worry about the airlift, let me worry about the Berliner."

Der amerikanische Hochkommissar John McCloy und Oberbürgermeister Reuter bei einem Besuch der Freien Universität in Dahlem, Oktober 1949.

„Die Zeit hatte in einer geschichtlich entscheidenden Stunde den Mann gefunden, der ihr gewachsen war", summierte später Richard von Weizsäcker als Bundespräsident das politische Lebenswerk des ersten „Regierenden" von Berlin zu dessen 100. Geburtstag im Juli 1989. Und Bundeskanzler Kohl erklärte: „Mehr als jeder andere wurde er zur Symbolfigur für den Freiheitswillen, die Unerschrockenheit und den unbeugsamen Geist der Berliner." Klaus Schütz, der Reuter im Amt und in der SPD persönlich erlebte, erinnerte sich in einem Gespräch mit mir an „die imposante Erscheinung", an „die Eindeutigkeit seines Standpunktes in der Frage der Einführung der Westwährung in Berlin bis zur Konsequenz der Blokkade" und an die klare Entscheidung zugunsten der Westbindung der Bundesrepublik. Für ihn, Schütz, dem engeren Mitarbeiter und Weggenossen Willy Brandts, war Ernst Reuter in Berlin die „beherrschende Figur der Nachkriegsjahre". Und Daniel Koerfer, der brillante, viele Quellen berücksichtigende Autor einer lesenswerten biographischen Studie über Ernst Reuter, vergleicht diesen in der Bedeutung im jeweiligen Land mit Churchill, de Gaulle und Ghandi. Jochen Vogel, einer der sozialdemokratischen Nachfolger Ernst Reuters, würdigte dessen politische Leistung mit zwei weiteren, die Nachkriegsentwicklung prägenden Hinweisen: „Ihm ist es zu verdanken, daß wir als Volk die von der Hitlerschen Gewaltherrschaft verschuldete Isolierung, die auch nach Kriegsende noch andauerte, alsbald überwinden konnten; und auch, daß aus Feinden des Zweiten Weltkrieges zunächst Partner, dann Freunde und schließlich Verbündete wurden." Und: „Die Luftbrücke, ohne die Berlin die Blockade nicht hätte überstehen können, war der sichtbare Ausdruck dieser Veränderung." Nach Meinung Vogels sollte Ernst Reuter deshalb „in einem Atemzug mit Konrad Adenauer und Kurt Schumacher genannt werden", also mit den zwei Nachkriegspolitikern Deutschlands, die maßgeblich für die Westbindung und für die Abgrenzung zur Moskau-hörigen KPD/SED sorgten.

Bei Ernst Reuter, der beide politischen Ziele engagiert verfocht, beeindruckte darüber hinaus seine visionäre Kraft mit außergewöhnlicher Wirkung auf seine Mitbürger. Nach der überstandenen Blockade West-Berlins im Mai 1949, also mehr als 40 Jahre vor dem Fall der Mauer, prophezeite er beispielsweise: „Einmal muß der Tag kommen, und wir werden diesen Tag gemeinsam erleben, das wird der Tag des wirklichen Sieges sein. Dann werden wir hinziehen zum Brandenburger Tor, und auf dem Brandenburger Tor werden wir gemeinsam die Flagge der deutschen Bundesrepublik, die Fahne der Freiheit, die schwarz-rot-goldene Fahne hissen. Dann wird keine fremde

George Marshall, Urheber des Marshall-Plans, zu Besuch in Berlin, Juni 1949. Ernst Reuter zeigt ihm das Modell eines Gebäudes für die Organisation des ERP (European Recovering Plan).

Macht mehr über uns herrschen, dann herrschen wir selbst über uns, werden verantwortlich sein für das, was wir tun, werden im politischen Kampf uns gegenseitig die Meinung sagen, werden uns auseinanderkämpfen, werden uns zueinanderkämpfen, aber werden schließlich und endlich doch in gemeinsamer Arbeit diese unsere schöne Stadt wieder aufbauen, so, wie wir vor zwanzig Jahren an ihr gebaut haben. Und dann wird ganz Deutschland mit uns zusammen sein, denn in diesem Augenblick werden wir den Lohn unserer Mühen sehen. Dann ist Berlin wieder Berlin, die Hauptstadt der freien deutschen Bundesrepublik!"
Satz für Satz, fast Wort für Wort erlangten Gültigkeit. Zufall? Hoffnung? Oder Zuversicht, gespeist aus einem vitalen Veränderungswillen und aus persönlicher Erfahrung mit den Kommunisten?

Ernst Reuters Lebensweg

Seine eigentümliche Lebensentwicklung gibt vielleicht Aufschlüsse über die stets äußerst engagierten Verhaltensweisen Ernst Reuters, dessen Name in historischer Stunde in der ganzen Welt bekannt geworden ist. Am 29. Juli 1889 im nordschleswigschen Apenrade als fünfter von sechs Söhnen geboren, wollte der Vater, ein Kapitän der Handelsmarine und Direktor der königlich-preußischen Navigationsschule, daß sein Sohn Ernst ebenfalls Lehrer werden sollte. Seine konservative Mutter war die Tochter eines protestantischen Pfarrers. Zu seinen extremen Engagements bemerkte sie eines Tages, ob er sich „angesichts seiner Vorfahren nicht schäme". Nach dem Abitur in Leer/ Ostfriesland studierte Reuter zunächst in Marburg, an einer der geistig führenden deutschen Universitäten, Geographie, Geschichte, Philosophie, Germanistik und Altphilologie. Später bezeichnete er die „Neukantianer" Hermann Cohen und Paul Natorp als seine wichtigsten akademischen Lehrer. In der studentischen Verbindung „Frankonia", die Mensur-Fechten ablehnte, wurde er bald „Fuchsmajor" mit einer größeren Verantwortung für den „Nachwuchs", aber weil er mit den „Alten Herren" der Verbindung nicht einverstanden war, legte er seine Ämter alsbald wieder nieder und ging nach München. Hier begegnete er dem Nationalökonom Lujo Brentano, der für soziale Reformen eintrat. Dessen Erkenntnisse brachten ihn mit sozialistischen Idealen in Berührung. Er beschäftigte sich mit Friedrich Naumann und Eduard Bernstein und las „Das Kapital" von Karl Marx. Die Eltern, inzwischen nach Aurich übergesiedelt, ahnten von dieser Entwicklung nichts.

Bereits 1912 trat er der SPD bei und wurde außerdem Mitglied eines Arbeiterabstimmungsbundes. In Marburg machte er dann das Staatsexamen für das höhere Lehramt. Seine erste Stelle war die eines Hauslehrers in Bielefeld, aber weil er sich gleichzeitig für die sozialdemokratische Bildungsarbeit engagierte und seine Schüler entsprechend beeinflußte, wurde er vom konservativen Hausherrn als „roter Reichsfeind" bald wieder entlassen.

Zu Beginn des Ersten Weltkrieges gründete er mit Gleichgesinnten die pazifistische Gesellschaft „Neues Vaterland", zu der übrigens auch Albert Einstein gehörte und mit der u. a. Eduard Bernstein, Karl Liebknecht und Kurt Eisner sympathisierten. Bald darauf wurde Ernst Reuter zu den Hirschberger Jägern nach Schlesien einberufen. Nach der Ausbildung kam er zuerst an die West-, später an die Ostfront. Gleich bei den ersten Gefechten in Galizien wurde er am Oberschenkel schwer verwundet und geriet in russische Gefangenschaft. Er lernte russisch, und er erlebte den Sturz des Zaren.

In den Revolutionswirren kam er als Vertrauenssprecher der Gefangenen mit den Bolschewiken in Kontakt. Als Delegierter seiner Mitgefangenen wurde er nach Moskau geholt, wo man ihn zum Sprecher des internationalen Kriegsgefangenen-Komitees wählte. In dieser Eigenschaft lernte er Lenin kennen. (Übrigens gehörte auch der spätere, blutrünstige NS-Ankläger Roland Freisler zu den von den Bolschewiken eingesetzten Kommissaren.) Reuter glaubte, daß Lenin, mit dem er in dauernder Verbindung stand, den Menschen eine bessere Zukunft verschaffen könnte. Lenin schätzte seinerseits die Intelligenz Reuters. Als eine außerordentliche Persönlichkeit berief er ihn zum ersten Kommissar der Wolgadeutschen Republik. Nach verschiedenen Biographen soll Lenin u. a. später über Reuter gesagt haben: „Er ist ein glänzend begabter, klarer Kopf; nur ist er etwas zu unabhängig." Die Wolgarepublik organisierte Reuter mit seinem Talent zu einer vorbildlichen Region, und obwohl er als einziger Kommissar die Ernteerträge pflichtgetreu nach Moskau ablieferte und von den Wolgadeutschen an die Spitze der Exekutive gewählt worden war, konnte er wohl in dem noch anhaltenden Bürgerkrieg Gewaltakte und Übergriffe nicht verhindern. Als die Terrorwelle gegen die Kulaken wütete, war Reuter nach den vorhandenen Quellen schon fort.

In Deutschland war inzwischen das Kaiserreich zusammengebrochen. Reuter wollte nun die Revolution in Deutschland mit vorantreiben. Mit Karl Radek kam er, als österreichischer Kriegsgefangener verkleidet, Ende 1918 illegal über die Grenze, um als sowjetischer Delegierter am ersten Parteitag der KPD teilzunehmen. Er nannte sich „Genosse Friesland". Kurz darauf ging er als Agitator nach Oberschlesien, wurde verhaftet und verurteilt und schließlich aus Schlesien ausgewiesen. Nach Berlin zurückgekehrt, wurde er im August 1921 Generalsekretär der KPD. Seine Kontakte zur Kommunistischen Internationale in Moskau und seine Bekanntschaft mit Lenin und Stalin machen die Berufung verständlich. Diese Lebensphase kommentierte Richard von Weizsäcker in seiner Rede zum 100. Geburtstag Ernst Reuters so: „In dieser zentralen Funktion erhielt er entscheidende, neue und tiefe Einblicke, die ihm zeigten, daß er sich in seinem guten Gauben hatte täuschen lassen. In den parteiinternen Auseinandersetzungen blieb er aufrecht, ließ sich nicht gängeln, wehrte sich gegen Fernsteuerung aus Moskau und mußte daher bald den Kommunisten den Rücken kehren. Es war ein harter Entschluß, jedoch unausweichlich für einen Mann, dessen Wesen stets von Unabhängigkeit und Ehrlichkeit gegen sich selbst geprägt blieb. So empfand Ernst Reuter die Trennung schließlich als innere Befreiung. Auf dem Weg über die „Unabhängige Sozialdemokratische Partei" (USPD) fand er 1922 wieder zur SPD zurück."

Für die Kommunisten war Reuter fortan ein verabscheuungswürdiger Renegat. Er wurde von ihnen in Moskau wie in Berlin, wie Daniel Koerfer recherchierte, „isoliert, verurteilt, fortgejagt". Für den deutschen Staat wiederum war er nunmehr ungefährlich. Die Geheimakte des „Genossen Friesland/Reuter" konnte geschlossen werden. Reuter selbst stand freilich wieder vor dem Nichts. Über alte Verbindungen zur Berliner Metallarbeitergewerkschaft fand er vorerst eine Redakteursaufgabe beim Zentralorgan der linksorientierten „unabhängigen SPD" *Die Freiheit* und nach der Vereinigung der beiden sozialdemokratischen Parteien USPD und SPD beim traditionellen *Vorwärts* der SPD unter Chefredakteur Friedrich Stampfer. Leidvolle Erfahrungen mit dem totalitären Machtanspruch der Kommunisten beflügelten ihn nun zum politisch-journalistischen Kampf gegen seine früheren kommunistischen Genossen. Aus Ernst Reuter, der in den Schoß der SPD zurückgekehrte, war ein Antikommunist geworden.

1926 drängte es ihn zur konkreten Arbeit in der Berliner Kommunalpolitik. Er wurde sozialdemokratischer Stadtrat für das Berliner Verkehrswesen. Bei seiner Intelligenz und Schaffensfreude war es nicht verwunderlich, daß er sich als Städteplaner und kommunalpolitischer Fachmann rasch einen Namen machte. Die Entstehung der bis heute existierenden „Berliner Verkehrsgesellschaft" (BVG) mit Einheitstarifen und über 25.000 Beschäftigten ist eng mit Reuter und seinem Durchsetzungsvermögen verbunden. Die nächste Berufung ließ nicht lange auf sich warten. 1931 wurde er zum Oberbürgermeister von Magdeburg und kurz darauf in den Reichstag gewählt. In Magdeburg lebte er mit seiner zweiten Frau Hanna Kleinert, die er beim *Vorwärts* kennengelernt und 1927 geheiratet hatte. Aus dieser Ehe entstammen drei Kinder, darunter der 1928 geborene Sohn Edzard, der später Chef von Daimler Benz wurde. Reuters erste Ehe, 1920 mit Lotte Scholz geschlossen - aus ihr gingen zwei Kinder hervor -, war zuvor geschieden worden.

Mit der „Machtergreifung" Hitlers 1933 in Berlin waren auch die Tage Reuters in Magdeburg gezählt. Die Nazis organisierten Terrortrupps, die mit „Reuter raus!"-Parolen, Beschuldigungen und Beschimpfungen gegen den Ex-Kommunisten und Sowjetkommissar an der Wolga das Rathaus stürmten. Auch aus dem sächsischen Landtag, dem er angehörte, wurde er „hinausgeprügelt“ und ohne Gerichtsurteil im KZ Lichtenberg eingesperrt. Zwar kam er im Januar 1934 frei, aber im Sommer 1934 wurde er aufs neue inhaftiert. Nachdem die Londoner Quäker, mit denen er befreundet war, seine Freilassung bewirkt hatten, entschloß er sich 1935 zur Emigration, um neuen Verhaftungen aus dem Wege zu gehen. Über London reiste er mit seiner Familie in die Türkei. Die Regierung in Ankara stellte ihn als Sachbearbeiter für Tariffragen im Wirtschaftsministerium ein. Er lernte die Landessprache und erhielt bereits 1938 eine Professur für Kommunalwissenschaften an der Verwaltungshochschule. Er bestärkte die aufgeklärte Linie Atatürks und förderte die Annäherung an Europa. Richard von Weizsäcker stellte nach mehreren Besuchen in der Türkei 1989 fest, daß „der Ruf von Ernst Reuter auch heute noch in Ankara legendär ist“.

Daß die Zeit der türkischen Emigration vom Ehepaar Reuter zwar dankbar, aber dennoch nicht als reine Beglückung empfunden wurde, hat ihr Sohn Edzard Reuter 1990 in einem Interview mit Nina Grunenberg kommentiert: Der Aufenthalt im Exil, so erklärte er, war für die Eltern „immer eine schreckliche, das Innerste ihres Lebens berührende Phase“; sie seien „nie das Gefühl losgeworden, aus einem politischen Engagement, das sie beide erfüllte, herausgerissen zu sein. Beide haben diese Herauslösung aus dem politischen Leben in Deutschland nie richtig akzeptiert. Jegliches Geschehen in Deutschland, jede neue Nachricht wurde begierig aufgegriffen und war ständiger Gesprächsstoff. Alle ihre Gedanken konzentrierten sich auf die Frage: Wann geht das endlich zuende?“

Zurück in Deutschland und Berlin

Logischerweise drängte es Reuter 1945 nach Kriegsende zur Rückkehr nach Deutschland. Aber die Russen und die Amerikaner zögerten mit der Einreisegenehmigung, weil er für die einen als antirussisch und für die anderen als nationalistisch und bei beiden als unbequem galt. Erst nach anderthalb Jahren, die Ernst Reuter als „die schwerste Zeit meines Lebens“ bezeichnete, kam er mit Hilfe des englischen Labour-Abgeordneten Noël-Baker Ende November 1946 zusammen mit der Familie nach Deutschland zurück.

In Groß-Berlin hatten die Sozialdemokraten gerade mit 48,7 Prozent Stimmenanteil einen überwältigenden Wahlerfolg erzielt, und die kommunistisch geführte SED hatte mit 19,8 Prozent eine gravierende Niederlage einstecken müssen. Als sich Ernst Reuter beim Parteivorsitzenden Kurt Schumacher in Hannover aus dem Exil zurückmeldete, war es wohl Louise Schroeder, die ihn bewog, wieder nach Berlin zu kommen, wo nach dem Wahlsieg für die neue Stadtregierung kompetente und politisch erfahrene Persönlichkeiten dringend benötigt wurden. Wie in der Weimarer Republik übernahm Reuter nach seiner Wahl durch die Stadtverordnetenversammlung „vorbehaltlich weiterer Prüfungen durch die Alliierte Kommandantur“ nun wieder das Ressort für Verkehr und Versorgungsbetriebe und stürzte sich in der zerstörten Stadt sofort in die Aufräumungs- und Aufbauarbeiten.

Sowjetisches Veto gegen den gewählten OB Reuter

Als die SPD im Juni 1947 ihren Oberbürgermeister Ostrowski aus politischen Gründen zurückzog (siehe auch Porträt Ostrowski), erschien es ihr bereits selbstverständlich, nunmehr den hochbegabten und erfahrenen Ernst Reuter als Nachfolger zu nominieren. Aber jetzt steigerte sich der Widerstand der Sowjets gegen ihren früheren Genossen bis zum Veto. Die Stadtverordnetenversammlung wählte Ernst Reuter zwar mit großer Mehrheit gegen die Stimmen der SED, aber er konnte sein Amt in Groß-Berlin niemals antreten, sondern die Stellvertreterin Louise Schroeder und zeitweise Ferdinand Friedensburg nahmen die Aufgabe des Stadtoberhauptes bis zur Spaltung des Magistrats wahr. (Siehe auch Porträt Louise Schroeder.) Ernst Reuter blieb in dieser Zeit Verkehrsstadtrat (mit Visitenkarten: „Der gewählte, aber nicht bestätigte Oberbürgermeister von Berlin.“) Er wurde jedoch ständig von der kommunistischen Presse als Antikommunist und „Einheitsfeind“ attackiert und wegen seines türkischen Exils und der Beziehungen zur „profaschistischen Regierung in Ankara“ diffamiert. Klaus Schütz erinnerte sich in einem Gespräch mit mir daran, daß die sowjetamtliche *Tägliche Rundschau* damals genüßlich den Paß Ernst Reuters mit den jeweiligen Visa-Verlängerungen (mit Hakenkreuz-Emblem) durch die Botschaft Hitler-Deutschlands in Ankara im Faksimile abdruckte. Für ihre Kaltschnäuzigkeit mag bezeichnend sein, daß die Kommunisten trotz ihrer öffentlichen stalinistischen Schmähungen vor der Oberbürgermeisterwahl eine kleine Delegation zu Ernst Reuter schickten und ihm, wie zuvor schon Ostrowski, „unter bestimmten Umständen eine Zusammenarbeit anboten“, wie Daniel Koerfer aus der Reuter-Biographie von Willy Brandt und Richard Löwenthal sowie aus den Reden und Schriften von Ernst Reuter zitiert.

Ernst Reuters internationale Erfahrungen ließen ihn frühzeitig erkennen, daß die einstigen Anti-Hitler-Verbündeten auf Konfrontationskurs umschalteten, und er ahnte, daß sich Berlin, wo sie sich unmittelbar gegenüberstanden, zu einem Brennpunkt entwickeln würde. In einem privaten, später von ihm veröffentlichten Brief von Weihnachten 1947 an eine Bekannte in London schreibt er etwa: „Um Berlin wird ein neuer heißer Kampf entbrennen und wir werden mitten drin stehen, ob wir wollen oder nicht, und es wird um unseren Kopf gehen ... Ich weiß nicht, wie mein Schicksal sich hier gestaltet. Es kann immer noch sein, daß eine neue Emigration bevorsteht.“

Führer im Abwehrkampf gegen den Kommunismus - die Berlin-Blockade

Aber Reuter resignierte nicht. Jede sowjetische Einzelmaßnahme gegen die Unabhängigkeit und Selbständigkeit West-Berlins ordnete er in sein internationales Gesamtbild ein, was ihm stets, im Unterschied zu manchen schwankenden Gestalten in allen Parteien, einen klaren politischen Durchblick verschaffte und was ihn instand setzte, in den unterschiedlichsten Konfliktsituationen jeweils die richtigen Worte zu finden und ihnen Überzeugungskraft zu verleihen. Als der sowjetische Oberbefehlshaber Marschall Sokolowski im Januar 1948 im Alliierten Kontrollrat verkündete, auch Westberlin sei Teil der sowjetischen Besatzungszone, wußte Reuter, was die Kommunisten im Schilde führten. Er erinnerte an den kommunistischen Umsturz in Prag und warnte öffentlich: „Prag war dran ... wer kommt dann dran? Berlin wird nicht drankommen!“

Reuter, ohne wirkliche Macht, aber rhetorisch meisterlich begabt, übernahm die Führung im Abwehrkampf gegen den Kommunismus und baute den Widerstand der Bevölkerung auf. Als Sokolowski wegen der bevorstehenden Bildung der westdeutschen Bundesrepublik den Alliierten Kontrollrat als oberstes Verwaltungsorgan der Sie-

Berliner Frühjahrsmesse 1949. Franz Neumann, Vorsitzender der Berliner Landesgruppe der SPD, erläutert Oberbürgermeister Reuter das Funktionieren einer Propangas-Notbeleuchtung, wie sie während der permanenten Stromabschaltungen in der Zeit der Blockade benutzt wurde.

germächte in Berlin sprengte und durch verschärfte Kontrollen auf den Zufahrtswegen von und nach Berlin die sogenannte „kleine Blockade" verhängte, gerieten viele Deutsche und auch Westalliierte in Unruhe. Dementsprechend zögerten auch einflußreiche Politiker wie Kurt Schumacher (SPD), Ferdinand Friedensburg (CDU) und auch Ludwig Erhard im Juni 1948 in der Frage der Übernahme der Währungsreform durch Berlin, weil sie dadurch eine Vertiefung der Spaltung befürchteten. Reuter dagegen vertrat den Grundsatz: „Wer die Währung hat, der hat die Macht", und setzte sich ohne Wenn und Aber für die Einführung der Westwährung in Berlin ein, weil er darin im Interesse einer Zukunftssicherung die stärkste Bindung Berlins an den Bund sah. Die Westmächte stimmten der Einführung der DM-West allerdings erst zu, als die Sowjets in ihrer Zone, einschließlich Berlin, eine eigene Währungsumstellung verfügten und diese auch für West-Berlin in Kraft setzten wollten, was eine Wirtschafts- und Währungseinheit mit der SBZ bedeutet hätte. Daraufhin untersagten die Westmächte die Gültigkeit der Ostwährung in West-

Berlin und gaben die DM-West auch für West-Berlin frei. Reuter hatte sich durchgesetzt.

Für die Sowjets war diese Entscheidung das Signal für die große Blockade. Sie sperrten alle Zugangswege von und nach Berlin, was ihnen möglich war, weil die Westalliierten in ihren Abmachungen mit den Sowjets keine Sicherungen gegen einen derartigen Eventualfall eingebaut hatten. Nur der alliierte Luftkorridor blieb, weil völkerrechtlich abgesichert, für die westlichen Besatzungsmächte frei. Diese Luftbrücke nutzte der amerikanische Militärgouverneur General Clay zu einer der größten Transportunternehmungen in der Weltgeschichte, um die Westberliner Bevölkerung mit Lebensmitteln und im Winter mit Heizungsmaterial zu versorgen. „Wenn wir beabsichtigen, Europa gegen den Kommunismus zu verteidigen, dürfen wir uns nicht von der Stelle rühren", hatte Clay seinem Präsidenten Harry S. Truman nach Washington telegrafiert; und Truman setzte in seiner Regierung die Stützaktion gegen einige Widerstände durch. Auf deutscher Seite war es Ernst Reuter, der sich unbeugsam den Erpressungsversuchen Stalins widersetzte und auf der berühmt gewordenen Kundgebung am 26. August 1948 vor dem Reichstag - als nicht bestätigter Oberbürgermeister - den Berlinern zurief: „Dieser Kampf um Berlin ist mehr als ein Kampf um eine kleine Stadt von drei Millionen, dieser Kampf um Berlin ist der Kampf um die Wiedererneuerung, um die Wiederherstellung Deutschlands, die Wiedergewinnung einer europäischen Einheit . . . Wir werden . . . den Wall bilden, an dem sich die Flut brechen wird. Und mag der Winter noch so schwer und noch so hart werden, einmal wird diese Macht erkennen müssen, daß alles vergeblich war, daß wir härter sind als sie und daß unser waffenloser Wille stärker ist als ihre tyrannische Herrschsucht. Dieser Kampf geht nicht gegen Rußland, auch nicht gegen die slawischen Nachbarvölker, die wie wir nach Freiheit lechzen."

Reuter sprach in diesen Situationen niemals nur zu den Berlinern, sondern auch zur Weltöffentlichkeit. Weil er ein Mann des Geistes war, verstand er es, international durch seine Argumentation die Ohren vieler einflußreicher Kreise zu erreichen und drei Jahre nach Kriegsende einen Wandel im Verhältnis zu den Deutschen einzuleiten. Vor allem die westlichen Besatzungsmächte faßten Vertrauen in die Opferbereitschaft und das Freiheits- und Demokratiebewußtsein der Berliner und reichten Schritt für Schritt ihre Hand, um die Beziehungen zwischen den ehemaligen Kriegsgegnern zu verändern. Während der Hungerblockade wurde nach den Ausschreitungen der

Bonn, Mai 1949: Ernst Reuter unterzeichnet während der Schlußsitzung des Parlamentarischen Rates für Berlin das Grundgesetz der Bundesrepublik Deutschland.

Kommunisten in der Ostberliner Humboldt-Universität mit Hilfe amerikanischer Freunde die Freie Universität im Westteil der Stadt gegründet. Sogar ein neues Kraftwerk wurde in Einzelteilen über den Luftweg nach Berlin transportiert.

In Bonn wurde mit der Bildung des Parlamentarischen Rates zur Ausarbeitung eines Grundgesetzes die Gründung des westdeutschen Bundesstaates vorbereitet. Etliche deutsche Politiker in allen Parteien begleiteten diesen Weg wegen der dauernden Spaltungsgefahr mit Skrupeln. Wiederum war es Ernst Reuter, der bei einer entscheidenden Sitzung der Länderministerpräsidenten in Rüdesheim, auch im Interesse der Sicherung eines freien Berlin, energisch für die Bildung eines westdeutschen Staates plädierte, um politisch wie wirtschaftlich wie ein anziehender Magnet auf den nicht freien Teil Deutschlands zu wirken.

In der Frage der Intensität der Westbindung und der Gestaltung des Bonner Grundgesetzes kam es dabei zu Spannungen mit dem SPD-Vorsitzenden Schumacher; in der Frage des Engagements Westdeutschlands für Berlin und den Prioritäten in der deutschen Frage zu Mißstimmungen mit Konrad Adenauer. Auch innerhalb der Berliner SPD hatte Reuter mit seinen politischen Vorstellungen nicht nur Anhänger.

Reuter wird Oberbürgermeister von West-Berlin

Aber als es durch die Provokationen der SED in Ost-Berlin ab 1947 zur Spaltung des gesamtberliner Magistrats kam und in West-Berlin im Dezember 1948 Neuwahlen abgehalten wurden, blieb unbestritten, daß er, der trotz eindeutiger demokratischer Wahl zum Oberbürgermeister schon 1947 durch die Kommunisten an seiner Amtsausausübung gehindert wurde, wieder der klare OB-Kandidat der SPD war. Und obwohl die Blockade noch anhielt und das Leben der Berliner beherrscht war von Hunger und Kälte, Stromsperren und Gaskontingentierungen, von Drohungen und Lockungen der Kommunisten im Osten und auch vom ständigen Dröhnen der amerikanischen und britischen Transportmaschinen, legten die Westberliner mit 86,3 Prozent Wahlbeteiligung ein demonstratives Bekenntnis zur pluralistischen Demokratie ab. Mit dem einmaligen Vertrauensvotum von 64,5 Prozent für die SPD und ihren Spitzenkandidaten Reuter dankten sie außerdem dem Mann, der auf einem Höhepunkt des kalten Krieges durch Mut und unerbittliche Klarheit in einer Krise die Führerschaft übernommen und eine breite Vertrauensbasis in der Bevölkerung geschaffen hatte.

Stalin mußte nun einsehen, daß er mit der Blockade weder die Westberliner in die Knie zwingen noch die Gründung der westdeutschen Bundesrepublik verhindern, sondern nur den Widerstand noch steigern konnte. Er lenkte schließlich ein. Über ein Abkommen des sowjetischen und des amerikanischen Delegierten bei der UNO, Malik und Jessup, wurde die Blockade mit Wirkung vom 12. Mai 1949 aufgehoben. Mit unbeschreiblichem Jubel, so erinnere ich mich als einer der Journalisten-Begleiter, wurden in Berlin die ersten Fahrzeuge und Eisenbahnzüge aus Westdeutschland begrüßt. Die Geduld hatte sich gelohnt.

Die Entspannung der Lage ließ allerdings alte Interessengegensätze zwischen Bonn und Berlin wie zwischen den Alliierten und den Deut-

Am 18. Januar 1949 wurde der erste West-Berliner Magistrat gewählt. V. l.: Oberbürgermeister Ernst Reuter und seine Stellvertreter Louise Schroeder und Dr. Ferdinand Friedensburg.

schen wieder stärker hervortreten. So suspendierten die Westalliierten die Grundgesetzbestimmung, daß Berlin ein Land der Bundesrepublik sei, weil sie den Viermächtestatus nicht gefährden wollten. Und Reuters Verlangen nach Wiedervereinigungs-Initiativen beantwortete Adenauer mit dem Argument, der Stopp der Demontagen und die Stabilisierung der Währung seien jetzt wichtiger. Die Euphorie der Berliner über die überstandene Blockade und die damit verknüpften Hoffnungen wichen neuer Ernüchterung, zumal sich auch im Herbst 1949 durch die erste Regierungsbildung in Bonn die politischen Konstellationen veränderten und die parteipolitischen Auseinandersetzungen verschärften. In Bonn regierte der Christdemokrat Adenauer mit einer bürgerlichen Koalition; und die SPD, die in Berlin regierte, saß im Bundestag unter Führung Schumachers in der Opposition. Das ergab Spannungen.

Festakt zur Einweihung der Freiheitsglocke im Rathaus Schöneberg, 24. Oktober 1950. Ernst Reuter im Gespräch mit US-General Lucius D. Clay.

Senat und Regierender Bürgermeister

Im Herbst 1950 trat in Berlin eine neue Verfassung in Kraft, die wiederum im Dezember zu Neuwahlen führte. (Nach der neuen Verfassung wurde die Stadtexekutive von nun an nicht mehr „Magistrat", sondern „Senat" genannt, und der Oberbürgermeister erhielt den Titel „Regierender Bürgermeister".)

Die Neuwahlen endeten für die SPD und Ernst Reuter mit einer herben Enttäuschung. Mit dem bürgerlichen Bundeskanzler Konrad Adenauer in Bonn, einem Fuchs alter Schule, der auch mit den Alliierten umzugehen verstand, war ein neuer politischer Stern am Horizont erschienen, der seine Ausstrahlung nicht verfehlte. Die SPD, jahrelang die beherrschende Partei in Berlin, verlor nur knapp zwei Jahre nach ihrem größten Wahlerfolg wie durch einen Erdrutsch 20 Prozent (!) an Wählerstimmen und büßte die absolute Parlamentsmehrheit wieder ein. Zur Wahl des Regierenden durch das Abgeordnetenhaus stellte die CDU, durch Adenauers Bonner Koalitionsregierung ermuntert, ihren Fraktionsvorsitzenden Walther Schreiber überraschend als Gegenkandidaten zu Ernst Reuter auf. Die CDU verfügte über 34, die FDP über 32, also beide zusammen über 66, und die SPD über 61 Mandate. Die Abstimmung ergab dann kurioserweise für beide Kandidaten je 62 Stimmen. Nach der Verfassung hätte danach mit einem Los entschieden werden müssen, wer Regierender Bürgermeister wird. Diese Prozedur fanden alle Parteien angesichts der Situation Berlins und der Verdienste von Ernst Reuter als unwürdig, und Walther Schreiber verzichtete zugunsten Reuters freiwillig auf das Amt des Regierenden und begnügte sich mit dem Amt des Stellvertreters in der Allparteienkoalition von SPD/CDU/FDP.

Ernst Reuters folgende Amtszeit war danach nicht mehr durch spektakuläre weltpolitisch und ideologisch bestimmte Auseinandersetzungen, sondern durch mühsames „Bohren durch dicke Bretter" gekennzeichnet. Er kämpfte vergeblich für die Anerkennung Berlins als normales Bundesland, erreichte aber immerhin bei den Westalliierten, daß die Bundesgesetze vom Berliner Abgeordnetenhaus übernommen werden konnten, was zur Stärkung der Bindungen Berlins an den Bund beitrug, aber wiederum einigen kurzsichtigen Berliner Sozialdemokraten nicht paßte, da es sich natürlich häufig um Gesetze handelte, die von der Bonner CDU/FDP-Koalition gegen die SPD verabschiedet wurden.

Auch die mangelnde Wiedervereinigungspolitik der Bonner Adenauer-Regierung, die negative Grundeinstellung zu Initiativen aus dem Osten, wie z. B. zur Deutschland-Note Stalins im März 1952, enttäuschten Reuter und zehrten an seinen Kräften. Trotz seiner eindeutigen Option für den Westen befürwortete er immer wieder eine Verständigungspolitik auch mit dem Osten, mit den Russen und anderen slawischen Völkern, und er trat beispielsweise sehr frühzeitig für die Anerkennung der Oder-Neiße-Grenze zu Polen ein. Aber im politischen Alltagsgeschäft verblaßte seine Ausstrahlung etwas.

Auch der Tod Stalins im März 1953 brachte nicht die Änderung der sowjetischen Politik, die sich Reuter für Deutschland und Berlin nach dem Ende der Stalin-Ära erhofft hatte. Als es am 17. Juni in der DDR wegen der Normenerhöhungen zum Arbeiteraufstand kam, befand sich Ernst Reuter gerade zu einem Erholungsurlaub in Italien. Seinen Wunsch, sofort mit einer amerikanischen Militärmaschine nach Berlin zurückkehren zu können, lehnten die US-Behörden ab. Auch eine von ihm in russischer Sprache auf Tonband verfaßte An-

Bundeskanzler Konrad Adenauer wird bei einem seiner Berlinbesuche von Ernst Reuter und Louise Schroeder auf dem Flughafen Tempelhof empfangen, April 1950.

Wiederaufbau des Schiller-Theaters, 1951. Generalintendant Boleslaw Barlog (l.) führt den Regierenden Bürgermeister Ernst Reuter und den Vorsitzenden der Berliner CDU, Dr. Walther Schreiber, durch das Haus.

1. Mai 1951. Der Regierende Bürgermeister bei seiner Ansprache während der Kundgebung des DGB auf dem Platz der Republik.

Bei einem seiner zahlreichen USA-Besuche: Ernst Reuter und Präsident Dwight D. Eisenhower im Weißen Haus nach einer Konferenz über weitere Berlin-Hilfe, März 1953.

Flughafen Tempelhof: Rückkehr aus den USA, März 1953.

sprache an die sowjetischen Soldaten mit der Aufforderung, Zurückhaltung gegen die protestierenden deutschen Arbeiter zu üben, durfte im RIAS, der in der Aufstandsphase des 17. Juni eine wichtige Informationsfunktion übernommen hatte, nicht gesendet werden. Die Westalliierten wollten keine Eskalation.

Ernst Reuter war enttäuscht. Der imponierende Wahlsieg Adenauers bei den Bundestagswahlen im September 1953, mit dem er fast die absolute Mehrheit erreichte, irritierte Reuter aufs äußerste. Er, der Visionär, der langfristig recht behielt, konnte die Zwischenzeichen der allmählichen Stabilisierung des status quo zu seinen Lebzeiten nicht richtig deuten. Erschöpft von den Strapazen seines Amtes starb er im September 1953 nach einer Lungenentzündung. Aus Dankbarkeit stellten fast alle Bewohner West-Berlins zu seinem Abschied Kerzen in ihre Fenster. Keinem Berliner vor ihm und nach ihm ist eine solche Ehrung zuteil geworden.

Der Platz am ehemaligen Knie in Charlottenburg trägt heute seinen Namen.

Viele Tausende zutiefst bewegter Berliner und Berlinerinnen versammelten sich am 3. Oktober 1953 vor dem Rathaus Schöneberg zum Trauer-Staatsakt für den verstorbenen Regierenden Bürgermeister Ernst Reuter.

Zeittafel

1884	Am 10. Juni geboren in Pustleben/Harz als Sohn eines Gutsbesitzers.
1903 - 1906	Studium der Rechte und der Volkswirtschaft in Grenoble, München, Berlin und Halle.
1910	Promotion zum Dr. jur. an der Universität Halle.
1911 - 1914	Rechtsanwaltspraxis in Halle.
1914 - 1918	Kriegsdienst. Als Delegierter der Fronttruppen Teilnahme am Kongreß der Arbeiter- und Soldatenräte am 19. Dezember 1918 in Berlin.
1919 - 1933	Nach Eintritt in die Deutsche Demokratische Partei (DDP) Abgeordneter im preußischen Parlament, ab 1924 Fraktionsvorsitzender der DDP.
1925 - 1933	Handelsminister im preußischen Kabinett Otto Braun.
1934 - 1945	Rechtsanwalt und Notar in Berlin.
1945	Juni: Gemeinsam mit Otto Hermes Gründung der neuen Partei CDU in Berlin, Schreiber gehört bald zu den ersten Aktivisten.
1946 - 1953	Mitglied der Stadtverordnetenversammlung, stellvertretender Fraktionsvorsitzender, zugleich Landesvorsitzender der CDU.
1953	22. Oktober: Nach dem Tod Ernst Reuters Wahl zum Regierenden Bürgermeister.
1955	11. Januar: Nach dem Wahlsieg der SPD wird Otto Suhr zum neuen Regierenden Bürgermeister gewählt.
1958	Gestorben am 30. Juni in Berlin.

Walther Schreiber

Oktober 1953 - Januar 1955

In der Geschichte Berlins war Walther Schreiber der erste Politiker der CDU, der zum Regierenden Bürgermeister gewählt wurde. Er war bereits 69 Jahre alt, als er nach einem langem politischen Leben aus der zweiten Reihe an die Spitze gerufen wurde. Seine politische Vita erklärt, wie und weshalb er in diese verantwortliche Position kam.

In der Weimarer Republik war er von 1919 bis 1933 Abgeordneter der linksliberalen Deutschen Demokratischen Partei (DDP) und dann mehrere Jahre lang Handels- und Gewerbeminister in der preußischen Regierung Braun bis zur Entmachtung erst durch die Regierung von Papen, dann durch das Hitlerregime. Nach dem Krieg gründete Schreiber in Konsequenz der verheerenden Parteisplitterung während der Weimarer Zeit zusammen mit dem von den Nationalsozialisten zum Tode verurteilten, aber kurz vor der Vollstreckung bei Kriegsende geretteten Andreas Hermes die Christlich-Demokratische Union (CDU), indem er in Berlin und in der sowjetischen Zone Politiker aus verschiedenen politischen Gruppierungen der Weimarer Republik zu einer Parteineugründung zusammenfaßte.

Mitgründer der CDU

Bereits am 26. Juni 1945 unterzeichneten in Berlin 35 Persönlichkeiten den Aufruf zur Gründung der CDU. Die meisten hatten bereits vor 1933 politisch gearbeitet und nahmen später in der Bundesrepublik entscheidende Funktionen wahr. Aus der früheren Zentrumspartei kamen beispielsweise Heinrich Krone, Johann B. Gradl, Otto Lenz, Klaus Lukaschek (die alle Mitglieder des Adenauer-Kabinetts wurden); aus der ehemaligen DDP kamen mit Walther Schreiber auch Ferdinand Friedensburg, Theodor Steltzer (später Ministerpräsident von Schleswig-Holstein), Ernst Lemmer (später Bundesminister) und Otto Nuschke (später Vorsitzender der Ost-CDU); von den früheren Christlichen Gewerkschaften kamen Jakob Kaiser (der erste „gesamtdeutsche Minister" in der Adenauer-Regierung), seine spätere Ehefrau Elfriede Nebgen, Mina Amann und Josef Ersing. Weitere Unterzeichner kamen aus Widerstandsgruppen, u. a. vom „Kreisauer Kreis" und der „Bekennenden Kirche".

Die Gründung der CDU als Partei neuen Typs in bewußter Abkehr von konfessioneller oder klassenorientierter Denkweise sollte auf ganz Deutschland ausstrahlen. Auf dem Gründungskongreß am 22. Juli 1945 im Theater am Schiffbauerdamm hielt Walther Schreiber die Eröffnungsrede. Der Erfolg war beachtlich. Bei den ersten und letzten freien Wahlen in Groß-Berlin erreichte die „Union" auf Anhieb 23 Prozent der Stimmen.

Die Rückendeckung der Bevölkerung dürfte die CDU-Vorsitzenden Hermes und Schreiber auch ermuntert haben, sich mutig gegen die von den Sowjets befohlene und der SED veranlaßte Bodenreform zu stellen, die entschädigungslose Enteigung als Verletzung des Eigentumsrechts zu kritisieren und für unvereinbar mit den Grundsätzen der CDU zu erklären. Dementsprechend lehnten sie es Anfang Dezember 1945 ab, einen von den anderen Parteien bereits unterzeichneten Aufruf zur Bodenreform „an das werktätige Volk in Stadt und Land" zu unterschreiben. Am 19. Dezember wurden sie ins sowjetische Hauptquartier nach Karlshorst bestellt, wo ihnen im Namen von Marschall Shukow mitgeteilt wurde, daß sie auf Befehl der Militäradministration u. a. wegen ihrer Reden, die einer Stellungnahme gegen die Besatzungsmacht gleichkämen, zurückzutreten hätten.

Der Zentralvorstand der CDU für die SBZ und Berlin wählte noch am gleichen Tag Jakob Kaiser und Ernst Lemmer zu Nachfolgern. Während Andreas Hermes, der auch dem ersten Berliner Magistrat unter Oberbürgermeister Arthur Werner als Leiter des Ernährungsamtes angehört hatte, nunmehr nach Westdeutschland abwanderte, blieb Walther Schreiber in Berlin und betätigte sich weiter in der Kommunalpolitik.

Im Oktober 1946 wurde Schreiber als Spitzenkandidat der CDU Zehlendorfs in die gesamtberliner Stadtverordnetenversammlung gewählt, aber für die Exekutive schlugen ihn die Parteifreunde nicht vor. Jakob Kaiser rechnete mit einem sowjetischen Veto und setzte statt dessen Ferdinand Friedensburg für die CDU ein. Dafür wählte die

Berliner CDU im April 1947 Walther Schreiber zu ihrem Landesvorsitzenden. In dieser Position versuchte er, trotz zunehmender Schwierigkeiten mit den Sowjets und der SED, in Tuchfühlung mit dem um Ausgleich bemühten Jakob Kaiser, der Vorsitzender der CDU der SBZ war, den Zusammenhalt zwischen der Partei in Berlin und der sowjetischen Zone zu wahren.

Aber die Sowjets und ihre Staatspartei steuerten bewußt den Konflikt nach dem Motto: Wer nicht für uns ist, der ist unser Feind und deshalb zu entmachten. Sie forderten die Beteiligung der CDU an dem von der SED dominierten Volkskongreß; und als sich Jakob Kaiser und Ernst Lemmer dem widersetzten, wurden auch sie am 20. Dezember 1947 von den Sowjets einfach abgesetzt.

Walther Schreiber hat immer wieder in Gesprächen mit dem sowjetischen Stadtkommandanten Kotikow und dem politischen Kopf der Sowjets, Oberst Tulpanow, Versuche unternommen, die Sowjets davon zu überzeugen, daß sie mit ihrer Politik nicht die Sympathien der Deutschen erringen würden - und diese unterhielten sich offenbar auch immer wieder gern mit dem Rechtsanwalt und Ex-Minister aus großbürgerlichem Hause, aber ihre Fähigkeit, auf die deutsche Nachkriegsmentalität einzugehen oder etwa die Möglichkeit zu erwägen, über ideologische Schatten zu springen, war wohl gleich Null. Die machtpolitische Marschroute Stalins ließ keine Kompromisse zu.

Trennung von der Ost-CDU

Als die Sowjets im Februar 1948 Walther Schreiber die Teilnahme an einer CDU-Tagung der sowjetischen Zone und Berlins verweigerten (während Ferdinand Friedensburg von der CDU-Zonenleitung mit sowjetischer Genehmigung weiter teilnehmen durfte), zog er als Vorsitzender des Berliner Landesverbands die Konsequenzen. Er stellte fest, daß „eine weitere organisatorische Verbindung mit den CDU-Landesverbänden der sowjetisch besetzten Zone unmöglich ist“. Die Trennung zwischen Ost-CDU und West-CDU war nicht mehr zu vermeiden. Die West-CDU mußte auf Veranlassung der Sowjets das Parteigebäude in der Ostberliner Jägerstraße verlassen. Dem Chefredakteur des CDU-Parteiorgans *Neue Zeit* wurde gekündigt. Der CDU-Vorstand Berlin zog in die Westsektoren, und der Chefredakeur übernahm nun die Chefredaktion der in West-Berlin von Gradl und Schreiber gegründeten Zeitung *Der Tag*. Daß Ferdinand Friedensburg an der schon westberlinorientierten Landesausschußsitzung der CDU gegen den Beschluß des Vorstands teilnahm, obwohl er im Osten den Ausschluß Schreibers hingenommen hatte, gehört zu den innerparteilichen Merkwürdigkeiten der damaligen Zeit.

Schreibers Entscheidung, sich nicht mehr den Sowjets im Osten auszusetzen, wurde im April 1948 auf einem CDU-Parteitag in West-Berlin bestätigt. Schreiber war sich durchaus bewußt, welche Folgen die Parteispaltung nach sich ziehen würde, und setzte sich, wo es noch möglich war, für die Erhaltung der Einigkeit ein. So verfocht er beispielsweise im Unterschied zu Ernst Reuter die Auffassung, daß im Interesse der Konkurrenzfähigkeit der Berliner Wirtschaft die Währung nur zu fünfzig Prozent auf DM-West umgestellt werden sollte, aber er konnte sich gegen Reuter nicht durchsetzen.

CDU-Fraktionsvorsitzender im Westberliner Abgeordnetenhaus

Nach der durch die Spaltung des Magistrats und der Stadtverordnetenversammlung notwendig gewordenen Neuwahl des Stadtparlaments in West-Berlin während der Blockade, die Ernst Reuter mit 64,5 Prozent gewann - die CDU unter Führung Schreibers erhielt 19,4 Prozent der Stimmen -, wurde Walther Schreiber im Westberliner Abgeordnetenhaus neben seinem Amt als Parteivorsitzender in Personalunion auch Fraktionsvorsitzender, und Friedensburg, der schon unter Ostrowski und Louise Schroeder amtierte, wieder stellvertretender Bürgermeister, diesmal von Ernst Reuter.

Die Ausarbeitung einer neuen Berliner Verfassung machte Ende 1950 wiederum Neuwahlen für das Westberliner Abgeordnetenhaus erforderlich. Diese Wahlen endeten mit einem politischen Erdrutsch für die SPD, die übrigens ihren größten Wahlsieger aller Zeiten, nämlich Ernst Reuter, zwar wieder als OB-Kandidaten, aber nicht als Spitzenkandidaten der Partei an erster Stelle ihrer Liste aufgestellt hatte, was aus heutiger Sicht unbegreiflich erscheint. In diesem Westberliner Wahlkampf von 1950 ging es erstmals nicht mehr nur um das Bekenntnis zum Westen, sondern nach der Gründung der westdeutschen Bundesrepublik auch um die politische, wirtschaftliche und kulturelle Gestaltung und Weiterentwicklung der Stadt. Walther

Begegnung mit dem SPD-Vorsitzenden Dr. Kurt Schumacher, Sommer 1951.

Schreiber setzte sich für eine Politik nach dem Modell der Bonner CDU/CSU/FDP-Koalitionsregierung ein und griff dementsprechend die Wirtschafts- und Sozialpolitik, aber auch die Schulpolitik des Reuter-Senats scharf an.

Die Beendigung der Blockade (siehe auch Porträt Ernst Reuter) ließ die parteipolitischen Unterschiede wieder stärker hervortreten. Bei den genannten Wahlen (an denen sich die Ostberliner nicht mehr beteiligten), mit einer Wahlbeteiligung von 90, 4 Prozent, verlor die SPD 15 Mandate und damit die absolute Mehrheit. Die CDU unter Führung Walther Schreibers konnte 8 Mandate dazugewinnen, die FDP sogar 15, was bedeutete, daß die bürgerlichen Parteien wie in Bonn eine Koalitionsregierung der Union mit den Liberalen hätten bilden können.
Die Gesamtszene in Berlin hatte sich mit dem Ende der Blockade und der unterschiedlichen Währung in beiden Hälften der Stadt gravierend verändert. So waren die Westberliner Bediensteten der unter sowjetischer Verwaltung stehenden Deutschen Reichsbahn - einschließlich der S-Bahn - in einen Streik getreten, weil sie statt in Ostmark verständlicherweise mit dem einzigen seit dem 20. März 1949 in West-Berlin gültigen Zahlungsmittel, nämlich der D-Mark, entlohnt

werden wollten. Die Ostberliner Reichsbahnbehörden schickten daraufhin Streikbrecher und Bahnpolizisten nach West-Berlin, was zu schweren Zusammenstößen führte. Mit Hilfe der Westalliierten übernahm die Westberliner Polizei die Kontrolle der S-Bahnhöfe. Die Ostberliner Reichsbahnbehörden boten den Westberliner Streikenden dann 60 Prozent ihres Lohnes in Westmark an, aber das lehnten diese ab. Schließlich genehmigten die Westalliierten, daß die restlichen 40 Prozent des Lohnanspruchs durch die Westberliner Stadtverwaltung im Verhältnis 1:1 von Ostmark in Westmark umgetauscht wurden.

Der Westberliner Haushalt war freilich ohnehin durch die Währungsreform in eine äußerst schwierige Lage geraten und konnte nur durch das berühmt gewordene „Notopfer Berlin" - eine Sondermarke im Wert von zwei Pfennig für alle Postsendungen außerhalb Berlins - und durch amerikanische Kredithilfen sowie durch eine erhöhte Kaffeesteuer ausgeglichen werden. Im Februar war die Arbeitslosenquote auf 30 Prozent gestiegen (306.460). Außerdem waren 400.000 Menschen von öffentlicher Hilfe abhängig. Die Ursachen lagen nicht nur in den Währungsproblemen, den Industriedemontagen, in der insularen Lage, dem Verlust der Hauptstadtfunktionen, sondern vermehrt auch in dem Flüchtlingsstrom aus der SBZ. Monatlich flohen bis zu 8.000 Menschen nach West-Berlin, wobei der Anteil der Jugendlichen bis zu 25 Jahren bei 50 Prozent lag.

Im Westteil der Stadt zeigten sich dennoch kleine Anzeichen für eine Aufwärtsentwicklung und Normalisierung: Das KaDeWe am Tauentzien öffnete wieder seine Pforten; am Funkturm fand wieder ein Autosalon mit Volkswagenmodellen statt; und Günter Neumanns Kabarett „Die Insulaner" kreierte jenes Lied, das zum Symbol des Selbstbehauptungswillens der Berliner wurde:

„Der Insulaner verliert die Ruhe nicht,
Der Insulaner liebt keen Jetue nicht.
Der Insulaner hofft unbeirrt,
Daß seine Insel wieder 'n schönes Festland wird."

Pattsituation: Schreiber überläßt Reuter das Amt des „Regierenden"

Die sich verändernde Atmosphäre in Berlin spiegelte sich auch in den politischen Verhältnissen wider. Die SPD war in den Wahlen zum

Stellvertretend für Oberbürgermeister Reuter nimmt Bürgermeister Dr. Schreiber im August 1951 aus den Händen von Hochkommissar John McCloy eine amerikanische Fünf-Millionen-Spende für die Volksbibliothek Berlin-Kreuzberg entgegen. Neben McCloy der amerikanische Stadtkommandant Mathewson.

Westberliner Abgeordnetenhaus zwar mit 44,7 Prozent Stimmenanteil stärkste Partei geblieben, aber weil CDU und FDP zusammen mit 66 Mandaten bei 127 Sitzen über eine regierungsfähige Mehrheit verfügten, nominierten sie Walther Schreiber als Gegenkandidaten zum Westberliner Idol Ernst Reuter, was möglicherweise da und dort trotz einer eindeutigen Wahlschlappe als eine Art Entweihung empfunden wurde. Und bei der Abstimmung zur Wahl des Regierenden Bürgermeisters stellte sich denn auch – für einige überraschend – heraus, daß das Reuter-Denkmal nur beträchtlich geschrammt, aber beileibe nicht gefährdet wurde, denn sowohl für den Sozialdemokraten Ernst Reuter wie für den Christdemokraten Walther Schreiber wurden je 62 Stimmen abgegeben. Das bedeutete u. a., daß Walther Schreiber nicht alle Stimmen der CDU/FDP-Abgeordneten und Ernst Reuter auch bürgerliche Stimmen erhalten hatte. Nach der neuen Verfassung sollte in diesem Fall von Patt das Los entscheiden. Der Präsident des

Abgeordnetenhauses, Dr. Otto Suhr, fand die Vorstellung eines Losentscheides über den Chef der Berliner Regierung „unerträglich". Nach Rücksprache mit allen Fraktionen schlug er vor, daß sich Ernst Reuter und Walther Schreiber über ein Regierungsprogramm und über die Zusammensetzung des neuen Senats verständigen sollten. Und Schreiber verständigte sich mit Reuter, indem er dem Idol das Amt des „Regierenden" überließ. In den Koalitionsverhandlungen hatte Schreiber in Fragen des Berufsbeamtentums sowie der Wirtschafts- und Sozialpolitik eine weitgehende Angleichung an die Gegebenheiten in der westdeutschen Bundesrepublik durchgesetzt, aber in Fragen der Schulordnung und des Religionsunterrichts konnte er gegen die SPD/FDP-Konstellation nicht durchdringen. Die mühsam errungenen Kompromisse wirkten auf die Abgeordneten der Allparteienkoalition offensichtlich nicht sehr überzeugend, denn bei der Wahl des Regierenden erhielt Reuter von den anwesenden 125 Abgeordneten nur 75 Stimmen. Walther Schreiber wurde anstelle von Ferdinand Friedensburg, der sich mit Reuter sowohl in deutschlandpolitischen wie mit Schreiber in parteipolitischen Fragen angelegt hatte, Erster stellvertretender Bürgermeister. Schreiber hatte in der Westberliner CDU inzwischen einen weit stärkeren Rückhalt als Friedensburg. Obwohl Schreiber lieber selbst Regierender geworden wäre, verteidigte er fortan die große Koalition und stand loyal zu Ernst Reuter, dem er übrigens Anfang der dreißiger Jahre bei der Oberbürgermeisterwahl in Magdeburg schon einmal als Gegenkandidat gegenübergestanden hatte und unterlegen war.

Reuter würdigte Schreibers Verhalten in seiner Regierungserklärung, indem er sich öffentlich dafür bedankte, daß dieser mit seinem freiwilligen Rücktritt von der Kandidatur „ein politisches Opfer gebracht hat, von dem er der Überzeugung war, daß es in der Lage, in der sich unsere Stadt befindet, angezeigt war".

Schreibers Haltung kennzeichnete gleichsam etwas von seinem Wesen, das seine Zeitgenossen ihm bescheinigten. Preußische Pflichterfüllung war dem Liberalen alter Schule wichtiger als ein parteipolitischer Vorteil; Ämtern lief man nach seiner Einstellung nicht nach, sondern sie wurden einem angetragen; Bescheidenheit, Würde und Takt waren für ihn unverzichtbare Voraussetzungen für öffentliches Wirken. Schreiber wußte, daß er Reuter nicht kopieren konnte, aber als kenntnisreicher Verwaltungsfachmann brachte er andere Qualitäten in die Stadtpolitik ein. Seine Fähigkeiten konnten nicht in öffentlichen Versammlungen, dafür aber in zahlreichen schwierigen Verhandlungen wirksam werden.

Nachfolger des plötzlich verstorbenen Ernst Reuter

Am 29. September 1953 starb plötzlich Ernst Reuter und hinterließ in Berlin eine ziemliche Ratlosigkeit. Parlamentspräsident Otto Suhr (SPD) plädierte für eine Fortführung der großen Koalition durch einen geschäftsführenden Senat, die bürgerlichen Fraktionen dagegen traten für eine Neuwahl des Senats ein. Weil man sich nicht einigen konnte, wurde im Abgeordnetenhaus am 22. Oktober 1953 abgestimmt: Die SPD stellte Otto Suhr, die Bürgerlichen der CDU- und der FDP-Fraktion Walther Schreiber als Kandidaten für den „Regierenden" auf. Schreiber erhielt wieder, wie zwei Jahre zuvor, 62 Stim-

Der Regierende Bürgermeister setzt bei der Eröffnung der neuen Mercator-Großdruckerei in der Potsdamer Straße (für *Tagesspiegel* und *Der Abend*) symbolisch eine Maschine in Gang, März 1954.

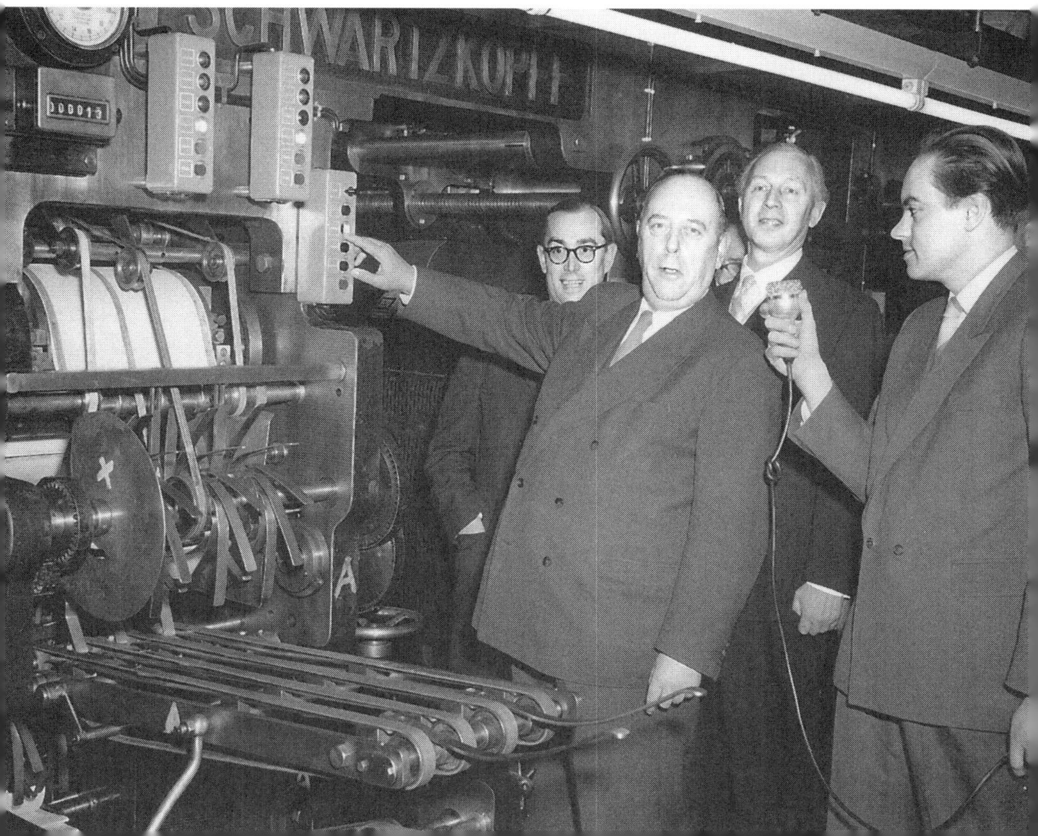

men; der sozialdemokratische Kandidat Otto Suhr jedoch nur 57 Stimmen. Damit war der Christdemokrat Walther Schreiber als Nachfolger von Ernst Reuter der neue Regierende Bürgermeister von West-Berlin.

Der Regierungswechsel von den sieggewohnten Sozialdemokraten zur Koalition der Union mit den Freien Demokraten wirkte politisch wie eine Zeitenwende. Die Sozialdemokraten wollten wenigstens eine Regierungsbeteiligung in einer großen Koalition retten. Otto Suhr, nunmehr höchster Repräsentant der SPD, weigerte sich aber, in einen Senat unter Führung Walther Schreibers einzutreten. Verschiedenste Versuche wurden unternommen - darunter auch von dem inzwischen in Berlin an Bedeutung gewinnenden Willy Brandt -, die große Koalition doch noch durch andere personelle Konstellationen zustandezubringen, weil die Situation in Berlin, so wurde ängstlich argumentiert, die Verständigung aller politischen Kräfte erfordere.

Nachdem aber alle Bemühungen zur Rettung der Allparteienkoalition gescheitert waren, entschloß sich Schreiber, vermutlich auch von der Bonner CDU/FDP-Regierung gedrängt, zu handeln. Er stellte dem Abgeordnetenhaus zunächst vier Senatoren der FDP und drei der CDU vor, die auch mehrheitlich gewählt wurden. Die Besonderheiten, die damals in Berlin obwalteten, mag man auch daran erkennen, daß trotz der Beendigung der Koalition mit der SPD der Senator für das Kreditwesen, Paul Hertz (SPD), auf Wunsch Schreibers, aber gegen die Intention des FDP-Vorsitzenden Schwennicke, als Chef des „Hauptwirtschaftsamtes für das Notstandsprogramm" ebenso im Funktion blieb wie Senatspressechef Hans Hirschfeld (SPD). Um den Koalitionsfrieden zu wahren, erhielten die Freien Demokraten sechs und die Christdemokraten nur vier Senatorenämter.

Im kommunistisch beherrschten Osten Deutschlands sah man in der Abwahl der Sozialdemokraten aus der Regierungsverantwortung die Chance zur Großoffensive gegen West-Berlin. Der Autor der biographischen Studie zu Walther Schreiber in dem von Wolfgang Ribbe herausgegebenem Buch „Stadtoberhäupter", Felix Escher, entdeckte im Zentralen Parteiarchiv der SED einen „Maßnahmenkatalog", der auf Anweisung von Walter Ulbricht vom Ersten Sekretär der Berliner Bezirksleitung, Alfred Neumann, nach der Wahl Schreibers zur Destabilisierung Westberlins aufgestellt worden war. Danach sollten im „Massenkampf" die Betriebsräte von tausend Unternehmen eine Lohnerhöhung von 15 Prozent fordern, Erwerbslose und Rentner Sonderzuwendungen verlangen, und es sollte gegen das „kleine Besatzungsstatut" der Westmächte und gegen das Bonn-Berlin-Überlei-

Mit den drei westalliierten Stadtkommandanten während der Feier zu seinem 70. Geburtstag im Rathaus Schöneberg, 10. Juni 1954.

tungsgesetz zur Stabilisierung der Stadt polemisiert und der linke Flügel der SPD in West-Berlin gestärkt werden.

Wenn man heute derartige Alibikataloge der Kommunisten liest, ist man nicht mehr erstaunt, daß das System im Osten auch an unrealistischen Einschätzungen und Selbsttäuschungen gescheitert ist. Walther Schreiber hat von diesen geplanten Geheimoffensiven gegen seinen Senat vermutlich nichts wahrgenommen, sondern wahrscheinlich nur die Pressekampagnen aus dem Osten, wie etwa der sowjetamtlichen *Täglichen Rundschau*, bemerkt, die ihn unter der Überschrift „Vom Nazinotar zum Konzernbürgermeister" als Sohn einer Rittergutsbesitzerfamilie und Feind der Arbeitslosen zu diffamieren versuchte. Als sie ihm 1945 die Erlaubnis zur Gründung der CDU erteilten, waren ihnen diese propagandistischen Verleumdungen allerdings nicht eingefallen.

Walther Schreibers Lebensweg

Schreiber wurde am 10. Juni 1884 in Pustleben im Südharz in der Grafschaft Hohenstein auf einem Rittergut geboren. Er besuchte das Gymnasium in Weimar, studierte in München, Halle, Berlin und in Grenoble Rechts- und Staatswissenschaften und promovierte 1910 zum Dr. jur. 1911 ließ er sich in Halle als Rechtsanwalt nieder und engagierte sich wie sein Weggenosse Theodor Heuss im liberalen Sozialreformerischem Kreis um Friedrich Naumann. 1914 trat er als Kriegsfreiwilliger einem aktiven Regiment bei.

Zu seinen schönsten Erinnerungen an diese Zeit gehörte nach seinen eigenen Angaben, daß er 1918 als Schwadronführer von den Offizieren und Mannschaften seines Regiments in geheimer Wahl einstimmig zu ihrem Vertrauensmann für den Kongreß des Soldatenrats in Ems gewählt wurde. Später, auf dem Kongreß der Arbeiter- und Soldatenräte am 19. Dezember 1918 in Berlin, setzte er sich für die Einberufung einer verfassungsgebenden Nationalversammlung und gegen ein rätedemokratisches Zukunftsmodell ein.

1919 wurde Dr. Schreiber dann als jüngstes Mitglied für die Deutsche Demokratische Partei in die preußische verfassungsgebende Landesversammlung und danach in den preußischen Landtag gewählt. Im März 1920 wurde er während des Kapp-Putsches in Halle vorübergehend verhaftet, weil er sich für die verfassungsmäßige Ordnung eingesetzt hatte. Nach zwei Tagen kam er frei und wurde von der Reichsregierung zum Zivilkommissar für Halle ernannt. Er gründete sofort einen Aktionsausschuß aller demokratischen Parteien und erreichte einen Waffenstillstand und den Abzug der Truppen aus Halle. Durch seine politischen und publizistischen Aktivitäten kam er bald in Führungspositionen seiner Partei und wurde im April 1925 als jüngster Minister Deutschlands in das Kabinett des preußischen Ministerpräsidenten Otto Braun (SPD) berufen, mit dem er sich politisch und persönlich hervorragend verstand.

Mit der Absetzung des preußischen Kabinetts zuerst durch von Papen, dann durch die Nationalsozialisten, verlor Walther Schreiber alle Ämter und Funktionen. Im August 1934 wurde er in Berlin als Rechtsanwalt und Notar zugelassen. In der Zeit des Hitlerregimes unterhielt er u. a. Kontakt zu den Widerstandskämpfern Wilhelm Leuschner und Julius Leber, ohne entdeckt zu werden.

Als er 1953, mit 69 Jahren, in Berlin als Regierender Bürgermeister nach dem plötzlichen Tod Ernst Reuters die politische Verantwor-

Grundsteinlegung für eine Flüchtlingssiedlung am Grünen Weg in Berlin-Britz. V. l.: Vizekanzler Franz Blücher aus Bonn, der amerikanische Hochkommissar Conant und der Regierende Bürgermeister Dr. Schreiber, Juli 1954.

tung für die Stadt übernahm, sah er seine Hauptaufgabe in der verstärkten Eingliederung West-Berlins in das Rechts- und Wirtschaftsgefüge der Bundesrepublik und in einer verbesserten Finanzhilfe für die Stadt. Die Arbeitslosigkeit war immer noch sehr hoch, weshalb er u. a. in Bonn Steuererleichterungen für West-Berlin forderte, um die Wirtschaft anzukurbeln. Besonderen persönlichen Wert legte er auch auf ein Privatschulgesetz.

Schreiber erreichte bei seinen politischen Freunden in Bonn zwar etliche Verbesserungen – so wurde etwa der Bundeszuschuß auf 800 Millionen D-Mark im Jahr erhöht –, aber er konnte längst nicht alles Notwendige beim CSU-Bundesfinanzminister Schäffer durchsetzen, was er sich als erster CDU-Regierungschef in Berlin von der Bonner

CDU-Regierung erhofft hatte. Nicht nur die Opposition, sondern auch die eigene Koalition in Berlin kritisierte das mangelnde Entgegenkommen der Bonner Bundesregierung. Auch Schreiber selbst erklärte in Richtung Bonn, man solle sich nicht wundern, wenn die Berliner enttäuscht seien. Daß 1954 eine Außenministerkonferenz in Berlin zur Deutschlandfrage stattfand, wenn auch ohne Ergebnis, und daß beispielsweise Bundespräsident Heuss in Berlin von der Bundesversammlung wiedergewählt wurde, konnte den mangelnden Erfolg bei den Verhandlungen mit Bonn nicht aufwiegen.

Neuwahlen Ende 1954: Walther Schreiber verliert das Amt

Bei den fälligen Neuwahlen des Abgeordnetenhauses am 5. Dezember 1954 konnte die CDU unter dem Vorsitz von Walther Schreiber zwar 30,4 Prozent der Stimmen erreichen und 10 Mandate hinzugewinnen, aber dafür mußte ihr Koalitionspartner FDP, durch eine Affäre belastet, hohe Verluste hinnehmen. Die FDP, die vier Jahre zuvor 23 Prozent erzielt hatte, wurde fast auf die Hälfte reduziert und büßte 13 Sitze ein. Die SPD gewann mit 44, 6 Prozent drei Mandate hinzu und verfügte damit wieder (durch die Methode des Verrechnens mit nicht gewählten Parteien, die weniger als fünf Prozent der Stimmen erhalten hatten) allein über die absolute Parlamentsmehrheit (64 von 127 Sitzen). Das politische Schicksal von Walther Schreiber, dem ersten CDU-Bürgermeister Berlins, der ohne die SPD regierte, war damit besiegelt. Die SPD vereinbarte mit der CDU zwar eine Koalitionsregierung, um über eine sichere Mehrheit zu verfügen, aber für Walther Schreiber war kein Amt mehr vorgesehen. Am 11. Januar 1955 wurde der langjährige sozialdemokratische Parlamentspräsident Dr. Otto Suhr zum Regierenden Bürgermeister gewählt. Sein Stellvertreter aus der CDU wurde ein Politiker aus der jüngeren Generation, Franz Amrehn.

Walther Schreiber wurde 1955 auf einem Landesparteitag der CDU zum Ehrenvorsitzenden ernannt, während die Bemühungen, ihm die Ehrenbürgerschaft Berlins zuzuerkennen, an der SPD scheiterten. Als er im Juni 1958 im Alter von 74 Jahren starb, würdigte Willy Brandt als Regierender Bürgermeister die Verdienste seines Vorgängers vor allem in drei Punkten:

Besuch des Bundespräsidenten in Berlin. Der Regierende Bürgermeister geleitet Frau Elly Heuss-Knapp zum Besuch einer Vorstellung ins Schiller-Theater, Januar 1955.

- Schreiber habe nach dem ersten Weltkrieg führend daran mitgewirkt, Preußen und Deutschland neu zu ordnen;
- er habe nach 1945 in den Reihen derer gestanden, die Deutschland vor neuer Sklaverei bewahren wollten; und
- er habe nach der Blockade gemeinsam mit Reuter und als dessen Nachfolger bedeutenden Anteil am Wiederaufbau Berlins gehabt.

Am Tag der Beisetzung Walther Schreibers beschloß der Senat, dem Platz an der Einmündung der Bundesallee in die Friedenauer Rheinstraße den Namen „Walther-Schreiber-Platz" zu geben.

Zeittafel

1894	Geboren am 17. August in Osnabrück als Sohn eines Beamten.
1914 - 1918	Der Erste Weltkrieg unterbricht das gerade in Leipzig begonnene Studium der Volkswirtschaft, Geschichte und Zeitungswissenschaft. Im fast vierjährigen Fronteinsatz bringt es Suhr bis zum Offizier und erhält hohe Tapferkeitsauszeichnungen.
1919 - 1921	Fortführung und Abschluß des Studiums in Leipzig, intensive Beschäftigung mit den Arbeiten von Max Weber. Aktive Mitarbeit im Sozialistischen Studentenbund.
1921 - 1924	Nach kurzzeitiger Tätigkeit als Pressereferent wird Suhr vom Gewerkschaftskartell in Kassel zum „Arbeitssekretär“ gewählt. Eintritt in die SPD, Mitglied des Stadtvorstands Kassel unter Oberbürgermeister Philipp Scheidemann, Dozent an der Volkshochschule Kassel.
1925	Lehrtätigkeit an der Universität Jena, Wirtschaftsseminare.
1926 - 1933	Leiter der volkswirtschaftlichen Abteilung des Allgemeinen freien Angestelltenbundes (AfA) in Berlin.
1933 - 1945	Ohne feste Arbeit, ab 1936 freier Mitarbeiter der *Frankfurter Zeitung*, dort Fachberichte für den Wirtschaftsteil. Teilnahme an illegaler Gewerkschaftsarbeit, Mitglied der Widerstandsgruppe unter Adolf Grimme bis zu deren Zerschlagung 1942. Ab 1944 Mitglied eines illegalen „planwirtschaftlichen Arbeitskreises“, der konkrete Maßnahmen für die Zeit nach der Kapitulation plant.
1945	Sommer: Suhr arbeit aktiv beim Neuaufbau der SPD in Berlin mit. Erster Generalsekretär der Partei. Ab September Tätigkeit in der Zentralverwaltung für Industrie.
1946 - 1955	Stadtverordnetenvorsteher von Groß-Berlin bis zur Spaltung des Magistrats Ende 1948, danach in West-Berlin, ab 1951 Präsident des Abgeordnetenhauses.
1955	11. Januar: Wahl zum Regierenden Bürgermeister.
1957	Am 30. August gestorben in Berlin.

Otto Suhr

Januar 1955 - August 1957

Dem Sozialdemokraten Otto Suhr, einem politischen Wissenschaftler und Gewerkschaftler von außerordentlichem Rang, war als Regierendem Bürgermeister nur eine kurze Amtszeit vergönnt. Er starb mit 63 Jahren vor Ablauf seiner Wahlperiode und mußte selbst in dieser Zeit aus gesundheitlichen Gründen mehrfach pausieren. Als ein Nachfolger von Ernst Reuter, der auf deutscher Seite in Berlin die sowjetische Blockade meisterte, und als Vorgänger von Willy Brandt, der den Mauerbau durchstand und durch seine Ostpolitik zur Wende im kalten Krieg beitrug, könnte Otto Suhr im Geschichtsbild Berlins

Mit Bundeskanzler Adenauer, der zur „Grünen Woche" nach Berlin gekommen war, Februar 1957.

Antrittsbesuch des Regierenden Bürgermeisters Dr. Otto Suhr beim Vorsitzenden der Jüdischen Gemeinde von Berlin, Heinz Galinski, Februar 1955.

Mit Bundespräsident Prof. Theodor Heuss bei einem Besuch des Altersheims in der Schulstraße in Berlin-Wedding, Frühjahr 1955.

fälschlicherweise leicht als eine nicht besonders bedeutsame Figur betrachtet werden.

Klaus Schütz, der ihn persönlich erlebte und der ihm zwölf Jahre später als „Regierender" ins Schöneberger Rathaus folgte, charakterisierte Suhr „als eine politische Erscheinung der Sonderklasse" und als einen „Glücksfall für die Berliner Sozialdemokraten", denn er habe mit seinem Wissen und seiner Redegewandtheit in der vordersten Reihe gestanden, als diese sich ihre Unabhängigkeit gegen die kommunistisch gelenkte Zwangsvereinigung erstreiten mußten. Suhr habe ein Beispiel für ein freies Parlament gesetzt, als er sich kompromißlos und in öffentlicher Rede dem sowjetischen Druck widersetzte, die Freiheit der Berliner Stadtverordneten durch eine Art von parlamentarischer Vorzensur einzuschränken, und er sei eigentlich der „Vater" des Berliner Grundgesetzes, das nunmehr seit über 45 Jahren Geltung habe. Tatsächlich ist die Berlin-Politik der Sozialdemokraten und auch der Gewerkschaften in der unmittelbaren Nachkriegszeit weitgehend von Otto Suhr geprägt. Die *Weltbühne* nannte ihn deshalb Ende der vierziger Jahre einmal „den ungekrönten König von Berlin".

Unmittelbar nach Kriegsende aktiv für die SPD

Bereits im Mai 1945, also unmittelbar nach Kriegsende, wurde Otto Suhr, der kompromißlose Anti-Nationalsozialist, von der sowjetischen Militäradministration aufgefordert, für die Neugründung der SPD und der Gewerkschaften Vorbereitungen zu treffen. Im Gründungsaufruf der SPD vom Juni 1945 wurde von ihm noch ein Zusammengehen der beiden Arbeiterparteien unter der Voraussetzung eines unabhängigen deutschen Weges zum Sozialismus bejaht, aber die Politik der KPD unter Walter Ulbricht von vornherein abgelehnt. Die Versuche der KPD, die SPD zur Verschmelzung zu bewegen, stießen bei Suhr auf entschiedenen Widerstand.

Im April 1946 berief die SPD Groß-Berlins, inzwischen in den amerikanischen Sektor umgezogen, Otto Suhr zum Generalsekretär der Partei, um den Kampf gegen die angestrebte Zwangsvereinigung der KPD mit der SPD zur SED zu organisieren und die freien Wahlen zur Stadtverordnetenversammlung am 20. Oktober 1946 vorzubereiten. Zusammen mit Louise Schroeder erhielt Otto Suhr außerdem die Lizenz für die Neugründung des Parteiorgans *Der Sozialdemokrat.* In einem Erinnerungsartikel an die Oktoberwahl von 1946, die mit einem überwältigenden Erfolg der SPD und einer blamablen Niederlage für die SED endete, nannte Suhr die Kommunisten „den verlängerten Arm der Besatzungsmacht“ und die „Staatspartei der Sowjets“. Im Wahlergebnis sah er auch eine Bestätigung seiner Abgrenzungspolitik zu den Kommunisten, die er zusammen mit dem SPD-Vorsitzenden Franz Neumann betrieb.

Stadtverordnetenvorsteher

In der konstituierenden Sitzung des neugewählten Stadtparlaments am 26. November 1946 wurde Otto Suhr einstimmig von den Abgeordneten der SPD, der CDU, der LDP und auch der SED zum Stadtverordnetenvorsteher gewählt. Seine Art, die Sitzungen zu leiten, wurde alsbald berühmt, weil er es verstand, die zahllosen Eingriffsversuche der Sowjetischen Militäradministration (SMA) in der Sache scharf, aber in der Form untadelig zurückzuweisen. Eines Tages machte ihn der sowjetische Stadtkommandant in einem Befehl persönlich für „antisowjetische Propaganda“ in den Debatten der Stadtverordnetenversammlung haftbar. Otto Suhr lehnte die Annahme des Befehls ab und erklärte, daß es mit dem Wesen der demokratischen Volksvertretung unvereinbar sei, von irgendeiner Besatzungsmacht Anweisungen entgegenzunehmen; und er selbst fühle sich nicht in der Lage, „Büttel irgendeiner alliierten Macht" zu sein. Der sowjetische Stadtkommandant, der auch mit den Ansichten der Westalliierten in dieser Angelegenheit rechnen mußte, meldete sich nach der Intervention Suhrs nicht mehr.

Als Stadtverordnetenvorsteher war Suhr stets auf einen Interessenausgleich und vor allem auf die Erhaltung der Einheit des gesamtberliner Stadtparlaments bedacht. Aber als sich die kommunistisch organisierten Provokationen durch angeblich spontane Arbeiterproteste gegen das Parlament bis in den Plenarsaal erpresserisch häuften, die Bannmeile mit Duldung der Sowjets ständig mißachtet und die Spaltungsabsichten immer offensichtlicher wurden, kapitulierte auch Otto Suhr vor der Gewalt im Ostsektor und zog mit dem Parlament vom Stadthaus in der Parochialstraße in den Westteil Berlins um.

In dieser Phase eines Anschauungsunterrichtes über Theorie und Praxis zog sich Otto Suhr auch als Sozialist von seinen früheren Planwirtschaftsvorstellungen und Verstaatlichungsmodellen immer mehr zurück. Politisch befürwortete er nun eine die Wiedervereinigung nicht behindernde Westintegration Berlins und Westdeutschlands, und er nahm 1948 am vorbereitenden Verfassungskonvent in Herrenchiemsee teil. Zusammen mit Hans Reif, Jakob Kaiser, Ernst Reuter und Paul Löbe gehörte er anschließend zu den fünf Vertretern Berlins im „Parlamentarischen Rat", der 1948/49 das Bonner Grundgesetz ausarbeitete. Zusammen mit Carlo Schmid setzte er sich für die Vorläufigkeit des Grundgesetzes und des auf dieser Rechtsgrundlage entstehenden westdeutschen Staates „Bundesrepublik Deutschland" ein.

Bei der auf West-Berlin beschränkten Wahl des Abgeordnetenhauses im Dezember 1948, die fast mit einer Zweidrittelmehrheit für die SPD endete, wurde Otto Suhr als Präsident des Stadtparlaments aufs neue bestätigt. Bei der Ausarbeitung der neuen Verfassung für Berlin, auf die Suhr maßgeblichen Einfluß nahm, prägte er u. a. für den bisherigen Oberbürgermeister den Titel des „Regierenden Bürgermeisters", für den Magistrat die Bezeichnung „Senat" und für die Stadtverordnetenversammlung den Begriff „Abgeordnetenversammlung".

Politik als Wissenschaft

Die wissenschaftliche Begleitung und Durchdringung der Politik war für Otto Suhr seit seinen Studienzeiten ein vorrangiger Wunsch. Schon in der Weimarer Zeit hatte er wie Theodor Heuss an der „Hochschule für Politik" in der Schinkelschen Bauakademie am Werderschen Markt über Politik doziert. Die Nationalsozialisten hatten die Hochschule geschlossen. Nach dem Krieg ergriff Suhr die Initiative zur Wiedergründung. Am 18. März 1948, dem 100. Gedenktag der Revolution von 1848, beschloß das Berliner Stadtparlament die Wiedererrichtung der Deutschen Hochschule für Politik. Otto Suhr wurde im Januar 1949 ihr erster Direktor. Zur Eröffnung waren Alfred Weber und Eugen Kogon als Dozenten erschienen. Seit 1959 ist die Hochschule in die Freie Universität eingegliedert und trägt seitdem den Namen „Otto-Suhr-Institut".

Sein Parteifreund und Weggenosse Walther Oschilewski schrieb nach dem Tod von Otto Suhr, den er einen „Landpfleger der politischen Gesittung" nannte, wenn dieser in seinem Leben nichts weiter getan hätte als dieses Institut zu projektieren, zu propagieren und gegen viele Widerstände durchzusetzen, es dann aus der Taufe zu heben und es in seinem inneren und äußeren Gefüge zu gestalten, so wäre ihm trotzdem „ein Ruhmesblatt in der Geschichte der politischen Erziehung und Bildung unseres Volkes sicher". Suhr suchte ein System der Wissenschaft von der Politik zu erarbeiten und als selbständige Disziplin hochschulfähig zu machen. Er wollte ein fruchtbares Wechselspiel zwischen Theorie und Praxis, zwischen wissenschaftlicher Forschung und konkreter politischer Anschauung zu einer Ganzheitslehre der politischen Wissenschaften, der Politologie, vereinen.

Der Lebensweg

Otto Suhrs Lebensweg war eher auf eine wissenschaftliche und weniger auf eine politische Karriere ausgerichtet. Er wurde am 17. August 1894 als Sohn einer bürgerlich-liberalen Beamtenfamilie in Oldenburg geboren, was man bis zu seinem Lebensende sprachlich seinem akzentuierten spitzen „st" anmerkte. Nach der Oberrealschule studierte er in Leipzig Volkswirtschaft, Geschichte und Zeitungswissenschaften. Im Ersten Weltkrieg avancierte er bis zum Leutnant.

Wegen außerordentlicher Tapferkeit wurde ihm die höchste sächsische Militärauszeichnung, das „Ritterkreuz des St. Heinrichs-Ordens", verliehen. Zivilcourage soll er aber höher bewertet haben als militärische Tapferkeit.

Noch während des Krieges trat er der SPD bei. Nach dem Krieg setzte er seine Studien in Leipzig fort und promovierte zum Doktor der Philosophie über das Thema: „Die berufsständische Verfassungsbewegung in Deutschland bis zur Revolution von 1848". Er engagierte sich im sozialistischen Studentenbund und verteidigte im Kapp-Putsch die junge republikanische Demokratie gegen nationalistische Bestrebungen.

Seine erste Anstellung erhielt er in Kassel, einer sozialdemokratischen Hochburg, wo Philipp Scheidemann, der in Berlin die Republik ausgerufen hatte, Oberbürgermeister war. Als Pressereferent arbeitete er in der „Reichszentrale für Heimatdienst", einer politischen Bildungseinrichtung des Staates, die in der Nachfolge unter verändertem Namen - „Bundeszentrale für politische Bildung" - bis heute existiert.

Suhrs Bestreben zielte indessen nicht nur auf Bildung und Ausbildung, sondern auch auf eine Veränderung der gesellschaftlichen Verhältnisse. 1921 wählte ihn der Ortsausschuß des „Allgemeinen Deutschen Gewerkschaftsbundes" in Kassel zum Arbeitssekretär. Gleichzeitig gehörte er dem örtlichen Vorstand der SPD an. An den damals gegründeten Betriebsräteschulen beteiligte er sich als Organisator und Lehrer. Die Wirtschaftspolitik und ihre ökonomischen und sozialen Zusammenhänge rückten immer stärker in den Mittelpunkt seines Interesses, um unter den Arbeitern und der Gewerkschaftsbewegung aufklärend und programmatisch wirken zu können.

1926 berief ihn der „Allgemeine freie Angestelltenbund" (AfA) zum Leiter der ersten wirtschaftswissenschaftlichen Abteilung in der Gewerkschaftsbewegung nach Berlin, eine Wirkungsstätte, in der er seine wissenschaftlichen und politischen Ambitionen gründlich ausleben konnte. Er arbeitete in seinem Fach des Verfassungswesens, der Gewerkschaften und der Unternehmerverbände für den „Großen Brockhaus" mit und hielt Vorlesungen an der „Deutschen Hochschule für Politik". Auf zahlreichen politischen Versammlungen warnte Suhr vor der Gefahr des Nationalsozialismus. Als die Weimarer Republik mit Hilfe Hindenburgs und einer labilen Reichstagsmehrheit 1933 vor Hitler kapitulierte und die Gleichschaltungswelle anschwoll, plädierte Suhr für die Selbstauflösung der AfA, was für ihn Arbeitslosigkeit bedeutete. Emigrieren wollte er dennoch nicht, denn „wie wollen wir die Situation ändern, wenn alle weggehen“, erklärte er.

Nach zweijähriger Arbeitslosigkeit, zusätzlich belastet durch Hausdurchsuchungen und Diffamierungen gegen seine jüdische Frau Susanne, eröffnete ihm - wie manchem anderen Gegner Hitlers - die *Frankfurter Zeitung* die Möglichkeit der freien Mitarbeit im Handelsteil des Blattes. Er schrieb Industrieanalysen, z. B. über die Reißverschlußbranche, und beschäftigte sich mit Verpackungsfragen. Politisch sorgte er als Mitglied des illegalen Gewerkschaftskomitees für die Verbindung zu verschiedenen Widerstandsgruppen. Er schloß sich auch einem planwirtschaftlichen Arbeitskreis an, der Vorbereitungen für die Zeit nach der absehbaren Kapitulation traf. Vom Wehrdienst war er ausgeschlossen, aus seiner Wohnung verjagt worden.

In der Endphase des Krieges entzog er sich der drohenden Verhaftung durch Flucht. Nach Kriegsende war er in der sowjetisch besetzten Zone in der „Deutschen Zentralverwaltung für Industrie“ als Hauptabteilungsleiter und in der Abteilung Wirtschaft des Magistrats Werner als Referent tätig. Als Vorstandsmitglied des „Freien Deutschen Gewerkschaftsbundes“ (FDGB) trat er zunächst vehement für die Idee der Einheitsgewerkschaft ein, aber als die Kommunisten von ihren Täuschungsmanövern und Kadermethoden nicht abließen, kämpfte Suhr mit gleichem Engagement für die Bildung freier Gewerkschaften in West-Berlin, die sogenannte „Unabhängige Gewerkschaftsopposition“ (UGO), und erhielt hierbei die Unterstützung der CDU-Gewerkschaftler Jakob Kaiser und Ernst Lemmer.

Regierender Bürgermeister

Der politische und wissenschaftliche Lebensweg von Otto Suhr, insbesondere auch in der unmittelbaren Nachkriegszeit, macht verständlich, weshalb er nach dem Tod Ernst Reuters und dem Ende des CDU/FDP-Schreiber-Senats von der SPD an die Spitze der Verantwortung in Berlin gerufen wurde. Hinzu kam, daß er sich an den zunehmenden innerparteilichen Flügelkämpfen zwischen Franz Neumann und Willy Brandt, die ihn eher von einer Kandidatur abschreckten, nicht beteiligte, so daß er in beiden Lagern keine Gegner hatte. Die Wahl zum Abgeordnetenhaus am 5. Dezember 1954 (mit einer Wahlbeteiligung von 91,8 Prozent!) war zwar für die SPD mit 44,6 Prozent Stimmenanteil und 67 von 127 Sitzen erfolgreich aus-

Bewaffnete Volkspolizei verweigert dem Regierenden Bürgermeister Dr. Suhr das Betreten der Exklave Steinstücken, 26. April 1956. In der Bildmitte der Bezirksbürgermeister von Zehlendorf, Dr. Willy Stiewe, dahinter (halb verdeckt) der Journalist Lothar Löwe.

gegangen, aber mit einer Stimme Mehrheit wollte Suhr nicht regieren. Da die FDP eine herbe Wahlniederlage erlitten hatte, wollte er von vornherein mit der CDU, allerdings nicht mehr mit Walther Schreiber, regieren. Für die CDU trat statt dessen Franz Amrehn mit fünf weiteren Christdemokraten in die Stadtregierung der großen Koalition ein. Am 22. Januar 1955 wurde daraufhin Otto Suhr mit 104 gegen 18 Stimmen zum Regierenden Bürgermeister gewählt.

Der Regierende Bürgermeister beim Eintreffen vor dem sowjetischen Hauptquartier in Berlin-Karlshorst zur Unterzeichnung des Protokolls über die Rückgabe des Rundfunkhauses in der Masurenallee, Juli 1956.

Ein völlig ungewohntes Bild während der ersten Jahrzehnte des kalten Krieges: Der Dienstwagen des Regierenden Bürgermeisters von West-Berlin auf der Rückfahrt von Karlshorst vor den Neubauten in der Ostberliner Stalinallee.

In seiner etwas mehr als zweijährigen Amtszeit bemühte er sich in erster Linie um eine Verbesserung der wirtschaftlichen und finanziellen Lage der Stadt. Zusammen mit dem Bonner Wirtschaftsministerium entwickelte er ein „Berliner Aufbauprogramm" zur Schaffung von Arbeitsplätzen durch Kredithilfen für Privatinvestitionen, zur Förderung von Aufträgen nach Berlin durch Steuerpräferenzen und Erleichterungen bei Transporten von und nach Berlin. Sein Versprechen, 1.000 Arbeitsplätze zu schaffen, konnte er dadurch einlösen. Einen spektakulären Erfolg erzielte er mit der Eröffnung der Internationalen Bauausstellung zum Wiederaufbau des zerstörten Hansa-Viertels, an der sich weltberühmte Architekten wie Walter Gropius, Alva Aalto und Oscar Niemeyer beteiligten. Die USA stifteten dafür 84 Millionen DM.

Im Verhältnis zu Ost-Berlin plädierte er dafür, die Auswirkungen der Spaltung wenigstens durch die Erhaltung der „technischen Einheit" Berlins zu mildern. Einen Kontakt mit dem Ostberliner Oberbürgermeister Ebert lehnte er allerdings ab, wie er überhaupt alles zu vermeiden trachtete, was zu einer Koexistenz, geschweige denn zu einer Anerkennung der inzwischen gegründeten DDR hätte führen können. So lehnte er sogar die von Adenauer nach dem Abschluß der Pariser Verträge zur Ablösung des Besatzungsregimes anvisierte Aufnahme diplomatischer Beziehungen zwischen Bonn und Moskau mit dem warnenden Argument ab, daß es „dann nicht mehr die Wiedervereinigung geben kann".

Auf dem Weg zu einer stärkeren Bindung Berlins an den Bund erlebte Suhr noch eine große Genugtuung. Obwohl Berlin verfassungs- und völkerrechtlich nicht zum Bund gehörte und die Berliner Abgeordneten im Bonner Bundestag kein Stimmrecht hatten, konnte Suhr erreichen, daß der Bundesrat, die Länderkammer, den Regierenden Bürgermeister in seinen jährlichen Wahlturnus mit vollen Rechten eingliederte und er am 19. Juli 1957 einstimmig zum Bundesratspräsidenten gewählt wurde. Die Amtsperiode in Bonn hätte für ihn am 1. Oktober 1957 beginnen sollen, aber am 30. August starb Otto Suhr an Leukämie. Im Rathaus Schöneberg wurde er aufgebahrt.

Viele tausende Berliner verabschiedeten sich von ihm. In Fünfer- und Sechserreihen standen die Menschen, darunter auch zahlreiche Ostberliner, bis über den Rathausplatz in die Badensche Straße. Auch die Sowjets kondolierten. Willy Brandt, der ihm als Regierender Bürgermeister folgte, bescheinigte ihm, einen Platz eingenommen zu haben, der „aus der Geschichte der Stadt nicht wegzudenken ist".

Dr. Otto Suhr entzündet in seiner Wohnung in der Hüninger Straße in Zehlendorf Kerzen zum Gedenken an die Opfer des ungarischen Aufstands, Oktober 1956.

Bundespräsident Heuss sagte in seinem Nachruf, daß Suhr auf das gute alte Wort Anspruch habe: „Patriae, inserviendo consumor“ (Im Dienst für das Vaterland verzehre ich mich). Der Senat und das Bezirksamt Charlottenburg beschlossen wenige Tage nach seinem Tod, die bisherige Berliner Straße in „Otto-Suhr-Allee“ umzubenennen.

Zeittafel

1913	Geboren am 18. Dezember als Ernst Karl Frahm in Lübeck.
1930	Eintritt in die SPD, 1931 Wechsel zur Sozialistischen Arbeiterpartei Deutschlands (SAP).
1933	Die SAP geht in den Untergrund, Frahm nimmt den Tarnnamen Willy Brandt an. April: Emigration nach Norwegen, dort politische und journalistische Arbeit.
1936	Illegal bei einer SAP-Widerstandsgruppe in Berlin.
1937	Während des spanischen Bürgerkriegs in Barcelona.
1938	Ausbürgerung durch Nazideutschland.
1940	Norwegische Staatsbürgerschaft. Nach dem Überfall der Wehrmacht Flucht nach Schweden. Politische und publizistische Arbeit in Stockholm.
1945 - 1947	Bei Kriegsende zurück nach Oslo. Danach Korrespondent bei den Nürnberger Prozessen und norwegischer Presseattaché in Berlin.
1948	Wieder deutsche Staatsbürgerschaft. Leiter des SPD-Verbindungsbüros in Berlin.
1949 - 1957	Berliner Abgeordneter im Deutschen Bundestag.
1955 - 1957	Präsident des Berliner Abgeordnetenhauses.
1957 - 1966	Regierender Bürgermeister von Berlin. 1961 und 1965 erfolgloser Kanzlerkandidat der SPD.
1964	Vorsitzender der SPD (bis 1987 - danach Ehrenvorsitzender).
1966 - 1969	Außenminister und Vizekanzler der großen Koalition.
1969 - 1974	Bundeskanzler. Rücktritt im Mai 1974 nach Enttarnung seines persönlichen Referenten Günter Guillaume als DDR-Spion.
1971	Friedensnobelpreis.
1976	Präsident der Sozialistischen Internationale.
1977	Vorsitzender der Nord-Süd-Kommission.
1992	Gestorben am 8. Oktober in Unkel am Rhein.

Willy Brandt

Oktober 1957 - Dezember 1966

In der Reihe der Regierenden Bürgermeister Berlins gehört Willy Brandt nach Ernst Reuter nicht nur zu den herausragenden Politikern, er wuchs zudem nach seinen Berliner Jahren mit den in der geteilten Stadt gemachten Erfahrungen zu einer weltberühmten Persönlichkeit von historischer Größe heran.

Während Brandts Berliner Amtszeit versuchte Chrustschow 1958 durch sein 6-Monate-Ultimatum dem freien Teil Berlins das Lebenslicht auszublasen, und 1961 trennten Ulbricht und Honecker unter Moskaus Schirm durch den Bau der Mauer die Stadt in zwei Teile.

Für die darauffolgende Bonner "Ära Brandt", die seine Zeit als Außenminister und vor allem als Bundeskanzler der Ostverträge umfaßt, hatte er durch seine Politik der festen Bindung zum Westen und der Entspannung nach Osten bereits in Berlin den Grundstein gelegt. Mit der Verleihung des Friedensnobelpreises wurde sein Engagement für die Politik des Ausgleichs und der Versöhnung mit den ehemaligen Kriegsgegnern Deutschlands zu einem Zeitpunkt gegenseitiger Hochrüstung zwischen Ost und West gekrönt. Daß einem Mann aus Deutschland, welches den Zweiten Weltkrieg verursacht hatte, diese Ehre zuteil wurde, war sensationell. Als Emigrant des Hitlerregimes repräsentierte Brandt freilich das andere, das demokratische Deutschland.

Als Berliner Bürgermeister setzte er einerseits den sowjetischen Expansionsbestrebungen durch eine kluge Politik mit den drei Westmächten ein energisches Halt entgegen, und andererseits suchte er im Interesse der Berliner angesichts des atomaren Patts der Weltmächte nach Wegen, um die Kriegsgefahr zu mindern und die Mauer, wie z. B. durch ein Passierscheinabkommen mit dem Osten, durchlässig zu machen.

Als einziger deutscher Politiker, der als Regierender Bürgermeister Berlins schon in der Adenauer-Ära politische Verantwortung trug, erlebte er als Elder Statesman am 9. November 1989 die Genugtuung,

Der Präsident des Berliner Abgeordnetenhauses wird zum Nachfolger des verstorbenen Dr. Otto Suhr gewählt, 3. Oktober 1957.

daß die Mauer, die in seiner Amtszeit gebaut wurde, wieder fiel. Am Tag danach, auf der berühmt gewordenen Kundgebung vor dem Schöneberger Rathaus, feierten die Berliner ihren 75jährigen Willy wie einen Helden, und er formulierte dabei u. a. den historisch gewordenen Satz: „Jetzt wächst zusammen, was zusammengehört."

„Dies ist ein schöner Tag nach einem langen Weg", sagte er zu Beginn seiner Ansprache, und etwas später mit einer demütigen Gebärde: „Ich bin dem Herrgott dankbar dafür, daß ich dies erleben darf."

Nicht auf Rosen gebettet

Willy Brandt, als Herbert Emil Karl Frahm am 18. Dezember 1913 im Lübecker Arbeitervorort St. Lorenz geboren, in der Hansestadt bis zum Abitur aufgewachsen, dann in der Hitlerzeit nach Norwegen und Schweden emigriert, kam erst nach dem Krieg dauerhaft nach Berlin. In seiner Jugend war er nicht auf Rosen gebettet. Den Vater hat er nicht gekannt, und weil ihn seine Mutter unverheiratet zur Welt brachte und der Vater sich nicht um den Sohn kümmerte, wollte er diesen auch nie kennenlernen. Da die Mutter tagsüber als Verkäuferin Geld verdienen mußte, wuchs er zunächst bei einer Freundin der Mutter und später beim Großvater auf, einem aktiven Gewerkschaftler und Mitglied der SPD. „Ich war sozusagen schon in den Sozialismus hineingeboren", hat er später selbst erzählt, denn mit 17 Jahren durfte er ausnahmsweise schon Mitglied der SPD werden, weil er Artikel für die Parteizeitung *Volksbote* schrieb. Sein Chefredakteur war der Reichstagsabgeordnete und Vorsitzende der SPD Lübecks, Julius Leber, den Hitler noch im Januar 1945 als Widerstandskämpfer hinrichten ließ. Willy Brandt hat Leber stets als seinen ihn prägenden Mentor bezeichnet. Dennoch gerieten beide politisch auseinander, und Willy Brandt, damals noch Herbert Frahm, schloß sich der linksorientierten Sozialistischen Arbeiterpartei (SAP) an, die gegen die ihrer Meinung nach zu kompromißlerische Politik der SPD opponierte. Eine persönliche Konsequenz aus diesem Schritt bestand darin, daß er, der gern Journalist werden wollte, nicht bei der SPD-Zeitung *Volksbote* angestellt wurde, sondern im Februar 1932 als Volontär bei einer Schiffsmaklerfirma seine Lehrjahre begann. Politisch blieb er in der SAP aktiv, die u. a. für die Einheit der Arbeiterklasse plädierte.

Deckname: Willy Brandt

Als sich die Parteiführung nach dem Reichstagsbrand vom 27. Februar 1933 auflöste, ignorierte er mit Freunden diesen Beschluß und sie berieten auf einem, nach Hitlers Machtergreifung nun illegalen Parteitag am 11. März in Dresden ihre weiteren Schritte. Für diesen Parteitag gaben sich alle Delegierten einen Decknamen. Herbert Frahm wählte den Namen Willy Brandt, abgeleitet vom Werbemotto des Lübecker Seidenhauses Brandt: „Wer sparen will, der hat erkannt, am besten kauft man jetzt bei Brandt." Diesen Namen hat der spätere Regierende Bürgermeister seit jener Zeit niemals mehr abgelegt. Nach dem Krieg, nach seiner Wiedereinbürgerung als deutscher Staatsbürger hat sich Willy Brandt 1949 seinen Deck- und Emigrationsnamen auch nach deutschem Namensrecht offiziell vom Berliner Polizeipräsidenten beurkunden lassen.

Auf dem illegalen Parteitag der SAP, auf dem auch die Fortsetzung der politischen Arbeit und die Bemühungen um Unterstützung aus dem Ausland besprochen wurden, erhielt der Lübecker Genosse Brandt den Auftrag, die geheime Ausreise des Publizisten Paul Fröhlich über Dänemark nach Norwegen vorzubereiten. Auf einem Fischkutter emigrierte er auftragsgemäß über die Ostsee nach Dänemark und dann weiter nach Oslo, wo er ein Büro der SAP eröffnete und als Journalist für die norwegische Arbeiterpartei schrieb.

In diesem Zusammenhang reiste er im Olympiajahr 1936 als Willy Brandt auch für einige Monate nach Berlin. Im Februar 1937 fuhr er als Verbindungsmann der SAP nach Barcelona, um den spanischen Bürgerkrieg zu beobachten. Gleichzeitig arbeitete er als Berichterstatter für skandinavische Zeitungen. 1939 wurde er offiziell aus Deutschland ausgebürgert. Daraufhin bemühte er sich um die norwegische Staatsbürgerschaft.

Norwegischer Soldat

1940 besetzte die Hitlerwehrmacht Norwegen. Um sich zu schützen, schlüpfte Brandt in eine norwegische Uniform. Mit tausenden anderen norwegischen Soldaten wurde er für vier Wochen von der deutschen Wehrmacht interniert, dann nach Oslo entlassen. Auf Anraten von Freunden emigrierte er weiter in das neutrale Schweden, wo er zunächst in ein Flüchtlingslager kam. Nachdem ihm die in London ansässige norwegische Exilregierung im August 1940 die Staatsbürgerschaft verliehen hatte, kam er nach Stockholm. Hier setzte er mit anderen europäischen Emigranten, darunter Bruno Kreisky, seine politische Arbeit mit dem Ziel fort, zum Ende des Hitlerregimes beizutragen und Pläne für die Nachkriegszeit zu entwickeln. Es wurde eine sogenannte „Kleine sozialistische Internationale" gegründet, die Willy Brandt zum Sekretär bestimmte. In dieser Zeit lernte er auch die Norwegerin Rut Hansen kennen, die er 1941 heiratete. Von seiner ersten Frau, die mit der Tochter Ninja in Oslo geblieben war, hatte er sich „ohne Groll" scheiden lassen. Im Spätsommer 1945, also nach Kriegsende, kehrte er nach Oslo zurück und arbeitete dort wieder journalistisch.

Im Herbst 1945 berichtete Willy Brandt - noch in norwegischer Uniform - als „war correspondent" für skandinavische Zeitungen vom Kriegsverbrecherprozeß in Nürnberg.

Der norwegische Außenminister Halvard Lange hatte ihm Auslandsaufgaben für den norwegischen auswärtigen Dienst angeboten. Willy Brandt zog es aber wieder nach Deutschland. Er wollte am Wiederaufbau eines neuen Deutschland beteiligt sein, und er knüpfte entsprechende Kontakte zur SPD, in die er 1944 wieder eingetreten war. Im Mai 1946 nahm er bereits am ersten Parteitag der wiedergegründeten SPD in Hannover teil. Als sein Freund Halvard Lange ihm dann die Position des norwegischen Presseattachés bei der Alliierten Kommandantur in Berlin anbot, griff er sofort zu. Ohne je Soldat gewesen zu sein, erhielt er den Rang eines Majors („civilian officer").

Wieder deutscher Staatsbürger

Mit der Berufung zum Presseattaché begann Willy Brandts Berliner Karriere. Er berichtete zwar zunächst seiner Regierung in Oslo täglich über die Entwicklung aus dem völlig zerstörten Berlin, und, wie er selbst registrierte, auch schon „über den beginnenden kalten Krieg". Sein Hauptziel aber blieb, wieder aktiv in die deutsche Politik zurückzukehren, wofür er entsprechende Kontakte zur Spitze der SPD in Berlin und der Parteizentrale in Hannover pflegte.

Im Herbst 1947 bot sich Brandt die erhoffte Chance. Als der Berliner Vertreter des in Hannover fungierenden Zentralvorstandes der Partei, Erich Brost, von den Engländern die Lizenz für die Herausgabe der *Westdeutschen Allgemeinen Zeitung* erhielt, bewarb sich Willy Brandt um dessen Nachfolge in Berlin. Er bekam nicht sogleich den

Zuschlag, weil aus Norwegen gegen ihn intrigiert wurde, aber schließlich entschied sich der Parteivorstand doch für Willy Brandt. Am 1. Januar 1948, 15 Jahre nach seiner Emigration, trat er das Parteiamt für die SPD an. Alsbald legte er die norwegische Staatsbürgerschaft ab und ließ sich in seiner schleswig-holsteinischen Heimat wieder als Deutscher einbürgern.

Als Willy Brandt 1961 als Kanzlerkandidat für die SPD gegen Konrad Adenauer antrat, wurden ihm das Verhalten in der Emigrationszeit und die wechselnden Staatsbürgerschaften in diffamierender Weise von Nationalkonservativen öffentlich vorgehalten, aber die Angriffe prallten an dem Kosmopoliten und Weltbürger ab. Zum 75. Geburtstag Willy Brandts hatte der damalige Bundespräsident Richard von Weizsäcker eine politische Weltelite um den Jubilar versammelt. Der französische Staatspräsident Mitterand bescheinigte ihm: „Sie waren diesem Jahrhundert voraus, ein politischer Weltbürger, der Griechenland, Spanien und Portugal auf dem Weg zur Demokratie geholfen hat.“ Und Österreichs Kanzler Bruno Kreisky nannte ihn „einen Deutschen, vor dem die Welt sich nicht fürchtet“.

Das Verhältnis zu Franz Neumann und Ernst Reuter

Bevor Willy Brandt Weltruhm erlangte, mußte er allerdings etliche politische Bewährungsproben bestehen, wobei Niederlagen, Enttäuschungen, ja auch Depressionen nicht ausblieben. Sich in der SPD Berlins durchzusetzen, erwies sich als die erste hohe Hürde, denn der Landesvorsitzende Franz Neumann, der die Zwangsvereinigung mit den Kommunisten in Berlin erfolgreich abgewehrt hatte und dadurch populär wurde, war zwar ein Gesinnungsfreund des Parteivorsitzenden Kurt Schumacher in Hannover, aber zu dessen Vertreter in Berlin, Willy Brandt, hielt er Distanz. Außerdem hatte sich Brandt, der als SAP-Mann für die Einheit der Arbeiterklasse eingetreten war, durch den Anschauungsunterricht, den die Kommunisten in Berlin boten, beträchtlich gewandelt. Er lehnte nicht nur, wie Franz Neumann, die Vereinigung der beiden Arbeiterparteien unter sowjetischer Stabführung ab, sondern trat darüber hinaus für die Öffnung der SPD zu einer modernen, nicht national, sondern international orientierten Volkspartei ein. Diese Einstellung brachte ihn trotz des großen Altersunterschiedes in eine engere menschliche und politische Bindung zu Ernst Reuter, der sich in der Zeit der Berliner Blockade 1948/49 wegen seines unbeugsamen Widerstands und seines furchtlosen Auftretens gegen jede Drohung zu einer legendären Gestalt entwickelte. Als der gesamtberliner Magistrat im Roten Rathaus noch funktionierte, hatten die Sowjets die Amtseinsetzung des gewählten Oberbürgermeisters Ernst Reuter durch ein besatzungsrechtliches Veto verhindert und damit die Spaltung Berlins mit eingeleitet. Im Dezember 1948, mitten in der Blockade, wählten die Westberliner daraufhin ein eigenes Stadtparlament, und diese Abstimmung endete mit einem Ergebnis von 64, 5 Prozent für die Sozialdemokratie mit ihrem Sprecher Ernst Reuter, der nunmehr unbehindert von den Sowjets und den deutschen Kommunisten als Regierender Bürgermeister der drei Westsektoren ins Schöneberger Rathaus einzog.

Abgeordneter in Bonn

Nachdem die drei Westmächte - USA, Großbritannien und Frankreich - Westdeutschland die Bildung eines vorläufigen Staates angeboten und die westdeutschen Länder 1948/49 mit der Erarbeitung des Bonner Grundgesetzes die verfassungsrechtlichen Grundlagen dafür geschaffen hatten, fanden im Herbst 1949 die ersten freien nationalen Wahlen seit 1933 in Westdeutschland statt. Willy Brandt, weiter der Gefolgsmann Ernst Reuters, hatte dem SPD-Vorsitzenden Kurt Schumacher mitgeteilt, daß er eine aktive politische Rolle anstrebe und deshalb statt des Amtes als Berlin-Vertreter des Parteivorstands sich um ein Mandat für den Bonner Bundestag bemühen wolle. Spannungen zwischen Ernst Reuter und Kurt Schumacher über den außenpolitischen Kurs der SPD spielten hierbei eine Rolle, wobei sich Willy Brandt beispielsweise eindeutig für den Eintritt der Bundesrepublik in den Europarat einsetzte und damit gegen die Politik der Parteileitung in Hannover opponierte. Um die Jahreswende 1949/50 - inzwischen Berliner Abgeordneter im Bundestag - legte er dann das Amt als Vertreter der Hannoverschen Parteileitung nieder und übernahm die Chefredaktion des Berliner SPD-Organs *Der Sozialdemokrat*, das unter seiner Leitung in *Berliner Stadtblatt* umbenannt wurde. Kurze Zeit zuvor war er bereits Kreisvorsitzender der SPD in Wilmersdorf geworden.

Brandts politische Verankerung in Berlin schritt also weiter voran, aber mit seinen politischen Vorstellungen, etwa in der Frage der europäischen Integration, blieb er in seiner Partei auch jetzt in der Minderheit. Obwohl die SPD bei den Wahlen zum Abgeordnetenhaus im Dezember 1950 wegen ihrer Opposition zur Europapolitik eine empfindliche Niederlage erlitt - ihr Stimmenanteil ging von 64,5 auf 44 Prozent zurück -, konnte Willy Brandt politisch in Berlin fester Fuß fassen. In seiner ersten Rede als Berliner Abgeordneter erklärte er vor dem Bundestag in Bonn unzweideutig, daß die Aufgabe Berlins u. a. darin bestehe, die Stabilisierung einer sowjetischen Ordnung in der sowjetischen Zone zu erschweren und damit Wege für die deutsche Wiedervereinigug offenzuhalten, also alle Chancen für die Einheit auszuschöpfen; gleichwohl aber erkannte er die Notwendigkeit an, bis zur Wiedervereinigung die europäische Integration zu betreiben, und er verschloß sich in Konsequenz des kalten Krieges auch nicht dem Gedanken, daß die Bundesrepublik einen Beitrag zur militärischen Stärkung der freien Welt leisten müsse.

In Bonn verschaffte er sich als Abgeordneter rasch einen besonderen Ruf. Nicht nur, weil er sich für die Interessen Berlins - etwa bei der Festlegung des Amtssitzes von Bundesbehörden - einsetzte, sondern auch, weil er als Berichterstatter des Auswärtigen Ausschusses über die Pariser Verträge durch die Präzision seiner Formulierungen auffiel. In Berlin warb er unermüdlich in allen Ortsvereinen für eine neue Politik der SPD, aber als er 1952 gegen Franz Neumann um den Landesvorsitz kandidierte, mußte er noch eine deutliche Schlappe hinnehmen. Zwei Jahre später sah das schon anders aus: Mit ganzen zwei Stimmen blieb er diesmal hinter Franz Neumann zurück und wurde dessen Stellvertreter im Berliner Parteivorsitz. Damit etablierte sich Willy Brandt erstmals in der Mandatshierarchie seiner Partei.

Parlamentspräsident in Berlin

Im August 1952 starb der SPD-Vorsitzende Kurt Schumacher; im September 1953 der Regierende Bürgermeister Ernst Reuter. An die Stelle Reuters trat zunächst für 15 Monate der CDU-Politiker Dr. Walther Schreiber mit einer CDU/FDP-Koalition, und dann im Januar 1955 Dr. Otto Suhr, der seit den ersten Berliner Wahlen vom Oktober 1946 ununterbrochen Stadtverordnetenvorsteher Gesamt-Berlins und seit 1950 Präsident des Westberliner Abgeordnetenhauses gewesen war. In dieses Präsidentenamt wurde nun der 41jährige Willy Brandt gewählt. Der nächste Schritt in die höchste politische Verantwortung Berlins war damit nur noch eine Frage der Zeit.

Als Parlamentspräsident rückte Willy Brandt nun stark ins Scheinwerferlicht, und er konnte dabei seine Talente als Rhetor, als sprachbegabter Diplomat und Journalist mit internationalen Erfahrungen, als konzeptioneller Denker, als parteipolitischer Taktiker und skandinavischer Pragmatiker öffentlich wirksam werden lassen.

Die erste große Bewährungsprobe

Zum zentralen Punkt für Brandts Berliner Aufstieg zur Spitze - so einer seiner späteren Nachfolger, Klaus Schütz, zugleich persönlicher Freund - wurde jedoch sein kluges, mutiges und souveränes Verhalten an jenem 5. November 1956, als die Nachrichten über die blutige Niederschlagung des Aufstandes in Budapest durch die Sowjets eintrafen und an die hunderttausend Westberliner in Solidarität und eigener Befürchtung zugleich zunächst am Schöneberger Rathaus demonstrierten und dann in das kommunistisch beherrschte Ost-Berlin marschieren wollten. Der SPD-Landesvorsitzende Neumann vermochte die Empörung der Massen, unter denen „Russen raus!"-Rufe ertönten, nicht aufzufangen. Ein ungeregelter Protestmarsch durch das Brandenburger Tor in den Ostsektor aber konnte unabsehbare Folgen haben. Willy Brandt, als Redner ursprünglich nicht vorgesehen, forderte schließlich die Massen auf, sich ihm anzuschließen und zum Steinplatz am Bahnhof Zoo, also in Richtung Westen zu marschieren, was viele befolgten. Einige tausend Menschen aber, zumeist Jugendliche, wollten unbedingt zum Brandenburger Tor. Die Polizei versuchte ohne Erfolg, sie auf der Straße des 17. Juni festzuhalten. Es gab Zusammenstöße und Verletzte auf beiden Seiten. Als Willy Brandt darüber informiert wurde, fuhr er spontan zum Ort des Geschehens und redete von einem Polizeiwagen aus beruhigend und energisch zugleich auf die Menge ein: „Wenn Berliner sich provozieren lassen und sich untereinander bekämpfen, so betreiben sie das Geschäft der anderen Seite." Mit dem Lied vom guten Kameraden für die Opfer in Budapest schaffte es Brandt, Demonstranten und Polizei zu gemeinsamem solidarischem Gesang zu bewegen. Zahlreiche Menschen waren aber weitergezogen und demonstrierten noch unmittelbar am Brandenburger Tor, einem der sensibelsten Punkte im kalten Krieg. Brandt fuhr im Polizeiwagen auch zu ihnen und machte ihnen über Lautsprecher unmißverständlich klar, daß „blutige Zu-

Antrittsbesuch der westallierten Stadtkommandanten beim Regierenden Bürgermeister Brandt, 9. Oktober 1957.

sammenstöße in Berlin den Ungarn nicht helfen, wohl aber ein schreckliches Unglück entfesseln könnten". Wiederum stellte er sich an die Spitze des Demonstrationszuges und führte die Menschen in geordneten Formationen auf der Straße des 17. Juni in westliche Richtung zurück. Vor dem sowjetischen Ehrenmal im Tiergarten stimmte er die deutsche Nationalhymne an und lenkte damit offensichtlich die Empörung ab.

Zeitzeugen nennen diesen Abend wegen der möglichen Konsequenzen unkontrollierter Zusammenstöße mit dem Osten einen der kritischsten der Berliner Nachkriegsgeschichte, der dank des besonnenen Eingreifens von Willy Brandt gemeistert werden konnte. Auch er selbst glaubte, daß er in diesen kritischen Stunden die Herzen vieler Berliner gewonnen habe.

Regierender Bürgermeister von Berlin

Otto Suhr, der Regierende Bürgermeister, war seit Mitte 1956 schwer leidend. Trotz aller Energie konnte er das Amt nicht mehr vollständig wahrnehmen. Brandt hatte als Präsident des Abgeordnetenhauses seine Verantwortung übernommen. Am 30. August 1957 starb Suhr nach langer Krankheit. Am 3. Oktober 1957 wurde Willy Brandt als Nachfolger Otto Suhrs mit großer Mehrheit zum Regierenden Bürgermeister von Berlin gewählt.

Bei den darauffolgenden Wahlen im Dezember 1958 erreichte Willy Brandt mit 52 Prozent der Stimmen für die SPD erstmals wieder die absolute Mehrheit. Konsequent hatte er den Gipfel der Macht in Berlin stets im Auge gehabt, und nun hatte er ihn erreicht. Im Lauf der Jahre hatte er sich mehr und mehr zum populärsten Politiker seit den

Besuch beim sowjetischen Stadtkommandanten. Der Wagen des Regierenden Bürgermeisters bei der Einfahrt in das Sperrgebiet in Berlin-Karlshorst, Januar 1958.

Mit seiner Gattin Rut beim Abflug zu einem USA-Besuch, Februar 1958.

Zeiten Ernst Reuters entwickelt. Die größte Herausforderung in Berlin stand ihm allerdings noch bevor.

„Ich machte die Arbeit im Rathaus mit Freude“, beschreibt er in dem Buch „Begegnungen und Einsichten“ sein Amt und definiert die Aufgaben zusammengefaßt so: Es ging um die Abwehr akuter und schleichender Gefahren, um das Vertreten Berliner Interessen in Bonn und gegenüber den Alliierten sowie darum, Arbeitsplätze in der Stadt zu sichern, Abwanderungen von Berlin aufzuhalten, weitere Arbeitnehmer nach Berlin zu holen, das kulturelle Leben anzuregen und die Stadt, die noch die Narben des Krieges trug, weiter aufzubauen, vorbildliche städtische Einrichtungen zu schaffen. Als seine wichtigste politische Aufgabe betrachtete er es, „den Amerikanern zu zeigen, daß sich ihr Engagement für Berlin lohne“. Daß dieses Engagement für Berlin, wie schon bei der Luftbrücke während der sowjetischen Blockade 1948/49, aufs neue notwendig werden würde, stellte sich bereits ein Jahr nach der Wahl Willy Brandts heraus.

Das Chrustschow-Ultimatum

Am 27. November 1958 forderte der sowjetische Partei- und Regierungschef Nikita Chrustschow die Westmächte in einer Note ultimativ auf, binnen sechs Monaten aus Berlin abzuziehen und (West-)Berlin zur „freien Stadt“ zu erklären. Nach einer Phase relativer Ruhe wirkte dieser neuerliche, von ostdeutschen Kommunisten offensichtlich mit initiierte Vorstoß gegen das freie, demokratische, pluralistisch regierte West-Berlin beklemmend, aber die Berliner ließen sich nicht kleinkriegen. Bei der wenige Tage nach dem Moskauer Ultimatum fälligen Neuwahl des Abgeordnetenhauses sprachen sie nicht nur Willy Brandt und seiner Partei mit 52 Prozent und der (in Bonn mit Adenauer regierenden) CDU unter Amrehn mit 37,7 Prozent das Vertrauen aus, sondern sie erteilten den Kommunisten der SEW, die lediglich 1,9 Prozent der Stimmen auf sich vereinigen konnten, einen nachhaltigen Denkzettel. Die Weltöffentlichkeit registrierte die Berliner Standhaftigkeit mit Respekt, war aber über die neuerliche Zuspitzung des Ost-West-Konflikts am Brennpunkt Berlin alarmiert und irritiert.

Für die Regierung Adenauer in Bonn – der „alte Fuchs“ aus Rhöndorf hatte 1957 in der Bundesrepublik mit der absoluten Mehrheit für die Unionsparteien einen Wahltriumph errungen – war das Ber-

Berlin-Krise 1958/59. Erklärung des Regierenden Bürgermeisters zu Chrustschows Berlin-Note, Rathaus Schöneberg, Februar 1959.

lin-Ultimatum die Bestätigung ihrer Politik der Westbindung und Remilitarisierung. Mit der sozialdemokratischen Opposition in Bonn war sich Kanzler Adenauer einig, die Westmächte aufzufordern, den Rechtsbruch der Viermächte-Vereinbarungen über Berlin durch die Sowjets nicht hinzunehmen und unter der Drohung eines Ultimatums auch nicht zu verhandeln. Übereinstimmung bestand auch darin, insbesondere die „dritte Welt" über die sowjetische Expansionspraxis am Beispiel Berlins aufzuklären. In einer einmalig gebliebenen Aktion der Bundesregierung wurde entschieden, an zahlreiche deutsche Botschaften in der Welt Sonderattachés, Presse- oder Berlin-Attachés zu entsenden, die die Aufgabe hatten, in den jeweiligen Ländern Aufklärungsarbeit für Berlin zu leisten. Meist handelte es sich dabei um

Mit US-Senator Hubert Humphrey am Brandenburger Tor, November 1958.

erfahrene Journalisten, die mit befristeten Verträgen in alle Erdteile entsandt wurden. So gingen etwa Egon Bahr nach Afrika, Hans (Johnny) Klein in den Nahen Osten und Karl (Charly) Weiß nach Indien. Außerdem wurde der inzwischen weit über die Grenzen der Stadt populäre Berliner Bürgermeister Willy Brandt zu einer Aufklärungsreise rund um die Welt aufgefordert. Man hätte keinen Geeigneteren finden können, und er selbst fühlte sich dabei in seinem Element.

Mit dem SPD-Vorsitzenden Erich Ollenhauer während des Senats-Empfangs anläßlich Brandts Rückkehr von seiner für Berlin werbenden Weltreise, März 1959.

Weltreise für Berlin

Die Weltreise, die Willy Brandt im Februar 1959 begann, führte ihn durch zahlreiche bedeutende Städte Amerikas und Asiens, darunter die Hauptstädte Kanadas, der USA, Japans, Thailands, Burmas, Ceylons, Indiens und Pakistans. Außerdem reiste er zu offiziellen Besuchen nach Großbritannien, Frankreich, Skandinavien und in die Niederlande. Seine Visiten erwiesen sich für die Sache Berlins, für sein Amt und für seine Image als voller Erfolg.

Als er nach Berlin zurückkehrte, befand sich gerade Nikita Chruschtschow im Ostteil der Stadt. Er war auf Willy Brandt neugierig geworden und wollte ihn sprechen. In dieser Situation erwies sich aufs

Bei der Enthüllung einer Gedenktafel für Louise Schroeder an deren letztem Wohnhaus in der Boelckestraße 121 in Tempelhof, Juni 1959.

neue Brandts Gefühl für Balance und richtige Selbsteinschätzung, denn nicht er konnte für die Erpressung Berlins durch eine Weltmacht der geeignete Gesprächspartner sein, sondern allein ein Mann der Gegenweltmacht aus den USA. Folgerichtig sagte Brandt die Einladung Chrustschows zu einer spektakulären Extratour ab. Diese Festigkeit und Furchtlosigkeit gegenüber Moskau zahlte sich aus. Am 27.Mai 1959 lief das Ultimatum, zumindest terminlich, „sang- und klanglos" ab.

Seinen stetigen Autoritätsgewinn hatte Brandt schon zuvor in der SPD genutzt, um den Dualismus zwischen sozialdemokratischer Senatsführung und sozialdemokratischem Parteivorsitz zu beseitigen, der schon in der Reuter-Ära zu Schwierigkeiten geführt hatte. Im Januar 1958 war er anstelle von Franz Neumann zum Landesvorsitzenden der SPD gewählt worden. In der Personalunion von Senatsführung und Parteivorsitz sorgte er auch personalpolitisch mit starker Hand dafür, daß nun in Berlin Politiker in die Verantwortung gerufen wurden, die anstelle einer althergebrachten ideologischen Einstellung praktischer Realpolitik den Vorzug gaben.

Auch in der Bundespartei konnte man nun nicht mehr an Willy Brandt vorbei. Nachdem er sich auf den Bundesparteitagen der SPD 1954 in Berlin und 1956 in München vergeblich um die Wahl in den Parteivorstand bemüht hatte, wurde er 1958 als Regierender Bürgermeister nunmehr glatt in den Vorstand gewählt. Zusammen mit Fritz Erler, Helmut Schmidt, Heinrich Dreist, Heinz Kühn und anderen Sozialdemokraten betrieb er die ideologische Entschlackung und Liberalisierung der SPD, die sich 1959 mit dem von Herbert Wehner mit durchgesetzten „Godesberger Programm" ein neues Antlitz gab und damit für breitere Schichten wählbar wurde.

Kanzlerkandidat der SPD

Eine Konsequenz des neuen Parteiprofils war die Suche nach einem dafür geeigneten Kanzlerkandidaten, nachdem der Parteivorsitzende Erich Ollenhauer 1953 und 1957 gegen Adenauer nicht die geringsten Chancen gehabt hatte. Bei der Wahl zwischen Carlo Schmid und Willy Brandt, der anfänglich zögerte, entschied sich die Partei schließlich für den erfolgreichen Bürgermeister aus Berlin, der auch eine neue Generation verkörperte. 1960 wurde Brandt vom Parteitag zum Kanzlerkandadaten gewählt.

In der Berlin-Politik Brandts waren schon während seiner Regierungszeit im Schöneberger Rathaus die Konturen seiner späteren Ostpolitik erkennbar. So plädierte er zwar ohne Wenn und Aber gegen jede Diktatur, also für die Zugehörigkeit des freien Berlin zur Bundesrepublik Deutschland und für die enge Verbindung zu den westlichen Schutzmächten, aber er betonte gleichzeitig bei aller politischen Gegnerschaft die Bereitschaft zur Loyalität gegenüber der sowjetischen Besatzungsmacht als Signatarstaat des Potsdamer Abkommens für Gesamtdeutschland und des Viermächteabkommens für ganz Berlin. Um die schlimmsten Folgen der Spaltung Berlins zu mildern, schlug er beispielsweise vor, die Telefon-, Straßenbahn- und Omnibusverbindungen zwischen den beiden Teilen der Stadt wieder aufzunehmen und die städtebauliche Entwicklung in Ost-Berlin und West-Berlin zu koordinieren, aber seine Vorschläge wurden damals noch ignoriert oder mit propagandistischem Hohn beantwortet. In der nichtkommunistischen Welt konnten diese Reaktionen dem Ansehen Brandts allerdings keinen Abbruch tun. Im Gegenteil, sein Nimbus als Repräsentant einer bedrohten Weltstadt wurde stärker, und aus den verschiedensten Ländern trafen Solidaritätsbekundungen ein. Der indische Ministerpräsident Nehru traf sich demonstrativ mit Brandt in London, in Israel wurde der „bekannteste Bürgermeister der Welt" wie ein Staatsoberhaupt empfangen, und auch der neue amerikanische Präsident John F. Kennedy legte Wert darauf, dem Regierenden Berliner Bürgermeister in Washington persönlich zu versichern, daß die USA weiter zu ihren in Berlin eingegangenen Verpflichtungen stehen würden. Brandt war stets klar, „daß die Existenz Berlins mit dem Einsatz der Amerikaner steht und fällt."

August 1961: Der Mauerbau

Der Härtetest des Westens für den Schutz Berlins war dann bald an jenem Tag gefordert, den Willy Brandt in seinen Memoiren als einen „Tag des Entsetzens, der Angst und Verwirrung" bezeichnet: am 13. August 1961, dem Tag des Mauerbaus. Die Machthaber der DDR, Ulbricht und Honecker, erteilten den - von den Sowjets offensichtlich gebilligten - Befehl zum Bau der Mauer durch Berlin und trennten die Stadt damit in zwei Hälften. Die Welt horchte auf. Betonpfähle wurden quer durch Berlin in die Straßen gerammt, Stein auf Stein gemauert und Stacheldraht gespannt. Die Stadt war zwar politisch und administrativ bereits gespalten und die verwandtschaftlichen, beruflichen und freundschaftlichen Bindungen von Hunderttausenden waren dadurch erheblich erschwert - aber noch nicht verhindert gewesen. Es gab weiter Begegnungs-, Arbeits- und Fluchtmöglichkeiten. Seit dem Chrustschow-Ultimatum von 1958 hatte die Angst vor einer Abschnürung der Stadt zwar ständig bestanden, weshalb zu den drei Millionen Flüchtlingen, die nach 1945 bereits aus dem Osten nach Westdeutschland abgewandert waren, nunmehr täglich weitere Tausende dem „Arbeiterparadies" den Rücken kehrten, aber niemand konnte sich vorstellen, daß im 20. Jahrhundert mitten in Europa eine mittelalterliche, steinerne Mauer als Grenze durch eine Stadt errichtet werden würde. Durch den Bau der Mauer, die vor allem die Deutschen in Ost-Berlin und in der DDR wie in ein Gefängnis einschloß,

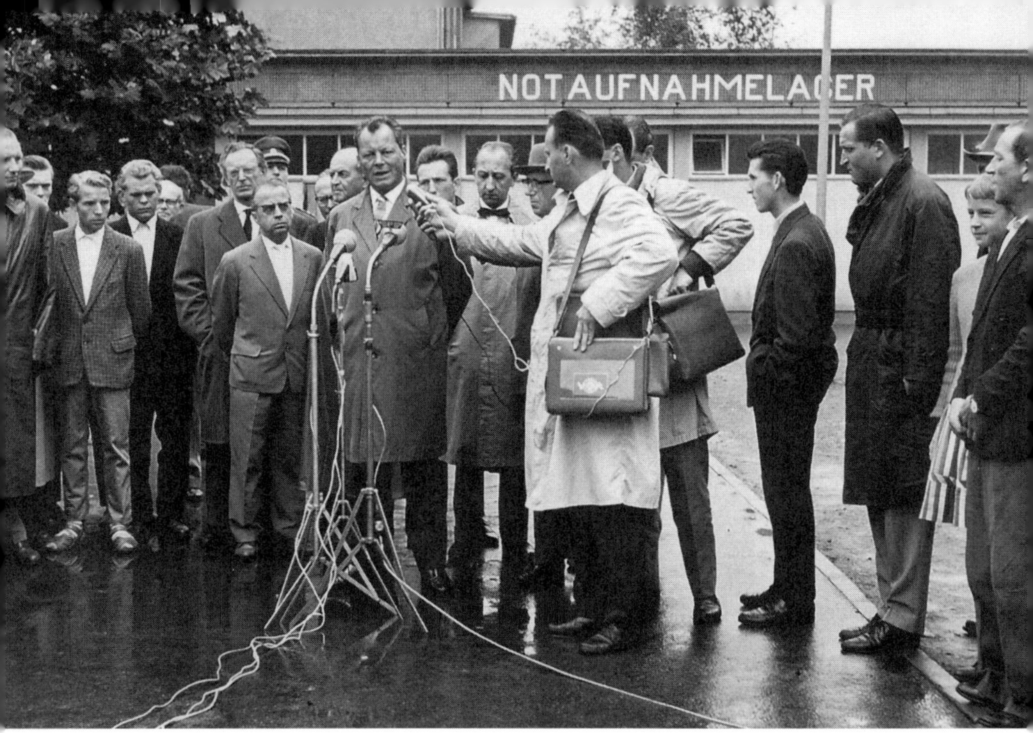

Drei Wochen vor dem Mauerbau: Willy Brandt besucht das Notaufnahmelager Berlin-Marienfelde, 21. Juli 1961.

war der Weg in den Westen nunmehr absolut versperrt. Viele menschliche Tragödien waren die Folge. Einige Verzweifelte, die direkt an der Mauer wohnten, sprangen aus den Fenstern oder kletterten unter Lebensgefahr über den Stacheldraht, um sich noch in den Westen zu retten.

Willy Brandt war am Abend vor dem 13. August auf einer Wahlkampfreise von Nürnberg nach Kiel im Schlafwagen über die Vorbereitungen zum Mauerbau unterrichtet worden. Er brach die Reise sofort ab und flog nach Berlin, um sich ein eigenes Bild von der katastrophalen Entwicklung zu machen. Die westlichen Schutzmächte, also die Regierungen in Washington, London und Paris, verhielten sich merkwürdig stumm. US-Präsident Kennedy wollte seinen Segeltörn nicht unterbrechen, obwohl das Viermächtestatut Berlins durch das eigenmächtige Handeln der DDR-Regierung in Ost-Berlin eindeutig verletzt war. Die Sowjets hatten allerdings zuvor der DDR-Regierung die Verfügungsgewalt über Ost-Berlin übergeben, ohne die Westmächte als Vertragspartner zu fragen. Jetzt waren die westlichen Schutzmächte, die sich vom Moskauer Satelliten DDR sogar zur ausschließlichen Benutzung bestimmter Straßenübergänge zwingen ließen, nicht einmal zu einem sofortigen Protest bereit.

Willy Brandt war irritiert, enttäuscht und empört und hat später bekannt, daß seine „politischen Überlegungen, die man meine Ostpolitik genannt hat, durch die Erfahrungen dieses Tages wesentlich mit-

Drei Tage nach dem Mauerbau: Der Regierende Bürgermeister bei einer Ansprache vor dem Rathaus Schöneberg, 16. August 1961.

Zwei Monate nach dem Mauerbau: Willy Brandt mit seinem Bürgermeisterkollegen aus Hamburg, Dr. Paul Nevermann, am noch provisorischen Stacheldrahtverhau neben dem Brandenburger Tor, Oktober 1961.

bestimmt worden sind". Mitarbeiter Kennedys haben diesen später in ihren Memoiren mit dem Satz aus jener Zeit zitiert: „Ich kann die Allianz in Bewegung setzen, wenn er (Chrustschow) etwas gegen West-Berlin unternimmt, aber nicht, wenn er etwas mit Ost-Berlin anstellt." Die Weltöffentlichkeit, vor allem aber natürlich die betroffenen Berliner, wurde auf diese Weise schonungslos mit der Politik der Weltmächte USA und Sowjetunion bei der Abgrenzung ihrer Interessen vertraut gemacht. In Washington äußerte man danach sogar ein gewisses Verständnis, daß die Sowjets und ihre ostdeutschen Verbündeten eine Kontrolle über den anschwellenden Flüchtlingsstrom gewinnen wollten, und dies sei, so ein Washingtoner Zeuge, „kaum ein Grund gewesen, in den Ostsektor einzumarschieren und damit einen Gegenschlag herauszufordern und den Krieg zu riskieren."

Mit dem Erzbischof von Zypern, Makarios, vor den zugemauerten Häusern im Grenzabschnitt Bernauer Straße in Berlin-Wedding, 1962.

Vielleicht hatten wir Deutschen auch nicht genau genug hingehört, als etwa die NATO im April 1961 die drei Grunderfordernisse (Essentials) für die Berlin-Politik formulierte: 1. Anwesenheit der alliierten Truppen, 2. freier Zugang und 3. Lebensfähigkeit der Stadt. Hatten die Alliierten mit Berlin schon zu diesem Zeitpunkt stets nur West-Berlin gemeint?

Noch Anfang Juni 1961 hatten sich Chrustschow und Kennedy in Wien getroffen, wobei der Kreml-Chef aufs neue für West-Berlin den Status einer „freien Stadt" forderte, also die Aufkündigung des Viermächtestatus für Berlin, und außerdem damit drohte, mit der DDR einen separaten Friedensvertrag abzuschließen. Kennedy berichtete seiner Nation nach der Rückkehr aus der Donaumetropole: „Unsere düstersten Gespräche führten wir über Deutschland und Berlin." Das war zweieinhalb Monate vor dem Bau der Mauer. Kennedy machte Chrustschow unzweideutig klar, daß Amerika sich die fortdauernde Anwesenheit in Berlin von niemandem nehmen lasse, weil er in der Preisgabe Berlins, gleichsam in der Folge, die Preisgabe Westeuropas sah. Mit „Berlin" meinte er allerdings offensichtlich stets nur West-Berlin, damit also die Interessengrenze beachtend, wie sie, unabhängig vom Viermächtestatus, für ganz Berlin schon in Jalta zwischen den Siegermächten verabredet worden war.

Resigniert stellte Brandt schließlich fest: „Was sich neu aufzwang, war die Einsicht, daß sich traditionell gewordene Formeln der westlichen Politik als unwirksam oder sogar als wirklichkeitsfremd erwiesen hatten."

Nicht nur die Westmächte, auch Bundeskanzler Adenauer reagierte auf den Mauerbau in Berlin am 13. August 1961 höchst merkwürdig. Am 14. August setzte er, anscheinend unbeeindruckt, seinen Bundestagswahikampf fort, und da Willy Brandt sein Gegenkandidat als Kanzler war, scheute er auch vor Diffamierungen nicht zurück. Als Bonner Korrespondent der *Stuttgarter Zeitung* war ich seinerzeit als Berichterstatter des Adenauerschen Wahlkampfes in Bayern Zeuge, wie er sich genüßlich am Tag nach dem Mauerbau mit der Vergangenheit Willy Brandts auseinandersetzte und den Regierenden Bürgermeister in einer Stunde größter Bedrängnis als „alias Frahm" abzuqualifizieren versuchte. In meinem damaligen Bericht habe ich diese Szene, die ein Schlaglicht auf Adenauers Einstellung warf, festgehalten.

Am 16. August empfing Adenauer den sowjetischen Botschafter in Bonn, Smirnow, und gab danach bekannt, man sei übereingekommen, „das aktuelle Streitobjekt nicht auszuweiten". Adenauer, der sich stets seines Realitätssinnes rühmte, schien sich in das Unvermeidliche zu fügen. Den Weg in das geteilte, aufs höchste verunsicherte, bedrängte Berlin fand er erst nach längerer Zeit.

Kriegsgefahr am Checkpoint Charlie

Brandt jedoch unternahm unverzüglich zahlreiche Initiativen im In- und Ausland, um die Situation zu klären. Er schickte Präsident Kennedy einen Brief, in dem er auf die Gefahr einer Vertrauenskrise aufmerksam machte und die Befürchtung äußerte, wenn man die Entwicklung für West-Berlin noch weiter in Richtung auf das Konzept einer „freien Stadt“ treibe, müsse man auch eine Fluchtbewegung aus der Stadt einkalkulieren. Auf diesen Brief hin ordnete Kennedy an, daß Vizepräsident Johnson nach Berlin kommen sollte und die USA zusätzliche Kampftruppen nach West-Berlin verlegen lassen würden. Außerdem schickte er Lucius D. Clay, der 1948 als amerikanischer Militärgouverneur die sowjetische Blockade West-Berlins mit der Luftbrücke beantwortet hatte, nach West-Berlin. An der internationalen „Großwetterlage“ aber konnte auch Clay nichts ändern. Allerdings zwang er die Sowjets, am „Checkpoint Charlie“ in der Friedrichstraße Flagge zu zeigen, als der amerikanische Gesandte Allan Lightner die vertraglich vereinbarte Freizügigkeit beim Übergang für die Alliierten testen wollte und ein Grenzposten der DDR ihn aufforderte, sich auszuweisen. Lightner weigerte sich weisungsgemäß, dieser Aufforderung der DDR-Grenzposten zu folgen, und Clay ließ amerikanische Panzer genau bis zum Grenzstrich zwischen Ost- und West-Berlin auffahren. Daraufhin rollten sowjetische Panzer auf ihrer Seite ebenfalls bis zum Grenzstrich. Damit hatten die Amerikaner klargemacht, daß im Konfliktfall nicht die DDR, sondern die Sowjets die Verfügungsgewalt über Ost-Berlin besaßen. Auf diese Demonstration war es Lucius D. Clay angekommen. Die Bilder von dieser Konfrontation - West-Panzer gegen Ost-Panzer - gingen um die Welt, aber an der verzweifelten Lage der Ostberliner, die nicht mehr aus dem Osten heraus, und der Westberliner, die nicht mehr in den Osten hinein konnten, änderte sich durch diese Demonstration der Weltmächte in Berlin nichts. Im Gegenteil, ein Jahr nach dem Mauerbau verblutete der angeschossene 18jährige Bauarbeiter Peter Fechter in der Nähe vom Checkpoint Charlie im Niemandsland elendiglich, weil keiner den Grenzstrich überschreiten und ihm vom Westteil aus helfen durfte.

Willy Brandt zog aus diesen Erfahrungen Konsequenzen. Er schrieb im Rückblick, der Einschnitt des Mauerbaus „zwang mich, die äußeren Faktoren zu überdenken, von denen die deutsche und europäische Politik in den nächsten Jahren abhängig sein werde". Und aus einem Interview Kennedys mit Chrustschows Schwiegersohn Adshubej zitierte er einen Gedanken, den er nun als Auftrag für die kommenden Jahre empfand, nämlich, daß die deutsche Wiedervereinigung nicht gegen den Willen der Sowjetunion zu erreichen sei und die Aufgabe darin bestehe, mit der Großmacht im Osten in ein neues Verhältnis zu kommen.

Brandts erster Versuch, bei den Bundestagswahlen als Kanzlerkandidat der SPD auf die Bundespolitik Einfluß zu gewinnen, war im Herbst 1961 noch nicht erfolgreich. Er verbesserte das Wahlergebnis für die SPD zwar beträchlich von 31,8 auf 36,3 Prozent, das war das beste Ergebnis der deutschen Sozialdemokraten seit den Wahlen zur Nationalversammlung von 1919, aber es reichte nicht zur Veränderung in Bonn. Adenauer büßte zwar - auch wegen seines Verhaltens beim Berliner Mauerbau - die absolute Mehrheit von 50,1 Prozent wieder ein, die Unionsparteien erhielten nur noch 45,1 Prozent; aber die FDP erreichte mit über 12 Prozent einen ungewöhnlichen Stimmenanteil. Übrigens auch deshalb, weil ihr Vorsitzender Mende angekündigt hatte, zwar mit der CDU, aber nicht mehr mit dem angeschlagenen 85jährigen Konrad Adenauer koalieren zu wollen. Der gewiefte Taktiker Adenauer schaffte es jedoch, die FDP zu überreden, wenigstens noch zwei Jahre mit ihm zusammen zu regieren. (Seitdem hängt der FDP das Odium "Umfallerpartei" an.)

Die Überlegung einiger Brandt-Freunde in der SPD (unter Führung des CDU-Politikers und Bundestagspräsidenten Gerstenmeier), wegen der schwierigen außenpolitischen Situation in der Berlin- und Deutschlandfrage eine Allparteienregierung zu bilden, war damit hinfällig. Brandt ging etwas enttäuscht nach Berlin zurück. 1962 wählte ihn die Partei zum stellvertretenden Vorsitzenden der SPD. Die politischen Einflußmöglichkeiten des Berliner Bürgermeisters wurden dadurch zweifellos gestärkt. Aber bevor Brandt seine ostpolitischen Überlegungen einleiten konnte, hatte sich 1962 nochmals eine Krise ergeben, die für Berlin unabsehbare Folgen befürchten ließ.

Berlin und die Kuba-Krise

Willy Brandt war während einer Vortragsreise in Amerika auch vom Präsidenten Kennedy ins Weiße Haus gebeten worden. Als er ihn besuchte, bahnte sich gerade die gefährlichste Konfrontation der beiden Super-Atommächte seit 1945 an: die Kuba-Krise. Die Sowjets hatten einen Beistandspakt mit Fidel Castro angekündigt, und Präsident Kennedy erklärte daraufhin öffentlich, daß Amerika die Verbringung von Angriffswaffen nach Kuba nicht dulden werde. Die Welt stand nach Brandts eigenem Bericht über seinen damaligen Besuch in Washington am „Abgrund einer Katastrophe". Bei einem Spaziergang im Garten des Weißen Hauses hatte ihm Kennedy „mit großem Ernst" anvertraut, er sei nicht sicher, ob „ein Zusammenprall mit der Sowjetunion zu vermeiden sein werde". Kennedy hatte durch seine Luftaufklärung Beweise dafür in der Hand, daß die Sowjets den Kubanern strategische Waffen lieferten. Er erklärte Brandt: „Wahrscheinlich wird die Auseinandersetzung um Kuba bedeutsame Folgen für Berlin haben." In Washington rechnete man damit, daß ein amerikanisches Vorgehen gegen die Raketeninstallierung in Kuba mit einer Blockade Berlins beantwortet werden würde.

Am 22. Oktober 1962, Brandt war wieder in Berlin, ließ Kennedy

Mit US-Präsident John F. Kennedy im Weißen Haus.

Presseerklärung bei der Rückkehr aus Washington, 8. Oktober 1962. Neben Brandt der Leiter des Senatspresseamts, Egon Bahr.

ihn informieren, daß er die Streitkräfte der USA gegen die Vorbereitung von Raketenabschußbasen mobilisieren werde und deshalb Repressalien gegen Berlin nicht auszuschließen seien. Brandt solle versichert sein, daß die amerikanische Verpflichtung für (West-)Berlin unvermindert gelte. Am 28. Oktober gab Chrustschow dann den Abzug der sowjetischen Raketen bekannt. „Wir atmeten auf", heißt es bei Brandt zu diesem Sachverhalt. „Für unsere Seite in Berlin war entscheidend, daß der erste Mann der westlichen Welt nicht gezittert hatte." Und: Die nukleare Konfrontation „war ein Wendepunkt im Ost-West-Konflikt."

Passierscheinabkommen - Beginn der neuen Ostpolitik

Brandt plädierte nunmehr dafür, eine Berlin-Initiative des Westens mit dem Ziel vorzubereiten, „Berlin im Zustand einer gewissen Entspannung zu entwickeln", denn die Kubakrise habe bewiesen, daß es „keine Politik des Alles oder Nichts" gebe. Die Mauer verschwinde nicht dadurch, daß man „Die Mauer muß weg!" fordere. Als erstes Echo erhielt Brandt am 5. Dezember 1963 einen Brief des stellvertretenden Ministerratsvorsitzenden der DDR, Alexander Abusch, mit dem Angebot eines befristeten Passierscheinabkommens. Brandt ließ keinen Tag verstreichen, um diese erste Chance einer Durchlässigkeit der Mauer zu nutzen. Er unterrichtete sofort die Alliierten und

Kurz vor den historisch gewordenen Worten „Ich bin ein Berliner“: Der Regierende Bürgermeister begrüßt Präsident Kennedy während dessen Berlin-Besuch vor dem Rathaus Schöneberg, 26. Juni 1963.

die Bundesregierung, die inzwischen - nach Ablauf der vereinbarten Zweijahresfrist für Adenauer - von Kanzler Ludwig Erhard geführt wurde. Nach langwierigen und zähen Verhandlungen wurde am 17. Dezember die erste Passierschein-Übereinkunft unterschrieben, die einen Tag später, am 18. Dezember, dem 50. Geburtstag Brandts, in Kraft trat. „Nach einer Trennung von 28 Monaten", erinnert er sich, war „der Weg frei für die großen und bewegenden Wieder-Begegnungen im anderen Teil Berlins". Die Mauer in Berlin war durch eine neue Politik durchlässig geworden. 1,2 Millionen Besuche in Ost-Berlin zählte man über Weihnachten und den Jahreswechsel 1963/64.

Die zweite Passierscheinübereinkunft wurde für die Tage um den Totensonntag und Weihnachten 1964 sowie für Ostern und Pfingsten 1965 getroffen. Eine dritte und vierte Vereinbarung schlossen sich an. Freilich gab es auch immer wieder Streitigkeiten um Anerkennungsfragen und Klauseln, aber der Anfang einer pragmatischen Ostpolitik, wie sie Brandt vorschwebte, war gemacht. Um diese umfassender gestalten zu können, mußte er die Bundespolitik entscheidend bestimmen können, also Bundeskanzler werden.

Außenminister in Bonn

1965 kandidierte Willy Brandt gegen Bundeskanzler Erhard. Wiederum konnte er seinen Stimmenanteil um über drei Prozent steigern, aber gegen Erhard, der 47, 6 Prozent erhielt, blieb er noch weit zurück. Brandt war verbittert und betrachtete das Wahlergebnis von 1965 als eine persönliche Niederlage. Öffentlich erklärte er, er sei für 1969 kein Kanzlerkadidat mehr. Resigniert amtierte er weiter in Berlin. Unerwartet geriet jedoch die Regierung Erhard/Mende 1966 in eine Krise, die sich auch aus den mangelnden politischen Kanzlerfähigkeiten Erhards erklären ließ, der als „Vater des Wirtschaftswunders" zwar weiter ungeteilte Sympathie genoß, dessen politische Begabung aber nicht den nötigen Anforderungen entsprach. Im Spätherbst 1966 brach die CDU/FDP-Koalition in Bonn an einer Streitfrage über den Haushalt auseinander, und unter dem CDU-Bundeskanzler Kiesinger wurde erstmals in der Nachkriegszeit eine große Koalition mit der SPD geschlossen. Der SPD-Vorsitzende Willy Brandt wurde Vizekanzler und Bundesaußenminister und hatte nun Gelegenheit, seine ostpolitischen Vorstellungen zusammen mit seinem Freund und Mitarbeiter Egon Bahr, der in Berlin sein Pressechef gewesen war, auch im Interesse Berlins weiterzuentwickeln.

Reinhard Appel interviewt in seiner ZDF-Sendung die Spitze der neuen großen Koalition, Bundeskanzler Kurt Georg Kiesinger und Außenminister Willy Brandt, sowie den FDP-Vorsitzenden Walter Scheel, Dezember 1966.

Nachfolger Willy Brandts in Berlin wurde Ende 1966 der Theologe Heinrich Albertz, der in der Hitlerzeit zur Bekennenden Kirche gehört, nach dem Krieg in der niedersächsischen Landesregierung Verwaltungserfahrung gesammelt und seit 1963 dem Berliner Senat als Innensenator und Bürgermeister angehört hatte.

Zeittafel

1915	Geboren am 22. Januar in Breslau als Sohn eines evangelischen Pfarrers.
1933 - 1937	Theologiestudium in Berlin, zugleich Besuch illegaler Vorlesungen der Bekennenden Kirche. Mehrfach für kurze Zeit inhaftiert.
1938 - 1941	Tätigkeit als Hauslehrer in Oberschlesien, ab 1939 Vikar und Pfarrer der Bekennenden Kirche in Breslau.
1941	Verurteilung zu zwei Monaten Gefängnis wegen eines Gebets für den bereits ins KZ verbrachten Martin Niemöller. Durch freiwillige Meldung zur Wehrmacht entzieht sich Albertz weiterer Verfolgung.
1941 - 1945	Kriegsdienst, dabei 1943 in der Festung Glatz „Absitzen“ der Gefängnisstrafe.
1946 - 1947	Leiter des städtischen Flüchtlingsamts in Celle. Eintritt in die SPD, Stadtverordneter, ab 1947 Mitglied des niedersächsischen Landtags.
1948 - 1955	Flüchtlingsminister, ab 1951 Minister für Soziale Angelegenheiten in der Landesregierung von Niedersachsen.
1955 - 1959	Von Franz Neumann nach Berlin geholt, wird Albertz Senatsdirektor in der Senatsverwaltung für Volksbildung unter Senator Dr. Joachim Tiburtius.
1959 - 1961	Chef der Senatskanzlei.
1962 - 1966	Innensenator, ab 1963 zugleich Bürgermeister und Stellvertreter des Regierenden Willy Brandt.
1966	14. Dezember: Wahl zum Regierenden Bürgermeister.
1967	26. September: Rücktritt vom Amt.
ab 1970	Nach fast 25 Jahren Staatsdienst arbeitet Albertz wieder als Pfarrer in verschiedenen Berliner Gemeinden.
1975	März: Nach der Entführung von Peter Lorenz begleitet Albertz sechs RAF-Terroristen nach Aden, im Gegenzug wird Lorenz freigelassen.
ab 1986	Albertz lebt in einer Seniorenwohnanlage in Bremen.
1993	Am 18. Mai gestorben in Bremen

Heinrich Albertz

Dezember 1966 - September 1967

Der vielseitig begabte, integre evangelische Pastor Heinrich Albertz, der als Nachfolger Willy Brandts neun Monate Berlin (West) regierte, ist von allen Vorgängern und bisherigen Nachfolgern in diesem Amt der einzige Politiker, der überwiegend an sich selbst gescheitert ist. Er bewährte sich in zahlreichen Aufgaben, gewann hohes moralisches Ansehen in schwierigen Konfliktsituationen, und er eignete sich auch für viele öffentliche Funktionen - nur nicht für die eines „Regierenden". Es war ein Fehler, ihn vorzuschlagen, und es war sein Irrtum, die Nominierung anzunehmen. Daß er im Juni 1967 beim Schah-Besuch in Berlin den brutalen Polizeieinsatz gegen Demonstranten, der zum Tod des Studenten Benno Ohnesorg führte, zuerst hartnäckig verteidigte, später bedauerte und sich nach seinem Rücktritt 1967 vom gouvernementalen Politiker zu einem Vertrauensmann der „außerparlamentarischen Opposition" (APO) und zum Aktivisten der Friedensbewegung entwickelte, das war streckenweise eindrucksvoll, aber auch irritierend und verwirrend zugleich.

Albertz wurde 1915 in Breslau als Sohn eines königlich-preußischen Hofpredigers geboren, und seine Anhänglichkeit an alles Preußische ist ihm bis zum Lebensende geblieben. Er studierte wie sein Vater Theologie und bewies bereits in der Hitlerzeit als junger Geistlicher seinen außerordentlichen Mut, indem er sich öffentlich zum inhaftierten Pastor Niemöller bekannte und wegen „Übertretung des Kanzelparagraphen" dafür zu einer mehrmonatigen Gefängnisstrafe verurteilt wurde. Nach dem Krieg ernannte der niedersächsische Ministerpräsident Hinrich Wilhelm Kopf den aus Schlesien vertriebenen 33jährigen Pfarrer Albertz, der inzwischen in die SPD eingetreten war, 1948 zum jüngsten deutschen Flüchtlingsminister, der seinen schlesischen Landsleuten schonungslos klarmachte, daß es „keine Rückkehr mehr" geben würde. Drei Jahre später wurde er Sozialminister.

Von Otto Suhr nach Berlin geholt

1955 holte der Regierende Bürgermeister Dr. Otto Suhr den jungen Minister als Senatsdirektor für Volksbildung nach Berlin, und zwar unter Senator Dr. Joachim Tiburtius (CDU). Die CDU wehrte sich lange gegen die Berufung von Albertz, weil er sich im Wahlkampf „kulturkämpferisch" geäußert habe. Weil Albertz für Berufsschulen den Religionsunterricht einführte, stieß er wiederum bei der SPD wegen zu starker Anpassung auf Kritik. Sein persönlicher Schutzpatron und politischer Freund wurde in dieser Zeit Willy Brandt.

Die Versuche des späteren „Regierenden" Willy Brandt, seinen politischen Weggefährten Heinrich Albertz 1959 zum Senator für Arbeit und Soziales zu nominieren, scheiterten allerdings in der SPD-Fraktion gleich zweimal. In der ersten Abstimmung unterlag er in der eigenen Fraktion mit 36 gegen 34 Stimmen, in der zweiten mit 36 gegen 31 Stimmen bei vier Enthaltungen. Ihm fehlte nicht nur der „Stallgeruch", sondern er hatte auch ein parteipolitisches Sakrileg begangen. Auf die Frage, ob er Gewerkschaftmitglied sei, hatte er geantwortet: „Das weiß ich nicht. Vereinsbeiträge werden von meiner Frau bezahlt." Daß er sich innerparteilich wie andere Reformer um Willy Brandt für die Abschaffung der roten Fahne und der Anrede „Genosse" einsetzte, dürfte sein Ansehen bei den Alt-Genossen auch nicht gefördert haben.

Albertz wollte angesichts der Widerstände gegen ihn schon resignieren und den Dienst quittieren. Da starb der Chef der Berliner Senatskanzlei, Otto Bleibtreu, und Willy Brandt setzte - gegen die Wünsche der SPD-Fraktion - die Berufung von Heinrich Albertz zum Chef seiner Senatskanzlei durch. Zusammen mit Klaus Schütz und Egon Bahr gehörte Albertz nun zum „Küchenkabinett" des Regierenden Bürgermeisters, in dem insbesondere nach dem Bau der Mauer am 13. August 1961 die nun zu ziehenden Konsequenzen und die ersten ostpolitischen Überlegungen angestellt wurden.

Mit Egon Bahr, der vor seiner Berufung zu Willy Brandt nach Berlin in Bonn als Korrespondent des RIAS arbeitete, saß ich in den fünfziger Jahren als Bonner Korrespondent der *Stuttgarter Zeitung* mehrere Jahre in einem vertraulichen Kreis von liberalen deutschen und internationalen Kollegen, darunter Fritz Brühl (WDR), Dr. Thilenius (*Süddeutsche Zeitung*), Rix Löwenthal (*Observer*) und René Allemann (*Die Tat*), die mit Politikern (darunter oft auch Willy Brandt) und Diplomaten jeweils montags („Montagskreis") in einer Journalistenwohnung politische Themen und besonders die deutsche Ostpolitik diskutierten. Für uns Journalisten waren diese Abende eine wichtige Informationsquelle und Argumentationsübung; und für die Politiker eine Möglichkeit, die Reaktion auf eigene Gedanken und Thesen zu testen. Die spätere Ostpolitik von Willy Brandt und Egon Bahr war auf diesen Gesprächsabenden oft ein zentrales Thema.

Chef der Senatskanzlei und Innensenator unter Willy Brandt

Heinrich Albertz spielte als Chef der Senatskanzlei von Willy Brandt und ab Dezember 1961 (nach dem Tod von Joachim Lipschütz) als Innensenator zusammen mit Egon Bahr und Klaus Schütz für die Ost-

Mißtrauensantrag gegen Innensenator und Bürgermeister Albertz im Abgeordnetenhaus, 3. September 1963. Am Rednerpult der CDU-Abgeordnete Peter Lorenz während der Begründung des Antrags, auf der Regierungsbank v. l. der Regierende Bürgermeister Brandt, Albertz und Günther Hoppe.

Nach fünf Jahren Tätigkeit als Innensenator wird Albertz nach der Wahl zum Regierenden im Dezember 1966 von „seiner“ Polizei herzlich verabschiedet.

politik eine Art Vorreiterrolle, um die Öffentlichkeit mit den notwendigen Konsequenzen des Mauerbaus und damit der Teilung Berlins vertraut zu machen. Als er im Zusammenhang mit einem anzustrebenden kleinen Grenzverkehr zwischen Ost- und West-Berlin – um so etwas überhaupt zu ermöglichen und für die Kommunisten akzeptabel zu machen – den Gedanken ventilierte, West-Berlin-Besucher aus dem Osten notfalls auch wieder hinter die Mauer zurückzuschicken und ihnen ein Asylrecht im Westen zu verweigern, brach ein Sturm der Entrüstung los. Die CDU forderte seinen Rücktritt, und in der SPD rumorte es ebenfalls. Etwas mühsam konnten die Äußerungen von Albertz dann als Mißverständnis bezeichnet werden. Daß er immer wieder, manchmal bewußt und lustvoll, aneckte, war man inzwischen gewohnt.

Albertz vermochte auch immer wieder zu überraschen. Als Innensenator war er damals beispielsweise sehr stolz, Chef der 20.000 Mann starken Bereitschaftpolizei zu sein. Klaus Schütz vertraute er an, daß es für ihn, den Preußen, „eine große Verlockung“ darstelle, vor den angetretenen Polizeieinheiten zu stehen und die Meldung entgegenzunehmen.

Bei der Neuwahl des Abgeordnetenhauses im Februar 1963 erzielte die SPD unter der Führung Willy Brandts (bei einer Wahlbeteiligung von 89,9 Prozent) 61,9 Prozent der Stimmen und damit wieder die absolute Parlamentsmehrheit, nämlich 89 von 140 Sitzen. Die CDU verlor 14 Sitze und erreichte 28,8, die FDP 7,9 Prozent der Stimmen. Brandt berief Albertz zu seinem Stellvertreter und ernannte ihn zum Bürgermeister. Das Abgeordnetenhaus wählte ihn in dieses Amt mit 52 gegen 22 Stimmen bei 7 Enthaltungen.

Die Regierung Brandt/Albertz konnte in diesem Jahr zwei große Erfolge verbuchen. Im Juni besuchte US-Präsident Kennedy Berlin und beendete seine Rede vor dem Schöneberger Rathaus mit dem berühmt gewordenen, einer internationalen Sicherheitsgarantie gleichkomrnenden Satz: „Ich bin ein Berliner." Und im Dezember 1963 wurde ein Protokoll über die Ausgabe von Passierscheinen für Westberliner zum Besuch Ost-Berlins unterzeichnet. Erstmals seit dem Bau der Mauer hatten die Westberliner damit die Möglichkeit, ihre Verwandten im Ostteil der Stadt zu besuchen. Der Erfolg war sensationell. 1,2 Millionen Westberliner besuchten den Ostteil der Stadt. Albertz kommentierte diese Entwicklung mit den Worten, damit seien für die Politik in Deutschland „neue Markierungen gesetzt". Historisch betrachtet war das Passierscheinabkommen mit der DDR-Regierung der Beginn jener neuen Ostpolitik, die im Kreis um Willy Brandt, zu dem Albertz gehörte, gedanklich vorbereitet worden war.

Die schwierigste Hürde bei den Verhandlungen bestand in der Problematik, wie man mit einem Staat, den man um Himmelswillen nicht anerkennen wollte, rechtsverbindliche Vereinbarungen abschließen konnte. In Bonn galt noch die Hallstein-Doktrin, also der Alleinvertretungsanspruch des freien Deutschland, für ganz Deutschland zu sprechen. Auch mußte Bundeskanzler Ludwig Erhard für die Passierscheinvereinbarungen gewonnen werden. Sein Außenminister Schröder hatte mit den Gewaltverzichtserklärungen und der Einrichtung von Handelsmissionen in den kommunistisch regierten ost- und südosteuropäischen Staaten bereits schon kleine Schritte in Richtung einer neuen Politik gegenüber dem Osten begonnen, aber die DDR dabei stets bewußt ausgeklammert.

Die Brandt/Albertz/Bahr/Schütz-Regierung in Berlin rettete sich aus dem Dilemma der Anerkennungsfrage mit der salvatorischen Klausel: „We agree to disagree" - wir stimmen, unter Respektierung

Vereidigung des Regierenden Bürgermeisters durch den Präsidenten des Abgeordnetenhauses, Otto Bach, 14. Dezember 1966.

des jeweils anderen Standpunktes, darin überein, daß wir (beispielsweise in der Frage gemeinsamer Orts-Behörden und Amtsbezeichungen) nicht übereinstimmen. Egon Bahr, damals Senatssprecher von Willy Brandt, gebrauchte bezüglich dieser Formel das Vergleichsbild, man sei in der auswegslosen Situation einer Dame, die gerne heiraten und doch Jungfrau bleiben möchte.

Bundeskanzler Erhard hatte dem von DDR-Staatssekretär Wendt und dem Westberliner Senatsdirektor Korber ausgehandelten Passierscheinabkommen zwar zugestimmt, aber die Diskussion, ob damit nicht der völkerrechtlichen Anerkennung der DDR und damit einer dauerhaften Spaltung Deutschlands, also einer „landesverräterischen Entwicklung“, Vorschub geleistet werde, war damit in breiten Kreisen, vor allem der CDU, nicht verstummt. Die Ostpolitik blieb noch für viele Jahre ein leidenschaftlich umstrittenes Thema.

Heinrich Albertz aber partizipierte von den Erfolgen Willy Brandts bei den Wahlen wie beim Passierscheinabkommen. Auch seine Partei und Fraktion hatten sich mehrheitlich mit ihm abgefunden, bis auf wenige Gruppierungen, denen der „rote Pastor“ nach wie vor nicht paßte. Auf dem Landesparteitag der SPD im Mai 1965 war er als „Kronprinz des Regenten Brandt“ akzeptiert. Als Willy Brandt im Dezember 1966 in Bonn Außenminister wurde und mit Bundeskanzler Kurt Georg Kiesinger die große Koalition bildete, war unumstritten, wer Brandt als Regierendem in Berlin nachfolgen würde: Heinrich Albertz.

Regierender Bürgermeister

Für eine Fortsetzung der Ostpolitik erschien die persönliche Achse Brandt-Albertz zwischen Bonn und Berlin geradezu ideal. Am 14. Dezember 1966 wurde Albertz mit 86 gegen 39 Stimmen zum Regierenden Bürgermeister gewählt. Da die turnusmäßige Neuwahl des Abgeordentenhauses für März 1967 terminiert war, erklärte Albertz als neuer Regierungschef, in den verbleibenden drei Monaten werde er die von Willy Brandt begonnene Politik weiter fortsetzen. Nach dem Weggang von Brandt fiel die SPD bei den Neuwahlen in Berlin zwar um fünf Prozent von 61,9 auf 56,9 Prozent zurück, verteidigte damit aber ihre sichere alleinige Mehrheit. Wie Willy Brandt vor ihm setzte Albertz trotzdem eine SPD/FDP-Koalition fort. (Willy Brandt hat mir einmal gesagt, für ihn als Regierungschef sei es angebrachter, wenn er in Senatssitzungen, also in Staatsdingen, nicht kumpelhaft mit „Genosse“ angeredet werden könne, was bei einer reinen SPD-Besetzung des Kabinetts nicht auszuschließen gewesen wäre.)

Die CDU hatte sich bei den Wahlen um über vier Prozent verbessert und sechs Sitze hinzugewonnen, während die Stirnmenzahl für die FDP um 0,8 Prozent zurückging und sie einen Sitz verlor. Obwohl die FDP in Bonn in die Opposition ging und die CDU und die SPD in einer großen Koalition regierten, wollte Albertz in Berlin an der kleinen Koalition mit der FDP festhalten, weil er nur mit ihr sein Programm zur Einsparung von Senatorenstellen durchsetzen konn-

Bundeskanzler Kurt Georg Kiesinger in Berlin, Frühjahr 1967.

te. Die CDU verlangte für eine Beteiligung an der Regierung drei Senatoren, während die FDP gegenüber dem Vorgängerkabinett auf einen Senatorensitz verzichtete. Was öffentlich belobigt wurde, erhielt jedoch bei den sozialdemokratischen Genossen einen Tadel, denn durch die Sparpolitik des Senats, die verfassungsgemäß auf die Stadtratszahlen der Bezirke übertragen wurde, verloren nun etliche Genossen ihre gut dotierten Stellen. Man begann, die Messer zu wetzen.

Als Albertz dann auch den rechten Parteiflügel verärgerte, indem er sich konstant weigerte, seinen Sprecher Kurt Neubauer zum Bürgermeister zu ernennen, und stattdessen seinen Vertrauten Dietrich Spangenberg berufen wollte, da konnte man ahnen, daß Albertz in seiner Partei schweren Zeiten entgegenging. Zweimal wurde die Wahl Spangenbergs verhindert. Doch nach dem Motto „viel Feind viel Ehr" wurde Albertz immer selbstbewußter und erklärte in Berlin die Ära Brandt für beendet.

Als er dann versuchte, eine gewisse Selbständigkeit für Passierscheinverhandlungen mit dem Osten in Anspruch zu nehmen, traf er auf den unerbittlichen Widerstand seines Genossen Wehner, der in der großen Koalition in Bonn „gesamtdeutscher Minister“ war. Auch der Präsident des „Bundesverbandes der Deutschen Industrie“ (BDI) kritisierte Albertz, weil dieser nun auch Zuständigkeiten für den Interzonenhandel verlangte. Die Industrie kündigte einen Investitionsstopp für Berlin an, wenn die Bindungen zwischen dem Bund und Berlin gelockert werden sollten. Also hatte Albertz schon keinen guten Start.

Tod des Studenten Benno Ohnesorg – Albertz' Rücktritt

Am 2. Juni 1967 besuchte Schah Reza Pahlevi Berlin. Albertz verlangte von der Polizei einen reibungslosen Ablauf der protokollarischen Termine. Die Polizei wußte, daß Albertz demonstrierende Stu-

2. Juni 1967: Der Regierende Bürgermeister empfängt auf dem Flughafen Tempelhof Schah Reza Pahlevi. Während einer Protestdemonstration gegen den Besuch wird der Student Benno Ohnesorg von einem Polizisten erschossen.

Ohnesorg-Prozeß: Heinrich Albertz im Gespräch mit dem Todesschützen Karl-Heinz Kurras (Mitte) und dessen Rechtsanwalt Roos, 1967.

denten (die schon gegen die Vietnam-Politik der USA, die Berliner Hochschulpolitik und die große Koalition in Bonn protestiert hatten) für „eine lächerliche Minderheit von Verrückten und Böswilligen" hielt. Als das persische Kaiserpaar zum Besuch der Deutschen Oper in der Bismarckstraße vorfuhr, wurde es von einigen hundert Demonstranten beschimpft, mit Eiern, Milchtüten und Tomaten beworfen. Nachdem die Türen zur Oper geschlossen waren, begann die Polizei, die Demonstration mit aller Härte gewaltsam aufzulösen, obschon in diesem Moment keinerlei Aktivitäten mehr zu verzeichnen waren. In dieser Situation schoß ein Polizist auf den flüchtenden Studenten Benno Ohnesorg und verwundete ihn so schwer, daß er kurz darauf seinen Verletzungen erlag.

Als Albertz diese Nachricht erhielt, verteidigte er das Vorgehen der Polizei, weil diese „von Rowdies provoziert" worden sei, obwohl er noch keine genaue Kenntnis vom Ablauf des Geschehens hatte. Aber auch noch Tage danach fand er den Polizeieinsatz in Ordnung und

Der Regierende Bürgermeister empfängt Bundesfinanzminister Franz Josef Strauß, Sommer 1967. Bildmitte: Dietrich Spangenberg.

erwog ein Demonstrationsverbot für Studenten. Erst ein parlamentarischer Untersuchungsbericht, der der Polizei falsches Verhalten und dem Senat Vernachlässigung seiner Aufsichtspflicht vorwarf, konnte ihn bewegen, Fehler einzuräumen. Der SPD-Fraktionsvorsitzende Helmut Schmidt in Bonn bezeichnete Albertz und seinen Innensenator Büsch als „unfähig"; beide müßten abgelöst werden.

Aber Albertz opferte zunächst nur seinen Innensenator Büsch. Im Zusammenhang mit der dadurch erforderlichen Senatsumbildung verlangte der rechte Flügel der SPD aufs neue die Berufung von Kurt Neubauer als Innensenator und Bürgermeister. Daraufhin erklärte Albertz am 26. September 1967 seinen Rücktritt. „Ich habe nicht ertragen können", erklärte er später, daß „Herr Neubauer mir als Stellvertreter aufgezwungen werden sollte".

Für die Einsichtsfähigkeit von Heinrich Albertz war dann wiederum bezeichnend, daß er noch als Regierender Bürgermeister - sein Nachfolger Klaus Schütz wurde am 19. Oktober gewählt - in seiner letzten Rede vor dem Abgeordnetenhaus eingestand, die Ereignissse des 2. Juni falsch beurteilt und von den Dimensionen und den berechtigten Ursachen des studentischen Protests unzutreffende Vorstellungen gehabt zu haben. „Ich war am schwächsten, als ich am härtesten war, in jener Nacht des 2. Juni", rief er am 15. September 1967 den Abgeordneten wie in einer öffentlichen Beichte zu, und dieses Bekenntnis scheint mir ein Schlüsselsatz für die noch folgenden 25 Jahre seines Lebens zu sein, in denen er nach einer kürzeren, eher ärgerlichen als angenehmen Auslaufphase als Abgeordneter (sein Spandauer Wahlkreis entzog ihm das Vertrauen) in einem umfassenden Sinne wieder ein Mann der Seelsorge und ein zorniger linker Kritiker der Verhältnisse wurde, der sich um das Vertrauen der früher bekämpften Studenten bemühte. Die Mitgliedschaft in der Berliner SPD kündigte er auf und wurde Mitglied in Westdeutschland.

Weltweites Aufsehen erregte Albertz, als am 27. Februar 1975 Mitglieder der „Bewegung 2. Juni" den Spitzenkandidaten der CDU für die Berliner Parlamentswahl am 2. März, Peter Lorenz, entführten. Im Austausch für Lorenz forderten die Terroristen die Freilassung von sechs inhaftierten Komplizen sowie eine Maschine für einen Flug ins Ausland. Als Bürgen für die Erfüllung ihrer Forderung verlangten sie Heinrich Albertz. Am 4. März flog er mit den freigelassenen Häftlingen nach Aden, und am 5. März war Lorenz wieder frei.

In den Archiven sind die Schriften und Dokumente über das Wirken von Heinrich Albertz nach seiner Zeit als „Regierender" in Berlin dreimal so umfangreich wie über seine Zeit als aktiver Politiker. Er war wieder Pfarrer geworden, engagierte sich in der Friedensbewegung, setzte sich für die Begnadigung von RAF-Häftlingen ein und war überall dort zu sehen und zu hören, wo Beistand und Trost gesucht wurden. Mit zahlreichen Preisen und Auszeichungen wurde sein Engagament gewürdigt. 1986 zog er sich in ein Bremer Altersheim zurück. Dort starb er 1993 im Alter von 78 Jahren.

Zeittafel

1913	Am 27. August geboren in Berlin.
1927 - 1934	Nach Besuch der Grundschule Tischlerlehre, Eintritt in die Sozialistische Arbeiterjugend und Tätigkeit als Möbeltischler und auf dem Bau.
1935 - 1943	Telegraphenbauhandwerker beim Telegraphenbauamt III in Berlin.
1944 - 1945	Kriegsdienst an der Westfront, Gefangenschaft.
1946 - 1947	Technischer Zeichner beim Telegraphenbauamt III in Berlin.
1948 - 1950	Parteiarbeit für die SED in Berlin-Lichtenberg und Treptow (dort Erster Sekretär der SED-Kreisleitung), 1949 Besuch der Landesparteischule der SED.
1951 - 1961	Stadtrat (verschiedene Ressorts) im Magistrat Ebert, ab 1953 Stellvertreter des Oberbürgermeisters. 1956/57 Besuch der Parteihochschule der SED.
1961 - 1967	Bezirksbürgermeister von Berlin-Köpenick. 1965 Abschluß als Dipl.-Staatswissenschaftler.
1967 - 1974	Oberbürgermeister von Ost-Berlin.
1967 - 1976	Mitglied des Sekretariats der Bezirksleitung Berlin (bis 1974) und Kandidat des Zentralkomitees der SED.
1967 - 1990	Abgeordneter der Volkskammer, ab 1974 Mitglied des Ausschusses für Auswärtige Angelegenheiten.
1974 - 1990	Vorsitzender der Interparlamentarischen Gruppe der DDR, Mitglied des Präsidiums der Liga für Völkerfreundschaft.
ab 1990	Mitglied des „Rates der Alten“ beim Parteivorstand der PDS.

Herbert Fechner

Juli 1967 - Februar 1974

Am 5. Juli 1967 wurde der Köpenicker Bezirksbürgermeister Herbert Fechner Nachfolger des inzwischen 73jährigen Friedrich Ebert. Mit den Wahlen zum Ostberliner Stadtparlament hatte Ebert altershalber sein Amt als Oberbürgermeister abgegeben.

Den Telegraphenbauhandwerker und Hobbysegler Fechner wies ein Diplom als Staatswissenschaftler aus. Damals gehörte der 54jährige zu den wenigen Führungskräften in der DDR, deren Eignung für hohe Ämter nicht nur in Partei- und Linientreue bestand, sondern auch in einer fachlichen Qualifikation. Diese hatte er in einem zweijährigen Fernstudium an der Deutschen Akademie für Staats- und Rechtswissenschaften in Potsdam-Babelsberg erworben. Fechner segelte auch als Oberbürgermeister weiter, er bekleidete seit 1959 für mehrere Jahrzehnte das Präsidentenamt beim Bund Deutscher Segler der DDR, war später auch Mitglied der Leitung der Internationalen Seglerföderation. Er betrieb also nach DDR-Verständnis nicht gerade eine Volkssportart, wie etwa Laufen, Turnen oder Schwimmen. Fechners Vater, Sozialdemokrat und eifriger Leser des *Vorwärts*, hatte in der Wohnstube das erste Paddelboot für den Sohn gebaut, doch der träumte bereits als Knabe vom Segeln. Im Rückblick hat er dann später bedauert, daß die Segler aus der DDR nur bedingt auf die Ostsee hinausfahren konnten.

Der schlanke Fechner, der sich gern mit dem Wind und der Natur auseinandersetzte, schien moderater und zugänglicher zu sein als sein Vorgänger Ebert. Aber im Gegensatz zu diesem war und blieb er ein Mann der zweiten, unauffälligeren Reihe. In seine Oberbürgermeisterzeit fiel die Zerschlagung des Prager Frühlings von 1968, was vor allem bei der Berliner Intelligenz zu erregten Reaktionen führte, und 1971 der Abschluß des Viermächte-Abkommens über Berlin.

Hohe Parteifunktionen wie Ebert bekleidete Fechner nicht. Als er, wiewohl 1971 einstimmig wiedergewählt, Mitte Februar 1974 als

Oberbürgermeister „abberufen“ wurde, erhielt er von der SED eine bestenfalls zweitrangigen Funktion: Fechner wurde Vorsitzender der Interparlamentarischen Gruppe der DDR (IPG), einer Landesorganisation der Interparlamentarischen Union.

Eigentlich wollte der 1913 in einer Berliner Arbeiterfamilie geborene Herbert Fechner Lehrer werden. In Friedrichshain, in der Rigaer Straße, war er sieben Jahre zur Schule gegangen. Fechner verließ sie in Richtung Stempelstelle, inzwischen war die Weltwirtschaftskrise ausgebrochen. 1933 klebte er in seinem Kietz Plakate für die sozialistische Arbeiterjugend. Die SPD sah er als Partei, die in der Opposition für die Interessen der Arbeiter und für den Sozialismus eintrat. Warum, fragte er sich, schlugen sich Arbeiter, die gemeinsam ausgebeutet wurden, gegenseitig die Köpfe ein? Den Antikommunismus der SPD verstand er nicht. Er kam einige Zeit als Telegraphenarbeiter unter und mußte schließlich in den Krieg ziehen.

Soldat Fechner überlebte ihn. 1945 dann das „Nie wieder!“ Der 32jährige trat der SPD bei und griff wieder zum Lötkolben. Das zerstörte Telefonnetz von Berlin mußte rasch wieder funktionsfähig gemacht werden. Später wurden die meisten Verbindungen zwischen dem sowjetischen und den Westsektoren einseitig von Ost-Berlin wieder getrennt.

Der Gruppe Ulbricht, die aus Moskau zum „demokratischen Neuaufbau Deutschlands nach Berlin zurückkehrte“, galt Fechner, wie er mir Anfang 1996, hochbetagt, bei einem Gespräch erzählte, nicht als „gestandener“ Antifaschist. Er hatte nicht im KZ gesessen, sondern fünf Jahre als Wehrmachtssoldat im Krieg gedient. Und dennoch: Mit der Auffassung, die größte Niederlage der Arbeiterbewegung sei es gewesen, daß sie wegen ihrer Spaltung den Faschismus nicht hatte verhindern können, trat der Sozialdemokrat Fechner nunmehr wie sein SPD-Genosse und „Lehrmeister“ Friedrich Ebert, „initiativreich“ für eine Vereinigung der beiden Arbeiterparteien SPD und KPD zur SED ein. Für ihn war dieser Zusammenschluß - wie er mir sagte - „zwingende Notwendigkeit, wenn man eine neue, antikapitalistische Gesellschaftsordnung aufbauen wollte.“ In die Geschichte werde eingehen, so glaubt Fechner noch heute fest, daß es möglich war, Kommunisten und Sozialdemokraten in einer Partei mit gemeinsamen Zielen zu vereinigen.

1948 begann seine politische Laufbahn. Zunächst als Sekretär der SED-Kreisleitungen von Berlin-Lichtenberg und Treptow. In dieser Zeit wurde er auch Mitglied der SED-Bezirksleitung Berlin, der er bis zu seiner Abberufung aus dem Oberbürgermeister-Amt 1974 angehören sollte. Von 1967 bis 1976 war er außerdem Kandidat des Zentralkomitees der SED.

Stadtrat im Magistrat Ebert

1951 trat Fechner als Stadtrat in den Magistrat Ebert ein. In den folgenden zehn Jahre bis 1961 leitete er zunächst das Ressort Volksbildung, Kultur und Sport sowie danach das Ressort Gesundheits- und Sozialwesen. Auch in dieser für ihn neuen Funktion strebte er nach Fachwissen, das er durch ein Medizinstudium vertiefen wollte. Hilfe erhielt er dabei von seiner Frau, die Verwaltungsleiterin eines Berliner Krankenhauses war.

Der Stadtrat wurde zwar Student - aber nicht der Medizin oder Sozialwissenschaft, sondern an der Parteihochschule und an der universitätsähnlichen Akademie für Staats- und Rechtswissenschaften in Potsdam-Babelsberg.

Zu Beginn seiner Amtszeit als Stadtrat für Volksbildung, Mitte Dezember 1951, kümmerte sich Herbert Fechner vor allem um die vorschulische Erziehung und den Neubau von Schulen. Man werde eine große Zahl von Neu-Lehrern heranbilden, kündigte er an, „darunter 250, die aus Produktionsbetrieben stammen". Was den Bereich Kultur betraf, so schätzte der Stadtrat vor allem Oper und Operette, kümmerte sich um Walter Felsensteins „Komische Oper" und um das „Metropol-Theater" (dort besonders um die Entwicklung eines neuen, unterhaltenden Musiktheaters mit „sozialistischen Zügen").

Was Theater betraf, so dachte der Stadtrat zu dieser Zeit auch noch manchmal in den Dimensionen einer Stadt. Auf einer gesamtberliner Kulturkonferenz sprach sich Fechner 1954 energisch dafür aus, das zerstörte Gebäude der Städtischen Oper in Charlottenburg wieder aufzubauen. Gleichzeitig regte er ein gesamtberliner Theater-Festival an. (Es wurden später zwei, die „Berliner Festtage" in Ost-Berlin und die „Berliner Festwochen" in West-Berlin.)

Die Stadt solle einen gemeinsamen Schiller-Preis stiften (was nicht zustandekam) und das Schillerdenkmal, dessen Einzelteile im Ost- und Westteil lagerten, wieder aufstellen. (Dies erfolgte schließlich erst 1987 anläßlich der Wiedereröffnung des alten Schauspielhauses am Gendarmenmarkt.)

Beim Wiederaufbau der Staatsoper Unter den Linden geriet er mit den Ostberlinern aneinander. Während Fechner glaubte, die Men-

Ost-Berliner Festtage 1970. OB Fechner begrüßt Partei- und Staatsschef Walter Ulbricht und dessen Gattin zum Eröffnungskonzert in der Staatsoper Unter den Linden.

schen seien von der Aussicht auf eine wieder spielende Staatsoper hell begeistert, waren der Bevölkerung Wohnungsbau, Handel und Versorgung wichtiger als die Kultur. Der Stadtrat hielt dagegen, man könne nicht nur Wohnungen und Kaufhallen bauen und darüber die Kulturstätten vergessen.

Gegen einen Weihnachtsmarkt aber hatten die Leute nichts. Fechner machte ihn zu einer Ostberliner Tradition. Dort konnten auch ruhig kirchliche Weihnachtslieder gespielt werden, weil der Stadtrat und später der OB die Ansicht vertrat, Weihnachten sei ein Bestandteil der deutschen Kulturgeschichte. So setzte er zwar Akzente, aber stets im Rahmen der offiziellen Politik der SED - sozialistische Erziehung in Kindergarten und Schule, Einsatz produktionsbewährter Neulehrer, Theaterpolitik auf „neuen Wegen".

In seinem Verwaltungsbereich wollte der junge Kommunalpolitiker eine Atmosphäre des - wie er sagte - „Heraus mit der Sprache“ schaffen. Seine Mitarbeiter sollten mit „den Werktätigen“ etwa „über Fragen der Erziehung unserer Kinder zur bewußten Disziplin“ diskutieren.

In Fechners Anfangsjahre als als Stadtrat fiel der Beschluß der SED, in der DDR (wozu man entgegen dem Viermächtestatus der Stadt stets Ost-Berlin zählte) den Sozialismus aufzubauen. Dazu gehörte die verstärkte Einflußnahme auf die Jugend, beginnend schon im Kindergarten und sich fortsetzend in der Schule. Darauf sollten auch schon die Jüngsten vorbereitet werden. Die Älteren erfuhren Anreiz und Anerkennung bei sogenannten Schuljahresfeiern. Indem man die besten Schüler prämierte, sollte die „große Liebe aller Werktätigen zu ihren jüngsten Staatsbürgern“ zum Ausdruck kommen. Fechner setzte den Beschluß in seinem Amtsbereich aktiv und energisch um, organisierte das Ferienlagersystem und machte sich für die Schulspeisung stark - alles nach „sozialistischen Grundsätzen“.

Die Ironie der Zeit wollte es, daß ausgerechnet am 17. Juni 1953 in der *Berliner Zeitung* ein Artikel von Herbert Fechner erschien. Darin warf er mit Blick auf die bevorstehenden Sommerferien die Frage auf, ob etwa die Kinder sich selbst überlassen bleiben, ob sie etwa auf der Straße spielen sollten. Er gab selbst die Antwort: Nein! Möglichst alle Schüler sollten an von den Stadtbezirksbehörden organisierten „Ferienspielen“ teilnehmen - einer Art kommunalem Ferienlager, bei dem sich die Kinder tagsüber in ihrer Schule trafen und dort unter Anleitung von Pionierleitern und Lehrern verschiedenste Dinge unternahmen. So könnten sie sich, schrieb Fechner, auch in ihren Ferien auf den Sozialismus vorbereiten. Und er kritisierte das bisher ungenügende Werbeergebnis: in Pankow und Mitte waren erst 72 bzw. 75 Prozent der Schüler gewonnen worden. Dies gelte es rasch zu ändern.

Nach dem 17. Juni 1953 sah Fechner an einigen Schulen „Feinde und Agenten“, alle Bildungseinrichtungen waren für ihn nun „Stätten des Klassenkampfs“. Man hätte an der Schwelle eines Dritten Weltkrieges gestanden, alles sei versucht worden, die DDR zu liqudieren. Der Köpenicker Lehrer Haidtke zum Beispiel sei wegen enger Verbindungen zum Büro der SPD in der Ziethenstraße und als „Feind unserer demokratischen Schule“ aus dem Dienst gewiesen worden, berichtete Fechner der SED-Bezirksleitung von Ost-Berlin, der er seit 1950 angehörte.

Offiziell wurden damals 19 Lehrer und 8 Schüler von den Schulen entfernt. (Gleichzeitig behauptete man, die Tore zu einer wissenschaftlichen Bildung stünden der gesamten Jugend offen.)

Dieser harten Linie blieb Fechner auch als Oberbürgermeister stets treu. Am 8. Februar 1970 bescheinigte er etwa den Mitarbeitern der Berliner Verwaltung des DDR-Staatssicherheitsministeriums, sie hätten „alle Anschläge imperialistischer Spionage- und Sabotageorganisationen gegen die Freiheit, die sozialistischen Errungenschaften und die friedliche Arbeit . . . zerschlagen."

Zu seinen Amtskollegen in West-Berlin gab es schon lange keine Kontakte mehr. Diese wurden „zentral geführt", das heißt, einzig die oberste Führung der DDR war dafür zuständig. Politbüro und Ministerrat hatten wegen der Bedeutung Ost-Berlins als „Hauptstadt der DDR" das Sagen, die Stadt sollte schließlich ein Schaufenster des Staates sein, und natürlich mischten sich auch die Chefs der SED-Bezirksleitung, später vor allem Konrad Naumann, kräftig ein.

Wie stark man mit West-Berlin im Wettbewerb stand, hatte z. B. schon 1954 der Vorschlag von DDR-Präsident Wilhelm Pieck gezeigt, etwas für die „Herzen aller Berliner" zu tun und auch im Ostteil der Stadt einen Zoo zu schaffen. Die Realisierung fiel ins Ressort von Stadtrat Fechner. Dieser lud einige Zoofachleute, unter ihnen Prof. Schneider und Dr. Dathe aus Leipzig, ein. Die beiden hielten Fechners Ansinnen für ein Politikum, sie entgegneten, es gebe bereits einen Zoo in West-Berlin. Dann fuhr man zum vorgesehenen Gelände des Schloßparks Friedrichsfelde, wo sich die Gesichter der skeptischen Zooleute aus Leipzig erhellten. Hier konnte man sehr wohl etwas machen, keinen Zoo mit Tieren hinter Gittern, aber einen Tierpark. So beschloß es der Magistrat am 27. August 1954. Ein knappes Jahr später folgte die feierliche Eröffnung, Direktor des Berliner Tierparks wurde Heinrich Dathe.

Schon vor dem Mauerbau von 1961 bekam der nunmehrige Gesundheitsstadtrat Fechner Probleme mit der medizinischen Versorgung der Bevölkerung im Osten. Über Nacht blieben in Kliniken oder Ambulanzen zahllose mit dem sozialistischen System unzufriedene Ärzte weg: „Republikflucht". Medizinisches Personal z. B. aus Bulgarien oder der Tschechoslowakei sprang in die Bresche, was wiederum Lücken in deren Heimatländern riß. In der Öffentlichkeit durfte darüber nicht gesprochen werden. Der Magistrat verbesserte das Angebot in den Betriebsläden der Krankenhäuser und versicherte sich wichtiger Fachleute durch individuell ausgehandelte Arbeitsverträge mit günstigen finanziellen Bedingungen. Anderen bot man hohe Posten im Gesundheitswesen an.

Zur gleichen Zeit organisierte Fechner eine Impfaktion gegen die Kinderlähmung. Noch heute bezeichnet er sie als ähnlich großen Erfolg wie die Maßnahmen zur Bekämpfung des Diabetes oder zur Reduzierung der Säuglingssterblichkeit, bei denen in den Krankenhäusern von Berlin-Pankow und Buch Hervorragendes geleistet wurde.

Bezirksbürgermeister von Berlin-Köpenick

Kurz vor den Kommunalwahlen 1961 rief Friedrich Ebert seinen Stadtrat zu sich und fragte ihn, ob er nicht in Köpenick für das Amt des Stadtbezirksbürgermeisters kandidieren wolle, dort läge vieles im Argen. Fechner nahm Abschied vom Roten Rathaus und wurde für sieben Jahre Bezirksbürgermeister von Köpenick. Dies empfand der 48jährige nicht als Rückstufung. Er glaubte, was man ihm sagte: das wichtigste Industriegebiet und größte Erholungszentrum Ostberlins brauche an der Spitze einen erfahrenen Mann. Also ging er dorthin. Es wurde seine „schönste und erfolgreichste Zeit", wie er heute sagt. Fortan forcierte er die Kontakte zwischen Wohngebieten und Betrieben und kümmerte sich um den Ausbau der Erholungsmöglichkeiten rund um den Müggelsee. Der Bürgermeister hielt Verbindung zur Bevölkerung, lud zu Sprechstunden ein, in denen er sich Berichte über leerstehende Wohnungen und nachbarschaftliches Miteinander anhörte. Er bereitete Kommunalwahlen und Volksfeste wie den „Köpenicker Sommer" vor. Dazu gehörte natürlich der legendäre Hauptmann, der bis heute - nicht nur im Theater oder Film - jährlich einmal vom Hauptbahnhof nach Köpenick fährt und das Rathaus besetzt.

OB Fechner

1967 kehrte Herbert Fechner ins Rote Rathaus zurück, um Friedrich Ebert abzulösen. Sechseinhalb Jahre war er nun Oberbürgermeister von „Berlin, Hauptstadt der DDR". Der Mann mit einem „Gefühl für die einfachen Menschen" hatte sich dieses Amt weder zugetraut noch etwa davon geträumt, Nachfolger Eberts zu werden. Vielleicht habe Ebert, überlegt Fechner heute, Wert darauf gelegt, daß jemand, der wie er aus der SPD kam, dieses Amt übernahm. Anderen Quellen zufolge wollte die Parteiführung nach Ebert, der sich des öfteren selbst-

Umgestaltung des Alexanderplatzes 1968-1970. OB Fechner und der 1. Berliner Bezirkssekretär der SED, Paul Verner, besuchen die Baustelle, April 1969.

bewußt eingemischt hatte, einen „schwachen" Oberbürgermeister, der lediglich ihre Anweisungen ausführen und Ost-Berlin repräsentieren sollte.

1967 begann die Partei- und Staatsführung, mit dem „Neuen Ökonomischen System" die Planwirtschaft samt Handel und Verwaltung neu zu organisieren. Sie traute dem diplomierten Verwaltungswissenschaftler Fechner die Realisierung dieses Modells „neuer ökonomischer Politik" zu – das allerdings nur von kurzer Dauer sein sollte. Außerdem wies Ulbricht, wegen seiner Auseinandersetzungen mit der Regierung in Bonn, Ost-Berlin nunmehr eine Sonderrolle zu. Die DDR-Hauptstadt sollte „von seiten der führenden Staatsorgane bevorzugt behandelt werden", erklärte er 1968. Auch Ost-Berlins Abgeordnete sollten in der Volkskammer nunmehr gleichberechtigt sein – eine weitere Verletzung des Viermächtestatus der Stadt.

Oberbürgermeister Fechner besucht den Freizeitpark im Plänterwald, Bezirk Treptow, November 1971.

Ein Jahr später, im Juni 1969, mußte Fechner vor dem SED-Politbüro ernste Probleme bei Baureparaturen und Instandhaltung und sogar bei der stabilen Versorgung mit Grundnahrungsmitteln einräumen. Das hörte man gar nicht gern.

In dieser Amtsperiode errichteten über 3.000 Bauarbeiter rund um den Alexanderplatz ein neues Stadtzentrum. Auch in den Wohnungsbau flossen bedeutende Mittel. Erstmals wurden dazu Arbeitskräfte und Baukapazitäten aus den Bezirken der DDR nach Berlin abgezogen - eine Praxis, die später in der Ära Honecker weiter intensiviert werden sollte. In einigen Städten, wie etwa in Gotha oder Görlitz, konnten daraufhin kaum noch die allernötigsten Baureparaturen durchgeführt werden. Dieser Zustand verärgerte verständlicherweise die Menschen in den betroffenen Städten und Regionen sehr. Auch Fechner räumte „manche Schwierigkeiten" bei dem Problem ein.

OB Fechner (2. v. r.) wird bei einem Indien-Besuch von Premierministerin Indira Gandhi empfangen, April 1970.

In seinem zweiten Amtsjahr als OB wurde der schlohweiße, schlanke Fechner unerwartet kritisch. Während einer Tagung waren wieder einmal Versorgungsfragen angesprochen worden. Eine Verkäuferin berichtete Positives vom Angebot in einer Johannisthaler Kaufhalle. Fechner dämpfte den Optimismus: „Wir müssen große Anstrengungen unternehmen, um die verhandenen Versorgungslücken zu schließen um die Versorgung sortimentsgerecht und stabil zu gestalten." Der Magistrat mache sich nichts vor und schätze die Lage real ein. Das Obst- und Gemüseangebot bezeichnete Fechner, wie es war: als schlichtweg ungenügend. Den Berliner Oberbekleidungs-, Möbel- und Getränkekombinaten hielt er „ernste Planrückstände" vor. Die Ursachen sah er in mangelhafter Leitungstätigkeit und Planung. Vor allem jene Betriebe, die Getränke, Backwaren, Fleisch und Milch herstellten, sollten ihren Ausstoß durch „Mechanisierung und Automatisierung" rasch steigern, forderte der OB und unterstützte zugleich die Kritik an der mangelhaften Qualität bei Neubauwohnungen und an bürokratischer wie gedankenloser Arbeit einiger Staatsfunktionäre.

Der sowjetische Botschafter in der DDR, Pjotr Abrassimow, wird zum Ehrenbürger von Ost-Berlin ernannt, September 1971. OB Fechner gratuliert.

Verdienste erwarb sich Fechner bei der Realisierung der ersten großen Wohnungsneubauprojekte in Ost-Berlin. Zwar sollten erst unter seinem Nachfolger Krack die riesigen Trabantensiedlungen in Marzahn, Hohenschönhausen und Hellersdorf entstehen, doch in Fechners Amtsperiode fällt die Errichtung solch großer Wohnkomplexe wie Heinrich-Heine-Viertel, Mollstraße und Roedernstraße (Lichtenberg). Auch für den neuen Freizeitpark Plänterwald - mit seinem weithin sichtbaren Riesenrad - machte sich der ehemalige Kulturstadtrat stark.

Nach Ebert, der zu großen Teilen mit dem elementaren Wiederaufbau der zerstörten Stadt befaßt gewesen war, bemühte sich Fechner nunmehr, Ost-Berlin zu internationaler Anerkennung zu verhelfen - getreu der von Ulbricht vorgegebenen politischen Linie. So vereinbarte er etwa Städtepartnerschaften mit Kairo, Damaskus, Kopenhagen, Stockholm und Helsinki.

Im November 1971 wählten die Ostberliner Stadtverordneten Herbert Fechner erneut einstimmig für eine zweite Amtsperiode als OB, die er allerdings nicht mehr zuende bringen konnte. Sein Leistungsvermögen verringerte sich, auch durch die „rüden Umgangsformen" (Fechner) des neuen Chefs der Berliner SED, Konrad Naumann. Im Februar 1974 rief die SED-Führung den 61jährigen vorzeitig aus dem Amt. Fechner selbst erinnert sich, daß er zu dieser Zeit mit Kreislaufkomplikationen im Krankenhaus lag und dem Rat der Ärzte folgte. Er habe die Entscheidung, sein Amt aufzugeben, mit dem Wunsch verbunden, fortan „etwas Außenpolitisches" tun zu wollen. Worauf man ihn zum Vorsitzenden der Interparlamentarischen Gruppe der DDR ernannte. Diese Funktion sollte er fast fünfzehn Jahre ausüben, bis zum Ende der DDR. Anläßlich seines 75. Geburtstags bemerkte die *Frankfurter Allgemeine Zeitung* 1988, Fechner sei „einer der wenigen ehemaligen Sozialdemokraten, die in der DDR heute noch eine Funktion innehaben."

Neuer Oberbürgermeister wurde der „Wirtschaftsmanager" - so Fechner über seinen Nachfolger - Erhard Krack.

Herbert Fechner ist noch heute der Meinung, daß der Kapitalismus nicht das letzte Wort sei. „Wir gehörten", sagt er rückblickend auf seine Amtszeit als Stadtrat, Stadtbezirksbürgermeister und schließlich Oberbürgermeister, „zu den ‘Betonköpfen’, zu der Generation, die Berlin wieder lebensfähig machte und den Mut hatte, in einem Teil Deutschlands eine völlig neue Gesellschaftsordnung aufzubauen." Der Versuch sei tragisch geendet, so Fechner, er werde aber in die Geschichtsbücher eingehen.

Zeittafel

1926	Am 17. September geboren in Heidelberg als Sohn eines Rechtsanwalts.
1936–1945	Besuch des Paulsen-Realgymnasiums in Berlin-Steglitz, Abitur, ab Juli 1944 Kriegsdienst, im April 1945 in Italien lebensgefährlich verwundet.
1946–1948	Studium der Geschichte an der Humboldt-Universität. Eintritt in die Arbeitsgemeinschaft sozialdemokratischer Studenten, ab 1947 Mitglied des Studentenrats. Von den Jungsozialisten im SPD-Kreisverband Wilmersdorf in den Landesausschuß der SPD delegiert.
1948	Juni: Wegen Relegierung von drei Kommilitonen durch die Hochschulverwaltung der SBZ tritt Schütz mit weiteren 19 Mitgliedern des Studentenrats zurück und wechselt an die Freie Universität in Dahlem.
1949–1950	Ein Jahr Studium an der Harvard University in den USA.
1951–1957	Assistent am Institut für Politische Wissenschaften der FU.
1951–1954	Gefördert durch Willy Brandt, dem er im Kreisverband Wilmersdorf der SPD auffällt, Vorsitzender der Berliner Jungsozialisten und ab 1953 Vorsitzender der SPD in Wilmersdorf.
1955–1957	Mitglied der SPD-Fraktion im Berliner Abgeordnetenhaus.
1958–1961	Mitglied der SPD-Fraktion im Deutschen Bundestag, im Bundestagswahlkampf 1961 Leiter des „Wahlbüros Willy Brandt“.
1962–1966	Bevollmächtigter des Landes Berlin beim Bund.
1966–1967	Staatssekretär des Auswärtigen Amts in Bonn.
1967–1977	Regierender Bürgermeister, ab 1968 auch Landesvorsitzender der SPD.
1977–1981	Botschafter der Bundesrepublik Deutschland in Israel.
1981–1987	Intendant der Deutschen Welle Köln.
1988–1991	Direktor der Landesanstalt für Rundfunk in Nordrhein-Westfalen.
ab 1992	Wieder in Berlin, publizistische und medienpolitische Tätigkeit.

Klaus Schütz

Oktober 1967 - April 1977

Freimütig bekennt Klaus Schütz fünfzehn Jahre nach seinem Rücktritt als Regierender Bürgermeister in seinen Erinnerungen, daß er die zehnjährige Amtszeit als zentrale Phase in seiner Biographie zwar nicht missen möchte, sie aber auch „nicht genossen" habe. Er regierte länger als Ernst Reuter, Willy Brandt und Richard von Weizsäcker; in den Jahren vor seiner Amtszeit hatte er als junger Mann alle Krisen Berlins hautnah miterlebt: von der Blockade 1948/49, dem Arbeiteraufstand des 17. Juni 1953 über das Chrustschow-Ultimatum 1958 bis zum Mauerbau 1961. Als aktiver Politiker und enger Mitarbeiter Willy Brandts begleitete er die Entspannungspolitik, beginnend mit den Passierschein-Vereinbarungen 1965/66 und später den Ostverträgen bis zum Viermächteabkommen über Berlin von 1971. Als Brandt 1966 das Außenministerium in Bonn übernahm, ging Schütz mit in den Bundesdienst und wurde beamteter Staatssekretär dieser traditionsreichen Behörde. Er verschweigt bis heute nicht, daß er 1967 am liebsten Staatssekretär des Auswärtigen Amtes geblieben wäre, weil diese Aufgabe ihm „am meisten Spaß gemacht" habe. Damals war Heinrich Albertz, der 1966 Willy Brandt als Regierenden abgelöst hatte, bereits nach zehn Monaten Amtszeit gescheitert. Die mit absoluter Parlamentsmehrheit regierende SPD war wegen eines Nachfolgers aus den eigenen Reihen in großer Verlegenheit. Das Idol, der SPD-Vorsitzende Willy Brandt, war in Bonn gerade ein paar Monate Außenminister in der großen Koalition und unternahm erste erfolgreiche Schritte in der Ostpolitik; sein Vertrauter Klaus Schütz exekutierte diese Richtlinien als Staatssekretär des Bonner Auswärtigen Amts.

Schütz gehörte als ehemaliger Senator zwar noch dem Westberliner Abgeordnetenhaus an, konzentrierte sein Engagement aber fortan auf die Außenpolitik des Bundes. Die Querelen in der Berliner SPD und der immer stärker aufkommende Unmut über die Amtsführung von Heinrich Albertz berührten ihn nicht. Von gelegentlichen Anfragen seiner Freunde, ob er nicht in die alte Reichshauptstadt zurückkehren wolle, ließ er sich nicht ablenken. Aber in Berlin nahm der Druck nach einer Alternative zu Albertz zu. Schütz hielt sich weiter bedeckt, bis ihn Willy Brandt, von der Berliner SPD zu Hilfe gerufen, am Portepee faßte und entschied: „Wenn die Berliner Schütz wollen, dann sollen sie ihn kriegen." Damit „war die Sache gelaufen", beschreibt Schütz selbst in einem aktuellen Interview mit mir die damalige Situation. Der Ablauf beweist: Klaus Schütz war cum grano salis ein Bürgermeister wider Willen.

Er hatte sich um das Berliner Amt nicht beworben, und er wurde auch nicht deshalb zum Regierenden Bürgermeister gewählt, weil er ein spezielles Konzept für die Lösung der Berliner Probleme angeboten hatte, sondern weil eine personelle Lücke in der Führung Berlins entstanden war, in die ihn Willy Brandt schließlich mangels Alternativen wie einen Parteisoldaten hineinbeorderte. Er besaß für das Amt kein besonderes Charisma, und ihm wurde auch später keine Fortüne zuteil, aber er erfüllte dennoch fast zehn Jahre mit Engagement seine Pflicht - bis zum bitteren politischen Sturz.

Klaus Schütz kann prototypisch als ein Repräsentant jener bürgerlich erzogenen und im entsprechenden Milieu aufgewachsenen Generation angesehen werden, die noch bis zum Kriegsende vaterlandstreu in Hitlers Armee diente und - sofern sie das Inferno überlebte - nach der Kapitulation, auch in Erkenntnis des Verbrecherregimes, jegliche Diktatur künftig verhindern und eine menschenwürdige Demokratie mit aufbauen helfen wollte. 1944 war er noch als Soldat in Italien im Kampf gegen Partisanen verwundet worden, was zur Lähmung seines rechten Armes führte, die bis heute anhält.

Für den im September 1926 in Heidelberg als Sohn eines Rechtsanwaltes geborenen Klaus Schütz, der von seinem zehnten Lebensjahr an in Berlin aufwuchs, dort das Paulsen-Realgymnasium besuchte, als Flakhelfer verpflichtet wurde, den Arbeitsdienst absolvierte und zur Wehrmacht eingezogen wurde, war es keineswegs selbstverständlich, in die SPD einzutreten; aber ein Studienfreund warb ihn erfolgreich für den Besuch von SPD-Versammlungen, und an jenem Tag, da die Berliner Sozialdemokraten per Urabstimmung entschieden, sich der vom Osten initiierten Zwangsvereinigung mit den Kommunisten zu widersetzen - am 28. April 1946 -, trat der Student Schütz in die SPD ein. Er studierte zu dieser Zeit Germanistik und Geschichte an der Humboldt-Universität im Ostsektor. Bekennermut bewies er 1948, als er als Studentenrat der Humboldt-Universität aus Protest zurücktrat, weil drei Kommilitonen aus politischen Gründen von der kommunistischen Leitung relegiert worden waren.

Für alle Parteien waren damals persönlich unbelastete, vom Hitlerregime verführte und verratene junge Menschen für den Aufbau eines demokratischen Staates sehr begehrt. Schütz wurde alsbald Vorsitzender der Jungsozialisten in Wilmersdorf. Mit einem einjährigen Zusatzstudium der politischen Wissenschaften an der Harvard-Universität in den USA und anschließenden Studien des amerikanischen Gewerkschaftssystems legte der Jungakademiker wohl einen weiteren Grundstein für eine außerordentliche Karriere in der Sozialdemokratischen Partei. Ein Parteifreund zitiert Klaus Schütz auf einer Sitzung der Zentralkommission der deutschen Jungsozialisten mit dem Satz, ihm sei ein russischer Muschik tausendmal lieber als ein westdeutscher Großkapitalist mit NS-Vergangenheit.

Mit 27 Jahren war Schütz Kreisvorsitzender der SPD in Wilmersdorf, mit 28 Mitglied des Abgeordnetenhauses und mit 31 Mitglied des Bundestages. Die rasche Karriere verdankte er auch Willy Brandt, zu dessen Gefährten und innerparteilichen Kampfgenossen er zählte.

Um seinem Meister als Kanzlerkandidaten in den Wahlkämpfen 1961 und 1965 auf moderne Weise helfen zu können, hatte er 1960 in den USA die Kampagne im Präsidenten-Wahlkampf Kennedy gegen Nixon genauestens verfolgt. 1961 setzte Willy Brandt die Berufung des 35jährigen Klaus Schütz zum Beauftragten des Landes Berlin beim Bund in Bonn durch. Wo immer er in politische Ämter gewählt oder berufen wurde, er war stets der Jüngste, und Willy Brandt war für viele Jahre sein Mentor.

Als Brandt 1960 nach Bildung der großen Koalition unter Kanzler Kiesinger als Außenminister nach Bonn ging, war es nur folgerichtig, daß er Klaus Schütz, den treuen Gefährten, zu seinem beamteten Staatssekretär ernannte. Mit seinem analytischen, nüchternen Verstand und seinem freundlichen, eher unauffälligen Wesen fügte sich Schütz rasch in die Regeln des Auswärtigen Dienstes und dessen distinguierte Atmosphäre. Das Amt nahm ihn an und er liebte das Amt, als ob ein Urwunsch in Erfüllung gegangen wäre. Natürlich auch, weil Willy Brandt, sein Minister, stets die schützende Hand über ihn hielt. Daß Willy Brandt dann Klaus Schütz für die Wahl zum Regierenden Bürgermeister in Berlin freigab, bedeutete im Leben des Erfolgverwöhnten eine fragwürdige Zäsur, obwohl es ja weiter aufwärts ging. Nicht seiner Intention, sondern der Not gehorchend, ließ er sich nach Berlin katapultieren – zum Nachnachfolger Brandts.

Nun gibt es Politiker, die glänzende Staatsekretäre geblieben wären, und mäßige Staatssekretäre, die möglicherweise das Zeug zu einem erfolgreichen Politiker gehabt hätten. Es ist nicht immer vorhersehbar, wer mit welcher Begabung wann und wo am besten aufgehoben ist. Klaus Schütz wußte sicherlich bis zum tz, wie Politik funktioniert, welche Hürden man nehmen und welche umschiffen mußte, um die Mechanismen der Machtausübung zu beherrschen. Er hatte auch bei Willy Brandt in Berlin während der Auseinandersetzung mit Franz Neumann gelernt, wie man aus einer innerparteilichen Minderheitsposition zu Mehrheiten kommen konnte. Freilich macht es einen Unterschied, ob man aus einer zweiten Position gute Ratschläge gibt oder jeden Schritt vor der Öffentlichkeit verantworten muß. Er selbst schreibt über seine Berufung nach Berlin in seinen Erinnerungen: „Ich war mir keineswegs sicher, ob ich der Richtige für dieses Amt bin und ob dieses Amt für mich das richtige ist.“ Schütz, der am 19. Oktober 1967 zum Regierenden Bürgermeister gewählt wurde, ist schon unmittelbar zu Beginn seiner Amtszeit in eiskaltes Wasser getaucht worden. Die Erschießung des demonstrierenden Studenten Benno Ohnesorg anläßlich des Schah-Besuches in West-Berlin durch einen Westberliner Polizisten hatte der studentischen außerparlamentarischen Opposition (APO) einen außerordentlichen Zulauf verschafft und bei Männern wie Rudi Dutschke eine offensive Bewegung provoziert. Die überalterten Universitätsstrukturen und der Krieg in Vietnam boten den Studenten die Angriffsziele. Unmittelbar nach Schütz' Wahl im Berliner Abgeordnetenhaus skandierten sie vor dem Schöneberger Rathaus: „Brecht dem Schütz die Gräten - alle Macht den Räten!“

Daß in West-Berlin gegen die Amerikaner, die die Stadt schützten, demonstriert wurde, irritierte den Harvard-Studenten, wie die meisten Berliner, aufs äußerste. Er selbst kommentierte diese Demonstrations-Phase in der Politik später mit den Worten: „Wir hatten so gut wie keine Erfahrungen“. Und: „Wir mußten zuerst lernen, damit zu leben.“ Obwohl er selbst nur ein Dezennium zuvor Student gewesen war, urteilte Klaus Schütz nun über die studentischen Demonstranten abschätzig: „Schaut den Typen ins Gesicht, ihr werdet erkennen, daß es ihnen nicht um den Rechtsstaat und die Demokratie geht.“ Später bedauerte er diese Äußerung. Die ihm übertragene vorgegebene Macht und Verantwortung in Berlin drängten Klaus Schütz früh in gestanzte Verhaltenspositionen, die ihm keinen individuellen Ausweg zu lassen schienen. Außerdem ließ die insulare Lage West-Berlins in der Machtkonstellation des kalten Krieges ohnehin keine Politik in der Stadt zu, die das Besatzungsrecht oder die Angst der Ber-

Ein Küßchen für Grethe Weiser beim Neujahrsempfang 1970. Links der Präsident des Abgeordnetenhauses, Walter Sickert.

liner Bevölkerung vor einer kommunistischen Bedrohung ignoriert hätte.

Da die äußeren, von der Weltpolitik mitbestimmten Bedingungen nicht veränderbar erschienen, konzentrierte sich die Politik in Berlin auf das kommunale Geschehen, was mit einer Provinzialisierung des Denkens und Handelns einherging. Die Stadtpolitik aber – Bereiche wie etwa das Verkehrswesen, die Erziehung und die Schule, die Sozialfürsorge, die Wirtschaft und die Polizei – hat ihn nicht so fasziniert wie ehedem die Außenpolitik. Allenfalls noch die Kultur als eine überregionale Größe bewegte ihn, und es ist bezeichnend, daß er in seiner eigenen Bilanz das Engagement für die Etablierung der Schaubühne mit Peter Stein und die Verträge mit den Religionsgemeinschaften zur Regelung der Verhältnisse zwischen Kirche und Staat als seine „besonders bemerkenswerten" Taten herausstellt.

Schütz hat nie ein Hehl daraus gemacht, daß nach seiner Einschätzung Fragen der Kommunalpolitik „in den Arbeitsbereich der Fachsenatoren" gehören, wobei er zugibt, daß diese, eine gewisse Distanz offenbarende Klassifizierung auch seinem Naturell entsprach. Selbst nachträglich glaubt er nicht, daß der Ruf nach einem kommunalpolitisch orientierten Stadtoberhaupt gerechtfertigt sei. In seinem allerdings erst nach der Wiedervereinigung 1992 erschienenen Buch „Logenplatz und Schleudersitz" kommt er zu dem Schluß, daß die Regierenden von Berlin „Persönlichkeiten von nationalem Rang sein" müßten, die sich „in Berlin über das Normalniveau hinausheben".

Klaus Schütz war in Berlin der Statthalter der Bonner Ostpolitik Willy Brandts. Insbesondere nach Bildung der sozialliberalen Koalition Brandt/Scheel in Bonn und dem Beginn der Ostvertragspolitik - mit Moskau, mit Warschau, mit Prag und dann mit Ost-Berlin; als Krönung dann das Viermächteabkommen über Berlin - war Schütz am Brennpunkt des Ost-West-Konflikts ein Garant für den Gleichklang zwischen Berlin und Bonn. Bundeskanzler Brandt wiederum war in Bonn der Garant für die Sicherung West-Berlins. Schütz schreibt zu dieser Phase in seinen Erinnerungen: „Die Bundesregierung (unter Führung von Kanzler Brandt) hatte sich dazu verpflichtet, die Ostverträge erst dann zu unterzeichnen, wenn eine Berlin-Regelung vorliegt. Das hat nicht allen gepaßt, weder in Moskau noch in Bonn. Aber es war richtig. Nur so konnte ein akzeptables Abkommen der vier Mächte (über Berlin) zustandekommen."

Als Folge des Viermächteabkommens wurden mit der Regierung der DDR Vereinbarungen über den Transit von Berlin in die Bundesrepublik und umgekehrt sowie endlich auch eine Regelung des Besuches von Westberlinern in der DDR möglich. Nach der heutigen Überzeugung von Klaus Schütz bildeten die Ostverträge und -abkommen Anfang der siebziger Jahre „das Fundament für eine Politik des Westens, die dann Ende der achtziger Jahre zur entscheidenden Wende in Europa geführt hat". Freilich war in den siebziger Jahren während der Amtsführung von Klaus Schütz von einem Abbau der Mauer noch nicht die Rede, geschweige denn von einer Wiedervereinigung Deutschlands. Sie blieb zwar eine Imagination, aber die praktische Politik war auf der Basis des vertraglich gesicherten Status quo auf eine Normalisierung der Verhältnisse gerichtet. Dementsprechend plädierte Klaus Schütz dafür, West-Berlin zu einer „normalen Großstadt" mit Lebensverhältnissen wie in Westdeutschland zu entwickeln, aber, so erinnert er sich, „die Resonanz war reserviert". Viele Berliner wollten „auf das Außergewöhnliche eines ständig gefährde-

Vor dem Beginn der Koalitionsgespräche zwischen SPD und FDP, 19. März 1971. V. l. Wolfgang Lüder (FDP), Hans-Dieter Jaene (FDP), Hermann Oxfort (FDP) sowie die Sozialdemokraten Klaus Schütz und Alexander Voelker.

ten West-Berlin nicht verzichten". Sie wollten zwar so normal leben wie nur möglich, aber die Lage Berlins sollte dennoch „anormal" bleiben. Zwar nicht als „Propagandaveranstaltung" des kalten Krieges, aber der Stachel der Spaltung sollte spürbar bleiben.

Bei den Wahlen zum Berliner Abgeordnetenhaus vom 14. März 1971 behielt die SPD, die Klaus Schütz im Juni 1969 zu ihrem Vorsitzenden gewählt hatte, zwar noch die absolute Mehrheit und konnte allein regieren, aber sie verlor 8 Sitze von bislang 81. Es blieben ihr also nur noch 73 Mandate. Obwohl in den vier Jahren danach die Ostverträge und das Viermächteabkommen abgeschlossen wurden und die krisengeschüttelten Berliner ihren Nutzen daraus ziehen konnten, fiel die SPD unter Klaus Schütz bei den darauffolgenden Wahlen am 2. März 1975 um weitere 6 Parlamentsmandate zurück und verlor die absolute Mehrheit. Sie erzielte damit das bis dahin niedrigste Wahlergebnis seit Kriegsende, und die CDU wurde erstmals mit 68 Abgeordneten stärkste Fraktion.

Verleihung der Ehrendoktorwürde der University of Michigan, Ann Arbor, August 1971.

Allerdings standen die Wahlen vom März 1975 im Schatten der Entführung des CDU-Spitzenkandidaten Peter Lorenz durch Terroristen. Sie kidnappten ihn wenige Tage vor dem Wahltag, um sechs inhaftierte Komplizen freizupressen. Schütz, der mit seinem parteipolitischen Gegner Peter Lorenz befreundet war, setzte sich beim Krisenstab in Bonn energisch dafür ein, auf die Erpressung der Terroristen einzugehen, um das Leben von Peter Lorenz zu retten. (Drei Monate zuvor war der Berliner Kammergerichtspräsident Günter von Drenkmann in seiner Wohnung von RAF-Terroristen ermordet worden.) In einer lebhaften Debatte wurde über das Für und Wider der Erpressung diskutiert. Tatsächlich ließ die Bundesregierung die inhaftierten Terroristen in Begleitung des Ex-Bürgermeisters Heinrich Albertz nach Aden ausfliegen, und am 5. März war Peter Lorenz wieder frei.

Klaus Schütz bildete dann im April 1975 nach Bonner Vorbild eine sozialliberale Stadt-Regierung. Zunächst mit Hermann Oxfort (FDP), und nach dessen Rücktritt ein Jahr später mit Wolfgang Lüder. Nach einem weiteren Amtsjahr mußte er jedoch kapitulieren und im Frühjahr 1977 sein Amt aufgeben. Skandale und Affären innerhalb der Berliner SPD hatten sein Image beschädigt, obwohl er selbst darin nicht verwickelt war. Ihm wurden Führungsschwäche und politische Erfolglosigkeit vorgeworfen.

Außerdem hatte sich das Verhältnis zu Bonn abgekühlt. Sein Lotse Willy Brandt war als Kanzler 1974 zurückgetreten und zu dessen Nachfolger Helmut Schmidt bestand ein „Unverhältnis". Helmut Schmidt warf den Berlinern u. a. „Ideen- und Konzeptionslosigkeit" vor und machte dafür Schütz verantwortlich. Dieser konterte verärgert mit dem Argument, daß „die Bonner für die Besonderheiten Berlins kein Gespür" hätten und die Nummer eins - also Helmut Schmidt - die „Bundesrepublik so managen will wie die Firma Ford". Selbst in der Berliner SPD verlor Schütz an Rückhalt. Bei seiner Wiederwahl als Parteivorsitzender im Mai 1976 hatte er nur noch 166 von 248 Delegiertenstimmen erhalten. Auch Egon Bahr - wie Schütz ein Vertrauter Willy Brandts - ließ sich damals in der *Frankfurter Rundschau* mit dem Satz zitieren, es gäbe fast kein besseres Beispiel für Filzokratie als das, „was wir in Berlin haben". Untersuchungsausschüsse über das Bauprojekt „Steglitzer Kreisel" und über die „Königlich-Preußische Porzellanmanufaktur" (KPM) lösten sich ab.

Der Koalitionspartner FDP hatte dem Senator für Bundesangelegenheiten Dietrich Stobbe bereits im Februar 1977 signalisiert, daß die Koalitionstreue für Schütz angesichts der Affären „nicht auf ewig" garantiert werden könne. Als Innensenator Kurt Neubauer (der „Klettermaxe aus Friedrichshain") eingestehen mußte, daß er („und meine Frau") 14 Jahre lang versäumt habe, seine Bezüge als Aufsichtsratsmitglied der Berliner Bank entsprechend der Bestimmungen des Berliner Senatorengesetzes an die Staatskasse abzuführen, da war, so fanden viele in der Stadt, „das Maß voll". Von allen Seiten bedrängt, legte Klaus Schütz am 2. Mai 1977 sein Amt als Regierender Bürgermeister und vier Wochen danach auch den Landesvorsitz in der SPD nieder.

Zehn Jahre, nachdem er nicht ganz freiwillig seinen Stuhl als Staatssekretär des Bonner Auswärtigen Amts geräumt hatte, kehrte der exzellente außenpolitische Analytiker wieder dorthin zurück, wo er sich am wohlsten gefühlt hatte: in die auswärtige Politik. Noch im August 1972 wurde Klaus Schütz Botschafter der Bundesrepublik in Israel.

Es folgen Auszüge aus einem Gespräch, das ich im November 1994 mit Klaus Schütz geführt habe.

Auf einem Außerordentlichen Landesparteitag im „Prälat Schöneberg" nominiert die SPD am 15. Oktober 1967 Klaus Schütz für das Amt des Regierenden Bürgermeisters. Am Rednerpult der Landesvorsitzende Kurt Mattick, vorn am Tisch v. l. SPD-Vorsitzender und Bundesaußenminister Brandt, der Staatssekretär des Auswärtigen Amtes Schütz sowie die Senatoren Kurt Neubauer und Werner Stein.

Auf der Sitzung des SPD-Landesvorstands am 16. Oktober 1967 mit dem Landesvorsitzenden Kurt Mattick (r.) und dessen Stellvertreter Kurt Neubauer. Bildtext von dpa: „Klaus Schütz stellte die personelle Zusammensetzung des künftigen Senats vor. Er hatte vor seiner Nominierung zum Regierenden Bürgermeister mehrfach zu verstehen gegeben, daß er sich personellen Forderungen von Parteigruppen innerhalb der SPD nicht beugen werde."

Appel: Welche Diskussionen in der Sozialdemokratischen Partei haben dazu geführt, daß man Sie seinerzeit bat, Regierender Bürgermeister von Berlin zu werden?

Schütz: Es gibt Phasen, an denen ich damals nicht teilgenommen habe und die ich auch nachträglich schwer rekonstruieren kann. Ich war zu der Zeit in dem Amt, das mir am liebsten war: Staatssekretär des Auswärtigen Amtes. Das war ich mit außergewöhnlicher Intensität - von mir aus gesehen. Ich hatte also weder Zeit noch sah ich einen Anlaß, mich um den innerparteilichen Streit in Berlin zu kümmern, obwohl ich immer noch Mitglied des Abgeordnetenhauses war. Und dann kamen immer mehr Leute aus Berlin zu mir, Bundestagsabgeordnete und andere, und sagten: Du mußt es machen. Also mein

Vorteil war: Ich war weit weg von den Querelen. Meine Antwort lautete stets: Dazu habe ich nichts zu sagen. Bei der täglichen Morgenbesprechung im Auswärtigen Amt, der „Morgenandacht", hörte ich nun immer häufiger: Der Schütz wird wohl nach Berlin zurückgehen.

Brandt: „Wenn die Berliner Schütz wollen - sollen sie ihn kriegen"

Dann spitzte sich das zu, weil sich die innerparteilichen Truppen bei den Mehrheiten blockierten; und es war auch keiner richtig da. Und dann kam ein bestimmter Tag, da sagte Brandt - er machte gerade Kur in Bayern, wo die CSU sich jetzt immer trifft, in Wildbad Kreuth, und wir telefonierten -, ich solle zu ihm kommen. Und ich flog runter. Ich war noch nicht auf dem Sprung, aber natürlich geschmeichelt. Wir machten einen schönen Spaziergang, und ich weiß noch genau, dann kamen wir an eine Bank. Und Onkel Willy sagte ganz einfach: Wenn die Berliner ihn wollen, dann sollen sie ihn kriegen. Und damit war die Sache gelaufen.

Appel: Alles weitere war dann eine Automatik?

Schütz: Dann ist es fast eine Automatik gewesen. Ich weiß noch, wie ich am Abend meiner Rückkehr nach Berlin einen Bericht aus Amerika sah, wo Helmut Schmidt gerade war. Und der war auch als Kandidat genannt worden. (**Appel:** Kurt Mattick hatte ihn gefragt . . .) Richtig. Und Schmidt wurde gefragt: Wie sehen Sie diese Berliner Sache? Er antwortete ziemlich ablehnend, und da sagte der Fernsehmoderator: Ich bekomme gerade die Meldung, daß Schütz zugestimmt hat. Darauf Schmidt: Ja, das ist gut so - was sollte er auch anderes sagen? Einige Tage später gingen dann Brandt und ich zum Parteivorstand oder zur Fraktion, das weiß ich nicht mehr genau. Da war eigentlich alles klar. Nur mein späterer Freund Harry Ristock hatte noch Einwände. Da sagte Brandt: Also, das ist ja nicht der letzte Arbeitssuchende aus Westdeutschland, den wir hier bringen, für den haben wir schon genug zu tun. Und die SPD-Leute waren erleichtert, daß all dieser Hickhack der letzten Wochen - tritt nun Albertz zurück oder nicht? - sein Ende gefunden hatte.

Herausragendes Ereignis: Viermächte-abkommen

Appel: Bedenkt man, daß Sie ja ausgefüllt waren mit einem anderen Amt in Bonn, dann aber der Regierende Bürgermeister mit den meisten Amtsjahren nach Diepgen wurden - so finde ich das bemerkenswert. Sie haben dann ja 1989 den Fall der Mauer erlebt, haben vor kurzem beim Abschied der Alliierten für die Berliner gesprochen. Wenn Sie an Ihre zehn Amtsjahre zurückdenken, was waren die herausragenden Probleme und Entwicklungen?

Schütz: Herausragendes Ereignis war das Viermächteabkommen. Regierender Bürgermeister von West-Berlin, das war zur damaligen Zeit ein relativ schwieriges Amt, weil es so viele Sachen gleichzeitig forderte. Er war ebenso mit der „großen Politik" befaßt wie, sagen wir, mit einem Streit um die Müllabfuhr. Und es war ja eine Stadt mit voller Souveränität der drei Mächte. Und in Bonn machte die Regierung eine neue Politik - Brandt und Schmidt -, das mußten Sie ja einordnen, das war nicht immer leicht. Die Bürger von West-Berlin, auch die Partei, hatten teilweise Schwierigkeiten mit dem, was nun Entspannungspolitik genannt wurde, Schwierigkeiten, da mitzugehen.

Appel: Obwohl es doch das Passierscheinabkommen gab und anderes, um eine Entlastung vom Eingemauertsein zu erreichen . . .

Schütz: Die Medien, Springer und so, machten Front gegen die Entspannungspolitik, also das war ein komplizierter Vorgang. Was viele Leute heute vergessen haben: Das Viermächteabkommen ist im Abgeordnetenhaus nur mit äußerst knapper Mehrheit durchgekommen - gegen die CDU, und mit Gegenstimmen und Stimmenthaltungen aus der SPD. Das heißt, Sie mußten diesen ganzen Vorgang gegen starke Widerstände durchbringen. Es war also eine Vielzahl von Dingen, die da zu tun waren, und Sie hatten es gleichzeitig mit einer außergewöhnlich komplizierten SPD zu tun. Stadtparteien sind heute überall schwierig - wo die Leute all ihre Intrigen per Telefon zum Ortstarif spinnen können. Aber nochmals: Das Berlin-Abkommen war das zentrale Ereignis meiner Amtsjahre.

Appel: Und wie war das mit APO und den Studentenunruhen?

Schütz: Ich kam ins Amt, und die Stadt war voller Unruhe. Als Regierender Bürgermeister mußte ich das Kuratorium der beiden Universitäten leiten - FU und TU -, das war eine zeitraubende, nervenaufreibende Sache. Wenn ich heute in Dahlem-Dorf an einem bestimmten Lokal vorbeifahre, versuche ich meiner Frau klarzumachen,

Am Stacheldraht während eines Besuchs der Exklave Steinstücken, 1967.

wie das damals war – als sich in dem Lokal nachts um halb zwölf die Dekane und der Rektor der FU mit dem Regierenden Bürgermeister trafen. Die wollten immer einen härteren Zugriff. Einer der Dekane war übrigens Roman Herzog, von der Juristischen Fakultät.

Appel: Wie war dessen Haltung?

Schütz: Jetzt macht er ja einen überzeugenden Eindruck. Damals aber war er der Wortführer jener, die meinten, man müsse etwas tun. Und ich fragte: Was tun? Wollen Sie die Polizei? Das hatten wir ja alles durchexerziert, die Polizei drinnen, die Polizei draußen. Das ist ja dann alles vorübergegangen, aber zunächst konnten wir nicht sagen, daß wir es in den Griff bekamen. Wie bekommt man so etwas in den Griff? Junge Leute marschierten da los, ganz anders als heute. Ich mußte im Auditorium Maximum mit Dutschke diskutieren – was heißt diskutieren? Jeder gab seine Statements ab, versuchte den anderen zu überzeugen. Vor wenigen Tagen war ich wieder mit Genscher in diesem Auditorium Maximum, als er den Professorentitel erhielt. Und alle stehen auf und jubeln dem ehemaligen Außenminister der Bundesrepublik Deutschland zu. Da kommt nicht irgendeiner mehr, steht auf und sagt: Also, was ist denn nun mit dem Imperialismus? Oder bezeichnet uns als Wasserträger des Imperialismus, und was damals sonst noch alles gesagt wurde. Das ist heute alles vorbei.

Appel: Wenn Sie heute zurückblicken - auch mit den Erfahrungen späterer Ämter, etwa in Israel -, würden Sie dann sagen, Sie hätten anders gehandelt gegenüber diesen jungen Leuten?

Schütz: Sie dürfen nicht vergessen, wir, die wir damals in der Stadt regierten, waren auch relativ jung. An Verständnis hat es nicht gemangelt. Nur: Verständnis ist eine Sache. Gleichzeitig haben Sie es mit einer kompakten Stimmung in der Stadt zu tun. Und mit einer starken, wenn auch nicht einheitlichen Stimmung in der SPD. Daran konnten Sie nicht vorbeigehen. Und auch die Professoren forderten von uns: Schlagt doch mal endlich zu! Nein, ich glaube nicht, daß ich es heute anders machen würde als damals. Nämlich der Versuch, die Sachen zu lokalisieren, Sachen ins Leere laufen zu lassen, zu Diskussionen zu gehen. Ich ging in die FU, die TU, unentwegt - da war kein Blumentopf zu gewinnen, bestenfalls gab es etwas gegenseitigen Respekt. Also, ich würde es nicht sehr viel anders machen. Verständnis hatte ich jedenfalls auch damals.

Appel: Für die Notwendigkeit einer Veränderung . . .

Schütz: Ja. Auch für die Tatsache, daß man sich einsetzt für Sachen wie Krieg in Vietnam, dafür hatte ich Verständnis. Und wir haben ja dann die Universitäten reformiert, das ist in späteren CDU-Jahren wieder zurückgeschraubt worden. Ich bin mir nicht sicher, ob das alles großartig war, aber wir haben den Universitäten ganz neue Strukturen gegeben. Gegenwärtig bin ich in der brandenburgischen Universitäts- und Wissenschaftskommission tätig. Dort gibt es ja auch große Schwierigkeiten, und ich kann von meinen damaligen Erfahrungen profitieren, auch wenn die im Grunde begrenzt waren auf die Tatsache, eben Ruhe schaffen zu müssen an den Universitäten, wieder einen ordentlichen Lehrbetrieb zu gewährleisten - so primitiv das auch klingt.

Appel: Welche Zukunftshoffnung für die Stadt hatten Sie als Regierender Bürgermeister? Heute ist Berlin wiedervereinigt. Gehörten Sie zu denen, die vorausgesehen haben, daß dies noch zu ihren Lebzeiten geschehen könnte?

Der Regierende Bürgermeister während einer Diskussion mit Studenten im Audimax der Freien Universität, 19. Dezember 1967.

Mein Ziel war West-Berlin als Modell einer normalen Stadt

Schütz: In den letzten zwei, drei Jahren meiner Amtszeit habe ich versucht, etwas zu machen, was meinen Freunden nicht immer gefallen hat. Ich wollte West-Berlin zum Modell einer normalen Stadt machen. Meine Zukunftsperspektive war damals, West-Berlin so lebensfähig, so lebenstüchtig und so großartig zu gestalten wie nur irgend möglich. Heute stehen wir vor großen Problemen in der Stadt - im Grunde aber sind das vergleichbare Vorgänge. Leute, die Berlin wenig kennen, haben keine Vorstellung davon, was das für eine Stadt ist - die ja erst 1920 zu einer Großstadt zusammengefaßt worden war und es nie geschafft hatte, weder in der Weimarer Republik noch in der Nazizeit, zu einer einheitlichen Stadt zu werden. Als Schüler in Friedenau hatte ich keinen blassen Schimmer von Ost- oder Nordberlin. (**Appel:** Das ging mir als Spandauer genauso!) Und erst nach dem Krieg haben wir erstmals damit begonnen, eine Gleichwertigkeit der Lebensverhältnisse in allen Teilen der Stadt herzustellen - das ist übrigens eine sozialdemokratische Leistung, die wir viel stärker ins Bewußtsein zurückrufen müßten. Und Stadt hieß damals für uns West-Berlin. Es muß 1949 gewesen sein, da kam Reuter mal in eine Landesvorstandssitzung der SPD und sagte sehr zornig: Auf der Delegiertenversammlung in Neukölln hat man protestiert, daß die Clayallee zu einer vierspurigen Straße ausgebaut wird, während der Arbeiterbezirk Neukölln kaum Mittel für irgendwelche neuen Sachen erhält. Dahinter steckte eben die Vorstellung: Die bauen sich ihr schickes Zehlendorf oder Wilmersdorf aus - so war die Situation ja früher auch gewesen. Die Zehlendorfer und Wilmersdorfer wollten ja 1920 gar nicht Teil von Groß-Berlin werden. Wir aber haben erstmals die Gleichwertigkeit der einzelnen Verwaltungsbezirke hergestellt, so daß auch West-Berlin erstmalig eine gleichwertige Stadt wurde. Und vor der Frage stehen wir ja heute wieder. Die Ostberliner wollen so leben wie die Westberliner. Sie wollen nicht mehr so leben wie in der DDR. Und die Westberliner haben Angst, daß sie ihren Lebensstandard verlieren. Und für beide muß man eine Gesamtkonzeption haben, die auch zu ganz bestimmten Einzelfragen, Kindergärten zum Beispiel, klare Aussagen enthält. Das ist viel wichtiger als alle Straßenumbenennungen. Es kann nämlich zeigen: Ich tue etwas auf diesem Gebiet.

Doch zurück zu Ihrer Frage. Meine Amtszeit sah eine schöne, normale Stadt. Ich habe nicht gedacht, daß wir die Wiedervereinigung bekommen. Allerdings war ich, und auch andere, immer der Meinung, das mit der Mauer geht nicht lange. Die Grenze durch Deutschland empfand ich nicht als widernatürlich, aber die Mauer war für mich immer widernatürlich. Daß die auf Dauer bestehen sollte, konnte ich mir nicht vorstellen. Aber ich habe auch keine Vorstellung gehabt, daß sie so ruckzuck verschwinden könnte. Daß es so kam, wie es gekommen ist, konnte niemand vorhersagen. Also meine Konzeption war ein West-Berlin, so lebensfähig wie nur möglich. Dies bedeutete, daß wir finanziell weitgehend vom Bund ausgehalten werden mußten - was ja auch der Fall war, ich hatte keine Klagen zu führen.

Das Verhältnis zu den Alliierten

Appel: Ich fand es bemerkenswert, daß man Sie gebeten hat, beim Abschied der Alliierten im September 1994 den Dank der Berliner auszusprechen. Können Sie etwas zum Verhältnis mit den Alliierten sagen? Einerseits waren das die Besatzer, andererseits die Verbündeten, aber sie hatten die Befehlsgewalt . . .

Schütz: Mag alles sein. Zuallererst aber waren sie die Halbgötter der Berliner - was man nüchtern so sehen muß. Die Berliner hatten Vertrauen nur zu den drei Mächten. Sie hatten kein irgendwie größeres Vertrauen zu irgendeiner Bundesregierung, obwohl Willy natürlich immer hochgeachtet war. Aber die Alliierten, das waren die wirklichen Garanten der Stadt. Das war übrigens ein zentraler Punkt auch bei den Studentenunruhen. Als die massiv gegen die Amerikaner Front bezogen, machte die Bevölkerung dabei nicht mit. Auch hatte sich seit vielen Jahren ein solches Verhältnis zu den Alliierten entwickelt, daß wir in der Stadt voll souverän waren. Einziger Streitpunkt waren die Bonner Sachen, also Statusfragen - Stimmrecht, Gesetze usw. Ich hatte ein sehr gutes Verhältnis zu den Stadtkommandanten, das waren meist sehr intelligente Leute. Mit einigen bin ich heute noch in Kontakt.

Mit US-Außenminister William Rogers in Washington, Januar 1973.

Stillschweigende Übereinkünfte mit Ost-Berlin

Appel: Wie war das Verhältnis zu Ost-Berlin? Wie konnte man Gemeinsamkeiten der Stadt für eine nicht absehbare Zukunft bewahren?

Schütz: Im Grunde gab es eine stillschweigende Übereinkunft, schon seit der verwaltungsrechtlichen Teilung 1948, daß man sich in essentiellen Dingen wechselseitig nicht wehtut. Etwa Wasserversorgung, Abfallbeseitigung usw. So gab es also von Anfang an, ohne daß dies öffentlich gemacht wurde, notwendige Absprachen. Zwei, drei Probleme waren auch durch alliierte Vorbehalte geregelt: das gesamte Wasserwegesystem, Schleusen, Kanäle, was für die Versorgung eine große Rolle spielt - das unterstand den Russen, ebenso wie der Eisenbahnverkehr, und wurde also der DDR-Verwaltung unterstellt, und mit der hatten wir es dann zu tun, auch bei der S-Bahn-Frage. Das war übrigens ein besonderer Komplex, denn er hatte mit Menschen zu tun. Einmal mit denen, die dort arbeiteten, und dann mit denen, die sie benutzten. Und das wurde ja nach dem Mauerbau zum Problem: Sollte man als Westberliner noch die Ost-S-Bahn benutzen? Ich erinnere mich an einen Abend 1966, da war ich weit oben in Tegel zu irgendeiner Diskussion und fragte die Leute, wie sie denn hierhergekommen seien. Mit dem Auto oder so, war die Antwort. Und als ich fragte: Und die S-Bahn? bekam ich zu hören: Aber Herr Regierender Bürgermeister, wir werden doch nicht mit der S-Bahn fahren! Solche Sachen also waren zu regeln. Es war schwierig, aber die Stadt wurde umgekrempelt, wir bauten neue U-Bahn-Linien. Da mußten natürlich Absprachen erfolgen, wenn wir Brücken über Eisenbahnstrecken oder Wasserwege bauten. Nach dem Viermächteabkommen wurde das dann noch besser, aber eigentlich war es nie ein Problem gewesen - solange es nicht eine sogenannte politische Frage berührte. Sobald es das tat, wurde es kompliziert und eigentlich schwer lösbar - aus zwei Gründen. Der eine lag auf östlicher, der andere auf westlicher Seite. Der Westgrund war klar: In Bonn - ich spreche von der frühen Zeit, als ich noch Bundesbeauftragter war - ging man davon aus: Jede kleinste Berührung mit der anderen Seite ist gegen unsere Rechtsauffassung, und daher wird es keine kleinste Berührung geben. Und das war immerhin noch 1962/63 die Politik. Ich will das gar nicht kritisieren, es war ja auch jahrelang sozialdemokratische Politik. Und auch später noch gab es ja dann so eigenartige Dinge, etwa beim Passierscheinabkommen solche Klauseln, wo jede Seite festhielt, daß sie die und die Auffassung der anderen Seite nicht akzeptiere und solcher Quatsch. Also das war die Westseite. Und die Ostseite hatte das Problem, daß sie keine kommunalen Kontakte wollte. Für sie gab es nur Kontakte auf Spitzenebene.

Appel: Also keine Kontakte mit Ihrem Bürgermeisterkollegen drüben im Roten Rathaus?

Schütz: Ich habe sehr oft versucht, den Fechner anzusprechen, aber das ging nicht. Ich hätte den Oberbürgermeister von Ost-Berlin an fernem Ort treffen können - wir hätten zu einem Oberbürgermeistertreffen etwa nach Mailand fliegen müssen. Dort hätten wir uns Guten Tag sagen können, aber nirgendwo hier in der Stadt.

Appel: Aber die DDR verfolgte doch die Politik der „Selbständigen politischen Einheit"?

Schütz: Ja, aber nicht seitens der Stadt drüben! Das war eine Politik der DDR, ich hätte Ministerpräsident Stoph treffen müssen, mit dem ich übrigens, wie auch mit einigen anderen, Briefwechsel hatte.

50. Geburtstag des Regierenden Bürgermeisters, 17. September 1976. Mit dem SPD-Vorsitzenden Willy Brandt im Rathaus Schöneberg.

Und als es dann um das Passierscheinabkommen ging, gab es eine Arbeitsgruppe von beiden Seiten, da konnte man ein paar Sachen besprechen. Aber Kontakte zum Rathaus waren niemals möglich.

Der Rücktritt

Appel: Warum mußten Sie als Regierender Bürgermeister dann gehen?

Schütz: Das ist nicht so einfach zu beantworten. Vor zwei Tagen hörte ich abends im SFB - ich sitze 22.30 Uhr zuhause und ahne nichts Böses -, wie mein Freund Stobbe gefragt wurde, warum er gegangen sei. Da sagte der Mann von SFB, Schneider: Herr Stobbe, Sie wurden Nachfolger von Klaus Schütz. Warum ist der denn eigentlich zurückgetreten? Also alle haben Schwierigkeiten, das zu rekonstruieren, ich auch.

Ich will dazu folgendes sagen: Die Sache hatte für mich eine bittere Vorgeschichte. Die letzten Wahlen waren 1975 verlorengegangen. Was heißt verlorengegangen? Heute wäre das ein sehr gutes Ergebnis. (**Appel**: Die SPD fiel von 73 auf 67 Mandate zurück, die CDU wurde mit 68 Mandaten erstmals stärkste Partei. SPD und FDP bildeten aber unter Ihrer Führung wieder die Regierung.) Richtig. Ich erinnere mich noch, wie ich damals zu meiner Frau sagte: Das sieht äußerlich wie selbstverständlich aus. Und wenn ich gesagt hätte, ich will das nicht mehr machen, dann hätten sie - zumal kurz nach der Lorenz-Entführung - alle in der SPD geheult und gesagt, das kannst du nicht machen. Doch ebenso klar war mir, daß jetzt in der SPD verstärkt alle diese Verteilungskämpfe ausbrechen würden. Hinzu kam bei mir eine gewisse Unlust. Und all das, was unter Filz diskutiert wurde - heute kann ich mich kaum noch erinnern, worum es dabei eigentlich konkret ging.

Appel: Steglitzer Kreisel, war das Ihre Zeit?

Schütz: Ja, natürlich. Nur frage ich mich heute, was ich eigentlich damit zu tun hatte. Ich hatte natürlich damit zu tun, denn ich hatte eine schöne Rede beim Richtfest gehalten, gegen die Nörgler. So etwas muß halt sein, aber ist natürlich kein Grund zum Zurücktreten. Heute kann man darüber lachen. So gab es mehrere Sachen, auch verwaltungsmäßig, da hatten wir etwa einen falschen Mann bei der Stadtreinigung. Auch das war eigentlich für mich uninteressant - nur es kam eben so eine ganze Stimmungslage zusammen, Unlust bei der SPD, Unlust bei mir, dann mußte ich mich auch einer ziemlich komplizierten Operation unterziehen, fiel längere Zeit aus. So kam alles zusammen, es fehlte nur noch ein Tropfen zum Überlaufen. Und das war mein Freund Kurt Neubauer. Er war, wie auch ich, im Aufsichtsrat der Berliner Bank. Und als Aufsichtsratsmitglied bekommen Sie eine gewisse Pauschale, die Sie dann wieder bei der Stadt abliefern. Das habe ich immer getan, aber Neubauer ließ das wohl seine Frau machen und die hat das nicht abgeliefert. Und das kam raus. Da mußte er zurücktreten. Und ich tat das dann auch - nicht etwa seinetwegen, aber es stand halt die Frage, ob man das jetzt nicht in einem Aufwasch machte.

Appel: Wenn Sie an die verschiedenen Stationen Ihres aktiven politischen Lebens zurückdenken, welchen Stellenwert hat dann die Zeit als Regierender Bürgermeister?

Schütz: Es war meine längste Zeit in einem Amt, ihr kommt natürlich eine zentrale Stellung zu. Wenn Sie mich fragen, was mir am meisten Spaß gemacht hat, dann war das die Tätigkeit als Staatssekretär des Auswärtigen Amts. Aber zentral für mein Leben waren die Jahre als Regierender Bürgermeister. Insofern kann man das nicht mit den anderen Ämtern vergleichen.

Appel: Welche Zukunft sehen Sie für Berlin?

Schütz: Die Stadt wird eine große Metropole werden. Nicht heute und morgen, das wird seine zehn bis fünfzehn Jahre brauchen. Aber die ganze Entwicklung läuft dahin, Berlin wird der große Anlaufpunkt vom Osten her sein und bleiben, und vom Westen her auch. Jetzt ist dieser Sog noch nicht da, aber er wird kommen.

Appel: Herr Schütz, ich danke Ihnen.

Zeittafel

1938	Am 25. März geboren in Weepers/Ostpreußen.
1945-1958	Nach Vertreibung Schulbesuch und Abitur in Stade.
1958-1962	Studium der Politikwissenschaft an der Freien Universität Berlin.
1960	Eintritt in die SPD.
1963-1966	Pressereferent beim Senator für Jugend und Sport.
1967-1972	Fraktionsgeschäftsführer, ab 1970 stellv. Vorsitzender der SPD-Fraktion im Berliner Abgeordnetenhaus.
1973-1977	Senator für Bundesangelegenheiten.
1977-1981	Regierender Bürgermeister, ab 1979 zugleich Landesvorsitzender der SPD.
1981-1983	Leiter des New Yorker Büros der Friedrich-Ebert-Stiftung.
1983-1990	Mitglied der SPD-Fraktion im Deutschen Bundestag, zugleich Mitglied im Auswärtigen Ausschuß.
seit 1991	Neue berufliche Karriere bei einem führenden Anlageberatungs-Unternehmen.

Dietrich Stobbe

Mai 1977 - Januar 1981

Rückblickend die fast vierjährige Amtszeit des Regierenden Bürgermeisters Dietrich Stobbe aus der Erinnerung, durch Interviews und nach vorliegenden Quellen zu beschreiben, kommt der Schilderung einer Tragikomödie gleich. Mit neununddreißig Jahren einer der jüngsten Regierungschefs in Deutschland, begann er strahlend als politischer Senkrechtstarter (wie Kennedy in den USA), erweckte im geteilten Berlin entsprechende Hoffnungen - und endete schließlich, von Heckenschützen aus der eigenen Partei verraten, im Scheinwerferlicht der Öffentlichkeit des Schöneberger Rathauses wenig glücklich.

Die Chronik der Stobbe-Jahre ist geprägt sowohl von realistischen innen- und außenpolitischen Politik-Entwürfen in der Endphase des kalten Krieges als auch von Intrigenspielen einer kleinkarierten, verfilzten Parteimafia. Der „Jungstar" startete nach dem Scheitern des Schütz-Senats mit viel Elan und vielen guten Ansätzen, aber wenn man etwa Karl Heinz Gehms umfassend sezierende Röntgenbilder vom „Machtzerfall der sozialliberalen Koalition in Berlin" zur Hand nimmt, so drängt sich doch das Bild von einem neuen Motor auf, bei dem ständig bewußt und unbewußt Sand ins Getriebe gestreut wird, um ein ordentliches Laufen zu vereiteln.

Dietrich Stobbe selbst sagte mir 1994 - mehr als zwölf Jahre nach seinem Sturz - auf die Frage, ob es nach diesem zeitlichen Abstand für ihn aus dem damaligen jähen Sturz eine Erfahrung oder Erkenntnis gebe: "Ja, es gibt eine ganz wichtige Erkenntnis. In einem Briefwechsel mit dem damals ebenfalls gescheiterten, auch noch sehr jungen Hamburger Bürgermeister Ulrich Klose haben wir uns beide eingestanden, daß wir noch viel zu jung waren . . . Und ich sehe heute, daß dies stimmt." Der Massierung von Mittelmaß und Provinzialismus in der Berliner SPD war Dietrich Stobbe tatsächlich nicht gewachsen.

Stobbes Nominierung zum Spitzenkandidaten der SPD erfolgte im Frühjahr 1977 nach dem Sturz seines Vorgängers Klaus Schütz ohnehin erst nach stundenlangen Diskussionen in einer Kampfabstimmung gegen zwei Alt-Genossen, den eher rechtsorientierten Hans-Jürgen Wischnewski aus Bonn und Harry Ristock, den Repräsentanten des linken Flügels der SPD Berlins. Für "Ben Wisch" hatte sich Egon Bahr im Auftrag der Bonner Parteispitze (Brandt-Schmidt-Wehner) parteiintern so massiv eingesetzt, daß die Berliner SPD argwöhnte, ihr solle ein Bonner Aufpasser vorgesetzt werden. An der vertraulichen Personaldebatte über die Nachfolge von Schütz hatten sich im Landesvorstand und in der Fraktion 25 Redner beteiligt, und bei dieser Gelegenheit war auch der gerade neununddreißigjährige Dietrich Stobbe als denkbarer Kandidat mit der Begründung genannt worden, daß er die Berliner Partei kenne, denn er war bereits seit 1967 (mit neunundzwanzig Jahren!) Mitglied des Abgeordnetenhauses und Geschaftsführer der SPD-Fraktion. Zugleich sei er mit der Bonner Szene vertraut, denn seit 1973 vertrat er Berlin als Senator für Bundesangelegenheiten in Bonn. Da er in den 60er Jahren bereits zum engsten Beraterkreis von Willy Brandt gehört und als Senator in Bonn gute Kontakte zu Bundeskanzler Helmut Schmidt geknüpft hatte, brachte er also gute Voraussetzungen für ein von Bonn abhängiges Berlin mit. Um über Alternativen zu verfügen, forderte man ihn also sicherheitshalber auf, einer Nominierung zuzustimmen. Als Kandidat für die Nachfolge von Klaus Schütz sollte dann jener Bewerber nominiert werden, der von den anwesenden 32 Mitgliedern des geschäftsführenden Landesvorstands die absolute Mehrheit der Stimmen auf sich vereinigen, also mindestens 17 Stimmen erhalten würde.

Im ersten Wahlgang erhielten Wischnewski 13, Stobbe 11 und Ristock 8 Stimmen. Im zweiten Wahlgang hatte Ristock seine Kandidatur zugunsten einer Berliner Lösung - also zugunsten Stobbes - zurückgezogen. Die Abstimmung ergab daraufhin 17 Stimmen für Stobbe und 15 Stimmen für Wischnewski. Damit war für den Überraschungskandidaten Stobbe, den die SPD-Fraktion des Abgeordnetenhauses danach mit großer Mehrheit bestätigte, der Weg zum Regierenden frei. Eine rechte Minderheit und die linke Mehrheit hatten sich schließlich für ihn entschieden.

Er selbst hatte sich schon geraume Zeit vorher für notwendige Reformen in der Berliner Stadtpolitik ausgesprochen und war hierin auch von sozialdemokratischen Freunden aus Reinickendorf und Neukölln unterstützt worden. Der liberale Koalitionspartner und auch das Bonner Kanzleramt begrüßten die Entscheidung für Stobbe, die vom Landesparteitag der SPD am 1. Mai 1977 mit großer

Antrittsbesuch des Regierenden Bürgermeisters bei den westalliierten Stadtkommandanten, 9. Mai 1977.

Mehrheit bestätigt wurde. Am 2. Mai wählte dann das Abgeordnetenhaus Dietrich Stobbe als Regierenden Bürgermeister.

Der neue, noch in keinen innerparteilichen Machtkampf verstrickte junge Sozialdemokrat schien auch im geteilten Berlin genau in die sich entwickelnde Bewährungsphase der Bonner Entspannungspolitik zu passen. Er interpretierte die damalige komplizierte Stellung der geteilten Stadt im weltpolitischen Machtgefüge der Entspannungspolitik sehr realistisch und entwickelte daraus zugleich seine politische Philosophie, indem er erklärte: „... gekennzeichnet von dem tiefen Widerspruch, daß der Friede zwischen Ost und West gerade auch für Berlin das oberste Gebot sein muß, der Friede aber das Gleichgewicht der Macht zwischen Ost und West voraussetzt, wirkt man mit dieser Politik gleichzeitig daran mit, daß die Teilung unseres Landes und dieser Stadt fortdauert" Hoffnungsvoll aber argumentierte Stobbe: „Die Entspannungspolitik ist auch eine Antwort, um aus diesem Widerspruch herauszukommen", denn „um Bewegung und Wandel zu erzeugen", müsse man „von den Realitäten ausgehen", weil man „mit Kinderkreuzzügen und Fackeln" an der Berliner Mauer nichts ändern könne.

Gerade in Berlin, an der gefährlichsten Nahtstelle zwischen Ost und West, sollten sich Vernunft und Nutzen der Entspannungs- und Vertragspolitik erweisen. Stobbe konstatierte als Ergebnis dieser Politik 1978/79 die bis dahin „ruhigste Nachkriegsphase in der Geschichte Berlins". Die Tatsache, daß er zusammen mit den Westmächten und Bonn in dynamischer Auslegung des Viermächteabkommens gegen den Widerspruch Ost-Berlins und Moskaus seine Wahl zum Präsidenten des Bundesrates wie auch die Wahl von drei Vertretern (West-)Berlins in das Europaparlament durchsetzte, also die Versuche durchkreuzen konnte, Berlin (West) als selbständige politische Einheit zu isolieren, wertete Stobbe als beträchtlichen Erfolg einer beweglichen Entspannungspolitik.

Über die außenpolitischen Abhängigkeiten Berlins machte sich Stobbe indessen keine Illusionen. Unter dem Schirm des modus vivendi zwischen Ost und West und der Bindungen Berlins zum Bund forcierte er statt dessen programmatisch, mit einer gewissen Unterscheidung zu seinem Vorgänger Klaus Schütz, eine „Hinwendung zur Stadtpolitik", um die Attraktivität Berlins in den Bereichen von Wirtschaft, Kultur sowie Wissenschaft und Forschung zu erhöhen. Auf der Grundlage des Transitabkommens mit der DDR nahm der Reise- und Besucherverkehr in den Osten enorm zu. Die Vereinbarungen über den Post- und Telefonverkehr, über den Teltow-Kanal und die Autobahn nach Hamburg verbesserten die gegenseitigen Verbindungen und dienten dem Ziel, den nationalen Zusammenhalt der Deutschen zu wahren.

Mit dem allmählichen Abflauen des kalten Krieges und der Stabilisierung des status quo verlor freilich auch der altbewährte Westberliner Schulterschluß gegen die kommunistische Bedrohung in Stobbes Partei an Bindungskraft. Die Flügelkämpfe zwischen den Rechten und Linken in der SPD nahmen bis zur Zerreißprobe zu. Eitelkeiten und Eifersüchteleien veränderten das Bild der einst unter Reuter und Brandt so erfolgreichen und geschlossen wirkenden Berliner Regierungspartei zusehends. Mißgunst machte sich breit. Sogar der Einsturz der Kongreßhalle wurde in dieser Negativphase dem so-

Der Regierende Bürgermeister mit dem SPD-Fraktionsvorsitzenden Klaus Riebschläger sowie Jürgen Egert, Herbst 1980.

zialdemokratischen Senat angelastet. Auch die Besetzungen leerstehender Wohnhäuser nahmen in der Zeit des Stobbe-Senats zu. Dennoch war es dem jungen Regierenden durch seine „Hinwendung zur Stadtpolitik" gelungen, wenigstens den Abwärtstrend für die SPD zu stoppen.

Im Herbst 1978 wurde die Berliner SPD allerdings durch einen personalpolitischen Paukenschlag der Opposition aufgeschreckt: Die Berliner CDU nominierte Richard von Weizsäcker zum neuen Spitzenkandidaten für das Amt des Regierenden, nachdem Peter Lorenz auf eine erneute Nominierung verzichtet hatte. Allen in Berlin war klar, daß damit eine neue Qualität im politischen Wettbewerb entstanden war. Im Interesse Berlins begrüßte Stobbe die Kandidatur und machte gute Miene zu einem für ihn nun unsicher gewordenen Wahlgang. Am 16. Juni 1979 fanden Neuwahlen in Berlin statt. Erwartungsgemäß wurde die CDU mit dem Spitzenkandidaten von Weizsäcker mit 44,4 Prozent der Stimmen stärkste Partei, aber die SPD schaffte immerhin noch 42,7 Prozent und die FDP, die mit der SPD koalierte, kam auf 8,1 Prozent, so daß die absolute Mehrheit im Abgeordnetenhaus wieder knapp erreicht war und die Senatskoalition Stobbe/Lüder fortgesetzt werden konnte. Die Alternative Liste (AL) bekam damals nur 3,7 Prozent der Stimmen.

Stobbe hatte bei der Wahl zwar seine Mehrheit gerettet, aber die innerparteilichen Querelen in der SPD nahmen nicht ab, sondern zu. Auch die Koalitionsverhandlungen mit der FDP verliefen zäh, weil sich der Ex-Senator und Ex-Bürgermeister Oxfort (FDP) mit anderen Parteifreunden nur widerwillig zur gemeinsamen Regierung mit der SPD bereitfand. Er, der u. a. wegen eines von ihm politisch zu verantwortenden Gefängnisskandals in früherer Zeit hatte zurücktreten müssen, hielt die SPD in Bonn und Berlin für nicht mehr regierungsfähig und strebte nach einem Koalitionswechsel, wohl auch, um in einem CDU-geführten Senat wieder auf die Regierungsbank zurückkehren zu können. Aber die Bundes-FDP unter Führung von Außenminister Genscher, der in Bonn auch Stellvertreter von Bundeskanzler Helmut Schmidt war, widersetzte sich derartigen Wendewünschen damals noch energisch. Bei der Bundestagswahl 1980 konnte die FDP unter Führung Genschers in der Koalition mit der SPD sogar das zweistellige Erfolgsergebnis von 10,6 Prozent (SPD = 42,9 Prozent) erreichen und damit die sozialliberale Bonner Koalition Schmidt/Genscher noch einmal stabilisieren, was sich auch auf die sozialliberale Koalition in Berlin zunächst positiv auswirkte. Doch die Freude war für den Regierenden Stobbe nur von kurzer Dauer. Die Berliner Presse, vom Springer-Verlag beherrscht, enthüllte engagiert die innerparteilichen Zwiste und Skandälchen der SPD, um den Stobbe-Senat öffentlich sturmreif zu schreiben. Und Schreibstoff bot die Berliner Regierungspartei überreichlich. Fortwährend standen Rücktritte von Senatoren öffentlich zur Debatte, und in quälender Breite wurde darüber diskutiert, ob dieser oder jener durch einen linken oder rechten Flügelmann, einen Berliner oder einen Bonner Mann, ersetzt werden sollte.

Die neuformierte CDU unter Richard von Weizsäcker forderte in dieser Atmosphäre unentwegt Neuwahlen, also Auflösung des Parlaments, was nur nach einem äußerst komplizierten Verfahren über Volksbegehren bzw.Volksentscheid mit entsprechender Mindestbeteiligung der Wahlberechtigten möglich gewesen wäre. Stobbe wollte sich in dieser Lage mit dem Befreiungsschlag einer attraktiven Senatsumbildung aus der Schlinge ziehen, aber nach dem Erfahrungssatz, daß ein Unglück selten allein kommt, baute sich vor ihm eine neue Hürde auf seinem Weg zur Erhaltung der Regierungsmacht auf: der sogenannte Garski-Skandal. Garski war ein großmannssüchtiger Berliner Architekt und Partylöwe mit vielen Freunden, denen er u. a. mit Bauobjekten nicht nur in Berlin, sondern auch anderswo, z. B. im Nahen Osten, unter die Arme griff. Ständig hatte er einen großen Kreditbedarf, der auch immer wieder befriedigt wurde. Aber offensichtlich hatte er sich mit seiner Bautechnik AG übernommen, denn er ging in Konkurs und flüchtete ins Ausland. Weil nicht nur der Bürgermeister und Wirtschaftssenator Lüder (FDP) und Finanzsenator Riebschläger (SPD), sondern auch der Regierende Stobbe an einer Sitzung teilgenommen hatten, in der es um die Aufstockung des Kredits für den angeschlagenen Garski ging - dessen Berechtigung Stobbe nicht bewertet hatte -, wurde er dennoch in der Öffentlichkeit wie ein Hauptverantwortlicher für die angefallenen 100 Millionen Mark Schulden behandelt. Stobbe wurde zwar später im Untersuchungsausschuß eindeutig entlastet, aber noch viele Jahre später sagte er mir, diesen ganzen Vorgang empfinde er nach wie vor wie eine „dicke Narbe am Körper".

Stobbes politischer Sturz vollzog sich zäh, obwohl er ihn durch eine lang geplante, nun beschleunigt realisierte Senatsumbildung energisch aufzuhalten versuchte; und er entwickelte sich zugleich rasant, weil Stobbes jahrelange politische Arbeit und Aufwärtsentwicklung in nur sechs Wochen restlos verspielt war. Anfang Dezember 1980 kam der erste Stolperstein ins Rollen, indem die Bonner Bundes-SPD unter Willy Brandts Führung den Senator für Wissenschaft und Forschung, Professor Peter Glotz - ein Schmuckstück in Stobbes Senat -, als Nachfolger für Egon Bahr zum Bundesgeschäftsführer berief. Stobbes Bemühungen, ad hoc den Ständigen Vertreter der Bundesregierung in der DDR, Günter Gaus, an seine Stelle zu setzen, scheiterten zunächst, und die Verhandlungen sowohl mit Bundeskanzler Helmut Schmidt als auch mit Gaus selbst zogen sich profilschädigend in die Länge.

Nicht viel besser gelang der Ersatz für die vom Garski-Skandal mit berührten Senatoren für Finanzen, Riebschläger (SPD), sowie für Wirtschaft, Lüder (FDP), weil sich bei der SPD im Zusammenhang mit den Nachfolgekandidaten die Eifersüchteleien über Balance oder Unbalance zwischen dem rechten und dem linken Flügel einstellten, und weil bei der FDP der Oxfort-Flügel für seine Koalitionswechsel-Träume den Sturz des Stobbe-Lüder-Senats erhoffte. Aber in Bonn regierte noch die gerade wiedergewählte Regierung Schmidt/Genscher, und der FDP-Vorsitzende Genscher disziplinierte den aufsässigen rechten Flügel der FDP in Berlin, indem er den renommierten EG-Kommissar Guido Brunner aus Brüssel als Nachfolger für den angeschlagenen Wirtschaftssenator und Bürgermeister Lüder durchsetzte. Innerhalb der SPD glaubte Stobbe, mit neuen und bekannten Namen - ausgewogen zwischen Rechten und Linken - auch seinerseits den Stein der Weisen für die Fortsetzung seiner Regierungsarbeit gefunden zu haben; doch die Hoffnung trog.

Die nach der Berliner Verfassung erforderliche Einzelabstimmung über die neuen Senatoren verlief am 15. Januar 1981 im Berliner Abgeordnetenhaus für Stobbe wie ein demütigender Spießrutenlauf. Alle von ihm vorgeschlagenen SPD-Kandidaten verfehlten die erforderliche Stimmenzahl. Lediglich der FDP-Kandidat Brunner wurde mit 70 von den 72 Koalitionsstimmen der SPD und FDP zum Senator gewählt. Stobbe stand vor einem Scherbenhaufen. Jürgen Egert, der als linker Flügelmann in den Senat einziehen sollte, hatte nicht einmal alle Stimmen der eigenen Fraktion erhalten. Stobbe wußte, daß damit sein Ende als Regierender Bürgermeister gekommen war. Seinen Rücktritt vor dem Abgeordnetenhaus verband er mit dem pathetischen Satz - mit dem er wohl seine politische Unschuld an dem Desaster beteuern wollte -: „Ich liebe diese Stadt.“

Das folgende Gespräch führte ich im November 1994.

Appel: Herr Stobbe, wie würden Sie heute Ihre Regierungszeit - 1977 bis 1981 - politisch und für die Entwicklung Berlins beschreiben?

Stobbe: Es gab zwei beherrschende politische Elemente. Erstens die Hinwendung zur Stadtpolitik. Das war ein Ausdruck, den ich damals prägte, um deutlich zu machen, daß Berlin innenpolitische Defizite hatte. Diese waren in den außenpolitischen Auseinandersetzungen der Jahre zuvor entstanden und gehörten nun im Lichte des Viermächteabkommens aufgearbeitet. Darin lag auch ein Sich-Absetzen von dem, was Klaus Schütz - der mein Freund war - in der Politik für richtig befunden hatte. Das zweite politische Element war, daß wir trotz einer gewissen Krisenfestigkeit, die die Stadt durch das Viermächteabkommen erhalten hatte, tagtäglich daran arbeiten mußten, diese Normalisierung nun auch tatsächlich zum Tragen zu bringen; denn über die Interpretation des Viermächteabkommens gab es ja viel öffentlichen Streit zwischen Ost und West. Deshalb haben komplizierte Fragen aus dem Umfeld des Viermächteabkommens auch mein Tagewerk beherrscht, so wie das bei Klaus Schütz zuvor ebenso der

Der Regierende während seiner Bürgersprechstunde im Rathaus Schöneberg, Juli 1978.

Fall gewesen war. Dennoch wollte ich eine bewußte Hinwendung zur Stadtpolitik in Verbindung mit einem bewußten Herunterspielen des in die Öffentlichkeit getragenen Interpretationsstreites. Das Viermächteabkommen sollte Früchte tragen. Die Hinwendung zur Stadtpolitik war dabei eine wichtige Option, die von den Berlinern auch begrüßt wurde.

Bürgermeister innenpolitischer Projekte: K - K - K

Das begann schon damit, daß ich von Klaus Schütz drei ungelöste kommunalpolitische Fragen von einigem Rang übernommen hatte, die berühmten drei K's: Es mußte ein Kraftwerk in der Stadt gebaut werden, denn wir waren Inselbetrieb. Schütz wollte eins bauen mit 1200 Megawatt im Tegeler Wald, es ging um die Bäume und die Überdimensionierung des Vorhabens, und ich mußte das alles von der Gesamtplanung her neu machen. Es wurde eine 2,5-Milliarden-DM-Investition. Das Kraftwerk ist gebaut worden und arbeitet. Aber die Durchsetzung dieser Investition im engen Stadtgebiet war ein ganz schwieriger Vorgang. Dann war da die Sanierung des Steglitzer Kreisels (das zweite K), eine Investruine von einer stadtbekannten Architektin. Das war ein Vorhaben der, wie man heute sagen würde, Public Private Partnership - im Untergeschoß U-Bahn-Station und Busbahnhof, darüber ein Hochhaus mit Büros und Hotels. Und wir haben das Sanierungsproblem gelöst, innerhalb eines Jahres. Schließlich war da noch das Kongreßzentrum (das dritte K), um dessen Vollendung ich mich auch intensiv kümmern mußte, weil die veranschlagten Kosten bei weitem überschritten wurden und ich mich deshalb mit der „Neuen Heimat" auseinanderzusetzen hatte.

Diese drei K's hatten zu Krisen für den Schütz-Senat geführt, immer verbunden mit dem Vorwurf, der Regierende Bürgermeister kümmere sich nicht genug um die innere Politik in der Stadt. Natürlich war dieser Vorwurf übertrieben. Ich aber mußte darauf reagieren. Ich wollte mir die breite Stimmung in der Stadt zunutze machen, die eine Hinwendung zur Stadtpolitik geradezu forderte. Ich habe dann die Senatspolitik auf eine systematische Erarbeitung von Konzeptionen für wichtige neue stadtpolitische Vorhaben und dann vor allem auf die nachweisliche Realisierung solcher Projekte eingeschworen.

Durch „Osmose" zur Wiedervereinigung

Appel: Um den Begriff der Stadtpolitik und der Normalisierung in einem außen- oder deutschlandpolitischen Sinn etwas zu hinterfragen: Hieß Normalisierung damals (heute sind alle schlauer und möglicherweise auch nicht mehr ganz ehrlich) in der Situation, in der Berlin und Sie als Regierender waren, Festigung des Status quo?

Stobbe: Ich bin einer, der sich nie von der ersten Phase der Entspannungspolitik Willy Brandts gelöst hat, von der ich voll überzeugt war. Sie bedeutete: Wir müßten zwar auf absehbare Zeit damit leben, daß Deutschland und Berlin zweigeteilt waren; aber deshalb wurde das Ziel einer Wiedervereinigung nicht aufgegeben. Wir redeten vielleicht nicht so viel über sie, aber wir wollten sie dennoch erreichen. Wir haben eine Politik betrieben, die - das fing ja mit Kennedy an - auf mehrere Veränderungsprozesse setzte: erstens des Verhältnisses zwischen den beiden Weltmächten und, darin eingebettet, zweitens des Verhältnisses zwischen den beiden deutschen Staaten. Die Idee war: Wir erreichen die Wiedervereinigung gewissermaßen durch Osmose, indem wir mittels Herstellung möglichst vieler Kontakte zwischen den Menschen im geteilten Deutschland nach und nach eine Veränderung des politischen Systems in der DDR herbeiführen. Die Idee der Freiheit sollte sich durchsetzen, „peaceful change" die Folge sein. Wir haben auf die Veränderungssehnsüchte der Menschen gebaut, nicht auf die Reformfähigkeit des Systems.

Deshalb habe ich es z. B. nie angestrebt, zu Honecker zu gehen, obwohl ich dies auch hätte tun können. Mir genügte es, mit dem russischen Botschafter Abrassimow zusammenzutreffen und damit den Viermächtestatus der Stadt zu betonen. Diese Treffen fanden mit Zustimmung der westlichen Alliierten statt. Das waren erlaubte und erwünschte Kontakte. Aber was die DDR-Regierung angeht, so habe ich mich die ganze Zeit über strikt an die Grundlage gehalten, welche der Senat von Berlin, die Bundesregierung und die Alliierten dafür geschaffen hatten. Diese Kontakte bedurften im einzelnen einer vorhergehenden Genehmigung durch die Alliierten, und sie konnten nur durch Beauftragte des Senats wahrgenommen werden, nicht durch Mitglieder des Senats selbst. Diese politische Linie sollte explizit der DDR-Politik entgegenwirken, die darauf ausgerichtet war, West-Berlin durch die Herstellung direkter Beziehungen zum Senat von Berlin als selbständige politische Einheit zu behandeln. Deshalb also haben wir nur Gespräche durch Senatsbeauftragte führen lassen, wenn diese vorher mit den Alliierten und dem Bund abgestimmt waren.

SPD-Genossen wollten die Mauer als Grenze anerkennen

Appel: Weil es der Genehmigung bedurfte, oder weil es auch Ihrer persönlichen Ansicht entsprach?

Stobbe: Das entsprach auch ganz meiner persönlichen Auffassung. Ich wollte, daß die Entspannungspolitik auf der Ebene der beiden deutschen Regierungen und zwischen den vier Alliierten vorangetrieben wurde und daß Berlin (West) in diesen Prozeß eingebettet wird. Ich wollte, daß diese Politik auf Veränderungen zielt, nicht auf Zementierung der deutschen Zweistaatlichkeit bzw. der Teilung Berlins. Aber es ist wahr: In dieser Frage kam es mehr und mehr zu bitteren Kämpfen in der SPD, gerade auch der Berliner SPD. In Umkehrung der ursprünglichen Zielsetzung wurde plötzlich die völkerrechtliche Anerkennung der innerdeutschen Grenze sowie der Berliner Mauer als Staatsgrenze zur Voraussetzung dafür erklärt, daß die Entspannungspolitik erfolgreich weitergeht. Damit aber stand plötzlich das Ziel der Einheit Berlins bzw. der Wiedervereinigung zur Disposition. Ich bin einmal aus einem Parteitag der Berliner SPD ausgezogen, zusammen mit vielen Delegierten, bin deswegen angegiftet worden, weil die Mehrheit der Delegierten kurz davor war, in ihren Resolutionen die Mauer als Staatsgrenze anzuerkennen. Das war ein dramatischer Tag, denn die Mehrheiten in der SPD hatten sich geändert; ich mußte das erkennen. Die Gewöhnung an die „Zweistaatlichkeit" war so groß geworden, daß vergessen worden war, was ursprünglich mit der Entspannungspolitik erreicht werden sollte, nämlich peaceful change, nicht Status-quo-Zementierung. In diesem Sinne war die Entspannungspolitik genuin gegen die Herrschaftsinteressen der Kommunisten angelegt gewesen. Aber mittlerweile hatte ein Denken eingesetzt, das die Kommunisten für reformfähig erklärte. Am Ende würde man in einer festgeschriebenen deutschen Zweistaatlichkeit mit einer Reform-SED am besten leben können. So habe ich in der Tat nie gedacht. Und das führte eben auch zu innerparteilichen Konflikten und zu einer zunehmenden innerparteilichen Isolierung. Mich hat es eben geschmerzt, als Walter Momper am 10. November 1989 vor dem Rathaus Schöneberg noch vom „Volk der DDR" sprach. Ich stand dicht neben ihm. (**Appel:** Er sprach nicht von der Wiedervereinigung, sondern vom Wiedersehen!) Ich war zuvor zwei Stunden in der SPD-Fraktionssitzung des Abgeordnetenhauses gewesen und hatte miterlebt, wie ein Mann wie Willy Brandt in sich zusammensackte vor Scham, weil die Mehrheit der SPD-Leute und der AL (die an der Sitzung teilnahm) im Grunde genommen eher einen reformierten DDR-Staat wollte, als sich vorstellen zu müssen, daß die Geschichte zu guter Letzt für die Deutschen doch noch die Vereinigung beider Staaten bereithält. Ich war überhaupt in dieser Zeit sehr viel mit Willy Brandt zusammen. Am 10. November saßen Brandt, Vogel und ich, also drei ehemalige Regierende Bürgermeister, im Auto und wollten nach Ost-Berlin, während an allen geöffneten Übergängen die Menschen nur so nach Westen strömten. Wir fuhren über den Übergang Invalidenstraße und wollten ins Christliche Hospiz am Schiffbauerdamm, wo wir uns mit dem Vorstand der neugegründeten SDP trafen. Das war für uns drei ein bewegendes Erlebnis. Es symbolisierte, was wir mit der Entspannungspolitik erreichen wollten und

Dietrich Stobbe während seines Grundsatzreferats auf dem SPD-Landesparteitag, Oktober 1978.

zu einem guten Stück eben auch erreicht haben: Wir machen das, weil wir etwas Grundlegendes verändern wollen. Wir machen es nicht, weil wir etwa an das Konzept einer bipolaren Welt glauben, in der sozusagen die Scheidelinie in Berlin und in Deutschland moralisch gerechtfertigt ist und auf ewig zementiert gehört.

Ich habe z. B. auch daran geglaubt, daß die SPD, wenn es denn zu einer Art Realisierung des Redneraustausch-Gedankens käme, wirklich massiv in die DDR-Betriebe hineingehen müßte. Aber natürlich habe ich schnell mitgekriegt, was passierte, als das berühmte SPD-SED-Papier auf dem Tisch lag. Da hat Karsten Voigt z. B. einmal wirklich durchexerzieren wollen, wie es mit dem Redneraustausch steht. Sein Manuskript für Rednerauftritte wurde er schnell los; die SED sandte es prompt an den Parteivorstand der SPD in Bonn zurück, und Karsten Voigt stand vor verschlossenen Türen. Während gleichzeitig die SED bei uns in der Ebert-Stiftung große Reden führte! Also, daß die SED innere Abgrenzung wollte, das hatten wir schon zu Beginn der Entspannungspolitik schnell mitbekommen, und das wurde auch nach dem SPD-SED-Papier keineswegs besser. Je mehr Entspannung wir machten, desto mehr machten die innere Abgrenzung. Die Frage war: Konnte man dort den Damm brechen oder nicht? Und irgendwann ist er ja dann - allerdings ausgelöst durch Gorbatschow und das dadurch immer größer werdende Sicherheitsgefühl der Menschen in der DDR - auch gebrochen. Gewiß nicht durch unseren Osmose-Vorgang allein, der hätte wohl nicht gereicht. Als dann aber beides zusammenkam, hat es gereicht.

An die Wiedervereinigung in absehbarer Zeit nicht geglaubt, aber darauf gehofft

Appel: Haben Sie denn durch Ihre vielen Kontakte und Ihre Wahrnehmungen drüben geglaubt, daß zu Ihren Lebzeiten noch eine Wiedervereinigung möglich sei?

Stobbe: Ich will ehrlich sein. Geglaubt nicht, sicher aber gehofft. Damals war wirklich nicht auszumachen, ob sich im Ost-West-Verhältnis irgend etwas Grundlegendes würde ändern können. Das änderte sich erst, als ich aus dem Amt raus war, als sich an dem einen Ende der bipolaren Welt, in Moskau, die großen Veränderungen ankündigten. Da erst stellte sich diese grundlegende Frage neu: Bleibt

Blick auf die Regierungsbank während einer Sitzung des Abgeordnetenhauses, 1980. V. l.: Klaus Schütz, Wolfgang Lüder, Dietrich Stobbe und Dr. Klaus Riebschläger.

die Welt zweigeteilt, bleibt der Hegemonialanspruch der Sowjetunion, oder bleibt er nicht?

Appel: Aber mit Honecker verhandeln - so weit wären Sie, wie eben gehört, nicht gegangen?

Stobbe: Als Regierender Bürgermeister von Berlin: Nein. Wie schon gesagt, wir arbeiteten ja auf der Grundlage eines durchdachten diplomatischen Systems. Warum haben denn die Alliierten gesagt, der Senat von Berlin könne Gespräche mit der Regierung der DDR führen, aber nur durch Beauftragte und nur nach vorheriger Genehmigung der betreffenden Verhandlung durch die Alliierten und durch die Bundesregierung? Das wurde so festgelegt, weil damit der ganz klaren DDR-Stoßrichtung entgegengetreten werden sollte: Die DDR wollte Vereinbarungen mit dem Senat von Berlin als selbständiger politischer Einheit, wollte gesonderte völkerrechtliche Verträge. Unsere Gegenstrategie war völkerrechtlich einfach notwendig; sie war die Grundlage für das Offenhalten der Berliner und der deutschen Frage, und dieses Offenhalten habe ich, in völliger Übereinstimmung mit den Grundlagen und Zielen der Entspannungspolitik, auch immer für richtig gehalten. Es war für mich nicht nachzuvollziehen und schwer mitzuerleben, wie sich dann in der SPD die Haltung zu diesen Grundlagen und Zielen über die Jahre graduell änderte. Aus dem peaceful-change-Ansatz als der der Entspannungspolitik unterliegenden Philosophie des Westens wurde in den Köpfen vieler Menschen eine Art moralische Anerkennung des Status quo, z. B. aus dem Gedanken der Sicherheitspartnerschaft heraus. Daraus entstand dann auch eine moralische Anerkennung des zweiten deutschen Staates - also etwa: Der ist gerechtfertigt im Interesse des Friedens, die Kommunisten sind reformfähig, das müssen wir jetzt anerkennen und aus dieser Anerkennung heraus eine bewußte Politik zugunsten der deutschen Zweistaatlichkeit machen, bis hin zur Anerkennung der berühmten Geraer Forderungen von Erich Honecker. Für mich war das wirklich nicht nachvollziehbar. In der SPD habe ich sie alle erlebt, die darauf aus waren, die Entspannungspolitik umzudefinieren. Schmude etwa, der forderte, die Präambel des Grundgesetzes zu streichen. Oder jene, die sagten, was die berühmte Einrichtung in Braunschweig da mache, sei ja eigentlich kalter Krieg. (**Appel**: Es gab auch einmal einen Satz von Willy Brandt . . .) Ja, auch Willy Brandt hat gelegentlich gesündigt, das stimmt schon, und auch das hat mich schwer getroffen, denn er war eigentlich mein großes Vorbild. Jedenfalls habe ich gegen diesen Trend in der SPD gekämpft, so gut ich konnte und wann und wo immer es notwendig war.

Speerspitze gegen Lafontaine

Es war dann nur konsequent, daß ich später, als Bundestagsabgeordneter, in einer spezifischen politischen Situation für geraume Zeit die Speerspitze einer Mehrheit in der SPD-Bundestagsfraktion gegen Lafontaine wurde, mitten im Wahlkampf 1990. Ich war Berater für die Volkskammerfraktion der Ost-SPD, im Auftrag des Parteivorstandes und der Bonner Fraktion. Im Bundestag tragen alle Verträge zur deutschen Einheit, mit Ausnahme des Wahlrechtsvertrags, meine Unterschrift als Berichterstatter für die SPD-Fraktion. Ich glaube, meine Rolle war in der Zeit, als die Verträge zur deutschen Einheit gemacht wurden, innerhalb der SPD sehr wichtig, obwohl ich in der Öffentlichkeit fast nicht aufgetreten bin. Das ergab sich aus der Rolle als Mittler und Makler zwischen den beiden Fraktionen und den beiden Parteien bis zu dem Zeitpunkt, als auch sie vereinigt wurden. Ich war aber ohnehin stumm in der Zeit, stumm vor innerem Entsetzen wegen der Haltung, die Oskar Lafontaine als Kanzlerkandidat einnahm, und wegen der Positionen des rot-grünen Senats hier in Berlin. Obwohl operativ zwischen Jochen Vogel und Richard Schröder in Höchsteinsatz tätig, fühlte ich wie viele andere, daß etwas grundsätzlich falsch lief in der Politik der SPD. Ich merkte, in wie starkem Maße die SPD die Grundlagen verlassen hatte, derentwegen ich einst in sie eingetreten war. Ich bin in die Politik gekommen, als die Mauer gebaut wurde. Godesberg und der Mauerbau waren meine politischen „Auslöser", die Impulsgeber überhaupt für meine politische Betätigung.

Appel: In der Konsequenz müßten Sie dann ja ein Anhänger der Hallsteindoktrin gewesen sein.

Stobbe: Nein, ganz im Gegenteil. Mit dem Bau der Mauer hatte doch ein tiefes Nachdenken in der SPD eingesetzt, das Ergebnis war „Wandel durch Annäherung" von Brandt und Bahr. Daß wir im Ost-West-Verhältnis konfrontativ nicht weiterkommen würden, daß wir nichts würden lösen können, wenn auf der einen und der anderen Seite Panzer stehen; das war uns Anhängern einer bewußen Entspannungspolitik vollkommen klar. Wir wurden zu Anhängern eines breit angelegten Dialogsystems, auf nationaler und internationaler Ebene, und in Berlin in einer eingeschränkten Version, aus den oben beschriebenen Gründen. Aber die Installierung eines Dialogsystems war nicht ein Ziel in sich selbst. Der Ost-West-Dialog sollte zu Lösungen führen, und diese Lösungen sollten dadurch zu Systemveränderungen führen, daß den Menschen im Osten zu mehr Freiheiten verholfen wurde, z. B. durch den Korb 3 der Helsinki-Verträge. Ein solcher Ansatz war das Gegenteil von dem, was sich in der Hallsteindoktrin symbolisiert. Viele in der SPD, insbesondere als sie aus der Opposition heraus agierte, haben dann aber den peaceful-change-Ansatz der frühen Jahre vergessen. Sie gewöhnten sich immer mehr an den Zustand der zweigeteilten Welt, hielten die Bipolarität gar für ein auch in Zukunft wünschenswertes und aufrechtzuerhaltendes Friedenssystem. Gegenüber diesem Trend in der SPD wurde ich immer kritischer. Am Ende standen dann in Berlin jene Parteitagsanträge, die die deutsche Zweiteilung anerkennen wollten, um eine Österreichisierung der DDR zu erreichen.

Appel: Auch wenn dies vielleicht eine Erleichterung für die Menschen bedeutet hätte . . .

Stobbe: Die DDR-Regierung hätte ja jederzeit die „Österreichisierung" im Sinne einer Demokratisierung betreiben können, auch auf den Grundlagen, die im Zuge der Entspannungspolitik geschaffen worden waren. Es war doch grotesk anzunehmen, daß sie eine solche Entwicklung eingeleitet hätte, wäre die Bundesrepublik beispielsweise auf die Geraer Forderungen eingegangen. Nein, die Anerkennung der Zweistaatlichkeit und der Mauer in Berlin wäre überhaupt kein Hebel zu einer Veränderung gewesen, und die Forderung danach war nichts weiter als ein Verrat an der ganzen diplomatischen Formulierungskunst von Brandt und Bahr, die ja gerade darin bestand, die deutsche Frage eben nicht völkerrechtlich zu zementieren. Die Russen haben das immer gewußt, auch Gorbatschow, sonst hätte er ja auch gar nicht mehr machen können, was er dann am Ende Gottseidank gemacht hat.

Manche fanden es toll, auf dem Teppich von Honecker zu stehen

Appel: Weizsäcker, Brandt, Schmidt z. B. wiesen darauf hin, daß sie ja immer eine Liste von Menschen mithatten, denen sie helfen wollten - und auch helfen konnten.

Stobbe: Genau, diesen Punkt muß man ernstnehmen. Verbesserungen für die Menschen zu erreichen, auch wenn dabei nachher fast ein „Menschenhandelsmechanismus" herausgekommen ist, war immer ein Ziel der Entspannungspolitik. Aber ich muß sagen, es gab große Unterschiede in der Handhabung dieser Sache. Wenn Schmidt das gemacht hat, fand ich es schon ein bißchen anders, als wenn jemand etwa aus dem Saarland anreiste oder aus Schleswig-Holstein, dort sichtbar auf den roten Teppich Wert legte und auf den großen Empfang, auf die Wirtschaftsvereinbarungen und eher nebenbei auf die Übergabe einer Menschenrechtsliste. Da mußte man manchmal doch den Eindruck haben, als sei die Begegnung mit dem „Staatsmann" Honecker wichtiger als die Auseinandersetzung mit den Unfreiheiten des DDR-Staates. Das schien mir so: Aus einer Entspannungspolitik mit dem Ziel einer Veränderung der politischen Verhältnisse zugunsten der Menschen war eine Politik der Anerkennung der Zweistaatlichkeit und der DDR als solcher geworden. Dagegen habe ich gekämpft, mit vielen anderen in der Bundestagsfraktion. „Das Volk der DDR", das gab es für mich eben nicht. Für mich gab es die Deutschen in der DDR, die Einheit blieb immer ein Ziel.

Wieder Staatsbesuche in West-Berlin durchgesetzt

Nun aber zu einem anderen Thema. Auf der Ebene der internationalen Politik gab es während meiner Regierungszeit so drei, vier Punkte von Bedeutung. Erstens: Ich habe bei der Bundesregierung und bei den Alliierten durchgesetzt: Wir fangen mal wieder an mit Staatsbesuchen in Berlin (West). Wir brauchen unbedingt mehr Mut. Also ich war derjenige, der nach Jahren des Stillstands erreichte, daß sie plötzlich wieder alle kamen: Nicht nur die Queen und Carter und Giscard d'Estaing, sondern eine ganze Reihe von hochrangigen Bonner Staatsbesuchen führte auch nach Berlin. Zweitens: Ich sorgte für ein betont gutes Verhältnis zu den Alliierten, nahm die etablierten Abstimmungsmechanismen, die schon irgendwie zur Routine geworden waren, sehr ernst. Also jeden Monat Beratungen mit den Kommandanten auf Grund einer Tagesordnung, die die machten. Die Berliner Administration mußte zu wichtigen Fragen Stellung nehmen und berichten, was in der Stadt los war.

Appel: Was waren das für Gefühle? Haben Sie die Alliierten als Besatzer empfunden?

Stobbe: Nein, absolut nicht. Das lief sehr kollegial, nur in der Form eben so, daß die Kommandanten den Russen jederzeit demonstrieren konnten: Wir nehmen den Viermächtestatus der Stadt ernst. Wir handeln auf dessen Grundlage, als Kommandantura, die ihr verlassen und für obsolet erklärt habt. Später dann habe ich bei Besuchen bei Abrassimow in Ost-Berlin gesehen, wie gespenstisch parallel das auf der anderen Seite lief. Wir hatten etwas gegessen und getrunken, dann sagte er: Ich will Ihnen mal etwas zeigen. Und er führte mich in einen Saal der Sowjetbotschaft und sagte dort: Ich weiß ja, Sie gehen immer zu den Stadtkommandanten. Aber hierher kommt Herr Honecker und berichtet mir! Ich bin sicher: Die vier Allierten redeten auch mitten im Kalten Krieg über bestimmte Aspekte ihres Verhältnisses und ihrer Kontakte zu den Deutschen. Aber niemand kennt Protokolle solcher Unterredungen.

Obwohl die Russen ja offiziell von der Viermächte-Plattform wegkommen wollten, gab es doch einige Restbestände, die auch sie immer noch respektierten. Die Westmächte legten großen Wert darauf, daß diese geradezu demonstrativ erhalten blieben - und das war gut so; denn der Viermächtestatus war neben anderen wichtigen internationalen Verträgen später im Zuge der deutschen Einheit die Grundlage dafür, daß man einen Zwei-plus-Vier-Vertrag machen konnte. Hätte

Deutschland den nicht machen können, wären internationale Schieflagen ersten Ranges eingetreten.

Aber zurück zu meiner Regierungszeit. Da beäugte die Sowjetunion eine Frage besonders kritisch: Was macht der Bund in Berlin? Wir hatten nach Abschluß des Viermächteabkommens gedacht, die Aktivitäten des Bundes könnten in Berlin (West) ein bißchen ausgeweitet werden. Beispielsweise habe ich als Bevollmächtigter Berlins beim Bund, als Genscher noch Innenminister war, die Errichtung des Umweltbundesamts in Berlin schlußverhandelt. Ich hatte darüber hinaus eine ganze Liste, was wir damals schon alles hierher in die Stadt ziehen wollten, natürlich im Rahmen des Viermächteabkommens. Dann kam dieser schreckliche Streit um das Umweltbundesamt - und danach wichen alle zurück. Es entstand eine interessante Konstellation: Schmidt wollte unbedingt ein nüchternes, sachliches Ost-West-Verhältnis. Und Schütz galt in Bonn als Störenfried, weil er Maßnahmen der DDR oder Stellungnahmen der Sowjetunion, die der westlichen Interpretation des Viermächteabkommens widersprachen, immer mit Vehemenz öffentlich anprangerte, und zwar oft derartig harsch, daß eine Lösung des zugrundeliegenden Problems durch einen diplomatischen Ost-West-Interessenausgleich nicht mehr möglich war. In der Bundesregierung gab es dann immer Kritik an Schütz, weil er die diplomatische Befriedungsarbeit störte. Ich kam dadurch in eine ganz merkwürdige Lage; denn ich war wirklich ein Mann von Schütz, der hatte mich ja in den Senat geholt, und ich hatte ihm als Fraktionsgeschäftsführer oft genug Mehrheiten in der Fraktion und auch in der Partei besorgt. Aber plötzlich saß ich dann bei Schmidt, und der sagte: Tönt doch nicht immer so rum in Berlin, wir erreichen doch viel mehr, wenn wir unsere Positionen ein wenig gedämpfter zum Ausdruck bringen und darauf vertrauen, daß die Diplomatie die dem öffentlichen Streit zugrundeliegenden Probleme aplaniert.

Appel: Auf welcher Seite standen Sie da?

Stobbe: Ich war oft genug hin- und hergerissen. Ich war Senatsmitglied von Berlin, mußte und wollte die Berliner Interessen wahren. Aber für Berlin war es lebenswichtig, mit der Bundesregierung ein gutes Einvernehmen zu haben. Ich konnte mich nicht einfach einer der Positionen anschließen, sondern mußte mir meine eigenen Gedanken machen und definieren, welche Interessen Berlin wirklich hatte und wie wir sie am besten durchsetzen könnten. Dabei stellte sich heraus: Ich war immer auf der Seite der Bewegung, des peaceful change. Also wenn Bundeskanzler Schmidt sagte: Euer Getöse in Berlin stört doch jetzt die Gespräche soundso, dann versuchte ich hinterher Schütz zu überzeugen: Laßt uns den Konflikt öffentlich eine Etage tiefer ausfechten. Wir müssen nicht auf jeden scharfmacherischen Kommentar von Radio Moskau mit gleicher Münze antworten; Radio Moskau ist nicht das sowjetische Außenministerium; laßt uns mal lieber lesen, was der Bondarenko schreibt, der ja *der* Berlinologe Moskaus war; wenn wir das gelesen und interpretiert haben, dann können wir uns immer noch äußern, unter Umständen auch scharf und öffentlich. Schütz ist oft auf meine Argumente eingegangen, aber nicht immer. Er wollte in der Auseinandersetzung mit der Sowjetunion und mit der DDR auch innenpolitisch Wirkung erzielen und ging, auch für mein Urteil, zu häufig „in die Luft". Ich aber bekam das Image eines ruhigen, besonnenen, nicht zur Hektik neigenden Mannes in der Ost-West-Politik. So wurde ich Regierender Bürgermeister. Und diesen Stil habe ich während der Wahrnehmung meiner Aufgaben auch beibehalten, denke ich.

Bewußte Akzentuierung der Kommunalpolitik

Appel: War das eigentlich eine Selbstverständlichkeit, daß Sie dann Nachfolger von Schütz wurden?

Stobbe: Nein, ich hatte zwei Gegenkandidaten, Harry Ristock und Wischnewski. Aber ich wollte es unbedingt werden und habe dann im Landesausschuß der SPD eine Mehrheit bekommen. Sie war nicht überwältigend, konnte es nicht sein, wenn drei Leute kandidieren, aber im zweiten Wahlgang hatte ich doch eine klare Mehrheit. Es gab viele in der Partei, die sagten, ein Berliner soll Regierender Bürgermeister werden, nicht ein aus Westdeutschland geholter Feuerwehrmann. Und es sollte kein Linker machen, wie Harry Ristock - der sich eben auch hinsichtlich der Entwickung des Ost-West-Verhältnisses permanent geirrt hatte. Also am Ende fiel die Entscheidung zu meinen Gunsten aus. Ich denke, es ging zwei Jahre lang, bis zu den Wahlen, alles extrem gut. Wenn Sie die damalige Presse nachlesen, werden Sie auf den „Jungstar" Dietrich Stobbe stoßen. Mit der Hinwendung zur Stadtpolitik kam ich bei den Berlinern gut an, sie hatten wirklich darauf gewartet, daß sich jemand um ihre ureigensten, ganz praktischen und ganz kleinen Fragen kümmert. Erstmals besuchte ein Regierender Bürgermeister Bezirksämter, sprach vor Bezirksverordnetenversammlungen, ging „nach unten" und guckte nach,

Während eines Rundgangs im Bezirk Tiergarten, September 1977.

was in unseren Bezirken passiert. Ich ließ mir von den Bezirksbürgermeistern die drängendsten Probleme erläutern, fuhr mit Journalisten im Bus durch Stadtlandschaften. So demonstrierte ich, daß das Rathaus – Berlin ist Stadt und Land zugleich, Artikel 1 unserer Verfassung –, daß das Land Berlin die Pflicht hat, sich darum zu kümmern, die kommunalen Probleme zu lösen. Meine These war: Berlin hat mehr Kraft, als es selber weiß; ich forderte zur innenpolitischen Impulsgebung auf. Die Stadt sollte nicht nur jammern, sondern sich auf ihre eigene Kraft besinnen. Das war mein Ansatz, und damit bin ich auch sehr gut durchgekommen. Damals schrieb der *Tagesspiegel*: Es ist vielleicht wichtiger, daß Stobbe den Bezirk Tiergarten besucht, als zu einem Routinebesuch ins französische Außenministerium zu reisen. Aber das war nun gewiß keine Alternative!

Appel: Hätte denn Berlin (West) auf Dauer leben können?

Stobbe: Nein. Es hat schon seit Ende der fünfziger Jahre eigenständig nicht leben können, weil die Auszehrung der gesamten Leistungsträger, also der Aggregate, die das Sozialprodukt erzeugen, immer größer wurde. Berlin war in einer Situation, die das eigenständige Überleben einer 2-Millionen-Stadt auf Dauer unter diesen Bedingungen nicht gestattet hätte. Wir waren deshalb auf die Solidarität des Bundes angewiesen, und zwar durchaus im wirtschaftlichen Sinne. Gleichzeitig brauchten wir dauerhaft die politische Solidarität des Bundes und der Alliierten. Und ich muß sagen: In der Zeit, in der ich Regierender Bürgermeister war, ist diese Solidarität gemehrt worden. Wir haben nicht solch eine klägliche „Notopfer Berlin"-Debatte geführt, sondern wir haben eingefordert, was uns nach unserem Erachten aus der nationalen Solidarität heraus zustand. Aber wir haben auch die Bereitschaft zur eigenen Leistung gezeigt. Ich bin beispielsweise zu Schmidt gegangen, als dieser aus konjunkturpolitischen Gründen ein Zukunftsinvestitionsprogramm machte, mit einem Schwergewicht auf Technologieförderung. Ich habe ihm gesagt, daß ich damit in Berlin nur bedingt etwas anfangen könne; ich brauche vielmehr Geld für ein großangelegtes Sanierungsprogramm in den Berliner Innenstadtbezirken, um einem Verslumen entgegenzuwirken. Ich habe 4 Milliarden bekommen, die auch in Modernisierungsleistungen umgesetzt wurden. Daneben gab es mindestens 15-20 andere Programme, und zwar exakt durchgearbeitete und auf Realisierbarkeit ausgerichtete innenpolitische Programme, die vom Senat nach oft mühseliger und langwieriger Vorarbeit beschlossen wurden. Ohne mich zu wichtig zu nehmen: Die Leistungsdichte der damaligen Senatsarbeit in bezug auf innovative, auf Ausbildungs- und Arbeitsplatzsicherung zielende innenpolitische Programme des damaligen Senats ist in Berlin unerreicht.

Mit Weizsäcker kam von der CDU ein willkommener, aber schwerer Gegner

Deswegen haben die Leute ja auch gedacht: Na, der Stobbe gewinnt seine Wahlen schon. Und die CDU ist sehr nervös geworden. Plötzlich, über Nacht, war Peter Lorenz weggefegt. Ich kann lhnen genau schildern, wie das kam. Kohl hat einen seiner taktisch und strategischen Meisterzüge gemacht. Er hatte sich damals für Karl Carstens als Bundespräsident entschieden, und gegen Weizsäcker. Dann gab es eine Fronde: Diepgen und seine Mannen gingen zu Kohl und sagten, wir brauchen für Berlin einen neuen Kandidaten. Und da war es plötzlich von Weizsäcker. Dann erschien dieser in Berlin, am gleichen Tag noch bin ich vors Fernsehen gegangen und habe gesagt: Das ist ein Gewinn für die Stadt. Den Satz hat mir die CDU dann geklaut, das wurde später der Slogan auf den Wahlplakaten der CDU. Ich aber habe Richard von Weizsäcker sofort ins Rathaus eingeladen und mit ihm ein gründliches Gespräch geführt. Wir haben uns auch verständigt, wie wir menschlich miteinander umgehen wollen, und das hat gehalten. Aber er war natürlich ein schwerer politischer Gegner. Ich bin bis heute stolz darauf, daß ich die Wahl gegen ihn gewonnen habe.

Die Rolle der FDP beim Wechsel in Berlin

Appel: Sie haben die Wahl gewonnen und mußten dann doch abtreten, anderthalb Jahre später.

Stobbe: Das war in der Tat so. Die Zeit bis etwa ein halbes Jahr nach den Wahlen 1979 war noch ganz gut, danach ging es bergab. Das hatte zwei Hintergründe. Erstens: In der FDP rumorte es. Ich hatte zwar einen sehr guten Koalitionspartner in Gestalt von Wolfgang Lüder. Der hatte aber seinerseits nur eine 5:4-Mehrheit in seiner Abgeordnetenhausfraktion. Die vier waren Schwarzliberale, die Namen spielen keine Rolle. Wir mußten in unserer Koalition also immer so handeln, daß die FDP-Fraktion nicht auseinanderbrach. Anfangs haben diese vier Abgeordneten Disziplin gewahrt, haben im Plenum mitgetragen, was die Mehrheit der Fraktion beschlossen hatte. Aber dann begannen sie, im Abgeordnetenhaus aufzustehen und anders zu reden und zu stimmen, als ihre Fraktion mit knapper Mehrheit beschlossen hatte. In mehreren anderen Bundesländern begann es, in den sozialliberalen Koalitionen zu rumoren. Auf Länderebene fing die Koalitionskrise an, Schmidt hatte bereits große Schwierigkeiten, hat es dann aber noch anderthalb Jahre länger geschafft. Der innenpolitische Wechsel in der Bundesrepublik Deutschland deutete sich an. Für mich wurde es immer schwieriger, die Senatsdisziplin aufrechtzuerhalten. Und das spürten natürlich auch die Bürger. Das war der eine Prozeß. Der andere war aber noch viel schwieriger, ich nenne ihn mal den Zerklüftungsprozeß innerhalb der Berliner SPD. Der hatte bisher nie die Fraktion des Abgeordnetenhauses erfaßt. Der Handlungsarm der Partei war immer intakt gewesen, die

Mehrheitsbildung funktionierte, es gab einen absolut fairen Umgang miteinander - linke und rechte Sozialdemokraten, und was es sonst noch für Gruppierungen gab, fühlten sich deshalb eingebunden, weil die Fraktionsführungen es immer wieder schafften, ein Klima aufrechtzuerhalten, in dem auch Minderheiten, wenn sie nur ihre Positionen in den Fraktionssitzungen zum Ausdruck bringen konnten, nachher im Plenum mit der Mehrheit mitstimmten. Genau hier setzte jetzt ein Bruch ein, die Geschlossenheit im Plenum fing an zu bröckeln. Erstmalig gab es - ich kann das sagen, ich war immerhin 14 Jahre Mitglied des Abgeordnetenhauses von Berlin - echte Gruppenbildungen in der SPD-Fraktion. Es gab Leute, die rauswollten aus der sozialliberalen Koalition und dies auch offen sagten. Sie fanden, die SPD könne aus der Opposition heraus viel besser in eine neue Position der absoluten Mehrheit gelangen, nicht aber im Korsett der sozialliberalen Koalition. Der Traum von der Wiedergewinnung der absoluten Mehrheitsposition in der Stadt, vollkommen unkritisch verarbeitet, machte sich breit. Eine Koalition hatte sich verbraucht.

Mompers Totalopposition in der eigenen Partei

Appel: War das auch an Themen auszumachen?

Stobbe: Ich kann Ihnen ein Beispiel sagen, vielleicht ein etwas unfaires. Ich schätze Walter Momper sehr, aber er war damals nun einmal der „Chefoppositionelle" in der SPD-Fraktion. Und er war zusammen mit Gert Wartenberg und einigen anderen Kreuzberger Abgeordneten, die in den besonders schwierigen Innenstadtbezirken wegen unserer Modernisierungspolitik eine Art Totalopposition machten, der Anführer. Zum damaligen Zeitpunkt war Walter Momper ein Wohnungspolitiker, der bereits städtische gemeinnützige Wohnungsbaugesellschaften als Mietentreiber, Haie usw. ansah. Und die Privaten natürlich erst recht. (Deshalb verwundert es um so mehr, daß er später den großen Sprung in eben diese ganze Szene gemacht hat.) Mit ihm und einigen anderen war nicht mehr zu reden über das Sachprogramm, das ich vorzutragen hatte. Es waren keine Bindungswirkungen mehr zu erzeugen. So begann das Auseinanderbröckeln der Fraktion.

Das müssen Sie nun aber vor dem Hintergrund der Berliner SPD sehen, die eine zerklüftete, heterogene Großstadtpartei geworden war wie - leider - anderswo auch. Sie war nur noch ganz schwer zu führen. Es gab die Teilung in eine wirklich linksdogmatische Gruppierung und teilweise bornierte rechte Sozialdemokraten, die, als einst überzeugte Godesbergianer, vergessen hatten, daß sie in der Verpflichtung zum steten innerparteilichen Ausgleich standen. Die faktische Teilung der Partei führte zu Parteitagen, bei denen eine Mehrheitsbildung immer schwieriger wurde und zur Mehrheitsbildung immer mehr Leute integriert werden mußten, die es eigentlich nicht wert waren, deren Stimmen man aber brauchte. Der innerparteiliche Ausgleich der Interessen, notwendig in jeder großen demokratischen Partei, wurde immer mühseliger. Und das alles vor dem Hintergrund einer 40jährigen Regentschaft, die von immer mehr Bürgern immer kritischer gesehen wurde. Der Ruf nach einem demokratischen Wechsel in Berlin wurde immer mächtiger, da halfen auch die Hinweise auf die stolzen Traditionen der Berliner Sozialdemokratie wenig.

Rückwirkungen publizistischer Schwenks

Auch in den publizistischen Kommandohöhen der Stadt gab es allmählich ein Umdenken. Die waren ja eigentlich alle einmal irgendwie sozialdemokratisch eingeschworen gewesen. Selbst noch in den Springerblättern gab es Leute, die sagten: Aber die Sozialdemokratie hat doch in den Zeiten der Krise gestanden . . . Ja, nun gab es aber keine Krise mehr. Und dann erschien von Weizsäcker. Der war eine Lichtgestalt. Im innenpolitischen Sumpf einer Großstadt hatte der sich die Hände noch nicht schmutzig machen müssen. Der konnte immer als hehre Persönlichkeit auftreten, ganz gesetzte und kluge Reden führen, mußte nicht mit beiden Füßen rein in den Schlamm. So kippten publizistisch nacheinander Leute weg, die zuvor noch pro Regierender Bürgermeister Stobbe geschrieben oder geredet hatten. Ein Beispiel ist die verehrte Gräfin Dönhoff, die zuvor in der *Zeit* sehr freundliche Porträts über den Ostpreußen Stobbe, seine Besonnenheit etc. geschrieben hatte. Und nun war Weizsäcker da und Stobbe nicht mehr interessant. Die Rückwirkungen solcher publizistischen Schwenks hatten verheerende Wirkungen auf die Kohäsion einer politischen Partei oder einer Koalition.

Appel: Das schätzen Sie so stark ein?

Stobbe: Ja, ziemlich verheerende Wirkungen. Mein ganzer Politikansatz bestand ja darin, aus ehrlicher Überzeugung, den Menschen wieder Mut machen zu wollen. Sie sollten stolz sein auf eigene Leistungen und wissen, daß sie sich auf die politische Unterstützung des Bundes und der Alliierten verlassen konnten. In diesem Szenario war die Figur eines Hoffnungsträgers unerläßlich. In dem Moment, in dem dieser nicht mehr die Hoffnung gerade auch der Publizisten repräsentierte, ließ die Kohäsion der „Optimismusgemeinschaft" nach. Dann begannen die Fragen: Muß man dem Stobbe wirklich Vertrauen schenken, vielleicht kann er es ja wirklich nicht?

Der Garski-Skandal

In dieser Phase trieb ich auf einen Skandal zu, den sogenannten Garski-Skandal. Zuvor hatte ich nach den Wahlen einen Fehler gemacht, wie ihn typischerweise nur junge Politiker machen: Ich hatte angekündigt, ich würde eine Regierungsumbildung in der Mitte der Legislaturperiode vornehmen. Das Datum stand, die Presse fragte - zu Recht - nach, und zeitgleich passierte dann diese Garski-Geschichte. Plötzlich wurde die angekündigte Senatsumbildung eine Folge des Garski-Skandals. An jenem 15. Januar 1981 trafen beide Entwicklungen im Abgeordnetenhaus von Berlin aufeinander. Und dann knallte es halt. Ich bin zurückgetreten, weil ich für die Senatsumbildung keine Mehrheit fand. Für viele Bürger trat ich zurück wegen des Garski-Skandals. Wie war es wirklich?

Wie kam es zum Garski-Skandal? Das Land Berlin hat ein Bürgschaftsgesetz wie alle Bundesländer und die Bundesrepublik Deutschland auch. Firmen können Bürgschaften über Banken vom Land Berlin zur Abdeckung dieser oder jener Projekte erhalten. Herr Garski hatte eine solche Bürgschaft bekommen für eine Baumaßnahme in Saudi-Arabien. Herr Garski war ein Vorzeigeunternehmer der Stadt. Er war wohl auch ein erfolgreicher Architekt. Ich kannte ihn persönlich kaum, hatte ihn einige Male bei Empfängen gesehen. Der Bürgschaftsausschuß des Senats, mit dem ich nichts zu tun hatte, hatte der Bürgschaft für diese Baumaßnahme in Saudi-Arabien zugestimmt. Herr Garski hat sich dann wohl mit seinem belgischen Partner zerstritten. Der Konkurs drohte, Herr Garski wurde nervös und machte eine Sache, die ihm später zweieinhalb Jahre Gefängnis einbrachte - er griff in die Kasse und verschwand von der Bildfläche. Plötzlich gab es in Berlin einen für die Pleite verantwortlichen Unternehmer nicht mehr. Es gab nur noch den Senat, der die Bürgschaft zu verantworten hatte. Plötzlich war die Politik dafür verantwortlich, daß in Saudi-Arabien eine Baupleite gebaut worden war. Natürlich wurde die Stadt zur Kasse gebeten, das ist ja der Sinn einer Bürgschaft. In anderen Bundesländern und beim Bund sind auf diesem Wege viel höhere Beträge über den Jordan gegangen, aber ohne daß eine Regierung deswegen zurückgetreten wäre. Aber in der spezifischen politischen Situation Berlins wurde diese Pleite eines Berliner Unternehmens voll auf den Senat gekippt, der plötzlich für alles verantwortlich erklärt wurde.

Ich habe es damals gesagt und sage es auch heute: Wegen dieser Pleite wäre ich nicht zurückgetreten. Ich fühlte mich als Person in keiner Weise verantwortlich. Es gab einen Bürgschaftsausschuß des Landes, dem der Regierende Bürgermeister aus wohlerwogenen Gründen nicht angehörte, wie übrigens in allen anderen Bundesländern damals auch. Diese Bürgschaft hatten die zuständigen Senatoren, ihre Beamten und die Bank zu verantworten. Ich aber war für etwas anderes verantwortlich: Ich war verantwortlich für die Zusammensetzung, für die Bildung des Senats. Deshalb wollte ich auf diese Affäre politisch reagieren, und zwar in Verbindung mit der ohnehin angekündigten Senatsumbildung. Also habe ich einen solchen Versuch gemacht. Genau daran bin ich dann gescheitert.

In den Koalitionsfraktionen gab es zuvor über die von mir vorgeschlagenen Kandidaten lange und demokratische Aussprachen und Abstimmungen. Es gab für alle Kandidaten große Mehrheiten. In der SPD-Fraktion wurde vom Fraktionsvorsitzenden sogar die berühmte Frage gestellt: Stimmt jemand im Plenum nicht mit, weil er es mit seinem Gewissen nicht vereinbaren kann? Es gab einen Abgeordneten, der daraufhin gesagt hat, er könne in der Tat den einen Senatskandidaten nicht wählen. Die Fraktionsführung hat mit diesem Abgeordneten dann gesprochen. Ich ging jedenfalls in die Abstimmung in der ruhigen Gewißheit, alles getan, die Abstimmung im Plenum über den veränderten Senat gut vorbereitet zu haben. Ich war so sicher, daß ich zunächst oben im Amtszimmer blieb, um Akten zu machen. Aber dann kamen die ersten Ergebnisse, und die waren verheerend. Heute wissen wir, daß diese vier schwarzliberalen FDP-Leute konsequent anders gestimmt hatten als zuvor in ihrer eigenen Fraktion beschlossen. Und dabei hatte mir der Fraktionsvorsitzende der FDP in die Hand versprochen, daß seine Fraktion im Plenum zu der Neubildung des Senats stehe! Doch für mich war etwas anderes viel schlimmer.

Rücktrittserklärung vor dem Abgeordnetenhaus, 15. Januar 1981. Heinrich Lummer leitet die Sitzung.

Auch bei der SPD gab es bei zwei der Kandidaten jeweils fünf Gegenstimmen - und das war dann der Tropfen, der das Faß zum Überlaufen brachte. Das waren die berühmten U-Boote, die mich gekippt hatten. Die kenne ich übrigens bis heute nicht namentlich und will auch gar nicht wissen, wer sich gegen die Fraktionsdisziplin gestellt hat. Für mich war nur ein Punkt wichtig: Es gab Sozialdemokraten in der Fraktion, die ganz bewußt eine schwere Niederlage des Regierungschefs in Kauf nahmen. Sie mögen ja ehrenwerte Gründe für ihr Abstimmungsverhalten gehabt haben, das verfassungsmäßige Recht dazu hatten sie allemal. Also aus welchen Gründen auch immer: Sie haben gemeint, daß ihr Anliegen, zu dem sie sich öffentlich nicht äußerten, am Ende wichtiger sei als die Mehrheitsbildung für die Koalition im Abgeordnetenhaus. Gut, aber ich hatte dadurch keine Mehrheit mehr. Und daraus habe ich dann sofort die Konsequenz gezogen und wollte zurücktreten, obwohl ich nach der Verfassung meinen Vorschlag vor dem Abgeordnetenhaus hätte wiederholen können. Brandt eilte nach Berlin, war sehr nett zu mir und machte den Vorschlag, das Abgeordnetenhaus erneut über meinen Vorschlag abstimmen zu lassen. Aber ich hatte den Kanal voll, ich wußte, eine brachial erzwungene Mehrheitsbildung im Abgeordnetenhaus würde auch nicht lange halten. Ich konnte mich immerhin darauf berufen, daß ich die neuen Senatsmitglieder ausführlich in den Fraktionen vorgestellt hatte; einen Alleingang hatte ich nicht unternommen, richtige demokratische Willensbildung hatte stattgefunden. Wenn dann im Parlament die Mehrheit nicht steht, so sagte ich mir, dann kann ich eh nicht mehr regieren. Also bin ich zurückgetreten.

Ich war zu jung

Appel: Können Sie mit dem Abstand von heute sagen, was Sie hätten anders machen sollen oder können? Gibt es da eine Erfahrung oder Erkenntnisse?

Stobbe: Es gibt eine ganz wichtige Erkenntnis, die auch ihren Niederschlag findet in einem Briefwechsel zwischen Ulrich Klose und mir. Klose war ja genauso jung wie ich in das Hamburger Bürgermeisteramt gekommen. In dem Briefwechsel, viel später, haben wir beide uns eingestanden, daß wir damals wohl doch zu jung waren. Wir wollten viel zu viel erreichen, schauten immer nur nach vorn, sicherten die Flanken nicht ab, waren nicht mißtrauisch genug, übersahen die Zeichen von Feindschaft und Verrat nur allzu leicht.

Nachdem ich von Weizsäcker im Amt beobachtete, kam ich auch noch zu einer anderen Erkenntnis. Von Weizsäcker war gewiß kein bedeutender Stadtpolitiker, viele Projekte hat er nicht bewegt. Aber man kann von ihm eine politische Technik lernen, die sehr wirkungs- und wertvoll ist. Von seiner und meiner ehemaligen Sekretärin, Frau Fischer, weiß ich, daß von Weizsäcker es fertig brachte, drei Tage lang alle Termine abzusagen, um die eine gute und wichtige Rede auszuarbeiten. Er saß dann in seinem Amtszimmer, ließ sich Bücher bringen, dachte nach und formulierte. Wir haben später in ihm einen tollen Bundespräsidenten gehabt, der politische Führung über die Technik der öffentlichen Rede so überzeugend ausübte. In Berlin hatte er zuvor auch auf diese Fähigkeit gesetzt. Wenn man das richtig macht, dann kann man darüber eine große Zahl von Leuten einbinden und so auch Leistung erzeugen. Wenn man dagegen über die Sanierung des Steglitzer Kreisels redet, dann ist das Visionäre darin eigentlich nur, daß man den Menschen etwas über die Machbarkeit der Dinge sagt und über die Notwendigkeit zum konkreten Handeln spricht. Es gibt wohl viele, die genau das nicht so spannend finden.

Appel: Zurück in die Gegenwart. Irgendwo habe ich gelesen, Sie wollen der Politik endgültig adieu sagen.

Stobbe: Man soll nie nie sagen. Aber es ist schon wahr. Ich bin ein konsequenter Mensch. Zweimal habe ich eine politische Niederlage erlitten. Einmal 1981, dann bin ich 1990 nicht wieder in den Deutschen Bundestag gewählt worden, obwohl jeder Wähler wissen konnte, daß ich mich im Deutschen Bundestag für Berlin und für die Einheit Deutschlands mit der ganzen Kraft, die mir zur Verfügung stand, eingesetzt hatte. Ich sagte mir: Schau mal zurück. 22 Jahre Deines Lebens hast du politische Mandate gehabt, willst Du jetzt rumlaufen wie gewisse Leute in Bonn, Dich als „Ehemaliger" immer wieder zur Schau stellen, den Nachfolge-Amtsinhabern und -Mandatsträgern dauernd ungefragt Ratschläge geben? Nein, das wollte ich nicht. Ich habe mich statt dessen gefragt, was denn für mich noch drin ist mit 53 Jahren. Ich habe nach einer interessanten Aufgabe gesucht, gute Angebote bekommen. Schließlich ging ich zu einer internationalen Beratungsfirma, die in Berlin ein neues Büro aufmachte. Damals, 1991, kam ich als 9. Mitarbeiter. Heute sind wir rund 60 Mitarbeiter im Berliner Büro der ältesten Beratungsfirma der Welt, einem amerikanischen Unternehmen, das weltweit arbeitet.

Ich möchte keinen Tag aus den langen Jahren der Politik missen. Aber daß ich den Weg aus den herausgehobenen politischen Positionen, in die ich durch mein politisches Engagement gekommen war, zurück in eine anspruchsvolle berufliche Tätigkeit gefunden habe, macht mich durchaus stolz.

Appel: Herr Stobbe, ich danke Ihnen.

Zeittafel

1926	Geboren am 3. Februar in Göttingen.
1946–1951	Studium der Rechtswissenschaft in München und Marburg, Promotion zum Dr. jur.
1950	Eintritt in die SPD.
1952–1953	Mitarbeiter im bayerischen Justizministerium.
1954	Richter in Traunstein.
1955–1959	Anwaltstätigkeit für die Bayerische Staatskanzlei.
1960–1972	Oberbürgermeister von München.
1972–1977	SPD-Vorsitzender in Bayern.
1972–1974	Bundesminister für Städtebau, Raumordnung und Bauwesen.
1974–1980	Bundesminister der Justiz.
1981	Januar bis Juni: Regierender Bürgermeister von Berlin.
bis 1983	Vorsitzender der SPD-Fraktion im Abgeordnetenhaus.
1983–1991	Vorsitzender der SPD-Fraktion im Deutschen Bundestag, ab 1987 zugleich Bundesvorsitzender der SPD.
1991–1994	Weiterhin SPD-Abgeordneter im Deutschen Bundestag.

Hans-Jochen Vogel

Januar 1981 - Juni 1981

„Wenn mich jemand vor 1980 gefragt hätte, ob man in einem Leben Oberbürgermeister von München und Regierender Bürgermeister Berlins sein könnte, dann hätte ich ihn für einen Phantasten gehalten. Nun, ich war beides.“ Nur sehr selten gestattete es sich Hans-Jochen Vogel, in seiner vielfältigen aktiven politischen Laufbahn Gefühle des Stolzes öffentlich einzugestehen. Aber als Berlins Regierender Bürgermeister Eberhard Diepgen (CDU) im März 1994 mit der Verleihung der Ernst-Reuter-Plakette an Jochen Vogel das Berlin-Engagement des ehemaligen SPD-Vorsitzenden aus Bayern würdigte, da konnte der süddeutsche Sozialdemokrat mit preußischen Eigenschaften sowohl seine Dankbarkeit über diese Ehrung als auch seine Genugtuung über den ungewöhnlichen Weg von München über Bonn nach Berlin nicht mehr verbergen. Und in seiner Dankrede schwärmte er von seiner Berliner Zeit, von seinen Berliner Wohnungen, nicht im vornehmen Dahlem, sondern mittendrin in der Stadt, zuerst am Elvirasteig und dann in der Richardstraße. Liebenswürdig sprach er von der Krummen Lanke, dem Schlachtensee sowie dem Böhmischen Dorf, und natürlich erinnerte er sich an seinen Dienstsitz im Rathaus Schöneberg, aber auch an die Begegnungen im Wedding und dem Prenzlauer Berg. Mit besonderer Genugtuung erwähnte er die Übergabe der historischen Figuren von der Schloßbrücke an Ost-Berlin, die während des Krieges im Westen Berlins eingelagert worden waren. Als Regierender in West-Berlin hatte er diese Übergabe 1981 über die Mauer hinweg vermittelt, um einen innerstädtischen Dialog mit Ost-Berlin in Gang zu bringen.

Hans-Jochen Vogel war zwar nur knapp sechs Monate Regierender Bürgermeister Berlins - von Januar bis Juni 1981 -, aber diese kurze Zeitspanne hinterließ sowohl bei den Berlinern als auch bei ihm selbst deutliche Spuren. Als Nothelfer war er auf Ersuchen der Bonner SPD-Parteispitze nach Berlin gebeten worden, nachdem die Stadtregierung unter dem Sozialdemokraten Dietrich Stobbe wegen Querelen, Skandalen und einer gescheiterten Senatsumbildung zurückgetreten war. (Vogel: „Von Heckenschützen aus den eigenen Reihen gestürzt.") Die zerrüttete Berliner SPD hatte daraufhin einen Hilferuf an die Bonner Troika Willy Brandt, Helmut Schmidt und Herbert Wehner gerichtet. Die Idee, Hans-Jürgen Wischnewski vorzuschlagen, stieß in Berlin nicht auf Gegenliebe. Als erster brachte dann Peter Glotz den Bundesjustizminister Jochen Vogel in die Diskussion.

In einem Gespräch erzählte mir Vogel 1994, daß damals in einer Führungsrunde der SPD auf Vorschlag Herbert Wehners zunächst Willy Brandt gefragt worden war, ob er wieder nach Berlin gehen würde, aber: „Brandt hat mit verständlichen und guten Gründen nein gesagt - dies wäre wohl jetzt nicht die richtige Lösung. Und dann richteten sich die Augen auf mich, und ich habe gesagt: ‚Ich bin bereit'."

Jochen Vogel war 1981 in der sozialliberalen Koalition unter Kanzler Helmut Schmidt immerhin ein erfolgreiches Kabinettsmitglied. Er hatte sich nicht nur in seinem Ressort als Jurist hohes Ansehen erworben, sondern auch sein politisches Gewicht in der Partei gestärkt, indem er sich mit dem linken Flügel aussöhnte, mit dem er sich in seiner Münchner Zeit scharf auseinandergesetzt und vor dem er schließlich kapituliert hatte. München war die Geburtsstätte seiner politischen Karriere. Mit 34 Jahren war Jochen Vogel 1960 bereits in direkter Wahl mit 64,3 Prozent der Stimmen zum Oberbürgermeister der Stadt gewählt worden. Zuvor war der mit summa cum laude promovierte Jurist Rechtsrat der Stadt. 1966 wurde der „jüngste OB einer europäischen Millionenstadt" mit 77,9 Prozent der Stimmen wiedergewählt. Ein Porträtist nannte ihn damals den „Karajan der Kommunalpolitik".

Anfang der sechziger Jahre hatte Vogel einen entscheidenden Anteil daran, daß die Olympischen Spiele 1972 nach München vergeben und die „heimliche Hauptstadt Deutschlands", wie man damals sagte, vor allem auch verkehrstechnisch optimal ausgebaut wurde. Aber der „Primus", der Fleißige, Korrekte, der Wertkonservative eckte seinerzeit bei den Linken in seiner Partei in Bayern immer stärker an. Zermürbt von diesen Konflikten verzichtete er schließlich auf eine erneute Kandidatur als OB und bewarb sich statt dessen als SPD-Landesvorsitzender Bayerns an der Spitze der Landesliste im November 1972 um ein Bundestagsmandat.

Weil Hans-Jochen Vogel mit der Parteilinken weiter im Konflikt gelebt hatte, war auch sein Verhältnis zum Parteivorsitzenden und Bundeskanzler Willy Brandt eher distanziert als freundschaftlich. Aber Willy Brandt berief 1972 nach seinem außerordentlichen Wahlsieg den populären Bayern dennoch in sein Kabinett und ernannte ihn zum Bundesminister für Raumordnung, Städtebau und Bauwesen. Nach dem Rücktritt Brandts im Mai 1974 berief ihn Bundeskanzler Helmut Schmidt zum Bundesjustizminister, ein Amt, das dem Spitzenjuristen auf den Leib geschrieben war und das er auch über die Bundestagswahlen von 1976 und 1980 beibehielt. In dieser Phase machte er auch seinen Frieden mit der Parteilinken.

Mitte Januar 1981, nach der Nominierung für Berlin, machte Vogel sich mit der Lage in der alten Reichshauptstadt, dem Zustand seiner Partei und der angeschlagenen SPD/FDP-Koalition vertraut. Acht Tage später, am 23. Januar, wurde er vom Abgeordnetenhaus - nicht nur von den Regierungsparteien SPD/FDP, sondern auch von zwei Abgeordneten der oppositionellen CDU - zum Regierenden Bürgermeister gewählt. Genscher hatte von Bonn aus für eine Aufrechterhaltung der sozialliberalen Koalition in Berlin gesorgt, obwohl sich in der Berliner FDP eine Fronde zugunsten einer Koalition mit der CDU unter Richard von Weizsäcker gebildet hatte.

Der Regierende Bürgermeister Vogel traf - vom Inseldasein ganz abgesehen - auf eine schwierige innere Situation der Stadt, die durch die Hausbesetzerproblematik, die Affäre um den mit staatlichen Bürgschaften bevorzugten Architekten und Bauunternehmer Garski und die in innerparteiliche Flügelkämpfe verstrickte Berliner SPD gekennzeichnet war. In dieser Szenerie wirkte der integre, pflichtbewußte, fleißige und sparsame Bayer in Berlin wie ein Lichtfigur. Für die Berliner war es damals höchst erstaunlich, daß jemand das Amt des Bundesjustizministers für eine Aufgabe im krisengeschüttelten Berlin aufgab. Innerparteilich bemühte sich Vogel in hunderten von Gesprächen und Konferenzen, die Flügel zu überbrücken und Zuversicht zu erzeugen. Schnell verschaffte er sich in der Stadt und in seiner Partei durch eine beispielhafte Arbeitsintensität Respekt und Anerkennung. In der Frage der Hausbesetzungen entwickelte er die „Berliner Linie", nach der bestehende Hausbesetzungen durch Nutzungs- und Mietverträge bedingt sanktioniert werden sollten, wenn gleichzeitig weitere Besetzungen verhindert würden. Aber um seinem politischen Kurs Festigkeit zu verleihen, hätte er mehr Zeit gebraucht als sechs Monate und auch verständnisvollere Berliner Medien sowie eine Berliner Polizei, die seine Politik umzusetzen in der Lage gewesen wäre - und beispielsweise nicht am Palmsonntag 1981 die Schaufensterscheiben am Kurfürstendamm hätte reihenweise zu Bruch gehen lassen, weil sie das fälschlich als die gewünschte „Berliner Linie" Vogels interpretierte.

Der Regierende Bürgermeister mit Baufachleuten während eines Rundgangs in der Waldemar- und Adalbertstraße in Kreuzberg, bei dem Instandsetzungsmaßnahmen für diverse Häuser diskutiert wurden, April 1981.

Auf einer Seniorenparty in der Deutschlandhalle, März 1981.

Die CDU unter Führung von Weizsäckers hatte ständig Neuwahlen gefordert, und Jochen Vogel zeigte dafür wegen der verworrenen Verhältnisse Verständnis. Bei den dann tatsächlich stattfindenden Berliner Neuwahlen am 10. Mai 1981 erreichte Vogels SPD zwar 38,3 Prozent der Stimmen, aber die CDU unter Richard von Weizsäcker kam mit 48 Prozent fast auf die absolute Mehrheit, während der sozialdemokratische Koalitionspartner FDP mit 5,6 Prozent nur knapp die Sperrklausel überspringen konnte. Die Sensation waren 7,2 Prozent für die Alternative Liste (AL), was einer Ohrfeige für die etablierten Parteien und ihre jahrelangen Versäumnisse gleichkam. Der Schock saß tief. Bei oberflächlicher Betrachtung schien das den Einzug von Hausbesetzern und Chaoten, also der APO (Außerparlamentarische Opposition), in das Berliner Parlament zu bedeuten.

Der Ruf nach einer radikalen politischen Wende in Berlin wurde dadurch gestärkt. Da Vogel ohnehin über keine parlamentarische Mehrheit verfügte, bildete Richard von Weizsäcker zunächst einen

CDU-Minderheitssenat. Seine Wahl zum Regierenden war von einigen FDP-Abweichlern unter Führung von Hermann Oxfort unterstützt worden. Und als in Bonn die SPD/FDP-Koalition unter Bundeskanzler Helmut Schmidt am 1. Oktober 1982 durch ein konstruktives Mißtrauensvotum mit Hilfe der zur CDU umgeschwenkten FDP gestürzt wurde, war auch in Berlin für die sich neu formierende FDP der Weg frei für einen CDU/ FDP-Mehrheitssenat unter Richard von Weizsäcker.

Hans-Jochen Vogel, der Weizsäcker stets als einen fairen politischen Gegner bezeichnet hatte, blieb in Berlin, wurde sozialdemokratischer Oppositionsführer im Abgeordnetenhaus und übernahm, was für seine Grundeinstellung bezeichnend war, den Vorsitz im Petitionsausschuß. Vogel blieb auch Berliner, als ihn die Bundes-SPD Ende Oktober 1982 einstimmig zum Kanzlerkandidaten der SPD nominierte, nachdem der gestürzte Ex-Kanzler Helmut Schmidt nicht nochmals als Kandidat antreten wollte. Mit der Bundestagswahl im März 1983, die er als Kanzlerkandidat verlor, kehrte Vogel als Bundestagsabgeordneter mit Berliner Wahlkreis in die Bonner Politik zurück. Die Bindungen zu Berlin gab er auch nicht auf, als er 1983 in der Nachfolge Wehners Vorsitzender der SPD-Bundestagsfraktion und 1987 nach dem Rücktritt von Willy Brandt Parteivorsitzender der SPD wurde. Sein Engagement für Berlin blieb ungebrochen. Von 1981 bis 1994 betrieb er in Berlin-Neukölln ein Bürgerbüro, in dem im Laufe der Zeit rund 40.000 Menschen Rat und Hilfe suchten, über 3.000 davon hatten seine persönliche Sprechstunde genutzt. Einen wesentlichen Beitrag für Berlin leistete der preußische Bayer, als es im Bundestag um Bonn oder Berlin als Sitz der Regierung und des Parlaments ging.

Seine herausgehobene Wertschätzung kam am 30. Juni 1994 zum Ausdruck, als Vogel im Bundestag seine letzte Rede hielt und sich dankend mit dem Satz verabschiedete: “Die Wahrheit seiner Antwort kann kein Politiker verbürgen, wohl aber die Wahrhaftigkeit des Fragens und des immer neuen, unermüdlichen Bemühens.“

Das amtliche Parlamentsprotokoll beschreibt eindrucksvoll die Abschiedsszene:

Dr. Hans-Jochen Vogel: Ich danke Ihnen.

(Langanhaltender Beifall bei der SPD – Anhaltender Beifall bei der CDU/CSU, der F.D.P., der PDS/Linke Liste und dem BÜNDNIS 90/ DIE GRÜNEN – Die Abgeordneten der SPD-Fraktion erheben sich – Abg. Dr. Hans-Jochen Vogel (SPD) wird von Mitgliedern der

Fraktionen und Gruppen sowie von Bundeskanzler Dr. Helmut Kohl und weiteren Mitgliedern der Bundesregierung beglückwünscht)

Präsidentin Dr. Rita Süssmuth: Lieber Kollege Vogel, was sich gerade in unserem Parlament ereignet hat, gehört zum Schönsten und Besten, zu dem, was im Parlamentarismus eine Sternstunde genannt werden kann.

(Beifall im ganzen Hause)

Es zeigt, wie mitten aus der streitigen Debatte der Konsens erwachsen kann. Ich sage von diesem Orte aus: Es ist noch nicht der Augenblick des Abschieds, aber des Dankes, des Respektes und der ganz hohen Wertschätzung. Dies wage ich im Namen aller Mitglieder des Hauses zu sagen. Herzlichen Dank für Ihre große parlamentarische Arbeit.

(Beifall im ganzen Hause)

Zu dem folgenden Gespräch über seine Amtzeit als Regierender Bürgermeister, Oppositionsführer und seine Arbeit als Berliner Abgeordneter im Bundestag empfing mich Dr. Vogel im November 1994 als letzten Besucher in seinem Büro im Bonner Bundeshaus.

Appel: Herr Dr. Vogel, Ihre Zeit als Regierender Bürgermeister Berlins war zwar nur kurz - vom 23.Januar 1981 bis zum 10.Juni 1981 -, aber weil Sie ja Berliner Abgeordneter im Bundestag waren, spielt Berlin doch in Ihrem politischen Leben, besonders in der aktiven Schlußphase, eine wesentliche Rolle - oder?

In Berlin länger politisch aktiv als in München

Vogel: Das ist uneingeschränkt zu bejahen, und wenn Sie es rein zeitlich betrachten, dann war ich länger Berliner Bürgermeister, Abgeordneter im Abgeordnetenhaus und im Bundestag, als ich Münchener Oberbürgermeister war (12 Jahre und 2 Monate - im Vergleich zu meiner Tätigkeit für Berlin, die fast 14 Jahre dauerte).

Appel: Kann man sagen, daß Sie 1981 als „Notnagel" aus Bayern nach Berlin gerufen wurden, weil dort die Zustände innerhalb der Partei und auch innerhalb der Stadt äußerst prekär waren und eine Senatskrise zum Rücktritt Ihres Vorgängers Stobbe geführt hatte?

Vogel: Die Stadt befand sich damals in einer schwierigen Phase – ich nenne besonders das Stichwort Hausbesetzungen –, die Sozialdemokratie befand sich zusätzlich in einer speziellen Krise, denn Stobbes Vorschläge für eine Erneuerung des Senats hatten im Abgeordnetenhaus keine Mehrheit gefunden, er war zurückgetreten. Die Zahl derer, die damals bereit waren, seine Nachfolge anzutreten, hielt sich in überschaubaren Grenzen. Um es deutlicher zu sagen: Helmut Schmidt, Willy Brandt und Herbert Wehner waren gebeten worden, bei der Lösung dieser personellen Frage zu helfen. Die Frage kam dann an mich, auch auf dem Hintergrund meiner kommunalen Vergangenheit in München, und zwar sehr konkret am 18. Januar 1981. An diesem Tag kam die SPD-Führung im Kanzleramt zusammen. Herbert Wehner hat einen Moment vorgeschlagen, ob nicht Willy Brandt selber wieder nach Berlin zurückkehren sollte, und ich habe das unterstützt. Dann wurde die Besprechung für zwei Stunden unterbrochen, und Egon Bahr fuhr zu einer separaten Verhandlung mit Willy Brandt. Er kam mit der Botschaft zurück, daß Brandt aus verständlichen Gründen nein gesagt hatte; dies wäre wohl jetzt nicht die richtige Lösung. Dann richteten sich die Augen auf mich, und ich sagte: Freunde, ich habe auch zu denen gehört, die immerzu von den Brüdern und Schwestern in Berlin geredet haben und von Solidarität; hic Rhodus, hic salta – nun bin ich selber auf die Probe gestellt. Deshalb habe ich gesagt: Ja, ich bin bereit. Alles andere ging dann innerhalb von Tagen – die Wahl war am 23. Januar, ich mußte mit denen, die ich damals gebeten hatte, die Voraussetzungen für die Senatsbildung abklären, die Verhandlungen mit der FDP waren nicht ganz einfach, Hans-Dietrich Genscher war in dieser Phase sehr hilfreich. Dann kam die Wahl vom 23. Januar. Ich erinnere mich mit etwas Schmunzeln daran, daß ich sogar zwei Stimmen mehr bekommen habe, als die SPD- und FDP-Fraktion aufbieten konnten, mich also mindestens zwei aus der Union gewählt haben. Die Lage war schwierig, auch innerhalb der eigenen Partei, aber für mich war es eine Frage der Konsequenz, das Angebot anzunehmen.

Appel: Was waren damals die schwierigsten Probleme in Berlin? Waren es tatsächlich nur die Hausbesetzungen, die ja die Szene beherrschten und für die man Lösungen suchen mußte? Wie war das mit den Flügelkämpfen in der SPD?

Zusammentreffen mit vier Amtsvorgängern, März 1981. V. l.: Willy Brandt, Klaus Schütz, Dr. Vogel, Heinrich Albertz und Dietrich Stobbe.

Hausbesetzungen - Garski-Affäre - Zustand der SPD

Vogel: Es gab drei Dinge, die schwierig waren. Das erste war die Hausbesetzerproblematik, wohl eine Folge der bis dahin betriebenen Stadterneuerungspolitik. Wir hatten an die 10.000 Leerstände, Spekulationserwägungen spielten eine ganz erhebliche Rolle. Der Protest der jungen Leute war in der Form ärgerlich und wenig kommunikativ, doch ich konnte ihm - auch weil ich mich früher in Bodenrechtsfragen engagiert hatte - ein gewisses Verständnis nicht versagen. Hier sollten Häuser abgerissen werden, die mit einer geringen Mühe durchaus wieder in einen bewohnbaren Zustand hätten versetzt werden können. Das zweite waren die Nachbeben der sogenannten Garski-Affäre. Garski spielte in Berlin eine gewisse Rolle als Architekt und Bauunternehmer, der Verdacht war aufgekommen, daß er mit

Während einer Rede im Abgeordnetenhaus. Die Sitzung leitet Heinrich Lummer.

Bürgschaften bevorzugt behandelt worden sei. Gemessen an anderen Sachen, die die Stadt vorher und danach erlebt hat, eine Bagatelle. Da hat man auch Dietrich Stobbe und Herrn Lüder (FDP) Unrecht getan. Unabhängig davon waren gewisse Grundsätze – etwa der Gedanke, daß ein Senator, der in seinem Amt für bestimmte Unternehmen zuständig war, nicht gleichzeitig dort im Aufsichtsrat sitzen sollte – zum Teil außer Übung gekommen.

Appel: Es herrschte eben Verfilzung . . .

Vogel: Das sagen Sie jetzt; es ist ein harter Ausdruck. Ich wollte nicht den Vorwurf von Unkorrektheit erheben. Aber das waren alles Dinge, die ich von München her nicht gewohnt war und die mir einfach gegen den Strich gingen. Und das dritte Problem war der Zustand der Partei. Dabei hatte ich allerdings das Plus, in diese lange zurückreichenden Auseinandersetzungen - sie gingen ja zurück schon in die Zeit vor Willy Brandt - überhaupt nicht verstrickt zu sein. Alle Beteiligten hatten den Eindruck, daß der Partei das Wasser ziemlich hoch stand. Deshalb konnte ich mit Kooperation und Verständnis von beiden Seiten rechnen. Harry Ristock hat mich beispielsweise großartig unterstützt, ich könnte jedoch ebensogut auch Namen nennen, die in der Partei eine andere Richtung verfolgten.

Appel: Ristock repräsentierte den linken Flügel . . .

Vogel: Er war die Integrationsfigur des linken Flügels, aber hat mich dennoch in großartiger Weise unterstützt. Genausogut kann ich das von Peter Ullrich oder anderen sagen, die mehr auf der anderen Seite standen. Es war einfach eine Situation, wo - und ich will mich nicht wichtiger machen, als ich bin - das persönliche Beispiel, also von einem Tag auf den anderen eine ungekündigte Stellung als Justizminister zu verlassen und nach Berlin zu gehen, honoriert wurde.

Nachtquartier neben dem Amtszimmer

Appel: Stimmt es eigentlich, daß Sie anfänglich im Schöneberger Rathaus auf einem Feldbett übernachtet haben, um ständig präsent zu sein?

Vogel: Das ist eine freundliche Legende. Sepp Binder, der Pressesprecher, hat sie wohl unter die Leute gebracht. Die Realität sah so aus, daß es neben dem Amtszimmer des Regierenden Bürgermeisters im Schöneberger Rathaus einen kleinen Nebenraum gab. Dort stand ein - zu meiner Zeit haben wir gesagt: Chaiselongue - also ein Sofa. Scheinbar haben sich meine Vorgänger manchmal unter tags da einen Moment hingelegt, wenn der Tag lang war. Ich habe dann für Bettwäsche gesorgt, habe das Sofa beziehen lassen und dann dort geschlafen, wenn ich bis zwölf im Rathaus war und am nächsten Tag um sieben den ersten Frühtermin angesetzt hatte. Da wäre es unvernünftig gewesen, erst einmal eine Stunde in meine behelfsmäßige Unterkunft zu fahren und dann morgens wieder zurück. So bin ich eben dortgeblieben, zumal da auch noch eine kleine Dusche war. Das hat mir gereicht.

Immer noch Probleme mit den Studenten: Der Regierende Bürgermeister bei einer Podiumsdiskussion im Audimax der Technischen Universität, April 1981. Neben Vogel am Tisch sitzend Karsten Voigt (l.) und General a. D. Gerd Bastian.

Wahlen führen zum Wechsel

Appel: Sie haben ja in der Tat nicht wie ein „Notnagel" gewirkt, sondern sich durch Ihre Art und Weise des Eingreifens viel Respekt erworben. Dann kam die Wahl, die ja – für Sie vielleicht enttäuschend – diese Dankbarkeit nicht ausdrückte. Die SPD erhielt „nur" 38,3 Prozent der Stimmen, die FDP kam knapp über 5 Prozent (5,6) und die Alternative Liste erhielt überraschend 7,2 Prozent. Dagegen erreichte die CDU zwar nicht die absolute Mehrheit, kam aber immerhin auf 48 Prozent. Haben Sie eine nachträgliche Erklärung für dieses Wahlergebnis - es liegt ja nun schon viele Jahre zurück?

Vogel: Zunächst war es keine Schande, gegen Richard von Weizsäcker zu unterliegen. Wir haben übrigens damals einen anständigen und fairen Wahlkampf miteinander geführt. Zum zweiten - und wieder will ich die 38,3 Prozent nicht besser machen als sie waren -: Es war ein Ergebnis, das weit über die Erwartungen hinausging, mit denen sich die Partei im Januar/ Februar 1981 konfrontiert sah. Es ist übrigens in Berlin bis heute nicht wieder erreicht worden. Das Entscheidende war, daß die Alternative Liste aufgrund der Berliner Entwicklung einen Zuspruch in dieser Höhe gefunden hat - denken Sie sich diese 7 Prozent auf die SPD und die damals ja in Berlin halb und halb sehr liberale, aber auch sehr konservative FDP (Oxfort auf der einen, Kunze auf der anderen Seite) verteilt, dann hätte es ja sogar knapp noch gereicht. Warum die Grünen, die Alternativen, so stark geworden sind, das hatte seine Wurzel in Entwicklungen der Stadt. Und daß die FDP sich dann auf die Seite des Siegers geschlagen hat, das nehme ich ihr nicht besonders übel. Es ist eben ein Lebensprinzip der FDP, an der Regierung beteiligt zu sein, um überleben zu können.

Ostpolitik und Schloßbrücken-Figuren

Appel: Wie gestaltete sich damals, als Sie Regierender Bürgermeister waren, das Verhältnis zu Ost-Berlin? Gab es da schon erste Versuche einer Weiterentwicklung, gab es da Perspektiven? Hatten Sie Handlungsmöglichkeiten?

Vogel: Die Zeit war für unmittelbare Kontakte, etwa ein Zusammentreffen mit dem Generalsekretär und Staatsratsvorsitzenden, noch nicht reif. Das wäre damals verfrüht gewesen, erst Richard von Weizsäcker hat das in meiner Nachfolge getan. Aber es gab Aktivitäten auf der Schiene Bundesrepublik-Ost-Berlin über die Ständige Vertretung. Es gab von meiner Seite die Rückgabe der Skulpturen von der Schloßbrücke, und im Gegenzug die Rückgabe des Archivs der Königlichen Porzellanmanufaktur. Das war schon ein ganz bemerkenswerter Vorgang, zumal ja die Schloßbrücken-Figuren für jedermann sichtbar waren. Es gab in meiner damaligen Regierungserklärung die Forderung, daß West-Berlin wieder die Zuständigkeit für die S-Bahn und ihren Betrieb übernimmt, was an ein Tabu rührte. Denn die Blockade der S-Bahn hatte etwas mit dem 13. August 1961 zu tun. Aber unmittelbare persönliche Kontakte gab es damals noch nicht. Selbstverständlich bin ich ganz normal als Westberliner mit dem vorläufigen Ausweis und unter Inanspruchnahme der Passierscheinstelle drüben gewesen im Ostteil. Ich wollte auch das Rote Rathaus kennenlernen, doch das reichte nur bis zu einem Mittagessen im Ratskeller, in das Gebäude kam ich privat nicht hinein.

Appel: Und gab es Ihnen gegenüber Ostberliner Versuche einer Kontaktaufnahme?

Vogel: Nein. Es gab nur die Äußerung des damaligen Ersten Sekretärs der Bezirksleitung Berlin der SED, Herrn Naumann, West-Berlin werde der DDR anheimfallen wie ein fauler Apfel. So kann man sich täuschen.

Weiter aktiv für Berlin

Appel: Sie haben ja dann trotzdem konsequent weiter für Berlin gestritten, sind zunächst Oppositionsführer in Berlin geworden. Was bleibt als Erkenntnis, als Erfahrung aus dieser Berliner Zeit zurück?

Vogel: Ich darf ergänzen: Ich habe noch etwas gemacht, was damals ein gewisses Erstaunen hervorgerufen hat: Ich habe den Vorsitz im Petitionsausschuß des Abgeordnetenhauses übernommen. Der wird sonst immer etwas bagatellmäßig behandelt, aber für mich war das eine unglaublich intensive Informationsmöglichkeit über Berlin und die Berliner Probleme. Ich habe das sehr ernst genommen. Damit hängt auch mein Berliner Bürgerbüro zusammen, in dem ja in 13 Jahren 46.000 Menschen waren. Das ist auch bundesweit eine ganz erhebliche Zahl - übrigens habe ich mit 3.900 von ihnen persönlich gesprochen. Ja, was habe ich gelernt? Erstens, ich bin mit 55 Jahren durch diese neuen Herausforderungen noch einmal völlig durchgerüttelt worden. Zweitens, mein Verständnis für die Bürgerbewegungen und auch für die Gründe, die zum Erstarken der Grünen geführt haben, ist in Berlin gewachsen. Drittens, und das war mit das wichtigste: Die DDR, die mir von München oder Bonn aus relativ fern lag, ist mir während dieser Berliner Zeit nahegerückt. Ich bin mit meiner Frau und einem befreundeten Ehepaar (es war übrigens der spätere Oberbürgermeister von Rostock, Dieter Schröder) zweimal im Jahr einige Tage unterwegs gewesen, einfach, um das Land und die Menschen kennenzulernen. Und daß ich dann in der schwierigen - schönen, aber auch schwierigen - Phase der deutschen Einigung etwas mehr wußte von der DDR und ihren Menschen, das verdanke ich diesen Berliner Jahren.

Kampf für Berlin als Regierungs- und Parlamentssitz

Appel: Sie haben dann als Berliner Abgeordneter in Bonn für Berlin weitergestritten - bis hin zur Hauptstadtentscheidung im Deutschen Bundestag. Wir sitzen hier in Ihrem Bonner Büro, das Sie morgen verlassen. Insofern ist Berlin für Sie immer eine politisch wichtige Quelle gewesen, obwohl Sie nach ihrer Kindheit in Göttingen und dem Studium in Marburg politische Karriere in München gemacht haben. Was sagen Sie zum Charakter der Berliner? Und wie haben die Berliner Sie akzeptiert?

Vogel: In den Jahren ab 1983, als ich als Abgeordneter in Neukölln kandidierte und danach in den Bundestag einzog, habe ich mich stets für Berlin eingesetzt. Die Hauptstadtentscheidung ist nur ein Beispiel. Ich behaupte nicht, daß ich durch meine Rede noch sehr viel bewegt habe; aber im Vorfeld - etwa bei der Formulierung des Antrags - habe ich getan, was ich konnte. Doch das ist nur ein Beispiel. Das zweite erwähnte ich bereits kurz, das ist mein Bürgerbüro in der Schönstedtstraße. Dort war ich ein-, zweimal im Monat, jeder konnte zu mir kommen, es gab eine Frequentierung, die schon beachtlich war. Viele wußten: Geh mal zu dem Vogel, der schreibt dann einen Brief, kümmert sich, tut was, und du kriegst dann einen konkreten Bescheid.

Ich hatte meine Berliner Wohnung nicht da, wo man einen Abgeordneten und ehemaligen Bürgermeister vermutet, sondern mitten in Neukölln, in der Richardstraße, und zwar neben dem Böhmischen Dorf. Da gab es übrigens einen sehr engen Kontakt zu den böhmischen Brüdern, zu den Herrnhutern. Und - nur am Rande erwähnt - die haben mich, was auch nicht alltäglich ist, in ihrem Gemeindesaal mit einem ökumenischen Gottesdienst verabschiedet. Die Herrnhuter, der katholische Pfarrer und der evangelische Superintendent. Das war ein sehr herzlicher Abschied.

Berliner Charakter

Der Charakter der Berliner - das ist nicht einfach. Für einen Süddeutschen braucht es schon eine gewisse Wachheit und Aufmerksamkeit, um damit zurechtzukommen. Erster Eindruck: Der Berliner ist fähig zu einer zugespitzten Schärfe. Er ist nicht auf den Mund gefallen; das sind die Bayern auch nicht. Er legt gegenüber seiner Obrigkeit ein sehr oppositionelles Verhalten an den Tag, da kann man sich schon manchmal etwas irritieren lassen. Wie man in Berlin auch nicht abgeneigt ist, Leute, die eine gewisse Position haben, allein schon deswegen etwas „anzusägen“. Wenn Sie sich Ihre Berufskollegen anschauen, dann waren welche drunter, die hatten so eine Art unsichtbare Ärmelstreifen für jeden, den sie mit zu Fall gebracht hatten. Blickt man tiefer, so hat man wirklich das Gefühl, hier sind Menschen, die sich zu behaupten wissen, die unter der Berliner Schnauze auch viel Sensibilität und manchmal auch nostalgisch-sentimentale Gefühle verbergen. Wenn ich manchmal im Zweifel war, habe ich mir immer wieder die Frage vorgelegt: Welche andere Stadt hätte die Blockade 1948, das Jahr des Volksaufstands 1953 und was dann später mit der Mauer kam, so bestanden wie die Berlinerinnen und Berliner? Wobei mir immer bewußt war, daß das ja auch heute noch zu einem erheblichen Teil Schlesier oder eben Leute aus dem Osten Deutschlands sind. Wenn man ganz sensibel ist, so ist auch immer noch eine Verbindung da zu dem, was zu Zeiten eines Preußen unter Friedrich dem Großen gut war – da war ja nicht alles schlecht! Und es ist auch noch eine Verbindung da zu der revolutionären Phase von 1848/49. Man darf auch nie vergessen, daß Berlin eine zutiefst sozialdemokratische Stadt schon unter Kaiser Wilhelm war. 1912 stimmten über 60 Prozent für die Sozialdemokratie, das wissen viele gar nicht. Hitler hat in Berlin bis 1933 nicht seine besten, sondern eher mittelmäßige und schlechte Ergebnisse erzielt.

Appel: Sie haben trotz der sehr verschiedenartigen Geschichte der Stadt mit vollem Engagement für Berlin als Regierungs- und Parlamentssitz gekämpft, obwohl Sie kein Berliner sind. Hatten Sie denn das Gefühl, daß die Berliner Sie als Nichtberliner auch akzeptiert haben?

Vogel: Ja. Ich bin mir nicht so ganz sicher für die allererste Zeit. Da waren die Berliner und Berlinerinnen schon sehr ärgerlich über manches, was damals passierte. Etwa der berühmte Palmsonntag, an dem die Schaufensterscheiben auf dem Kurfürstendamm reihenweise zu Bruch gingen, weil einige der Zuständigen meinten, es entspräche der Berliner Linie, dies einfach geschehen zu lassen – was, um mich mild auszudrücken, ein Irrtum war. Wir meinten: Nicht räumen um der Räumung willen, sondern nach vertraglichen und Nutzungslösungen suchen und Räumung nur dann vornehmen, wenn anschließend mit dem Haus etwas Vernünftiges geschah. Sicher hat auch manchmal einer geschimpft auf der Straße, wenn er mich sah. Ich hatte meine Probleme, das wissen Sie ja als Kenner der Szene, mit dem größeren Teil der Medien. Aber die Menschen ließen mich in ihrer Mehrheit gelten. Das hat die Art der Verabschiedung in Berlin und zuvor die Art, wie mir die Leute auf der Straße begegneten, gezeigt. Da sind die Berliner auch gerecht. Wenn einer nur durchreist, na ja. Aber wenn einer bleibt und in der Richardstraße im vierten Stock in Neukölln wohnt - das wird akzeptiert.

Appel: Würden Sie heute bei einer Rückschau sagen, daß Sie das eine oder andere als Regierender Bürgermeister damals anders gemacht hätten?

Vogel: Meine Zeit als Regierender war ja nicht sehr lang, nur reichlich fünf Monate. Zu den Entscheidungen, die ich in dieser Zeit getroffen habe, sehe ich auch heute keine realistische Alternative.

Appel: Und wenn Sie Ihre gesamte politische Wegstrecke betrachten - welchen Stellenwert hat dabei Berlin?

Vogel: Einen erheblichen. Ich hätte den Dienst, den ich 1983 mit meiner Kandidatur und anschließend als Fraktions- und Parteivorsitzender geleistet habe - nämlich nach dem Ausscheiden aus der Regierungsverantwortung die Partei zusammenzuhalten, sie wieder zum Arbeiten zu bringen und ihr, zusammen mit anderen, wieder eine Perspektive zu geben -, all das hätte ich ohne meine Berliner Erfahrungen wahrscheinlich so nicht leisten können. Ich hätte auch ohne Berlin das Maß an Glaubwürdigkeit nicht erlangt, das man mir in der Folgezeit zugute gehalten hat.

Appel: Herr Vogel, besten Dank für das Gespräch.

Zeittafel

1920	Am 15. April geboren in Stuttgart.
bis 1937	Schulbesuch in Kopenhagen, Bern und Berlin; dort Abitur.
1937-1938	Studium in Oxford und Grenoble.
1938-1945	Dienst bei der Wehrmacht. Zuletzt Hauptmann der Reserve in einem Infanterie-Regiment. Kriegsgefangenschaft.
1945-1950	Studium der Rechtswissenschaft und Geschichte in Göttingen. Referendarsexamen.
1950-1958	Referendar bei der Mannesmann AG in Düsseldorf.
1953	Assessorexamen.
1954	Promotion zum Dr. jur. Eintritt in die CDU.
1958-1967	Persönlich haftender Gesellschafter bei einer Bank in Essen, ab 1963 geschäftsführender Gesellschafter eines pharmazeutischen Unternehmens in Ingelheim.
seit 1962	Mitglied des Präsidiums des Deutschen Evangelischen Kirchentags (1964-1970 und 1977-1983 Präsident).
1967-1969	Rechtsanwalt in Bonn.
1969-1979	Mitglied des Deutschen Bundestages, ab 1973 stellvertretender Vorsitzender der CDU/CSU-Fraktion. Mitglied der Synode der Evangelischen Kirchen in Deutschland (EKD) und des Exekutivausschusses des Weltkirchenrats.
1979-1981	Vizepräsident des Deutschen Bundestages.
1981-1984	Regierender Bürgermeister, zugleich Vorsitzender des CDU-Landesverbandes Berlin
1983-1984	Stellvertretender Vorsitzender der CDU.
1984-1994	Bundespräsident.

Richard von Weizsäcker

Juni 1981 - Februar 1984

Neben Willy Brandt (SPD), der Außenminister und Bundeskanzler wurde, war Richard von Weizsäcker (CDU) der einzige Regierende Bürgermeister Berlins nach 1945, der von der alten Reichshauptstadt nach Bonn in die höchste Staatsspitze gewählt wurde. Der gebürtige Schwabe mit Berliner Dialekterfahrung bezeichnet seine Berliner Amtsjahre mit bewußter Betonung als „menschlich und politisch von schlechthin prägender Kraft". Mit seiner Wahl zum Regierenden Bürgermeister von Berlin im Juni 1981 beendete der Christdemokrat Weizsäcker eine jahrzehntelange Regierungszeit der Sozialdemokraten. (Nur die beiden CDU-Politiker Dr. Schreiber und Dr. Friedensburg waren in den fünfziger Jahren kurzzeitig Amtschefs.) Außerdem leitete Richard von Weizsäcker für seinen Nachfolger Eberhard Diepgen (CDU) die längste Regierungsperiode ein, die überhaupt einem demokratisch gewählten Bürgermeister in Berlin seit Kriegsende beschieden war.

Richard von Weizsäcker, dem in der Bilanz seiner brillanten zehnjährigen Amtszeit als Bundespräsident wegen seiner hervorragenden rhetorischen Fähigkeiten, seines Intellekts und seiner aristokratischen Erscheinung gelegentlich eher die Beschäftigung mit dem Wort als mit der Tat, eher theoretische als praktische politische Begabung nachgesagt wurde, ist deshalb auf seine Berliner Regierungsjahre besonders stolz, weil er dort täglich zu Entscheidungen genötigt wurde. Als er im Juni 1981 sein Amt antrat - und er mußte trotz 48 Prozent Stimmenerfolg für die CDU zunächst mit einem Minderheitssenat starten -, hatte die Stadt ein schlechtes Image. Schwere Unruhen durch gewalttätige Demonstrationen, Hausbesetzungen, eine starke alternative Szene, Wohnungsnot, eine kritische Arbeitsmarktlage, dazu Bauskandale und Parteienstreit kennzeichneten das Bild der Stadt nach außen und schlugen auf das Selbstgefühl vieler Berliner durch.

Richard von Weizsäcker Ende Mai 1981 an einem CDU-Wahlkampfstand kurz vor seiner Wahl zum Regierenden Bürgermeister.

Sein Vorgänger Jochen Vogel (SPD) hatte zwar schon durch eine Reformpolitik die Entwicklung in Berlin zu wenden versucht und wesentliche Weichenstellungen vorgenommen, aber in den fünf Monaten bis zur nächsten Wahl konnte auch Vogel trotz seiner integren, kompetenten Persönlichkeit verlorenes Vertrauen so rasch nicht wiederherstellen. Obwohl politische Gegner, arbeiteten übrigens der Christdemokrat Weizsäcker und der Sozialdemokrat Vogel im Interesse einer neuen Profilierung Berlins auch dann noch zusammen, als Vogel mit 38,7 Prozent Stimmenanteil gegenüber 40 Prozent für die CDU in die Opposition gehen mußte. Beide dachten und handelten auf einer Wellenlänge.

Weizsäcker setzte in seiner Regierungszeit seine ganze Autorität ein, um über „runde Tische" unter Beteiligung vieler Persönlichkeiten und Institutionen des öffentlichen Lebens die innere Lage Berlins zu stabilisieren und durch eine Entspannungspolitik mit dem Osten, die er schon in Bonn unterstützt hatte, die Teilung Berlins für die Menschen so erträglich wie möglich zu machen. Das ging nicht ohne Gespräche und Verhandlungen. So kam es auch zu einem als äußerst spektakulär bewerteten Besuch Weizsäckers bei Erich Honecker, für den er sich bei Bundeskanzler Kohl und den Alliierten das Plazet geholt hatte. Seine früheren Aktivitäten und seine führende Stellung innerhalb der Evangelischen Kirche Deutschlands erlaubten ihm auch, über die Mauer Berlins und den die DDR umgebenden Stacheldraht hinweg Kontakte mit Ostdeutschland in einer Weise zu pflegen, die anderen Deutschen aus dem Westen kaum möglich waren. So sprach er etwa 1983 auf dem Marktplatz der Lutherstadt Wittenberg vor 10.000 Menschen. Er verstand es, sich sowohl bei den Landsleuten im Osten wie auch in Berlin bis in die Arbeiterschaft hinein eine immer breitere Vertrauensbasis zu verschaffen. Respekt, Sympathie und Popularität für den adligen Konservativen drückten sich auch darin aus, daß man ihn im Volk ganz einfach „Richi" nannte. Sein Vater hatte immerhin als Staatssekretär im Reichsaußenministerium unter Ribbentrop und Hitler in Berlin gedient. Aber Weizsäckers Einstellung zur nazistischen Zeit ließ nie einen Verdacht auf Vergangenheitshörigkeit aufkommen. Er mußte auch kein Berliner werden. Das war er von Kindesbeinen an.

Umso größer war dann die Enttäuschung in Berlin und vor allem bei seinen Parteifreunden, als er sich dafür entschied, die Insel Berlin wieder zu verlassen, um 1984 als Nachfolger von Karl Carstens für das Amt des Bundespräsidenten zu kandidieren. Auch Bundeskanzler Helmut Kohl, der ihn 1978 im Einvernehmen mit dem damaligen Berliner CDU-Vorsitzenden Peter Lorenz überredet hatte, nach Berlin zu gehen und die Spitzenkandidatur zu übernehmen, war von der Absicht Weizsäckers keineswegs begeistert. Anläßlich einer Fernsehsendung mit dem Bundeskanzler, die ich seinerzeit im Berliner Funkturm moderierte, war ich anschließend Zeuge eines entsprechenden Gesprächs zwischen Helmut Kohl und Richard von Weizsäcker. Kohl hatte Weizsäcker nicht nur für das Amt in Berlin vorgeschlagen, sondern ihn überhaupt erst - als dieser noch in der Geschäftsführung der Firma Böhringer in Ingelheim (Rheinland-Pfalz) tätig war - für die Politik gewonnen. Aber Richard von Weizsäcker, der noch 1974 gut genug gewesen war, für die CDU aussichtslos gegen den sozialliberalen Präsidentschaftskandidaten Walter Scheel zu kandidieren, ließ nun in seiner Absicht nicht locker und wies deutlich darauf hin, daß er in Bonn als Bundespräsident mindestens so viel für Berlin bewirken könne wie als Regierender in Berlin.

Tatsächlich nutzte Richard von Weizsäcker, als er 1984 mit einer einmaligen Mehrheit und Unterstützung aus allen Parteien zum Bundespräsidenten gewählt worden war, dann jede Gelegenheit, um in Berlin präsent zu sein und in der Welt auf die Probleme der geteilten Stadt aufmerksam zu machen. Weizsäcker blieb auch in Bonn ein Berliner. Das zeigte sich nicht nur beim Fall der Mauer, als er als einer der ersten die formal noch nicht aufgehobene Grenze am Potsdamer Platz überschritt und mit den noch vorhandenen Vopos einen „small talk“ führte, sondern vor allem auch in den hitzigen Debatten, als es um die Frage der Verlegung des Regierungs- und Parlamentssitzes von Bonn nach Berlin ging.

Nach der Verfassung steht dem über den Parteien stehenden Bundespräsidenten bei einer umstrittenen politischen Entscheidungsfrage kein Votum zu. Aber Richard von Weizsäcker ließ sich in seiner Berlin-Orientierung nicht beirren. Und als Neunmalkluge alle früheren Schwüre, daß Berlin im Fall der Wiedervereinigung wieder Hauptstadt Deutschlands werden würde, vergessen hatten und den Bundespräsidenten aufforderten, er solle doch mit seinem Amt allein nach Berlin gehen, da kannte „Richi“ kein protokollarisches Pardon mehr. Er erklärte, er habe nicht die Absicht, in Berlin für eine Hauptstadt ohne Regierungs- und Parlamentssitz als „Dekoration“ zu dienen. Den Vorwurf der Parteinahme, der ihm daraufhin gemacht wurde, nahm er in Kauf. Als die Berliner ihm im Juni 1990 die Ehrenbürgerschaft der Stadt verliehen, bekannte er sich eindeutig zu seiner Wahlheimat: „Berlin ist der Platz für die politisch verantwortliche Führung Deutschlands“ - basta.

Um seine Amtszeit als Regierender Bürgermeister - von Juni 1981 bis Februar 1984 - und seine Biographie auch durch ihn selbst rückblickend interpretieren zu lassen, suchte ich Richard von Weizsäcker im November 1994 anläßlich einer Stippvisite am Rhein in dem Bonner Haus auf, in dem er früher als Abgeordneter gewohnt hatte und das nun einem seiner Söhne gehört. Ich kannte Weizsäcker von mehreren Fernsehsendungen her, die ich mit ihm während seiner Amtszeit zu unterschiedlichen Themen und mit verschiedenen Bevölkerungsgruppen, u. a. auch in Berlin-Kreuzberg und in den Neuen Kammern in Sanssouci noch zu DDR-Zeiten arrangiert und moderiert hatte. Ton und Gestus des Gesprächs entsprachen unserer alten Bekanntschaft, wobei er sich stets etwas darüber lustig machte, daß ich nicht aus Berlin, sondern aus Spandau stamme, jenem Spandau, dessen Bürgermeister 1913 beim Richtfest des neuen Rathauses den Richtfestspruch so formulierte: „Es schütze uns des Kaisers Hand, vor Großberlin und Zweckverband".

Unser Gespräch nahm folgenden Verlauf:

Appel: Von welcher Bedeutung waren für Sie, Herr Altbundespräsident, die Berliner Jahre als Regierender Bürgermeister?

Weizsäcker: Sie waren für mich menschlich und politisch von schlechthin prägender Kraft. Man muß nun dabei zweierlei berücksichtigen: Erstens, ich hatte erst im Alter von fast 50 Jahren mit einem aktiven politischen Mandat angefangen. Dort war mein Hauptthema immer die Deutschland- und Ostpolitik. Von vornherein ist es stets meine Überzeugung gewesen, daß das, was wir in der Bundesrepublik immer die offene deutsche Frage genannt haben, in Westdeutschland in erster Linie deswegen offenblieb, weil es Berlin gab im Zustand seiner Teilung. Man muß sich nur einmal wieder vorzustellen versuchen, was es bedeutet hätte, wenn in den ersten Nachkriegsmonaten die Amerikaner in Thüringen und Sachsen-Anhalt geblieben wären und die Russen ganz Berlin behalten hätten. Wie wäre es denn dann mit dem gesamtdeutschen Bewußtsein im aufblühenden Westdeutschland geworden? Es war aber West-Berlin und die Verantwortung für West-Berlin, die ständig sozusagen der gesunde positive Stachel im Fleisch waren. Und da ich nun immer Deutschland- und Ostpolitik gemacht hatte, war es für mich natürlich eine Erfüllung, nach Berlin zu kommen. Und das zweite ist: Als Regierender Bürgermeister hatte man eine unglaublich vielseitige und verantwortungsvolle Aufgabe – man war sozusagen verantwortlich von der Aufstellung der richtigen

Parkbänke im Tiergarten bis zum Verhältnis zwischen der Sowjetunion und China. Also man hatte wirklich auch mit der großen Politik zu tun - denn man war ja im direkten Kontakt mit den drei Westmächten; man stand in Verbindung zur Bundesregierung, die, formal gesprochen, nicht die Souveränität innehatte, praktisch aber natürlich doch, da sie über fünfzig Prozent des Berliner Haushalts zur Verfügung stellte. Das war von entscheidender Bedeutung.

Trotzdem war man im Berliner Senat sehr viel unabhängiger als man das in anderen Bundesländern war. Man konnte sozusagen mit den Alliierten einerseits und der Bundesregierung andererseits umgehen wie ein cleveres Kind mit Eltern, mit denen man je nachdem, was den eigenen Interessen besser paßt, umgeht. Ich meine das positiv - wir hatten mit Bonn wie mit den Alliierten ein sehr gutes Verhältnis. Es war eine faszinierende Aufgabe, und ich hatte eben vorher nie in einem so direkten Sinn sowohl die politische Verantwortung wie die Gestaltungsmöglichkeiten, wie auch wirklichen Einfluß auf die Verhältnisse. Und deswegen war das, politisch gesprochen, die prägende Zeit für mich.

Appel: Als Sie im März 1979 nach Berlin kamen, war die alte Reichshauptstadt für Sie kein Neuland. Sie sind Schwabe von Geburt, in Ihrer Biographie gibt es aber sowohl ein Berliner wie auch ein Potsdamer Kapitel. Hat diese Zeit - oder das Schicksal Berlins nach dem Krieg, also die Teilung der Stadt - für Sie die besondere Anziehungskraft ausgemacht? Oder waren es die Berliner, das Milieu, die Politik, was Sie anzog?

Als Siebenjähriger kam ich nach Berlin

Weizsäcker: Das erste ist eine reine Kindheitserinnerung. Wir kamen, als ich sieben Jahre alt war, mit unserer Familie nach Berlin. Wie Sie schon sagten - meine Familie stammte aus dem Schwabenland, es wurde zuhause auch eher schwäbisch gesprochen. Ich war der Jüngste unter vier Geschwistern, die anderen waren mir nicht nur im Alter, sondern auch im Bildungsstand und in ihren geistigen Aspirationen deutlich voraus. Das paßte mir als Jüngstem häufig nicht, und dann versucht man eben so, seine Identität zu finden und zu wahren. Und die bestand für mich darin, daß ich mich in Berlin akklimatisierte, als erster und einziger berlinerisch sprechen konnte und auf diese Weise mit Berlin Dankbarkeit an meiner Kindheit verband. Das ist ja eher eine komische, aber doch in der Kindheit nicht ganz unwichtige Sache.

Ich war dann zwischendurch drei Jahre in der Schweiz in der Schule, aber kam zum Abitur wieder zurück und habe 1937 in meiner Berliner Abiturklasse das werdende Schicksal der jüdischen Mitschüler erlebt. Fast die Hälfte unserer Klasse waren jüdische Mitschüler. Es sind allerdings gottlob die meisten von ihnen noch rausgekommen. Das war im Bismarck-Gymnasium in der Pfalzburger Straße. Es war eine trotz unseres jugendlichen Alters hochpolitisierte und in ihren menschlichen Spannungen wirklich vibrierende Zeit. Wir hielten in der Klasse fest zusammen, und auch die vernünftigen Lehrer halfen den jüdischen Mitschülern gegen einen neu - politisch - eingesetzten Oberstudiendirektor. Also das war die nächste Phase. Und dann wurde ich, nach einem einjährigen Studium im Ausland, Soldat in Potsdam, habe dann dort gedient und von dort aus den ganzen Krieg erlebt. Also die Bindungen zu Berlin waren lange vor der Teilung ganz tief bei mir, eigentlich fühlte ich mich in Berlin zuhause. Ich habe dann aber in der Zeit der Teilung, in der ich am Rhein rauf und runter lebte, an verschiedenen Stationen, bald mit der Laien- und ehrenamtlichen Tätigkeit in der Evangelischen Kirche begonnen, beim Kirchentag und auch in anderen Gremien; das hat mich nun sehr früh und wiederum sehr eng mit den evangelischen Kollegen aus der DDR zusammengebracht. Und da bin ich wirklich ungezählte Male in Ost-Berlin gewesen. Ich erinnere mich: 1968 war ich vierzehnmal in Ost-Berlin, immer in einem bestimmten evangelischen Arbeitsausschuß, der noch gesamtdeutsch zusammengesetzt war, aber naheliegenderweise nur in Ost-Berlin tagen konnte, da die Leute aus der DDR nicht zu uns rüberkommen konnten. Insofern war auch in der Zeit der Teilung für mich durch eine aktive - wenn auch in der Kirche, und nicht in der Politik sich vollziehende - Tätigkeit Berlin hochbedeutsam.

Helmut Kohl empfahl mich für die Berliner Politik

Appel: Wer kam darauf und wie wickelte sich das ab, daß Sie im März 1979 nach Berlin gingen? Haben Sie sich selbst bemüht? In der Partei waren Sie ja nicht gerade als Jasager bekannt, wenn ich an Ihre Einstellung zur Ostpolitik denke.

Weizsäcker: Ich war ja immer so bißchen ein – Außenseiter will ich nicht sagen, aber jedenfalls hatte ich ja immer so bißchen meinen eigenen Weg verfolgt. Insbesondere was die Entspannungspolitik betrifft, stand ich etwas im Widerspruch zu weiten Teilen meiner Partei und Fraktion. Es war so: Ich bin im Spätsommer 1978 von einem Urlaub nach Hause gekommen – damals war ich stellvertretender Vorsitzender der CDU/CSU-Fraktion –, und dann hat mich der Vorsit-

Der Regierende Bürgermeister mit US-Präsident Ronald Reagan und Bundeskanzler Helmut Schmidt am Checkpoint Charlie in der Friedrichstraße, Juni 1982.

zende, das war Kohl, zu meiner großen Überraschung gefragt, ob ich bereit wäre, im Spätherbst 1978 nach Berlin zu gehen, um den Wahlkampf, der für '79 im Frühjahr angesetzt war, für die CDU in Berlin zu führen. Er habe mit dem damaligen Spitzenkandidaten und Landesvorsitzenden von Berlin, Peter Lorenz, gesprochen, der sei einverstanden und würde sich freuen, wenn ich das täte. Das habe ich mir dann nur kurz überlegt und habe zugesagt. Aber es war ganz ohne eigene Initiative. Und so bin ich im Herbst 1978 nach Berlin gekommen.

Appel: Sie waren dann im März 1979 Spitzenkandidat. War das eigentlich schwer, als Schwabe sich da durchzusetzen?

Alles war sozialdemokratisch besetzt

Weizsäcker: Mit Schwabe hatte das gar nichts zu tun. Ich möchte jetzt schon bemerken: Als ich Regierender Bürgermeister wurde, das war ja erst 1981, konnte ich mit Recht von mir sagen, ich war der erste Regierende Bürgermeister, der wirklich die Sprache der Berliner zu sprechen in der Lage war. Reuter und Suhr und Albertz - und Sie haben da ja noch ein paar Frühere in petto, die ich gar nicht kannte -, die konnten ja alle nicht berlinern. Also das Berlinerische machte mir gar keine Schwierigkeiten. Schwierig war, mit Verlaub zu sagen, das politische Milieu im Wahlkampf. Berlin war eine seit Jahr und Tag sozialdemokratisch regierte Stadt, und ohne auch nur einem der Kollegen von der SPD das geringste Böse nachsagen zu wollen, aber es war eben alles sozialdemokratisch besetzt. Meine Partei hatte im Frühjahr 1979 zwar gewisse Fortschritte erzielt, hatte 44 Prozent erreicht, trotzdem blieb es bei den Machtverhältnissen in Berlin.

Appel: Bei den vorgezogenen Wahlen im Frühjahr 1981 erhielten Sie dann fast die absolute Mehrheit, 48 Prozent, und mußten dennoch einen Minderheiten-Senat bilden. Jochen Vogel war Ihr Vorgänger. Welche Erinnerung haben Sie an diese Zeit in Berlin?

Massive Zwischenfälle und Plünderungen

Weizsäcker: Die Zeit zwischen dem Wahlkampf '79 und dem Wahlkampf '81 zeichnete sich ja durch zunehmende Dramatisierung der innerstädtischen Verhältnisse aus. Einerseits gab es diese Baugeschichten, Bauskandale, Garski usw., andererseits nahmen die Hausbesetzungen rapide zu, und es kam eben doch zu Auseinandersetzungen auf den Straßen, immer wieder Zerstörungen von Fensterscheiben und ähnlichem. Zunächst hatte ja im Januar '81 Stobbe zurücktreten müssen und war durch Jochen Vogel ersetzt worden. Schon Stobbe, so möchte ich sagen, hatte ja ein schweres Erbe übernommen, und die Zeit war schwer, sie wäre für jeden schwer gewe-

Henry Kissinger präsentiert seine Memoiren in Berlin, 1982.

sen. Und dann kam Hans-Jochen Vogel, der an sich einen sehr guten Start hatte - er wurde mit mehr Stimmen gewählt, als aus seiner eigenen Partei kamen. In wenigen Wochen hatte er eine wirklich eindrucksvolle Autorität errungen, sowohl in der politischen Sphäre wie auch in der Stadt. Aber dann gingen diese schweren Unruhen weiter, vor allem am Palmsonntag 1981 war es zu massiven Zwischenfällen gekommen, Schaufensterscheiben gingen zu Bruch, es gab Plünderungen, der Kurfürstendamm sah wirklich aus wie nach einem kleinen Bürgerkrieg. Und das hat Vogel natürlich schwer geschadet.

Neuwahlen durch Volksbegehren

Ich muß zunächst sagen: Wir haben ja, von unserer Fraktion her, die vorzeitige Wahl durch Unterschriftensammlungen, also ein Volksbegehren, herbeigeführt - etwas, das es in der Berliner Geschichte und, soweit ich sehe, auch in den anderen Bundesländern nie gegeben hatte. So daß also bereits nach zwei Jahren wieder Wahlen anberaumt waren. Aber es war natürlich auch so etwas wie eine richtige Bewegung entstanden in der Stadt. Und wenn ich an die Fernsehrunden denke: Diesmal war es völlig anders. Da saß also der Regierende Bürgermeister von der SPD - und sein Kollege von der FDP, Bürgermeister Brunner, stritt sich bei diesen Gesprächen mehr mit dem Regierenden als mit dem Oppositionsführer. Dann die Alternativen, die waren auch mit der SPD nicht zufrieden - kurzum, ich konnte also eigentlich ganz ruhig zusehen, wie die drei auf der anderen Seite stehenden Parteiverantwortlichen sich untereinander in den Haaren lagen. Dann kam das von Ihnen genannte Ergebnis zustande: 48 Prozent ist ja nicht ganz wenig, gemessen an dem, was in Deutschland so üblicherweise erreichbar erscheint. Trotzdem mußten wir einen Minderheitensenat bilden, oft wurde von „geduldetem Senat" gesprochen - so schlimm war das aber wiederum mit der Minderheitslage oder mit der Duldung nicht. Ich konnte ja nur Regierender Bürgermeister werden, ebenso wie meine Kollegen Senatoren, durch die Wahl mit absoluter Mehrheit, und die haben wir ja zustande gebracht. Was heißt hier also geduldet? Die haben uns ja gewählt!

CDU/FDP-Koalition wie in Bonn

Appel: Im Oktober 1982 eröffnete sich dann mit dem Regierungswechsel in Bonn auch die Möglichkeit einer Regierungskoalition mit der FDP in Berlin - Vetter und Oxfort. Welche Probleme hatten Sie als Regierender in Berlin angetroffen und welche konnten Sie anpacken und einer Lösung näherbringen?

Weizsäcker: Zunächst möchte ich sagen, die Formalisierung des Verhältnisses zur FDP nahm, zumindest unter der Decke, in Berlin ihren Lauf ohne Rücksicht auf die Verhältnisse in Bonn. Wir haben nicht eine Regierungskoalition in Berlin zustandegebracht, weil in Bonn inzwischen Schmidt durch Kohl ersetzt worden war. Sondern es war ja vollkommen evident, daß nur die CDU regieren konnte in

Im Abgeordnetenhaus mit dem CDU-Fraktionsvorsitzenden Eberhard Diepgen, 1983.

Berlin, und sich ständig von allem draußenzuhalten war für die Berliner FDP nicht möglich. Außerdem war die Berliner FDP immer stärker in sich gespalten als - soweit ich das überblicke - alle anderen Landesverbände der FDP. Unter dem Druck der tatsächlichen Verhältnisse hatte sich bei der FDP der formelle Einstieg in die Senatskoalition doch schon lange vorbereitet.

Die beiden Hauptprobleme, mit denen ich zu tun hatte, waren erstens die Bereinigung der Hausbesetzerszene und zweitens die wachsende Arbeitslosigkeit und zunehmende Zahl der Konkurse. Was die Hausbesetzerszene anbetrifft, so hatte ja Jochen Vogel die sogenannte Berliner Linie aufgestellt. Das habe ich übernommen, aber vielleicht doch mit dem Unterschied, daß wir in der Durchsetzung dessen, was zu machen war, einfach viel konsequenter waren. Vor allem haben wir gesagt: Wir werden keine einzige neue Hausbesetzung dulden, sondern noch am Tage, an dem sie geschieht, das betreffende Haus wieder räumen. Und was die noch besetzten Häuser betraf - ich hatte glaube ich 178 übernommen, bei denen wir zu einer Lösung kommen mußten -, so strebten wir Schritt für Schritt entweder freiwillige Räumung oder vertragliche Regelung an, wenn nichts half, auch polizeiliche Räumung. Letzteres wurde nur noch in sehr seltenen Fällen notwendig. Wir haben in meiner Regierungszeit das Haubesetzerproblem praktisch gelöst.

Appel: Und wie Ihr Innensenator Lummer dies auch immer tat, es geschah mit Ihrem Einverständnis?

Weizsäcker: Nun, wir hatten natürlich auch in der CDU unsere Spannungen darüber. Über das Prinzip aber waren wir uns einig, und auch darüber, daß der Löwenanteil der Lösungen durch vertragliche Regelungen gefunden werden sollte. Dazu hat ja gar nicht primär der Innensenator, sondern der Bausenator eine ganze Menge beizutragen gehabt. Und wir haben uns, übrigens mit sehr großer Hilfe von Leuten aus der Kirche, an diese vertraglichen Regelungen gemacht.

Runde Tische und krisenhafte Zuspitzungen

Ich möchte in diesem Zusammenhang erwähnen, daß es natürlich immer wieder krisenhafte Zuspitzungen gab; und da hat es so etwas wie Runde Tische gegeben, d. h., da trafen sich dann die Verantwortlichen aus dem Senat mit Leuten von den Gewerkschaften und der Handelskammer, mit Verantwortlichen der Kirche, mit dem Vorsitzenden der Jüdischen Gemeinde, Galinski. Die saßen dann zusammen und haben es als eine gemeinsame, von allen verantwortlichen Kräften in der Stadt gemeinsam zu tragende Aufgabe empfunden, mit diesen krisenhaften Zuspitzungen fertigzuwerden. Ich möchte doch sagen, daß wir ohne die sehr verantwortungsbereite Hilfe aus den verschiedenen Sektoren der Gesellschaft, rein von der Politik her, kaum so mit der Frage fertiggeworden wären. Das zweite, letztlich für die Lebensfähigkeit von West-Berlin entscheidende Hauptproblem war die Beschäftigungslage. Einerseits machten wir große Anstrengungen, um die westdeutsche Wirtschaft stärker zu Investitionen, zu Produktion, zu Einkäufen bei Berliner Firmen zu animieren. Da gab es, übrigens noch zu Schmidts Zeiten, die sogenannte Kanzlerrunde; und ich erinnere mich auch an Tagungen mit wirklich führenden Leuten der Wirtschaft in Berlin, die sehr wirkungsvoll waren. Da ging es vor allem um die Zusage von großen Aufträgen, also die Einkäufer der Firmen wurden eingeladen. Und das zweite war die wachsende Zahl von Konkursen. Der größte und schwierigste, der uns drohte, aber eben noch abgewendet werden konnte, war der von AEG. Das war mit etwas über 10.000 Arbeitsplätzen der zweitgrößte Arbeitgeber in Berlin (West), und ein Zusammenbruch der AEG hätte unabsehbare Folgen für die Lebensfähigkeit der Stadt und die Arbeitsplatzsituation gehabt. Na ja, in solchen Lagen stand man als Mitglied des Senats und als Regierender Bürgermeister wirklich täglich an der Front, das kann man nicht anders sagen. Ich erinnere mich an eine Betriebsversammlung in der Brunnenstraße, bei der AEG, damals hätte ich mir etwas mehr Unterstützung durch den Vorstand der AEG gewünscht.

Appel: Wenn Sie an die Schwierigkeiten zurückdenken, die sich Ihnen damals stellten, würden Sie heute manches anders anpacken, mitbedenkend den Abstand, den Sie heute haben?

Weizsäcker: Ach, letzten Endes war doch die Richtung durch die genannten drei Fragen vorgegeben - die humane Ordnung im Inneren, also was mit Hausbesetzern und in Gewalt ausartenden Demonstrationen zusammenhing; zweitens die Beschäftigungslage; und drittens der deutschlandpolitische Aspekt. Und in allen drei Fragen hat man sicher vieles Einzelne falsch gemacht, aber die allgemeine Richtung war glaube ich richtig, und sie war ja letzten Endes auch politisch unumstritten.

Gespräch mit Honecker

Appel: Im September 1983 reisten Sie als erster Regierender Bürgermeister in die DDR und wurden in Ost-Berlin von Erich Honecker empfangen, was damals ja lebhafte Diskussionen auslöste. War das aus heutiger Sicht ein Durchbruch für neue Möglichkeiten in der Politik zur Überwindung des Status quo, oder war es ein weiterer Schritt in der Anerkennungspolitik der DDR?

Weizsäcker: Nun, Sie schildern die Spannung, die über der gesamten Entspannungspolitik immer herrschte. Uns - meinen Vorgängern und mir - oblag die Verantwortung, die Zeit der Teilung für die Menschen so erträglich wie möglich zu machen. Dazu bedurfte es der Verabredung und der Regelung mit der anderen Seite. Es ging nicht ohne Gespräche und Verhandlungen. Das war notwendig und richtig. Da gibt es keinen Zentimeter daran zurückzunehmen. Gleichzeitig mußte

Der Regierende Bürgermeister trifft den DDR-Staatsratsvorsitzenden Erich Honecker im Schloß Niederschönhausen, Sommer 1983.

klargestellt werden und bleiben, daß diese Verhandlungen eben nicht einer Veränderung der Statusvoraussetzungen dienen durften. Diese Frage war vor allem für Berlin (West) von großer Bedeutung, weil Moskau und die DDR ja ständig die These vertraten, Berlin (West) sei eine selbständige politische Einheit. Um es an dem bekannten Beispiel zu demonstrieren: Ich sollte immer nach Moskau fahren und dort einen Besuch machen, und dann habe ich immer gesagt: Dazu bin ich gerne bereit, wenn ich wie jeder andere Politiker oder Länderchef oder jedes Regierungsmitglied der Bundesrepublik durch unsere Botschaft in Moskau betreut werde. Und dann haben die immer gesagt: Nein, Berlin (West) ist eine selbständige politische Einheit, mit der Botschaft der Bundesrepublik, die eben eine andere Einheit ist, hast du nichts zu tun.

Also bin ich nicht gefahren, das war ganz klar. Und als ich zu Honecker gegangen bin nach Niederschönhausen, habe ich zu Beginn des Gesprächs und anschließend in unserem Kommuniqué sowie in jeder Verlautbarung gesagt: Dieser Besuch erfolgt unter der klaren

Voraussetzung und Zielsetzung, daß sich am Status von Berlin (West) als Teil der Bundesrepublik gar nichts ändert; ich weiß, daß mein Gastgeber Honecker anderer Meinung ist, aber diese Meinungsverschiedenheit ist nicht Gegenstand unseres Treffens und an ihr wird sich auch gar nichts ändern. Und deswegen habe ich diese Kontakte und Gespräche für notwendig gehalten; daran halte ich vollkommen unverändert fest. Der Streit darüber, ob die Entspannungspolitik insgesamt, in der ja das, was wir in Berlin taten, nur ein kleines Rädchen darstellte - ob sie also insgesamt das Regime in der DDR gefestigt oder unterminiert hat, diesen Streit finde ich alles in allem, politisch gesprochen, eher erheiternd. Ist denn das Ergebnis, das wir dann im Jahre 1989 erlebt haben, eine Widerlegung unserer damaligen Positionen? Ich finde, man muß da immer unterscheiden zwischen richtig verstandener und praktizierter Entspannungspolitik einerseits, und andererseits der Art und Weise, wie manche Politiker sich persönlich dabei verhalten haben. Es kann ja sein, daß mancher Politiker im Zuge der Entspannungspolitik es mit seiner persönlichen Annäherung ein bißchen zu weit getrieben hat. Nur weil nun eben die Menschen in ihrer Grundsatztreue oder Aufweichbarkeit im Persönlichen unterschiedlch sind - daraus ein Argument gegen die Entspannungspolitik als solche abzuleiten, das halte ich eben für falsch. Und gerade auch deswegen finde ich meinen Besuch damals bei Honecker als gutes Beispiel. Im übrigen: Ich hatte das zwar von mir aus geplant und auch durchgeführt, aber bevor ich hingefahren bin, habe ich sowohl dem damals im Vorsitz der Alliierten befindlichen amerikanischen Gesandten als auch dem Bundeskanzler Bescheid gesagt, daß ich das machen werde. Und die haben dagegen kein Veto eingelegt.

Appel: Eine Nebenfrage. Hatten Sie Kontakt mit Ihrem Ostberliner Amtskollegen?

Weizsäcker: Nein, den habe ich nie gesehen. Ich war natürlich viel in Ost-Berlin, nur nicht so sehr zu politischen Gesprächen. Damals fing der Plan an, in Berlin (West) ein Haus der Geschichte zu bauen, und da bin ich zwei- oder dreimal in Ost-Berlin im Zeughaus gewesen, dem DDR-Museum für Deutsche Geschichte, um mir anzusehen, wie die das gemacht hatten und was man lernen konnte, auch aus den Fehlern. Und da wurde ich ganz offiziell herumgeführt. Dann habe ich an kirchlichen und kulturellen Veranstaltungen in Ost-Berlin viel teilgenommen, bin auch in die Mark Brandenburg gefahren.

Appel: Sie haben auch in der Wittenberger Stadtkirche gesprochen ...

Weizsäcker: In Wittenberg habe ich 1983 gesprochen, nicht nur in

Lutherjahr 1983: Richard von Weizsäcker spricht vom Altar der Stadtkirche Wittenberg (DDR).

der Stadtkirche, sondern vor allem auf dem Marktplatz. Das war das erste Mal, daß überhaupt ein amtierender westdeutscher Politiker dort öffentlich reden durfte - es waren mehr als 10.000 Menschen auf dem Platz.

Bis 1984 eine Chance auf Wiedervereinigung nicht geahnt

Appel: Hatten Sie aufgrund Ihrer zahlreichen Kontakte in der ehemaligen DDR eine Ahnung, wie lange das Regime Bestand haben würde?

Weizsäcker: Auch da muß ich wieder eine Aussage machen, die

Der Regierende Bürgermeister auf Stippvisite bei Dreharbeiten des WDR zu einer fünfteiligen Preußen-Serie im Lichthof der TU Berlin. Rechts Regisseur Ulrich Schamoni, links hinter Weizsäcker Schauspieler Stephan Wigger, Juli 1983.

ganz widersprüchlich wirkt, aber eben doch meiner Bewußtseinslage deutlich entspricht. Auf der einen Seite lebte man nun also in Berlin (West) und sah jeden Tag die Mauer. Und je häufiger man an sie stieß, und je klarer auch wurde, welche Unmenschlichkeiten und Leiden damit verbunden waren, so steigerte sich im Grunde von Tag zu Tag das Bewußtsein, daß sie schon deswegen nicht von Bestand sein würde. Nicht nur, weil sie diese menschlichen Leiden auslöste, sondern weil sie zu einer immer größeren politischen Hypothek für die andere Seite wurde. Wir haben das doch immer erlebt: Da hat die DDR ihre Staatsgäste eingeladen und sie pflichtgemäß von Osten her ans Brandenburger Tor geführt, und mehr als einer dieser Staatsgäste, der sonst bei offiziellen Terminen seine Lobsprüche auf die DDR losließ, erklärte dann an der Mauer, das sei nicht verständlich. Ich habe so und sooft als Berliner Bürgermeister immer wieder gesagt: Die Mauer kann nicht von Bestand sein. Und das war keine Propa-

ZDF-Chefredakteur Reinhard Appel (l.) und Wilhelm Pannier von der *B. Z.* im Gespräch mit dem Regierenden Bürgermeister während der Berliner Funkausstellung, September 1983.

gandaformel, sondern meine tiefe Überzeugung. Aber auf der anderen Seite habe natürlich ich genausowenig wie irgendein anderer Sterblicher gewußt, auf welche Weise sie denn aufhören sollte, und wann. Daß ich das noch erleben würde, war mir natürlich mehr als zweifelhaft. Anders gesagt: Diese meine Bürgermeister-Jahre waren ja immer noch in der Breshnew-Zeit, wenn auch gegen deren Ende. Dann kam Andropow, ich weiß nicht mehr genau wann, wohl 1984. Und in der Breshnew-Zeit zeigte sich natürlich nicht der Schatten irgendeiner Beweglichkeit, trotz aller Schwächen des sowjetischen Regimes. Daß wir dann auf dem Wege über die Schlußakte von Helsinki und über die allmählich in der Sowjetunion, vor allem im Zusammenhang mit dem Afghanistan-Debakel, sich vollziehenden Veränderungen der Gorbatschow-Ära zu einer Reform kommen würden, die die Wende von 1989 bringen sollte – das haben wir, solange ich in Berlin Bürgermeister war, also bis Anfang 1984, ganz sicher nicht gewußt und geahnt.

Der Weggang aus Berlin

Appel: Im Dezember 1983 sind Sie als Landesvorsitzender der CDU Berlin zurückgetreten, um im Mai 1984 zum zweiten Mal als Bundespräsident zu kandidieren. Man sagt, manche Berliner und auch führende CDU-Politiker hätten Ihnen das verübelt.

In der Ostberliner Nikolaikirche wird Bundespräsident Richard von Weizsäcker im Juni 1990, noch vor der offiziellen Wiedervereinigung der Stadt, vom Momper/Schwierzina-Magistrat die erste gesamtberliner Ehrenbürgerschaft nach mehr als vierzig Jahren Teilung verliehen. Auf dem Bild v. l. der Ostberliner Oberbürgermeister Tino Schwierzina beim Verlesen der Urkunde, der Präsident des Abgeordnetenhauses von West-Berlin, Jürgen Wohlrabe, Richard von Weizsäcker, die Präsidentin der Stadtverordnetenversammlung von Ost-Berlin, Dr. Christine Bergmann, sowie der Regierende Bürgermeister Walter Momper.

Weizsäcker: Das ist wahr. Im übrigen war das so: Ich bin fest davon ausgegangen, daß der Bundespräsident Carstens eine zweite Amtszeit machen würde. Während ich also noch im Jahre 1974 für das Amt kandidiert hatte und er 1979 gewählt worden war, dachte ich, er macht zehn Jahre, die Mehrheitsverhältnisse hätten das ja zugelassen - und daher würde ich dann auch fest in Berlin bleiben. Doch viele Berliner, nicht nur aus der eigenen Partei, haben meine Bereitschaft zur Kandidatur für das Präsidentenamt schmerzlich und zum Teil auch zornig empfunden und dies auch öffentlich gesagt. Das finde ich auch verständlich. Trotzdem muß ich nun wiederum sagen: Während auf der einen Seite für mich diese Jahre in Berlin völlig prägend waren, ist es auf der anderen Seite aber so, daß ich später als Bundespräsident mehr als einmal Sachen aussprach, die ich als Regierender in Berlin bereits genauso gesagt hatte. Doch weil sie nun der Bundespräsident geäußert hatte, fanden sie eine viel größere Aufmerksamkeit. Insofern bin ich, das glaube ich wirklich, meiner Verbundenheit mit Berlin in keiner Weise untreu geworden in meinem Amt als Bundespräsident, und habe mich ja dann auch entsprechend eingesetzt, nicht nur durch Präsenz in Berlin, sondern dann auch später, nach 1989, durch den doch ersten großen öffentlichen Vorstoß in Richtung auf Hauptstadt Berlin. Und bin selber - noch als Bundespräsident - privat nach Berlin gezogen. Jetzt, seitdem ich im Ruhestand bin, lebe ich vollkommen in Berlin. Ich wohne privat in Berlin-West, mein Büro ist in Berlin-Ost, beides in der Hoffnung, daß wir in Kürze nicht mehr von Berlin-West und Berlin-Ost sprechen werden.

Appel: Herr Altbundespräsident, herzlichen Dank.

Zeittafel

1941	Geboren am 13. November in Berlin.
1960–1964	Studium der Rechtswissenschaft an der Freien Universität, 1962 Eintritt in die CDU, als Mitglied der Jungen Union ab 1963 Asta-Vorsitzender an der Uni.
1965–1979	Rechtsanwalt in Berlin.
ab 1971	Mitglied der CDU-Fraktion im Berliner Abgeordnetenhaus.
1980–1984	Vorsitzender der CDU-Fraktion.
1984–1989	Regierender Bürgermeister.
1989–1990	Nach Wahlniederlage der CDU wieder Fraktionsvorsitzender im Abgeordnetenhaus.
seit 1991	Erneut Regierender Bürgermeister, nunmehr der wiedervereinten Stadt.
1996	Januar: Eberhard Diepgen wird für eine weitere Amtsperiode als „Regierender“ bestätigt.

Eberhard Diepgen (I)

Februar 1984 - Januar 1989

Als Eberhard Diepgen im Dezember 1980 von Heinrich Lummer den Vorsitz der CDU-Fraktion im Berliner Abgeordnetenhaus übernahm, ahnte er weder, daß er nach gut drei Jahren zum Regierenden Bürgermeister gewählt werden und noch weniger, daß er zehn Jahre später das Stadtoberhaupt eines wiedervereinigten Berlin sein würde. Umstände, die er nicht beeinflussen konnte und mit denen er auch nicht rechnete, öffneten ihm unerwartet einen Weg zur Spitzenverantwortung in der Politik Berlins.

Daß Diepgen im Februar 1984 Regierender wurde, war auf die für viele überraschende Kandidatur des bis dahin Regierenden Richard von Weizsäcker für das Amt des Bundespräsidenten zurückzuführen. Die Berliner waren von dieser Bewerbung nach Bonn arg enttäuscht. Auch Bundeskanzler Kohl ließ den Freiherrn seinen Unmut spüren, denn er hatte ihm den Weg in die Politik geebnet und ihn von dem notwendigen Engagement in Berlin überzeugt.

Die Verbitterung der Berliner, daß wieder einmal ein Regierender die auch international beachtete Spitzenposition in Berlin nur als Sprungbrett für einflußreichere Ämter in Bonn benutzt haben könnte, übertrug sich zu einem Teil auch auf den Nachfolger Diepgen. Und weil man die Meßlatte sogleich an den glanzvollen Rhetoriker und Geistesheroen Richard von Weizsacker anlegte, verübelte man Diepgen gewissermaßen, daß er es überhaupt wagte, den Stuhl Weizsäckers ausfüllen zu wollen.

Dabei war seiner Nominierung ein innerparteilicher Klärungsprozeß zwischen der an der Basis beliebten Schulsenatorin Hanna-Renate Laurien und ihm vorausgegangen, der erst mit einer Kampfabstimmung zugunsten Eberhard Diepgens entschieden wurde. Er erhielt 62 und sie 31 Stimmen. Damit war seine Nominierung demokratisch eindeutig entschieden. Im Abgeordnetenhaus erhielt er am 9. Februar alle 71 Stimmen der CDU/FDP-Koalition. Die 51 Ab-

Der CDU-Fraktionsvorsitzende 1981.

geordneten der SPD, 8 von der Alternativen Liste (AL) und zwei fraktionslose Abgeordnete stimmten gegen ihn.

Erwartungsgemäß äußerten auch die Oppositionsabgeordneten Zweifel an den Führungsqualitäten Diepgens. Ihm war klar, daß die Bedenken gegen ihn auf Dauer nur durch die Neuwahl des Abgeordnetenhauses zerstreut oder bestätigt werden konnten. Diese Neuwahl fand am 10. März 1985 statt und endete sowohl für Diepgen als auch für dessen Koalition mit einem großen Erfolg. Von den 144 Sitzen erhielt die CDU 69 und gewann damit vier dazu. Die FDP kam auf 12 Sitze, womit sie sich um fünf Mandate verbessern konnte. Der Mehrheit von 81 Mandaten der CDU/FDP-Koalition standen die Opposition mit 48 Sitzen - sie hatte drei verloren - und die AL mit 15 Sitzen gegenüber. Die AL hatte nicht nur sechs Sitze hinzugewonnen, sondern überraschenderweise in einzelnen Stimmbezirken, wie

Mit Direktor Bernhard Paul bei einer Benefizvorstellung des „Circus Roncalli“, Juni 1984.

z. B. in Kreuzberg mit 30,3 Prozent, sogar die SPD (30,1) überflügelt.

Diepgens bemerkenswerter Wahlerfolg und die Niederlage der SPD waren wohl auch darauf zurückzuführen, daß die SPD den ehemaligen Bundesverteidigungs- und Finanzminister Hans Apel aus Hamburg als Gegenkandidaten aufstellte und damit der Eindruck verstärkt wurde, da solle den Berlinern wieder einmal jemand von außen aufgedrängt werden. Apel hatte sich freilich nicht selbst um die Nominierung beworben, sondern war wegen Queleren bei der Berliner SPD als „Parteisoldat“ zur Kandidatur verpflichtet worden. Die Berliner Presse behandelte Apels Bewerbung entsprechend.

Eberhard Diepgen konnte dagegen für sich in Anspruch nehmen, der bisher einzige in Berlin geborene Regierende zu sein, der zugleich auch in seiner Heimatstadt aufgewachsen war, dort die Schule besucht und sein Jurastudium an der Freien Universität abgeschlossen hatte - das erste Eigengewächs also unter den demokratisch gewählten Stadtoberhäuptern. Schon als Student interessierte ihn die Politik. Als Mitglied des „Rings christlich-demokratischer Studenten" (RCDS) war er 1963 auch einmal Vorsitzender des ASTA (Allgemeiner Studenten-Ausschuß) sowie stellvertretender Vorsitzender des „Verbandes Deutscher Studentenschaften" (VDS) und hier für die Sozial- und Bildungspolitik verantwortlich. Seit 1972 ist Diepgen Mitglied der CDU.

Nach seinem Studium arbeitete er als Referendar u. a. am Kammergericht in Berlin. Seit 1972 ist er als Rechtsanwalt zugelassen. In der CDU befaßte sich Diepgen vor allem mit bildungspolitischen Fragen. Sein politischer Mentor war Peter Lorenz. 1971 war Diepgen bereits Mitglied des CDU-Landesvorstands, alsbald auch geschäftsführender Landesvorsitzender und Mitglied der Programmkommission der Partei. Im gleichen Jahr wurde er auch ins Abgeordnetenhaus gewählt. Als er dort 1980 den Fraktionsvorsitz und damit schon eine zentrale parteipolitische Position übernahm, bemühte er sich, der CDU das Profil einer liberalen Großstadt-Partei zu geben. Besonderes Aufsehen hatte sein Vorschlag erregt, den jungen Männern in Berlin, die ja keinen Wehrdienst ableisten mußten, eine Dienstverpflichtung im sozialen Bereich abzuverlangen. Tatsächlich kamen damals tausende junger Männer aus dem Westen Deutschlands nach Berlin, um sich dem Wehrdienst zu entziehen.

Daß Eberhard Diepgen als Regierender bei den März-Wahlen von 1985 so erfolgreich abgeschnitten hatte, war außer dem guten Nachhall auf den vorangegangenen profilierten Weizsäcker-Senat, auf die angesehene Bundesregierung Kohl/Genscher, aber auch auf eine günstige wirtschaftliche Aufwärtsentwicklung der Stadt in den Jahren 1984/1985 zurückzuführen. Es konnten 6.000 neue Arbeitsplätze geschaffen werden, und die Arbeitslosenquote lag nicht mehr über dem Bundesdurchschnitt. Namhafte deutsehe Großunternehmen richteten neue Produktions- und Forschungsstätten ein, wie auch das „Berliner Innovations- und Gründerzentrum" zur Förderung von Unternehmen im Hochtechnologiebereich erste Erfolge verbuchen konnte. Außerdem trat in der Bevölkerungsentwicklung eine Trendwende ein, denn 1984/1985 nahm die Bevölkerung erstmals seit Kriegsende wieder zu und im Westteil der Stadt überschritt die Einwohnerzahl wieder die Zwei-Millionen-Grenze.

Während eines USA-Besuchs 1984 traf der Regierende Bürgermeister in New York auch mit dem ehemaligen amerikanischen Stadtkommandanten von Berlin während der Blockadejahre 1948/49, Frank Howley, zusammen.

Im November 1985 bestätigten die Delegierten des CDU-Parteitages Diepgen mit 95,6 Prozent der Stimmen als CDU-Landesvorsitzenden. In seiner Regierungsperiode blieb Eberhard Diepgen dann allerdings von Skandalen nicht verschont. Korruptions- und Parteispendenaffären von CDU-Stadträten und Senatoren, denen er zu lange zusah, beschädigten sein Ansehen. Seine Versuche, im Zusammenhang mit der 750-Jahr-Feier der Stadt den DDR-Staatsratsvorsitzenden Erich Honecker zum Festakt nach West-Berlin einzuladen, scheiterten schließlich, aber er bemühte sich weiter um eine Entkrampfung der Beziehungen zwischen den beiden Teilen der Stadt. So traf er später mit Honecker während der Leipziger Messe zusammen. Im August 1983 konnte er in Dessau, also ebenfalls in der DDR, eine Ausstellung des Westberliner Bauhaus-Archivs eröffnen.

Für die Neuwahlen des Abgeordnetenhauses im Januar 1989 war

Diepgen wieder als Spitzenkandidat aufgestellt worden. Ich erinnere mich, wie optimistisch der Regierende und auch Bundeskanzler Kohl, mit denen ich wenige Tage vor der Wahl beim Presseball an einem Tisch gesessen hatte, dem Ausgang der Wahl entgegensahen. Umso größer war dann die Enttäuschung. Die etwas zu selbstsicheren Wahlkampfplakate mit Diepgens Konterfei und der Textaussage „Ihn will Berlin" erwiesen sich als Fehlspekulation. Die CDU hatte sich zwar mit 37,8 Prozent Stimmenanteil als stärkste Partei behaupten können, aber ihr Koalitionspartner FDP war mit 3,9 Prozent unter die Fünf-Prozent-Sperrklausel abgefallen und damit nicht mehr im Abgeordnetenhaus vertreten. Die SPD kam auf 37,3 Prozent Stimmenanteil, und die Alternativen (AL) erreichten erstmals einen zweistelligen Erfolg, nämlich 11,8 Prozent. Als eine böse Herausforderung aller demokratischen Parteien wurden die 7,5 Prozent für die rechtsradikalen Republikaner empfunden.

Weil die Bemühungen scheiterten, eine große CDU/SPD-Koalition zu bilden, schloß der SPD-Politiker Walter Momper entgegen seiner Wahlankündigungen ein Regierungsbündnis mit den Alternativen. Eberhard Diepgen mußte mit seiner Fraktion in die Opposition gehen und verpaßte damit als Stadtoberhaupt im Berliner Schicksalsjahr den Fall der Mauer und die anschließende Wiedervereinigung der Stadt.

In einem Gespräch mit dem 1990 wiedergewählten Regierenden Eberhard Diepgen habe ich ihn auch zu seiner ersten Amtszeit von 1984 bis 1990 befragt.

Die erste Amtszeit

Appel: Herr Diepgen, Sie wurden Anfang 1984 Nachfolger des Regierenden Bürgermeisters Richard von Weizsäcker, der sich erfolgreich um das Amt des Bundespräsidenten bewarb. Wie bewerten Sie Ihre erste Amtszeit nach diesem Wechsel?

Diepgen: Meine erste Amtszeit ab 1984 war von folgenden Dingen gekennzeichnet: Erstens, eine ganz kräftige Erholung des Westteils der Stadt. Das machte sich an der Bevölkerungs- und Wirtschaftsentwicklung klar, an der Ausstrahlung, auch im kulturellen Bereich – im Zusammenhang mit der 750-Jahr-Feier und mit der Rolle Berlins als europäische Kulturstadt des Jahres 1988.

Appel: Man muß daran erinnern, daß ja die Legislaturperiode zuvor, die Herrn von Weizsäckers, noch gekennzeichnet war durch große Spannungen, z. B. die Hausbesetzerszene oder die Arbeitslosigkeit.

Diepgen: Der Grundstein ist gelegt worden ab 1981, in der Regierungszeit Richard von Weizsäckers. Damals war ich Fraktionsvorsitzender der CDU in einer ganz komplizierten Koalition, erst in einer Minderheitensituation, dann „heimliche Koalition", dann Koalition mit der FDP. Die Entwicklung konnte dann fortgesetzt werden 1984 und in der weiteren Legislaturperiode nach der Neuwahl ab 1985.

Und das zweite: Es war eine Phase, in der die Philosophie in den Themen der Deutschlandpolitik für den Senat ausgerichtet war an stärkerer Bindung nach Westen, stärkerer Einbeziehung in die Bundesrepublik Deutschland, auch faktisch; es ging darum, aus der Insel Berlin so etwas wie eine „Halbinsel" zu machen. Das läßt sich auch wiederum an einigen Dingen festmachen, nämlich dem Bau eines Erdgasspeichers und der dazugehörigen Gasleitungen sowie der Vorbereitung eines neuen Elektroverbunds für Berlin-West - bis hin in das Jahr 1988, als es erstmalig eine neue Transitstrecke geben konnte von Berlin nach Westen. Wir vertraten auch intern, nicht immer konfliktfrei, eine sehr klare deutsche Position, die dann auch Auswirkungen hatte auf die deutsch-deutsche Politik gegenüber den Alliierten.

Und damit bin ich beim dritten Punkt: Mein Amtsvorgänger Richard von Weizsäcker hat ja, in erheblichen Konflikten mit den Alliierten, ein erstes Gespräch gehabt mit Honecker.

Appel: Aber er hat mir vor kurzem gesagt, er habe das vorher vertraulich mit dem gerade amtierenden amerikanischen Kommandanten und auch mit Bundeskanzler Kohl abgestimmt.

Diepgen: Weizsäcker hat seinen ersten damaligen Besuch uns allen gegenüber geheimgehalten. Auch ich bin davon überrascht worden, bis hin zu einer gewissen Verärgerung. Er verursachte dadurch Riesenkonflikte, die auch meine Amtszeit nachher noch bestimmt haben. Aber ich habe die Bemühungen um neue Wege in der Deutschlandpolitik fortgesetzt, um die Verbesserung der Situation in und um Berlin zu erreichen und die Lebenskraft der Stadt zu stärken, weil wir nur mit klaren Verknüpfungen nach Westen auch die Wirtschaft der Stadt stärken konnten - deswegen Stromleitungen, auch die Eisenbahnanbindung ist in der Zeit behandelt und entschieden worden, bis hin zu dieser im Grunde deutschlandpolitischen Sensation einer Ergänzung auf der Transitstrecke. Viele Kleinigkeiten spielten dabei zusätzlich noch eine Rolle, wobei ich - im Hinblick auf das, was Weizsäcker gemacht hatte - eine andere Form der Kontakte mit der DDR verfolgt habe. Er war in Ost-Berlin im Schloß Niederschönhausen,

Begegnung mit Erich Honecker auf der Leipziger Frühjahrsmesse 1987. Hinter Eberhard Diepgen der Senator für Wirtschaft und Arbeit, Elmar Pieroth.

das war der Punkt, der von vielen als nicht ausreichend vorbereitet kritisiert wurde. Aber das kommentiere ich nicht. Ich bin deswegen zu meinen ersten Treffen mit Honecker bewußt immer in Leipzig zusammengekommen. Ich habe das immer aus den Statusfragen rausgenommen. Und erst im Jahre 1988 traf ich ihn erstmals in Ost-Berlin.

Stärkere Verknüpfung nach Westen

Die Frage der Einbindung Berlins hatte noch eine weitere Komponente. Es gab ja unterschiedliche Rechtspositionen zwischen den Deutschen und auch den Alliierten, welche Einbindung Berlin in den

Bund hatte. Sie werden sich auch daran erinnern können, welche Schwierigkeiten es gab, wenn der Kanzler nach Berlin flog und durch welche Türen er dabei ging. Wir haben in dieser Amtszeit erreicht – als Folge erstens beharrlicher Unterstützung durch den Bundespräsidenten, und zweitens unserer Einladungspolitik zur 750-Jahr-Feier –, daß erstmalig Staatsgäste der Bundesrepublik Deutschland in Berlin vom Bundespräsidenten offiziell begrüßt werden konnten. Das war auch eine Frage der stärkeren Verknüpfung nach Westen.

Appel: Und der Auslegung des Viermächteabkommens.

Diepgen: Ja. Nicht der Veränderung, sondern der Auslegung und Anwendung des Abkommens. Es gab schon 1986 erste Staatsbesuche hier, einen italienischen beispielsweise, da stand aber der Bundespräsident noch daneben. Doch 1987 folgten dann im Schloß Bellevue die Empfänge für das britische Königshaus, den französischen Staatspräsidenten und auch den amerikanischen Präsidenten. Also es gab eine Entwicklung, die im Grunde deutschlandpolitisch den Status von Berlin so weiterbewegt hat, daß die Bindung an die Bundesrepublik vom statusrechtlichen Ansatz her verstärkt wurde, und auf der anderen Seite wir durch die stärkeren Bindungs- und Verbindungslinien, also die Seile, wenn Sie so wollen, wieder ein Stückchen weiter rübergezogen wurden.

Zu diesem Thema gehört dann der vierte Punkt: Im Zusammenhang mit dem ganzen KSZE-Verfahren ist in Ost-Berlin die Unruhe stärker geworden. Im Grunde aber hatte man bei den Verhandlungen mit der anderen Seite nicht den Eindruck, daß dort sofort ein Umbruch geschieht. Denn aus der Sicht des Jahres 1990 ist es ja schon bemerkenswert, daß wir noch 1988 Gebietsaustausche verhandelt und beschlosen haben. Insofern gab es da unterschiedliche Entwicklungen, und die Dynamik der Verschiebung trat im Grunde sichtbar – aus meiner Beobachtung sichtbar, aber auch soweit absehbar, daß sich Politik hätte stärker darauf einstellen können – erst ab Ende 1988, ab 1989 ein.

Philosophie der Amtszeit

Doch jetzt zur Philosophie der Amtszeit. Es war die Amtszeit der Stabilisierung der Stadt: in der Außenwirkung, in der Wirtschafts- und der Bevölkerungsentwicklung, in der Bindung an die Bundesrepublik und – parallel dazu, was zwischen den beiden deutschen Staaten geschah: Honecker in Bonn – in der Verknüpfung zwischen Berlin und

750-Jahr-Feier von Berlin, 1987. Eröffnung der festlichen Ereignisse für West-Berlin am 30. April im Internationalen Congress Centrum (ICC). Erhöhte erste Reihe v. r.: Monika Diepgen, Bundeskanzler Dr. Helmut Kohl, Eberhard Diepgen, Bundespräsident Richard von Weizsäcker mit Gattin Marianne, Bundestagspräsident Dr. Philipp Jenninger sowie der Ministerpräsident von Niedersachsen, Ernst Albrecht mit Gattin. Dahinter sind u. a. zu erkennen Altbundeskanzler Kurt Georg Kiesinger (halb verdeckt) sowie die Altbundespräsidenten Walter Scheel und Karl Carstens (angeschnitten).

dem Umland. Das betraf auch den Regierenden Bürgermeister, der zwar - wegen der Bedenken der DDR - keine offiziellen Kontakte mit dem Oberbürgermeister von Ost-Berlin hatte - wir trafen uns immer nur in Kirchen und saßen dabei in einer gewissen Entfernung. Aber da war auch zur DDR eine ganz aktive Entwicklung. Und dann kam diese Umbruchsituation. Ich kann nur wiederum für meine Amtszeit sprechen: Nach der deutschen Einigung begann dieser Prozeß des Zusammenwachsens der Stadt, der dann wiederum die Philosophie für diese Amtszeit ist.

Der Regierende Bürgermeister bei der Festansprache im ICC.

Appel: Noch ein Wort zu Ihrem Vorgänger. War es schwer, Nachfolger Richard von Weizsäckers zu sein?

Diepgen: Es war in den ersten Wochen ganz schwierig, weil es eine große Enttäuschung bei den Berlinern gab, und weil mir einige Leute richtig übelnahmen, daß ich Nachfolger von Weizsäckers geworden war. Das hat sich dann verhältnismäßig schnell gegeben, weil ich es in der ersten Phase ganz anders gemacht habe. Weizsäcker war in seiner Außenwirkung eben einfach gut. Mir hat ein bißchen der - nicht immer ganz richtige - Eindruck aus der Vergangenheit geholfen, daß ich als Fraktionsvorsitzender schon einen gewissen Einfluß gehabt hatte und die Entwicklung dann fortsetzen konnte.

Appel: Daß Sie der Nachfolgekandidat wurden - da gab es doch innerparteilich noch eine Kampfabstimmung?

Diepgen: Ja. Aber im Ergebnis war das dann schnell akzeptiert. Die Diskussion hat das Ergebnis eher gefördert , z. B. das Verhältnis mit Frau Laurien ist seither ein gutes.

Appel: Gab es nicht ein gewisses Aufatmen, daß da endlich einmal einer Berlin nicht nur als Durchgangsstation betrachtete. Daß da ein richtiger Berliner kam, in der Stadt geboren und hier aufgewachsen?

Diepgen: Das spielte sicher auch eine gewisse Rolle. Und daß bei der Neuwahl im Herbst 1985 die SPD-Opposition den Hamburger Hans Apel aufstellte, hat mir wahrscheinlich sehr geholfen.

Appel: Ich stelle eine hypothetische Frage. War West-Berlin - auch ohne Gorbatschow und ohne daß diese Entwicklung später zur Wende führte - in einer stetigen Aufwärtsentwicklung? Befand man sich bereits - auch ohne Zusammenbruch des Ostblocks und der Mauer - in einer positiven Aufwärtslinie?

Diepgen: Die achtziger Jahre waren von den objektiven Daten der Stadt her eine positive Zeit. Das zeigt sich wohl am deutlichsten an der Bevölkerungsentwicklung. Es gab ein Gutachten vom Ende der siebziger Jahre, das einen Rückgang der Bevölkerungszahl auf etwa 1,5 bis 1,6 Millionen konstatierte. Und eine der Kontroversen, die ich in der Politik dauerhaft mit der SPD hatte, ob in der Regierung oder in der Opposition, war meine Aussage, wir müßten unsere Planungen auf 2 Millionen Menschen einstellen. Das ist dann Wirklichkeit geworden, übrigens mit beiden Seiten der Medaille. Ein Grund dafür, daß die CDU im Frühjahr 1989 nicht wiedergewählt wurde, war, daß wir mit dem Problem dieses Wachstums, also der Kehrseite der Medaille, nicht ganz fertig geworden sind.

Wahlniederlage 1989

Appel: Es ging positiv aufwärts, und trotzdem haben Sie dann 1989 im Januar die Wahl verloren. Können Sie dazu aus der heutigen Distanz etwas mehr sagen?

Diepgen: Wir sind im Grunde erstens an den Kehrseiten der Erfolge gescheitert. Denn die Bevölkerungsentwicklung hatte zu Wohnungsmangel geführt, eine Kurskorrektur hin zu mehr Neubauten war, wenn überhaupt, zu spät erfolgt. Zweitens scheiterten wir an einem Teil der Bundespolitik, nämlich der Gesundheitsreform. Und drittens waren Sicherheitsprobleme für die Niederlage von 1989 verantwortlich: Wir sind aus dem schlimmen Klima der teils gewalttätigen Demonstrationen etwa gegen die Weltbankkonferenz nicht mehr herausgekommen. Die Berliner hatten das Gefühl: Die Regierenden fühlen sich so sicher - nach allem, was die Medien wiedergaben und was natürlich ausstrahlte -, denen müssen wir mal einen Dämpfer geben. Und dieser Dämpfer ist dann unerwartet stark ausgefallen.

Appel: Rückblickend und mit Ihrer heutigen Erfahrung: Gab es in Ihren ersten Amtszeiten Dinge, die Sie hätten anders oder besser machen können?

Diepgen: Ja. Vor allem im Bereich der Wohnungspolitik. Fragen der Außenwirkung der Stadt, Strahlung nach außen und damit die Rückwirkung auf wirtschaftliche und andere Dinge, standen so weit im Vordergrund des Bewußtseins und der Aktivitäten, daß wir diese Kehrseite der Medaille, wie ich es nenne, im Bewußtsein der Öffentlichkeit nicht genug berücksichtigt haben. Es gab noch ein paar andere Dinge, die Antes-Affäre z. B., aber das war meiner Meinung nach nicht das Entscheidende. Entscheidend war, was ich eben geschildert habe, vor allem die plötzlich auftretenden Probleme im Wohnungsbau und bei der Gesundheitsreform.

Appel: Da war die FDP dagegen. . .

Diepgen: Aus meiner heutigen Erfahrung hätte ich es dem Koalitionspartner FDP und Herrn Rexrodt nicht durchgehen lassen dürfen. Er hat im Grunde die Neuorientierung, das Umschwenken der Wohnungsbaupolitik, um zwei Jahre verzögert.

Appel: Und die Republikaner?

Diepgen: Die bundesweite Demonstrationswelle, die dann politisch, durch Agitation, weitergetragen wurde - vom Zeitpunkt Oktober an -, hat die Republikaner hochgezogen. Dann gab es die bundesweite Ausländerdiskussion . . .

Doch ich will ja über die Philosophie sprechen. Die war sehr stark mit der Stadtgestaltung verbunden - nehmen Sie die Bundesgartenschau, die Internationale Bauausstellung -, die Stadt erlebte eine ganz andere Ausstrahlung, ganz andere Möglichkeiten und überwand damit im Grunde ein Stück ihrer Isolierung. Also: Ich wollte ein Stück Normalisierung haben. Ich wollte die Sondersituation des Viermächtestatus im Westteil der Stadt soweit wie möglich reduzieren. Um ein weiteres symbolisches Beispiel zu nehmen: Ich führte erstmals einen Rettungshubschrauber ein, der auch über die Mauer fliegen durfte. Da gab es wegen der Lufthoheit lange Diskussionen mit den Alliierten. Oder: Wir haben auch den lange Zeit gesperrten Teil der Straße des 17.Juni am Ehrenmal für die Sowjets vorbei damals wieder geöffnet. Von all diesen Entwicklungen hat dann auch mein Nachfolger Walter Momper profitiert. Sehr nützlich waren vor diesem Hintergrund die Kommandantengespräche. Von den regelmäßig stattfindenden Gesprächen mit den drei Alliierten ging es dann weiter zur Philosophie der Gespräche mit allen vier. Bis hin dazu, daß dann auch einmal der Regierende Bürgermeister einladen konnte, und nicht nur umgekehrt. Berlin sollte eben zu einer vergleichbaren Stadt

Besuch von US-Präsident Ronald Reagan anläßlich der 750-Jahr-Feier Berlins. Im Flughafen Tempelhof fand unmittelbar nach der Ankunft eine kleine Feierstunde statt. V. l. Monika Diepgen, Nancy Reagan, US-Botschafter Richard Burt, Eberhard Diepgen, Hannelore Kohl, Präsident Reagan und Bundeskanzler Dr. Kohl, 12. Juni 1987.

Die historische Ansprache des amerikanischen Präsidenten Ronald Reagan vor dem Brandenburger Tor am 12. Juni 1987: „Reißen Sie diese Mauer nieder, Herr Gorbatschow!“ Auf der Tribüne in der ersten Reihe (v. l.) u. a. Bundestagspräsident Philipp Jenninger, Bundeskanzler Dr. Helmut Kohl und der Regierende Bürgermeister Eberhard Diepgen.

HTUNG!
VERLASSEN

werden, die durch den Status keine Hemmnisse hat und zugleich soviel wie möglich Bindung nach Westen aufwies, was wirtschaftliche Sicherheit bedeutete. Diese Philosophie spiegelte sich auch im Umgang mit den Statuselementen wider, ohne daß ich etwa den Viermächtestatus in Frage stellte. Denn ich gehöre zu denen, die sagen: Gorbatschow, sehr schön und gut - eigentlich aber verdanken wir die Wiedervereinigung der Sicherheitspolitik, dem amerikanischen Sicherheitskonzept SDI, den Stationierungsbeschlüssen in der Bundesrepublik, der Politik von Präsident Ronald Reagan. Erst dann kommt Gorbatschow, das ist die Vielfalt, ohne die wäre das alles nicht entstanden.

„Ich glaube an die Wiedervereinigung"

Appel: Haben Sie je geglaubt, geahnt, daß die Geschichte noch zu Ihren Lebzeiten Berlin die Chance bietet, wieder vereint zu sein?

Diepgen: Das muß man zeitlich richtig zuordnen. Zu Beginn meiner politischen Arbeit im Parlament habe ich weder geglaubt, einmal Regierender Bürgermeister zu werden, noch, daß in einer absehbaren Zeit dieses Land und meine Heimatstadt vereinigt werden könnten. Zu meinen Amtserfahrungen gehört vielmehr, daß meine Bemerkung: „Ich glaube an die Wiedervereinigung, ich erlebe sie noch, weil ich sehr alt werde" immer ein ungläubiges Kopfschütteln hervorgerufen hat. Die Chance einer Veränderung war für mich vom Jahre 1988, aber speziell vom Beginn des Jahres 1989 an sehr deutlich. Das hat etwas zu tun mit den politischen Entwicklungen in Ungarn und dabei insbesondere mit den Gesprächen, die ich mit dem damaligen kommunistischen ungarischen Führer Imre Poszgay geführt habe. Von da an glaubte ich, es gibt grundlegende Veränderungen. Ich kann sogar das Datum genau festlegen: Es war der März 1989. Wobei ich natürlich nicht behaupte, daß ich den Fall den Mauer für Ende 1989 vorausgesehen habe; aber in diesem Jahrzehnt große Veränderungen – das war eigentlich dann klar. Poszgay hat damals auf meine Frage: „Wie weit wollt ihr den Veränderungsprozeß in Ungarn vorantreiben?" geantwortet: Wir gehen schrittweise immer weiter, wir wollen eine Befreiung, eine grundlegende Veränderung. Wir sehen nur zwei Grenzen: Erstens, es darf nicht zu einem Bürgerkrieg kommen; und zweitens, Ungarn muß im Warschauer Pakt bleiben. Wenige Wochen danach hat die ungarische Regierung die Mitgliedschaft im Warschauer Pakt aufgekündigt.

Appel: Lief das nicht parallel zum Abbau des Stacheldrahts an der österreichischen Grenze?

Diepgen: Ja. Das war Anfang April 1989. Und dann gab es für mich diese erstaunliche Begrüßung. Ich war damals knapp aus meiner ersten Amtszeit ausgeschieden, war Oppositionsführer, und stellte mich als solcher Herrn Poszgay vor. Und seine Antwort war: Das kann ich auch bald werden. Das sagte der Führer eines kommunistischen Landes. Dann folgte das Gespräch, wie ich es eben beschrieben habe. Wobei seine Antwort sich eben nicht nur auf diese beiden Kriterien bezog - die Zugehörigkeit zum Warschauer Pakt war ja schon kurz danach, im Juni, überholt -, sondern er auch feststellte, die sowjetische Politik sei durch die internationalen Verknüpfungen so weit eingebunden, daß die Breshnew-Doktrin nicht mehr funktioniere . . .

Appel: Sie war ja in Bukarest, in Anwesenheit von Gorbatschow, praktisch aufgekündigt worden . . .

Diepgen: . . . und deswegen könne man es riskieren, bis zum letzten auszuloten und schrittweise immer weiter vorzugehen. Wenn ein kommunistisches Land das macht, so gibt das auch Rückwirkungen auf den Gesamtbestand und auch notwendigerweise auf die Entwicklung in Deutschland selbst. Und danach folgte die spektakuläre Öffnung der ungarisch-österreichischen Grenze. Es gab also mindestens seit 1988 eine klare Entwicklung im Hinblick auf grundlegende Veränderungen in Deutschland - also in Europa, und damit in der Folge auch in Deutschland.

Appel: Herr Diepgen, vielen Dank für das Gespräch.

Zeittafel

1945	Geboren am 21. Februar in Sulingen/Niedersachsen.
1964-1969	Studium der Geschichte sowie der Politik- und Wirtschaftswissenschaft in Münster, München und Berlin (FU).
1967	Eintritt in die SPD.
1969-1971	Assistent an der FU, zugleich Juso-Vorsitzender in Kreuzberg.
1970-1974	Wissenschaftl. Mitarbeiter beim Geheimen Staatsarchiv in Berlin-Dahlem, ab 1972 bei der Historischen Kommission Berlin.
1974-1977	Geschäftsführer der Historischen Kommission Berlin (in dieses Amt kehrte Momper 1984-1986 nochmals zurück).
ab 1975	Mitglied der SPD-Fraktion im Berliner Abgeordnetenhaus.
1985-1989	Vorsitzender der SPD-Fraktion, ab 1986 zugleich SPD-Landesvorsitzender.
1989	März: Wahl zum Regierenden Bürgermeister.
1990	Mai: Nach den freien Wahlen in Ost-Berlin gemeinsame Landesregierung mit dem Schwierzina-Magistrat.
1991	24. Januar: Nach Wahlsieg der CDU wird Eberhard Diepgen erneut zum Regierenden Bürgermeister gewählt.
ab 1991	Momper beginnt eine neue berufliche Karriere mit einem Bau- und Projektentwicklungsunternehmen.
1995	Oktober: Bei den Neuwahlen zum Abgeordnetenhaus Niederlage des erneuten Bewerbers Momper, der kein Abgeordnetenmandat erringen kann.

Walter Momper

März 1989 - Januar 1991

Die denkwürdige Wahl, die den außerhalb Berlins weitgehend unbekannten 44jährigen Politik-Historiker Walter Momper als einen der Nachfolger von Ernst Reuter, Willy Brandt und Richard von Weizsäcker plötzlich auf den Sessel des Regierenden Bürgermeisters katapultierte und schließlich als historische Figur mit Halbglatze und rotem Schal weltberühmt machte, fand am 29. Januar 1989 statt, also zehn Monate vor dem zu diesem Zeitpunkt noch von niemandem geahnten Fall der Mauer.

Die Erinnerung an diese Wahlnacht, mit einem überraschenden und komplizierten Ergebnis, ist mir noch lebhaft im Gedächtnis. Einige Tage zuvor, beim Berliner Presseball im ICC, hatte mich der Regierende Bürgermeister Eberhard Diepgen bei einem dem Ball vorausgehenden Abendessen für auswärtige Journalisten an seinen Tisch gebeten, an den sich dann auch Bundeskanzler Kohl und seine Frau setzten. Natürlich wurde alsbald über die bevorstehenden Wahlen in West-Berlin spekuliert. Die jeweiligen Prognosen zum Abschneiden von CDU und FDP als regierender Koalition gingen zwar etwas auseinander, aber niemand am Tisch glaubte an einen Erdrutsch, sondern mit unterschiedlichen Voraussagen in den Prozenten an eine Bestätigung des Diepgen-Senats. Auch Diepgen selbst, verschiedene Umfragen zitierend, war siegessicher, und Helmut Kohl bestärkte ihn in dieser Zuversicht. Mein Hinweis, daß der Taxifahrer, der mich vom Flughafen Tegel in die Stadt gebracht hatte, nach einer Wahl-Einschätzung befragt, merkwürdigerweise den Republikanern die Chance einräumte, über die Fünf-Prozent-Hürde zu kommen, wurde mit einer abwehrenden Handbewegung und den Worten kommentiert: "Na ja, die Berliner Taxifahrer. . ." Aber nicht nur darin sollte sich die Tischrunde der in Bonn und Berlin Regierenden erheblich täuschen.

Die nach Bonner Vorbild geschlossene Berliner CDU/FDP-Regierungskoalition sackte gegenüber der vorangegangenen Wahl von 1985

Der Abgeordnete der SPD bei einer Anfrage im Parlament, 1975.

(damals mit einem Stimmenanteil von 54,8 Prozent) nicht nur um 13,2 Punkte auf 41,6 Prozent ab, sondern der Koalitionspartner FDP fiel mit 3,9 Prozent unter die Fünf-Prozent-Sperrklausel und konnte damit nicht mehr ins Berliner Landesparlament zurückkehren. Diepgen, auf den der Unions-Wahlkampf fast ausschließlich abgestimmt gewesen war, sicherte mit seinen 37,7 Prozent der CDU zwar gerade noch die Stellung als stärkste Partei vor der SPD mit 37,3 Prozent, aber er stand plötzlich ohne Koalitionsparter da, mit dem weiterzuregieren sein Wahlziel gewesen war. Daß statt dessen die Taxifahrer-Prognose über das Aufkommen der Rechtsradikalen sich nicht nur als zutreffend erwies, sondern die Republikaner sogar 7,5 Prozent der Stimmen auf sich vereinigen konnten, machte den 29. Januar als Wahltag für die Berliner vollends zu einem Debakel. Das Jahr 1989 - später ein historisches Schicksalsjahr - schien in Berlin mit einem schlechten Vorzeichen zu beginnen.

Der Nutznießer der Wahlschlappe Diepgens hieß Walter Momper. Der war zwar Spitzenkandidat der sozialdemokratischen Opposition gewesen, aber niemand - er selbst eingeschlossen - hatte ernsthaft geglaubt, daß er Aussichten haben könnte, Regierender Bürgermeister von Berlin zu werden. Die von ihm geführte SPD hatte mit 37,3 Prozent der Stimmen einen Überraschungserfolg errungen, aber wie sollte er Regierungschef werden, da er doch selbst die Alternative Liste (AL) - die Berliner „Grünen", die erstaunliche 11,8 Prozent erreichten - noch in der Wahlnacht als „nicht regierungsfähig" bezeichnet hatte. Die Ratlosigkeit war zunächst sehr groß. Noch niemand ahnte zu dieser Zeit, daß das Jahr 1989 zur entscheidenden Nachkriegswende für Berlin und Deutschland werden würde, aber in Anlehnung an das Wort von Ernst Reuter war allen klar, daß besonders in Konfliktsituationen „die Augen der Welt auf diese Stadt gerichtet sind".

Ich habe Walter Momper fünf Jahre später in einem hier auszugsweise folgenden Gespräch gefragt, warum er trotz gegenteiliger Ankündigungen dann schließlich doch mit den Berliner Grünen koaliert und sich mit ihrer Unterstützung zum Regierenden Bürgermeister habe wählen lassen. Seine Antwort:

Momper: Aus den drei bekannten Gründen: Die Alternativen erkannten ursprünglich die Legitimität der Anwesenheit der Alliierten nicht an, ebenso nicht die Bindung West-Berlins an den Bund sowie das Gewaltmonopol des Staates - was für uns Essentials waren.

Ich führte Koalitionsverhandlungen sowohl mit der CDU als auch mit den Grünen, und ich war mir vor diesen Verhandlungen nicht sicher, ob die Grünen jene drei Punkte anerkennen würden, denn die Westberliner Grünen waren ja besonders extrem in ihren Auffassungen und sind es wohl heute immer noch. Ich hatte keine Präferenz, weder für die Grünen noch für die CDU. Ich habe immer nur gesagt, wenn bestimmte Dinge, die wir in Berlin brauchen - etwa Mietrechtsverbesserung, ein Beschäftigungsprogramm, Wirtschaftsförderung -, wenn also diese Politikziele nur mit der CDU zu haben sind; also, wenn die CDU uns das aus Bonn mitbringt, dann koaliere ich auch mit der CDU. Meine Parteifreunde fragten kritisch zurück: Wenn die CDU diese Forderungen erfüllt, was dann? Ich antwortete: Wenn das eine Mietrechtsverbesserung für die Berliner mit sich bringt, dann wird eine große Koalition gemacht. Die CDU aber verweigerte sich, die Grünen kamen dann relativ schnell mit der Anerkennung jener drei Essentials.

Antrittsbesuch des Regierenden Bürgermeisters bei den Alliierten, März 1989. V. l.: der französische Stadtkommandant Cann, die Senatorin für Bundesangelegenheiten Dr. Heide Pfarr, Walter Momper sowie US-Stadtkommandant Haddock.

Nach der Regierungsbildung am 16. März 1989 gab es zwar dauernd Koalitionskrisen, und das bis zum Ende der durch die Wiedervereinigung auf zwei Jahre (bis Dezember 1990) verkürzten Wahlperiode, aber es gab nie ernsthafte Brüche. Dennoch hätte man diese Koalition vorzeitig beenden müssen, doch meine eigene Fraktion ließ das nicht zu.

Appel: Woran ist Ihre rot-grüne Koalition letztlich zerbrochen?

Momper: Die Koalition war in einer essentiellen Frage auseinander: in der Haltung zur Einheit Deutschlands. Die Koalition funktionierte danach zwar noch eine Weile recht und schlecht, hätte aber eigentlich durch eine große Koalition ersetzt werden müssen. Doch das war sowohl mit meiner eigenen Fraktion als auch mit der Berliner Landesverfassung nicht zu machen. Weil nämlich diese Verfassung

Einzelminister-Verantwortlichkeit vor dem Parlament und Einzelminister-Wahl vorsieht. Der Regierende Bürgermeister konnte also keinen Senator entlassen. Man konnte also weder vor noch zurück, das war schon bitter.

Es kamen alle möglichen weiteren Krisensituationen. Etwa: eine Woche nach dem 9. November '89, in einer Situation der Veränderung, wird von den Gewerkschaften ÖTV und GEW gegen den Senat der härteste Streik der Berliner Nachkriegszeit ausgerufen, der Kita-(Kindertagesstätten-)Streik. Elf Wochen lang waren die Kindertagesstätten geschlossen. Die Frauen konnten nicht arbeiten gehen. Das wurde mit aller Härte ausgetragen, und ein Teil der Regierung, die Grünen, waren auf Seiten der streikenden ÖTV.

Dann kam der Streit mit den Grünen um den Atom-Versuchsreaktor im Hahn-Meitner-Institut und weitere kleine Auseinandersetzungen, die zwar nicht so große Bedeutung hatten, aber das Klima zunehmend verschlechterten.

Hauptproblem der rot-grünen Koalition

Hauptproblem aber war, daß wir in der Frage der deutschen Einheit uneins waren. Die SPD war äußerst gehandicapt, weil der Spitzenkandidat der eigenen Partei, Oskar Lafontaine, in der ersten Phase nicht für die Einheit war, und auch nicht für die Währungsunion. Bei der Unterzeichnung des Vertrages über die Währungsunion waren als einzige westdeutsche SPD-Repräsentanten Annemarie Renger und Momper anwesend! Also, Teile der Bundespartei waren dagegen; allerdings nicht die SPD in Berlin. Hier waren wir uns alle einig: Währungsunion und Einheit müssen so schnell wie möglich kommen. Und die Lafontainesche Planung - zwei deutsche Wirtschafts- und Währungsgebiete bewegen sich langsam aufeinander zu - war nicht realistisch, denn wenn die DDR-Deutschen und die Westberliner eines satt hatten, dann waren es Grenzkontrollen.

Das Problem - und das war mir damals durchaus klar -, warum ich mich bis zur Wahl 1990 nicht durchgesetzt habe, war: Die 1989 geschlossene Koalition war im Grunde in dem Augenblick obsolet, als die Mauer geöffnet wurde, oder allerspätestens, als die deutsche Einheit auf der Tagesordnung stand. Dabei machten die Grünen nicht mit. Das wollten sie nicht, das wollten sie bis zum Ende der Koalition nicht. Und als dann die Währungsunion und der Einigungsvertrag kamen, haben sie ja im Abgeordnetenhaus von Berlin auch konsequent dagegen gestimmt. Und bei Anträgen, die sich für die Einheit Deutschlands aussprachen, sagten sie uns: Beschafft euch die Mehrheit dafür mit der CDU. Und wenn in solch wesentlichen Fragen eine Koalition nicht mehr beisammen ist, dann ist sie beendet, auch wenn alles scheinbar noch weiter funktioniert.

Und die Westberliner sagten sich: Wenn wir im Dezember 1990 die SPD wiederwählen, dann macht sie womöglich wieder mit den Grünen eine Koalition. Dann kam das Attentat auf Lafontaine, was natürlich jede Möglichkeit einer kritischen Haltung zu seinen Positionen unmöglich machte. Nach seiner Genesung hat er dann erkannt, was in Deutschland wirklich auf der Tagesordnung stand. Da war es aber schon zu spät, das hat sich dann nicht mehr umgesetzt.

Appel: Ihre Amtszeit als Regierender Bürgermeister betrug knapp zwei Jahre, vom März 1989 bis zum Januar 1991. In dieser Zeit fand nun hier in Berlin die weltgeschichtliche Wende statt. Wie beurteilen Sie heute, im Abstand einiger Jahre, insgesamt Ihre Amtszeit in dieser historischen Periode?

Momper: Die rot-grüne Koalition war 1989 als ein Senat der inneren Reformen für West-Berlin angetreten. Es war ein Reformbündnis von SPD und Grünen, das einige Notwendigkeiten der Innenpolitik in die richtige Richtung bringen wollte, z.B. im Verkehrsbereich, in der Umweltpolitik und auch bei der Gleichstellung der Frau - was ja schon durch die Mehrheit an Frauen im Senat zum Ausdruck kam. Für dieses Ziel hatten uns die Westberliner eine Mehrheit gegeben.

Dann kam die Wende

Und dann kam der 9. November, die Wende, und alle Aufgaben stellten sich vollkommen neu und anders. Auch die Dimension der politischen Aufgabe war plötzlich unvergleichlich größer. Wir mußten jetzt politisch das organisieren, was schon vor der Grenzöffnung durch den wachsenden Flüchtlingszustrom als Notwendigkeit eingesetzt hatte, und was dann mit den Veränderungen in der DDR voll zum Tragen kam: nämlich Liberalisierung und Demokratisierung in der DDR voranzubringen. Dabei spielte West-Berlin natürlich eine große Rolle. Das haben wir auch so verstanden, und wir versuchten das aktiv zu gestalten. Ich erinnere mich noch an die zahlreichen Regierungserklärungen nach dem 9. November, praktisch alle 14 Tage, die ja nicht den Mitgliedern unseres Abgeordnetenhauses erklären sollten, wie die Welt bestellt war, sondern die den Hauptzweck hatten, den Bürgern Ost-Berlins und der DDR eine Orientierung zu geben: Was ist der Stand der Entwicklung und was sind die nächsten Ziele. Und das wurde in der noch existierenden DDR auch so verstanden. Ein Großteil meines Ansehens in Ost-Berlin und der ehemaligen DDR beruht sicher darauf, daß ich damals für die Leute dort ein westlicher Politiker war, der ihnen sagte, in welche Richtung die Entwicklung lief.

Appel: Ab wann war für Sie spürbar, daß die Mauer fällt?

Momper: Ich erinnere mich noch sehr genau, wie im Sommer 1989 die Grenze Ungarns nach Österreich geöffnet wurde. Von da an war uns klar, daß dies die Mauer funktionslos machte. Klar war uns, daß es nach dem 7. Oktober, dem DDR-Staatsfeiertag, einen Wechsel in der Führung geben würde. Doch wir nahmen nicht an, daß es ein Wechsel sein würde, mit dem sich das System verändern würde. Erst im Laufe der Zeit merkten wir, daß dies eine ganz neue Kursbestimmung der DDR und der SED selbst bedeutete.

Im Juni war ich noch bei Honecker - da war die Welt im Sinne des Ost-West-Patts noch weitgehend „in Ordnung". Honecker kam mir allerdings vor wie ein Mensch, der auf einem völlig anderen Stern lebte, weit entfernt von der Realität seines Landes. Da ahnte ich zum ersten Mal, daß das ganze System hohler war, als wir annahmen. Was nicht etwa bedeutete, ich hätte geahnt, daß das Ganze in so kurzer Zeit hinweggefegt sein würde.

Wir fürchteten ein Blutbad

Appel: Sie haben ja auch noch kurz nach dem Fall der Mauer gesagt, es gehe jetzt nicht um die „Wiedervereinigung", sondern um ein „Wiedersehen".

Momper: Das spiegelte wider, was nach meiner Erkenntnis die demokratische Opposition in der DDR zu diesem Zeitpunkt wollte. Im Juni hatte ich Honecker gesprochen. Dann wurde er in Prag krank, und wir merkten an den Kontakten mit der anderen Seite - vor allem mit der Westabteilung des Zentralkomitees -, daß eigentlich nichts mehr funktionierte. Der „Alte" war krank, Zusagen wurden nicht eingehalten. Man mußte in jeder Sache nachhaken, und trotzdem konnte keiner entscheiden. Als wir dann Ende August aus dem Urlaub wiederkamen, war klar, es knisterte und knarrte überall im Gebälk. Die Ausreisen über die ČSSR und Ungarn gingen in die Tausende. Von

da an war klar, daß die DDR-Deutschen eines Tages auf die Idee kommen würden, „von hinten über die Mauer zu stürmen“, wie wir das immer nannten. Das konnten wir uns eigentlich nur als furchtbares Blutbad vorstellen. Wir haben das auch mit den Alliierten besprochen, z.B. was passiert, wenn ein paar hundert Menschen versuchen, am Brandenburger Tor durchzustoßen? Die DDR-Grenzwachen hätten das nicht wirksam unterbinden können, aber sie hätten – wie in

Bilder, die um die Welt gingen. Grenzübergang Bornholmer Straße, am Tag nach dem Mauerfall, 10. November 1989.

Peking - schießen und ein furchtbares Blutbad anrichten können.

Dann kam der Staatsfeiertag. Die DDR-Führung überlegte, ob sie den Fackelzug der FDJ am Vorabend nicht auf den hellen Tag vorverlegen sollte - denn hunderttausend junge Leute, die Unter den Linden auf das Brandenburger Tor zumarschierten, waren natürlich für die SED völlig unkalkulierbar. Sie riefen dann zwar „Gorbi, Gorbi" und nicht „Erich, Erich", doch sie sind brav um die Ecke auf den Marx-Engels-Platz eingebogen und in Ost-Berlin geblieben.

Schon Ende Oktober Reisefreiheit angekündigt

Am brandenburgischen Reformationstag Ende Oktober trafen wir uns mit dem SED-Bezirkssekretär Schabowski und Erhard Krack, dem Oberbürgermeister von Ost-Berlin. Das Treffen hatte Manfred Stol-

Am Brandenburger Tor, 10. November 1989.

pe vermittelt, der auch dabei war. Schabowski sagte uns bei dem Gespräch, daß die DDR noch vor Weihnachten „Reisefreiheit“ geben würde. Zuvor, am 18. Oktober, war der Wechsel Honecker/Krenz erfolgt, Schabowski war praktisch die Nummer zwei im Politbüro geworden. Bei dem Gespräch trat er übrigens noch voll für die führende Rolle der SED ein und warf uns Sozialdemokraten vor, wir seien eine reformistische Partei und hätten an dem Verhältnis oben/unten, arm/reich im Kern nichts verändert.

Appel: Das hat er also schon gesagt, bevor er dann am 9. November vor der Presse die berühmte verklausulierte Erklärung über die Reisefreiheit abgab?

Momper: Ja, das hat er schon Ende Oktober angekündigt. Wir haben damals auch gefragt, ob ihm klar sei, was das bedeutet. Schabowski sprach daraufhin von 100-150.000 Menschen, die die DDR verlassen würden. Dennoch müsse Reisefreiheit sein, denn ein moderner Staat sei ohne Reisefreiheit nicht denkbar. Eine späte, aber vernünftige Einsicht.

Dann fragte ich, ob ihm klar sei, was dies *praktisch* bedeuten würde. Das war ihm natürlich nicht klar. Wir versuchten zu schätzen, wieviele Menschen aus der DDR wohl am ersten Wochenende nach der Reisefreiheit nach West-Berlin kommen würden, und wir schätzten 500.000. Tatsächlich waren es dann eine Million. Öffentlich aber sprachen wir gegenüber den Westberlinern von 300.000 zu erwartenden Besuchern aus der DDR, das war die Zahl der jährlichen Osterbesucher in der Stadt. Alles andere hätte die Leute beunruhigt.

9 Tage Zeit bis zur Reisefreiheit

Neue Grenzübergänge hatten schon lange auf unserer Prioritätenliste gestanden, und das lief dann, vorbereitet nach dem Oktober-Gespräch, auch ab 12. November so ab: zuerst wurden der Potsdamer Platz, dann die Glienicker Brücke, die Puschkinallee, die Freienwalder Straße geöffnet, usw. - neue Übergänge, die mit relativ wenig Mitteln herzustellen waren. Man brauchte nur ein Loch in die Mauer zu brechen. Das war also vorbereitet - auch wenn, was wir nicht wußten, von dieser Besprechung an nur noch 9 Tage Vorbereitungszeit bis zur überraschenden Grenzöffnung verblieben.

Auf Staatssekretärsebene wurden die nötigen Detailregelungen vorbereitet - Öffnung von U-Bahn-Stationen im Osten, Sonderfahrplan der BVG im Westen, so daß man täglich eine halbe Million Menschen mehr befördern konnte. Die Besucher aus dem Osten hatten keine Stadtpläne von West-Berlin, keine U-Bahn-Pläne, keine Informationen über Kultureinrichtungen usw. usf. Dann war die Frage der Auszahlung des Begrüßungsgelds praktisch zu regeln: Am ersten Wochenende rechneten wir mit 500.000 Menschen. Das haben wir alles vorbereitet in diesen 9 Tagen, einschließlich einer umfassenden gedruckten Information für Ostberliner. Die konnte aus Kapazitätsgründen nur der Springer-Verlag drucken.

Ich erinnere mich, daß die dafür Zuständigen am Abend des 9. November noch bei der Redaktion der Informationsbroschüre in der Senatskanzlei saßen, ich selbst war bei einem Empfang im Springer-Hochhaus, als die Meldung von Schabowskis Pressekonferenz kam. Für uns unerwartet, denn wir hatten abgesprochen, daß er uns wegen der nötigen Vorbereitungen auf westlicher Seite rechtzeitig informieren würde. Ich sah die dpa-Eilmeldung, die mir der Chefredakteur der *Berliner Morgenpost*, Herr Waltert, auf dem Empfang reichte, schaute mir die Videoaufzeichnung der Pressekonferenz an und stimmte mich dem Chef der Senatskanzlei Schröder und dem Chef des Presseamtes Kolhoff ab: Eingedenk der Ankündigung von Schabowski war uns klar, daß dies nun die angekündigte Reisefreiheit war.

Die konkrete Regelung, wie Schabowski sie verkündet hatte, war natürlich anders gemeint. Der wollte die Mauer nicht gleich öffnen. Wir brachten dann Dynamik in die Situation. Erst einmal fuhr ich in den SFB und sprach in der *Abendschau*. Später haben mir viele Leute im Osten, die das sahen, gesagt: Daß Sie da von einer „historischen Stunde" sprachen, fand viel weniger Aufmerksamkeit als Ihr abschließender Hinweis, die Besucher aus der DDR sollten doch mit öffentlichen Verkehrsmitteln kommen und die „Trabis und Wartburgs zuhause lassen". Da war die Reaktion der Ostberliner: Was? Soweit ist es tatsächlich schon!

Dann war um 22 Uhr Senatssondersitzung. Der Polizeipräsident berichtete, daß sich bereits Hunderte und Tausende hinter den Grenzübergängen versammelten und daß auch schon Menschen ohne Visum und Stempel durchgelassen würden. Um 23 Uhr wurde an der Bornholmer Straße das Tor aufgemacht, und dann begann der Sturm.

Am nächsten Vormittag war ich in Bonn im Bundesrat. Am Nachmittag wurden durch die Besuchsbeauftragten die neuen Übergänge verhandelt. Zwei Tage später wurde der Potsdamer Platz und dann die Glienicker Brücke aufgemacht, und so weiter.

Appel: Inzwischen hatte es auch die berühmte Dank-Kundgebung vor dem Schöneberger Rathaus gegeben. In diesem Zusammenhang wird Ihnen der Vorwurf gemacht, Sie hätten das Treffen so organisiert, daß der Bundeskanzler ausgepfiffen wurde?

Momper: Das ist natürlich Unsinn. Erstens war ich gar nicht der Veranstalter. Zweitens war ich tagsüber überhaupt nicht in der Stadt. Veranstalter war nämlich Parlamentspräsident Wohlrabe von der CDU, der zusammen mit dem SFB dazu aufgerufen hatte. Nachher hieß es, die CDU habe sich zu Tausenden in der Tauentzienstraße versammelt - was niemand überprüfen konnte, denn dort waren ja ohnehin die vielen tausend Ostberliner auf der Straße.

Bei dieser "Freiheitskundgebung", wie der SFB sie vermittelt hatte, versammelten sich an die 50.000 vorwiegend junge Leute. Kanzler Kohl war nicht sonderlich angesehen in Berlin, und das bekam er zu spüren, als ihn die Teilnehmer auspfiffen.

Kundgebung vor dem Schöneberger Rathaus am Tag nach dem Mauerfall, 10. November 1989. V. l. der SPD-Vorsitzende Willy Brandt (in seiner Ansprache formulierte er den historisch gewordenen Satz: „Jetzt wächst zusammen, was zusammengehört"), der CDU-Fraktionsvorsitzende im Abgeordnetenhaus, Eberhard Diepgen, der Regierende Bürgermeister Walter Momper, Bundesaußenminister Hans-Dietrich Genscher (halb verdeckt), der Präsident des Abgeordnetenhauses, Jürgen Wohlrabe (am Mikrofon, verdeckt), der SPD-Fraktionsvorsitzende im Deutschen Bundestag, Dr. Hans-Jochen Vogel, Bundeskanzler Dr. Helmut Kohl, Regierungssprecher Hans Klein (halb verdeckt) und Kanzleramtsminister Rudolf Seiters.

Die friedliche Revolution stand auf der Kippe

Für die Landespolitik und auch für mich möchte ich in Anspruch nehmen, daß wir die praktische kommunale Vorsorge und die technischen Voraussetzungen für den Menschenstrom der nächsten Wochen geschaffen haben. Meine Hauptsorge war stets: Hoffentlich passiert nichts an der Grenze. Heute redet alle Welt über die friedliche Revolution. Sie war des öfteren an einem Punkt, wo es ganz schnell in Gewalt hätte umschlagen können.

Appel: War das auch der Grund, weshalb Sie relativ vorsichtig waren in Ihrer politischen Bewertung, daß sie an die Wiedervereinigung – wenigstens öffentlich – nicht gedacht haben?

Momper: Ich habe mich immer an das gehalten, was die demokratische Opposition in der DDR wollte. So habe ich meine Rolle verstanden. Hauptsächlichen Kontakt hatte ich mit Vertretern der evangelischen Kirche. Über meine privaten Verbindungen zu Pfarrern, Superintendenten, aber auch zu Jugendkreisen der Kirche hinaus hatte die Berliner SPD-Fraktion jährlich eine zweitägige Fahrt in die DDR veranstaltet, jeweils in einen anderen Bezirk. An einem Tag ging es mit dem Bus in einen Industriebetrieb – man führte uns moderne Anlagen vor, etwa das neue Kraftwerk Jänschwalde bei Cottbus –, wo wir auch mit offiziellen Vertretern des jeweiligen Bezirkes sprachen, und der zweite Tag war immer der Begegnung mit der evangelischen Kirche vorbehalten. Wir sagten immer: Erst gehen wir zur Regierung, und dann zur Opposition. Wirklich wichtig aber waren uns die kritischen Kreise innerhalb der Kirche. Und die traten nach dem 9. November mit der übrigen Opposition für Liberalisierung und Demokratisierung der DDR ein, lehnten eine Wiedervereinigung entweder klar ab oder sahen sie für einen viel späteren Zeitpunkt.

Der Regierende Bürgermeister bei einer symbolischen „Dienststunde“ in einer Auszahlungsstelle für Begrüßungsgeld an DDR-Besucher, 19. November 1989.

Öffnung des Brandenburger Tores, 22. Dezember 1989. V. l.: Kanzleramtsminister Rudolf Seiters, DDR-Ministerpräsident Dr. Hans Modrow, der Ostberliner Oberbürgermeister Erhard Krack, der Westberliner Regierende Bürgermeister Walter Momper, Bundeskanzler Dr. Helmut Kohl und Bundesaußenminister Hans-Dietrich Genscher.

Aus heutiger Sicht verschiebt sich vieles. Nehmen Sie nur den 10-Punkte-Plan des Bundeskanzlers vom 26. November 1989. Der wird heute oft als Fahrplan zur Wiedervereinigung gesehen, in Wirklichkeit war das ein Plan für eine Konföderation für einen Zeitraum von etwa 10 Jahren.

Der Einheitswunsch und die Westalliierten

Von Montagsdemonstration zu Montagsdemonstration änderte sich die Volksstimmung in der DDR allmählich, und etwa von Januar 1990 an merkte ich, daß die Menschen in der DDR immer stärker zur Einheit strebten. Ich habe dann am 31. Januar und 1. Februar Gespräche in London und Paris geführt, um die Haltung dort zu erkunden. Mit den Sowjets, konkret mit Herrn Falin, hatte ich schon vor dem 7. Oktober 1989 einmal darüber gesprochen, und er hatte mir gesagt: Die DDR kann ihre inneren Angelegenheiten selbst regeln, wir werden nicht militärisch intervenieren.

Das war ein Gespräch Bahr-Lahnstein-Momper-Falin, und Falin kündigte an, daß Gorbatschow in seiner Rede zu den DDR-Staatsfeierlichkeiten am 7. Oktober seine Meinung deutlich äußern würde. Das tat er ja dann auch, bis an die Grenze diplomatischer Höflichkeit.

In Paris sagte man mir: Wir sind als Franzosen nicht 40 Jahre für die deutsche Einheit eingetreten, um dann, wenn es dazu kommt, nein zu sagen. Und in London sprach ich mit Außenminister Douglas Hurt, der mir sagte: Verlassen Sie sich darauf, die Außenpolitik wird nicht in der Downing Street, sondern im Foreign Office gemacht, und wir stehen zur Einheit. Den größten Anteil an der Einheit haben die Amerikaner. Ohne den Gesandten Harry Gilmore hier in Berlin, ohne James Baker als Außenminister und ohne Präsident Bush, die alle mit dem Herzen für die deutsche Einheit waren, hätten wir nichts erreicht.

Als ich von London und Paris zurück war, habe ich dann am 2. Februar 1990 auf dem SPD-Bezirksparteitag in Ost-Berlin gesprochen. Ich erinnere mich noch genau an die Reaktion meiner sozialdemokratischen Freunde aus Ost und West, als ich sagte: Das westliche Ausland ist für die deutsche Einheit, wenn wir das wollen. Die Westdeutschen haben noch nie etwas dagegen gehabt; die Ostdeutschen wollen es erkennbar jetzt auch - wenn das so ist, dann laßt es uns auch machen, und zwar so rasch wie möglich. Die Notwendigkeit zu einer schnellen Einheit war durch die laufende Ausplünderung der DDR während der Modrow-Zeit - es wurde ja kofferweise Geld aus den Betrieben geschleppt und dann am Bahnhof Zoo privat in Westgeld umgetauscht - gegeben. Das mußte beendet werden. Meine Rede von damals kann man nachlesen. Die *Berliner Zeitung* schrieb dazu, das seien ja erschreckende Einsichten, aber eigentlich Einsichten in die Realität auch dessen, was die Ostdeutschen wollten. Damals war die Entwicklung so rasch, daß man sagte - die Formulierung ist leider nicht von mir -: „Das Wort veraltet einem im Munde.“ Erklärungen von gestern waren am nächsten Tag bereits durch die Ereignisse überholt. Nehmen Sie den Verfall der Autorität von Krenz, danach auch den Verfall der Autorität von de Maizière. Das ging alles atemberaubend schnell.

Verhandlungen im Gästehaus des Senats zu praktischen Fragen des Besucherverkehrs, Januar 1990. V. l.: der Ostberliner OB Krack, DDR-Ministerpräsident Modrow und der Regierende Bürgermeister Momper. 2. Reihe v. l.: Senatssprecher Werner Kolhoff, der DDR-Beauftragte für Reise- und Besucherverkehr, Dr.Walter Müller sowie der Chef der Senatskanzlei, Gerhard Kunze.

Ost-OB „eine interessante Figur"

Appel: In die Politik zur deutschen Einheit war auch die Wiedervereinigung Berlins eingebettet . . .

Momper: Das lief sehr geordnet ab. Der Senat hatte allerdings die Sorge, wie wir, wenn wir die Verantwortung für Ost-Berlin überraschend bekommen sollten, die Verwaltung dort demokratisch gestalten würden. Unsere „Krisenkommandos" hatten wir schon gebildet. Und noch *vor* der ersten demokratischen Kommunalwahl in Berlin am 5. Mai 1990, also noch zur Zeit von Oberbürgermeister Krack, wurde der Austausch von Beamten organisiert. Die ersten Beamten von uns gingen nach Ost-Berlin, dann bekamen auch wir Angestellte aus dem Roten Rathaus in das Rathaus Schöneberg.

OB Krack war eine interessante Figur. Er ist ein Arbeiter-Typ, aber er hatte ein originäres Gespür für bestimmte Dinge, z. B. für PR-wirksame Auftritte - wir haben im Dezember gemeinsam mehrere Weihnachtsmärkte eröffnet. In Ost-Berlin war er ein recht unbekannter Mann, aber er begriff sehr rasch den Mechanismus öffentlicher Wirkung. Wir waren z. B. einmal im Schauspielhaus, danach gab es einen Empfang im Palast-Hotel, und ich schlug vor: Gehen wir doch einfach zu Fuß! Nun muß man sich das vorstellen: Krack und Frau, Momper und Frau, ein Schwarm Staatssicherheit drumherum, und das Ganze abends nach zehn Uhr Unter den Linden. Wir kamen an der Bushaltestelle am Opern-Café vorbei, da sagte einer der dort Wartenden: Kiek mal, der Momper! Den Krack kannte überhaupt keiner, denn die Kommunalpolitiker in der DDR, als Leute unterhalb der Staatsführung, traten öffentlich wenig in Erscheinung. Im Auto sagte mir OB Krack einmal: „Also, daß wir dauernd gemeinsam auftreten, das wollen unsere führenden Leute überhaupt nicht. Ich habe dauernd Ärger mit dem Außenministerium. Aber ich will Ihnen mal was sagen - wir sind doch in erster Linie dem Wohl der Bürger unserer Stadt verpflichtet, die können mich mal alle gernhaben."

Appel: Er hatte also sozusagen eine innerliche Wende vollzogen?

Momper: Ja, er hatte begriffen, daß man dem Wohl der Berlinerinnen und Berliner verpflichtet zu sein hatte, daß man auch öffentlich auftreten mußte. Und er hatte auch in Gesprächen mit uns sichergestellt, daß bei Versorgungsengpässen im Osten wir in West-Berlin aus der Senatsreserve aushelfen würden.

Appel: Kann man sagen, daß auch Krack nach dem Fall der Mauer zur Wiedervereinigung der Stadt beigetragen hat?

Momper: In dem Sinne ja. Er hat zu einem ganz frühen Zeitpunkt, als es die DDR noch gab und sie ja auch noch leidlich funktionierte, all das gemacht, was es 40 Jahre lang nicht gegeben hatte. Er hat ganz schnell die Zusammenarbeit von West- und Ost-Berlin eingeleitet und auch aktiv daran mitgewirkt. Krack hat ganz schnell gelernt, gesamtberlinisch zu denken, und er hat eine erstaunliche Wandlung durchgemacht.

Krack muß wegen Wahlfälschung gehen

Appel: Dann ist er aber doch zurückgetreten.

Momper: Ja, als das mit den Wahlfälschungen hochkam und die Bezirksbürgermeister im Osten reihenweise zurücktraten, wurde der Druck auf ihn immer stärker und er mußte ebenfalls zurücktreten.

Kurz danach gab es in der Ostberliner Stadtverordnetenversamm-

Die beiden Chefs des „Schwierzomper"-Senats (Berliner Volksmund), Walter Momper (West) und Tino Schwierzina (Ost), werben für Berlin als deutsche Hauptstadt, Juli 1990.

lung eine Diskussion, bei der die CDU-Fraktion - also noch die DDR-Blockpartei CDU - den Antrag einbrachte: Da die Wiedervereinigung absehbar sei, solle man doch gleich die ganze Stadtverwaltung dem Westberliner Senat übertragen. Da funktionierte im Osten der Stadt eigentlich schon nichts mehr, es kamen beispielsweise nur noch die Hälfte der Stadtverordneten zu den Sitzungen. Dann wurde aber doch noch der PDS-Mann Christian Hartenhauer als Nachfolger von Krack gewählt.

Es folgte die erste freie Ostberliner Wahl vom 5. Mai 1990. Tino Schwierzina, unser SPD-Kandidat, wurde mit 74 von 134 Stimmen Oberbürgermeister von Ost-Berlin. Kurz darauf wurde diskutiert, ob man gleich verantwortliche Senatoren für Ost- und West-Berlin einsetzen sollte, was aber leider die SPD-Fraktionen in Ost wie West verweigerten. Dennoch gab es nach einer Woche die erste gemeinsame Sitzung von Senat und Magistrat. Es war geplant, im Turnus jeweils abwechselnd getrennt und gemeinsam zu tagen. Das wurde dann aber fallengelassen, weil sich herausstellte, daß getrennte Tagungen keinen Sinn machten.

Von da an haben wir praktisch nur noch gemeinsam getagt - das war die Zeit des sogenannten „Magisenats“ oder „Schwierzomper“-Senats, weil wir oft gemeinsam auftraten, was übrigens bestens funktionierte.

Der Magisenat war die ganz große Koalition - von Schwarz, also Pieroth (CDU) als Ostberliner Wirtschaftsstadtrat in der großen Koalition Ostberlins unter Schwierzina(SPD), bis Rot-Grün unter meiner Führung in West-Berlin. Wir haben Beamte ausgetauscht, wir haben in Ost-Berlin die fehlenden Verwaltungen aufgebaut, so gesehen war das Pionierarbeit.

Putsch für die Einheit

Dann kam noch einmal eine ganz kritische Situation im Prozeß der Einheit. Damals befürchtete ich: Wenn wir morgen aufwachen, haben wir auf einmal die Mitverantwortung für Ost-Berlin. Das war, als am 17. Juni 1990 in Berlin die Feiern zum Nationalfeiertag stattfanden. Stolpe hielt damals auf der zentralen Veranstaltung im Berliner Schauspielhaus eine sehr kluge Rede über die DDR und ihre Zukunft.

Am Nachmittag rief mich der Chef der Senatskanzlei an und sagte: „Schalt das Fernsehen ein, die putschen drüben und beschließen in der Volkskammer heute womöglich den Beitritt der DDR zur Bundesrepublik! Wenn das passiert, dann haben wir sofort die Verantwortung für Ost-Berlin.“ Ich schaltete also den Fernseher an und war aufs Höchste alarmiert, bis dann Richard Schröder, Fraktionsvorsitzender der SPD in der Volkskammer, sprach und klarmachte, sie würden den Beitritt für heute (17. Juni) nicht beschließen. Dann lief alles relativ geordnet ab: erst die Währungsunion, dann der Einigungsvertrag und der Zwei-plus-Vier-Vertrag mit den Alliierten usw.

Bei der ersten gesamtberliner Wahl gescheitert

Appel: Der Ablauf, wenn man ihn jetzt noch einmal so konzentriert hört, war ja eine tolle Erfolgsstory - politisch und menschlich. Wieso

Am Vorabend der deutschen Einheit im Schöneberger Rathaus, 2. Oktober 1990. Anläßlich der Aufgabe der Alliierten Oberhoheit in Berlin tragen sich die westalliierten Stadtkommandanten ins Goldene Buch der Stadt ein. Auf dem Bild v. l.: der Regierende Bürgermeister Momper, US-Stadtkommandant Haddock mit Gattin und der Präsident des Abgeordnetenhauses Wohlrabe

sind Sie dann bei der darauffolgenden Wahl am 2. Dezember 1990 gescheitert?

Momper: Ich konnte auch kein besseres Ergebnis holen, als es die SPD in Berlin bei der am gleichen Tage stattfindenden Bundestagswahl holte. Das Ergebnis war dasselbe: Oskar Lafontaine verlor, Kohl gewann. Die Wahl habe ich auch in Berlin verloren, weil die Westberliner vor dem, was auf sie zukam, Furcht hatten. Zurecht übrigens, denn der Westteil der Stadt hat seinen Preis für die Einheit heute schon bezahlt, auch finanziell. Überlegen Sie bitte, daß jeder Westberliner aufs Jahr bezogen durch die Abschaffung der Berlinhilfe innerhalb von vier Jahren einen vollen Monatslohn verloren hat, und dazu kommt noch einmal 7,5 Prozent Solidaritätszuschlag als Belastung, das ist schon ganz schön hart. Damals waren die Westberliner - das hatte natürlich viele Facetten - ziemlich verunsichert. Sie sagten sich: In so einer Situation brauchen wir Stabilität und Sicherheit.

Das gibt uns die auch in Bonn regierende CDU besser als die SPD, die in Bonn in der Opposition sitzt; zweitens, wenn uns jetzt die "Verostung" droht, dann kann Herr Diepgen besser mit Kanzler Kohl als Herr Momper - was, wie wir heute wissen, ein großer Irrtum war. Nur deshalb ist ja Elmar Pieroth überhaupt Finanzsenator geworden, weil Diepgen dachte: Er sitzt in Bonn im Präsidium der CDU und kann finanzpolitisch für Berlin mehr herausholen als jeder andere. Welch ein Irrtum, der hat nichts für Berlin herausgeholt.

Das verständliche, auch historisch verständliche Sicherheitsbedürfnis der Westberliner führte schließlich dazu, daß sie sagten: Wir wollen auf gar keinen Fall mehr Rot-Grün. Dazu trug noch bei, daß die Bilder von der polizeilichen Räumung der Mainzer Straße die vorhandenen Ängste weiter verstärkten, und das alles hat dann zu dem Ergebnis geführt, daß ich die erste gesamtberliner Wahl verlor. Die CDU lag mit 40,4 Prozent genau 10 Prozentpunkte vor der SPD - mit der Folge, daß Eberhard Diepgen wieder in das Amt des Regierenden Bürgermeisters zurückkehren konnte.

Soweit unser Gespräch vom November 1994.

Mompers zweiter Versuch, wieder Berlins „Regierender" zu werden

Nach seiner Niederlage bei der ersten freien gesamtberliner Wahl im Dezember 1990 - sie war mit der ersten gesamtdeutschen Wahl nach der Wiedervereinigung gekoppelt - erlitt Walter Momper politisch zunächst einen Nackenschlag nach dem anderen. Daß er sich beruflich aus Mangel an anderen Angeboten ausgerechnet in der Baubranche Berlins engagierte, verübelten ihm seine Berliner Genossen, deren Klüngel-Kreise und Seilschaften allerdings über die Stadtgrenzen hinaus berüchtigt sind, so sehr, daß er schließlich gezwungen wurde, vom Landesvorsitz der Berliner SPD zurückzutreten. Sein Angebot an den Regierenden Bürgermeister Diepgen - der sein Vorgänger und sein Nachfolger war -, Berlins Bewerbung für die Olympischen Spiele des Jahres 2000 national und international voranzutreiben, wurde ebenfalls ausgeschlagen.

Der Name Walter Momper verschwand aus den politischen Spalten der überregionalen Presse. Inzwischen hatte er sich mit einer Bauberatungsfirma selbständig gemacht, und wenn man ihn in Berlin traf, charmierte er mit seinen Lehrjahren und neu gewonnenen Erkenntnissen in der Baubranche wie auch mit seinen relativen beruflichen Erfolgen. Wer aber Mompers waches Interesse für Politik und seine Dynamik des Anpackens und Verändernwollens kennt, mochte ihm die gespielte Souveränität als Baufachmann ohnehin nicht recht abnehmen.

Tatsächlich öffnete sich dem charismatisch begabten Macher der Politik nach einigen Jahren eine neue Chance des Comebacks für die Regierungsverantwortung in Berlin. Zwei Umstände kamen Walter Momper dabei zu Hilfe, um seinen Hut wiederum für eine neue Kandidatur in den Wettkampfring zu werfen. Einmal hatte der Berliner Landes- und Fraktionsvorsitzende der SPD, Ditmar Staffelt, angeregt, die Frage des SPD-Spitzendandidaten für die Wahl des Regierenden Bürgermeisters wie bei der Bundes-SPD durch eine Urwahl der Mitglieder entscheiden zu lassen; und zum anderen trat Staffelt, der lange Zeit als nicht bestrittener Spitzenkandidat galt, plötzlich von allen politischen Ämtern zurück. Zu den möglichen Gründen dafür zählte auch die Tatsache, daß der Daimler-Vorstandschef und Sohn des legendären Berliner Bürgermeisters Ernst Reuter, der sozialdemokratische, international bekannte Wirtschaftsmanager Edzard Reuter, als Spitzenkandidat gegen Staffelt öffentlich ins Gespräch gebracht worden war - allerdings eher spekulativ. Außerdem kündigte die Sozialsenatorin Ingrid Stahmer ihre Kandidatur an, ohne Staffelt darüber informiert zu haben. Staffelt resignierte.

In dieser Verlegenheitssituation der Berliner SPD meldete sich erneut Walter Momper, und er verstand sich dabei sicher auch als eine Art „Retter in der Not". Der parteiinterne, von November 1994 bis Februar 1995 dauernde Wahikampf zwischen Ingrid Stahmer (52) und Walter Momper (49) verlief genossenschaftlich fair, man ging pfleglich miteinander um, und bis zur Abstimmung der 24.000 Berliner Sozialdemokraten im Februar 1995 blieb offen, wer die Kandidatenkür für sich entscheiden würde - zumal sich beide in ihren politischen Zielsetzungen kaum unterschieden. Momper ("Ich glaube, daß ich es besser mache als andere") war wohl sicher, auch in der Hoffnung auf die Unterstützung der Parteimitglieder im Osten, daß er die Abstimmung für sich entscheiden könnte. Aber seine Hoffnungen wurden abermals enttäuscht. Er hatte sich offensichtlich verschätzt. Bei einer Wahlbeteiligung von über 50 Prozent der Mitglieder stimmten in Ost- und West-Berlin klare Mehrheiten für Ingrid Stahmer als Spitzenkandidatin der Berliner SPD zu den Neuwahlen in Berlin am 22. Oktober 1995. Momper bewahrte bei der Verkün-

Mit dem charakteristischen roten Schal bei der Stimmabgabe zur SPD-Mitgliederbefragung in Berlin, Februar 1995. Sie ging für Momper wenig erfolgreich aus.

dung des Abstimmungsergebnisses etwas mühsam seine Fassung, aber wenige Augenblicke später, als er um einen Kommentar gebeten wurde, erntete er einen Beifallssturm des versammelten Parteivolkes für den generösen und geistesgegenwärtigen Satz: "Wer innerparteilich gegen mich gewonnen hat, der kann auch Eberhard Diepgen besiegen.“ Aber sein politisches Comeback war gescheitert. Ob Momper - inzwischen 50 geworden - nochmals antritt, bleibt abzuwarten.

Die Neuwahl des Berliner Abgeordnetenhauses vom 22. Oktober 1995 endete dann aber nicht nur mit einem Fiasko für die Berliner SPD unter Führung von Ingrid Stahmer, sondern auch für Walter Momper persönlich, denn ihm blieb sogar der Einzug in die Volksvertretung als einfacher Abgeordneter versagt. Die Sozialdemokraten mußten die größte Wahlschlappe in ihrer Berliner Parteigeschichte hinnehmen. Momper kommentierte die Niederlage seiner innerparteilichen Konkurrentin Stahmer nicht schadenfroh, aber er kritisierte das insgesamt unklare inhaltliche Profil der SPD unter Rudolf Scharping, die mangelnde Abgrenzung zur CDU in Berlin und den Verzicht auf eine klare Aussage zugunsten einer rot-grünen Koalition, die er allerdings bei seinem Amtsende 1990 als ein „auslaufendes Modell“ charakterisiert hatte.

Jetzt aber hatte sich die Lage für ihn halt wieder geändert, und er ist stets bereit, neu anzufangen. So glaubt er auch an den Wiederaufstieg seiner Partei, und als man ihn einen Tag nach seiner Wahlniederlage fragte, ob er denn dabei wieder eine Führungsrolle übernehmen würde, antwortete er sybillinisch: „Kommt Zeit - kommt Veränderung.“

Zeittafel

1931	Geboren am 9. Januar 1931 in Danzig als Sohn eines Arbeiters.
1945-1950	Nach Vertreibung Schulbesuch und Abitur in Stralsund.
1951-1952	Eintritt in die SED, Mitarbeiter der Stadtverwaltung Stralsund.
1952-1956	Studium der Wirtschaftswissenschaft an der Universität Rostock.
1956-1963	Haupttechnologe bei der Warnow-Werft in Warnemünde.
1963-1965	Vorsitzender des Bezirks-Wirtschaftsrats in Rostock.
1965-1973	Minister für bezirksgeleitete und Lebensmittelindustrie der DDR.
1974-1990	Oberbürgermeister von Ost-Berlin. 1976 Kandidat, ab 1981 Mitglied des Zentralkomitees der SED. 1979/80 Zusatzstudium in Moskau.
1990	23. Februar: Rücktritt wegen Wahlfälschung, zu der sich Krack in einer öffentlichen Erklärung bekennt.

Erhard Krack

Februar 1974 - Februar 1990

Der politisch-berufliche Weg von Erhard Krack, der 16 Jahre lang, von 1974 bis 1990, Oberbürgermeister Ost-Berlins war, lädt zum Philosophieren darüber ein, in welche Richtung sich der Arbeitersohn aus Danzig wohl entwickelt hätte, wenn seine Mutter mit ihm vor den Russen nicht an die mecklenburgische Ostseeküste, sondern etwas weiter nach Schleswig-Holstein geflüchtet wäre. Freilich erscheint die weitgehend theoretische Überlegung „Was wäre wenn . . ." für Ostdeutsche eher müßig, wenn es keinen konkreten Anknüpfungspunkt für einen derartigen Gedankengang gäbe, denn ebensogut ließe sich ja pars pro toto fragen: „Was wäre wenn . . ." dieser Westberliner oder jener westdeutsche Bürgermeister nicht im Westen, sondern im Osten aufgewachsen wäre. (Wären sie alle Widerstandskämpfer geworden?)

Bei Erhard Krack lohnt eine solche Spekulation vielleicht deshalb, weil der langjährige Vollzugsbeamte der SED, als sich die Wende andeutete und sich die Parteidiktatur lockerte, sehr schnell eine unabhängige Sprache fand und ein selbständiges Verhalten offenbarte. Westberliner Tageszeitungen interpretierten diese Schwenkung zwar als einen Versuch der „Kunst des Überlebens", aber sein Westberliner Amtsnachbar Walter Momper, mit dem er schon vor - wenn auch in Erwartung - der Wende mehrfach konferiert hatte, bescheinigt dem Technokraten Krack, noch in der DDR-Zeit „eine innerliche Wende vollzogen", sehr schnell die Zusammenarbeit zwischen Ost- und West-Berlin eingeleitet und aktiv daran mitgewirkt zu haben, die Wiedervereinigung der Stadt zu erreichen.

Bis zur Wende war Krack im Westen ziemlich unbekannt. Die späteren Fotos und Fernsehbilder, die nach dem sensationellen Fall der Mauer am 9. November 1989 von Momper und Krack auf dem Ostberliner Weihnachtsmarkt, am Potsdamer Platz oder bei dem spektakulären Welterereignis der Öffnung des Brandenburgers Tores am 22. Dezember 1989 verbreitet wurden, machten Krack dann auch international bekannt. Die gemeinsamen Auftritte der Repräsentanten des noch gespaltenen Berlin waren hoffnungsvolle Vorboten der später auch formalen, aber zu diesem Zeitpunkt noch nicht klar erkennbaren international sanktionierten Wiedervereinigung Deutschlands. Krack versuchte, im Strom der Zeit nicht nur mitzuschwimmen, sondern er bemühte sich voranzuschwimmen, als hätte er schon lange auf diese Chance gewartet. Zusammen mit dem Regierenden Bürgermeister von West-Berlin, Walter Momper, gab er in den Westmedien freudig gesamtberlinisch intendierte Interviews, und er arbeitete engagiert mit den aus verschiedenen gesellschaftlichen Gruppen gebildeten „Runden Tischen“ zusammen. Noch im Oktober 1989 hatte er zu einem öffentlichen, für jedermann zugänglichen Sonntagsgespräch vor dem Roten Rathaus eingeladen. Viele Tausende kamen, verschafften sich in stundenlangen Frage- und Antwortdialogen Luft und genossen nach 40jähriger Informations- und Meinungsdiktatur das freie Wort. Aber der angebotene Dialog „von oben“ im Roten Rathaus oder in der Kongreßhalle am Alex wurde nicht mehr als glaubwürdiges Reformmodell akzeptiert, zumal bei den unangemeldeten Freiheitsdemonstrationen anläßlich des Republikgeburtstages am 7. Oktober die SED-hörige Polizei wie eh und je systemtreu drauflos prügelte und wahllos verhaftete. Auch die von Krack unterstützte Einsetzung eines Untersuchungsausschusses gegen die Übergriffe der Polizei beruhigte die Bevölkerung nicht mehr. Die Revolution „von unten“ konnte von dem zusammenbrechenden, konzeptionslos gewordenen Regime nicht mehr gestoppt werden.

Am 4. November veranstalteten Berliner Künstler, Literaten, Wissenschaftler und Reformpolitiker eine Massenkundgebung auf dem Alexanderplatz, zu der eine halbe Million Menschen kamen. Im inneren und äußeren Ablauf zählt dieses Aufbegehren nach den Friedensdemonstrationen in Leipzig zu den wichtigen Stationen der friedlichen Revolution zur Beendigung der DDR. „Es ist, als habe einer die Fenster aufgestoßen nach der geistigen, wirtschaftlichen und politischen Stagnation, nach Dumpfheit, Mief, Phrasengedresch, bürokratischer Willkür und Blindheit“, erklärte der Schriftsteller Stefan Heym auf der Kundgebung als einer der zahlreichen Redner und Rednerinnen; und Christa Wolf warnte davor, den „Wendehälsen“ zu trauen, die sich von Reformfeinden schnell zu Reformfreunden wandeln würden. Gregor Gysi sagte fordernd: „Die beste Staatssicherheit ist die Rechtssicherheit“. Drei Tage nach dieser denkwürdigen Kundgebung trat die Regierung Stoph, einen weiteren Tag später das gesamte Politbüro zurück. Am 8. November wurde Egon Krenz nach Honeckers Sturz neuer Generalsekretär der SED und Hans Modrow wurde als Nachfolger von Willi Stoph Ministerpräsdient der DDR.

Zur gleichen Zeit strömten weitere tausende Flüchtlinge aus der DDR in die Botschaften der BRD in Prag und in Warschau oder versuchten, über Ungarn nach Westdeutschland zu gelangen.

Erhard Krack bemühte sich während dieser politischen Turbulenzen, als Oberbürgermeister durch flexible Reformvorschläge die Lage zu kanalisieren. So unterstützte er die Institutionalisierung des „Runden Tisches" unter Beteiligung sich neubildender Oppositionsparteien wie der Ost-SPD („SDP"), des „Neuen Forums", des „Demokratischen Aufbruchs", der „Vereinigung jetzt", der „Vereinigten Linken", der „Grünen Liga" sowie der „Initiative Frieden und Menschenrechte". Die demokratische Legitimation der offiziell von der SED beherrschten Ostberliner Stadtverordnetenversammlung und auch des Magistrats wurde aber immer offener infrage gestellt. Krack griff daraufhin zu einem in der DDR bis dahin niemals praktizierten demokratischen Test: er stellte am 13. Dezember 1989 in der Stadtverordnetenversammlung die Vertrauensfrage und wagte es, geheim abstimmen zu lassen. Vor der Abstimmung hatte er heftige Angriffe gegen die frühere, nach seiner Meinung „in großen Teilen korrupte Staatsführung" der SED geführt, Selbstkritik geübt, den konsequenten Bruch mit stalinistischen Strukturen und schonungslose Aufklärung aller Verfehlungen gefordert. Von den 225 Stadtverordneten der „Nationalen Front" mit den verschiedenen Blockparteien waren bei der Vertrauensabstimmung für Krack allerdings nur 177 anwesend. 140 sprachen sich für ihn aus, 23 stimmten dagegen und 13 enthielten sich der Stimme. Krack hatte sich mit der Abstimmung in dem breiter werdenden politischen Vakuum der noch existierenden DDR eine Atempause verschafft, und er konnte danach mit Walter Momper in West-Berlin über weitere Maueröffnungen und neue Verkehrsverbindungen verhandeln.

Die vereinbarten freien Volkskammerwahlen am 18. März 1990 und die ersten freien Kommunalwahlen in der DDR am 6. Mai 1990 beflügelten das Kritik- und Kontrollbewußtsein der Bürger im Osten. So wurde u.a. auch immer drängender Aufklärung über die offensichtlichen Wahlfälschungen bei den Kommunalwahlen im Jahr zuvor, am 7. Mai 1989, in der DDR verlangt und nach den Verantwortlichen gefragt. In Ost-Berlin erklärte der Stadtbezirksbürgermeister von Treptow, Polauke, er habe damals von Oberbürgermeister Krack die Anweisung erhalten, das Wahlergebnis zugunsten der SED zu manipulieren. Krack, seinerzeit Wahlleiter in Ost-Berlin, wies die Vorwürfe zunächst als völlig haltlos zurück, aber als ihn die Stadtverordnetenversammlung nach einigen Tagen aufforderte, für die damaligen Wahlfälschungen als Wahlleiter die politische Verantwortung zu übernehmen, kapitulierte Krack und trat mit der Erklärung zurück: „Die Fälschung von Wahlergebnissen und damit die Verfälschung des politischen Willens des Bürgers ist durch nichts zu rechtfertigen und auf das höchste verwerflich. Als Politiker kann ich mich von einer Mitverantwortung für diese Auswüchse eines, wie wir heute wissen, deformierten politischen Systems nicht freisprechen." Kracks Amtszeit war damit nach 16 Jahren beendet.

Als Nachfolger wählte die schwach besetzte Stadtverordnetenversammlung (nur noch 132 von 225 Stadtverordneten waren erschienen) den bisherigen Stadtrat für Kultur, Christian Hartenhauer, zum Übergangs-Oberbürgermeister bis zu den Wahlen am 6. Mai 1990. Krack wurde wegen Wahlfälschung angeklagt, aber der Prozeß fand erst nach drei Jahren vor dem Berliner Amtsgericht Tiergarten statt, weil sich fünf Gerichte bzw. Kammern wechselseitig für unzuständig erklärten. Im September 1993 wurde Krack zu zehn Monaten Freiheitsstrafe auf Bewährung verurteilt, wobei das Gericht sein Geständnis als strafmildernd anerkannte. Er hatte im Sinne der „allgemeinen Orientierung" von „oben" das bestmöglichste Wahlergebnis angestrebt und die Zahlen entsprechend manipulieren lassen.

Als Krack nach dem Urteilsspruch des Gerichts ausgerechnet von einem Reporter des ehemaligen SED-Zentralorgans *Neues Deutschland* gefragt wurde, ob er sich als Oberbürgermeister nicht der Manipulationserwartung habe widersetzen und sagen können: „Mit mir nicht", gestand er ein, daß er diesen Weg „nicht gefunden und auch nicht gesucht" habe. Und er fügte hinzu: „Es ist leicht, im Jahr 1993 zu sagen, was ich 1989 hätte tun sollen". Er habe damals „die DDR nicht verlieren wollen", meinte er. Und dann folgte noch der nachdenklich machende, entwaffnende und nachträglich so schwer verständliche Satz: „Es gab ja auch niemanden, mit dem man mal darüber sprechen konnte." Gefangener im selbstgewählten Ghetto?

Seiner Parteitreue verdankte er den Anfang und das Ende seiner Karriere. Als er sich von der Partei zu lösen begann und als Oberbürgermeister situationsgerecht handelte, holte ihn die Konsequenz seiner früheren Parteitreue ein. Er selbst nennt in einem langen offenherzigen Gespräch, das ich mit ihm auf seiner Datscha bei Prieros führen konnte, seinen Lebensverlauf „typisch für einen DDR-Bürger". Damit lädt er wiederum zum Philosophieren darüber ein, was „geschehen wäre, wenn ..." er etwa

- seine Einsicht von 1990, daß es „durch nichts zu rechtfertigen und auf das höchste verwerflich ist, den politischen Willen des Bürgers zu verfälschen";
- seine Entschiedenheit von 1989, Übergriffe der Polizei bei friedli-

chen Demonstrationen sofort zu untersuchen und ahnden zu lassen; oder auch

- seine heutige Einsicht, daß schon viel früher als 1989 Kontakte mit West-Berlin im Interesse der gesamtberliner Bevölkerung nützlich gewesen wären;

wenn er also seine Erkenntnisse und Einsichten nicht erst während und nach dem Autoritätsverfall der Partei und des Staates, sondern schon etwas früher umzusetzen versucht hätte, wo er sich doch in seinen Wahlreden, wie etwa auf der 11. Tagung der Stadtverordnetenversammlung Ende März 1989, also etwa einen Monat vor der Wahlfälschung in Ost-Berlin, geradezu vorbildlich dazu geäußert hatte, was nottat, nämlich

- daß sich Mandatsträger angesichts des gewachsenen kritischen Bewußtseins „ungeachtet aller Schwierigkeiten und Probleme an die Spitze stellen“ müßten, um die Politik zum Wohl der Bürger „durchzusetzen“;
- daß „die Lage so zu schildern ist, wie sie ist“;
- daß das „Recht des Bürgers auf authentische Auskunft“ zu beachten sei und „grundsätzlich nicht über die Köpfe der Bürger hinweg“ entschieden werden sollte.

Hehre Worte Kracks vor der Wahl. Aber wer will hier nachträglich Richter oder Ankläger sein?

Als begabter Technokrat war Erhard Krack in der Partei außerordentlich respektiert und gefragt. In der beruflichen wie in der politischen Entwicklung stieg er von Stufe zu Stufe aufwärts: nach dem Abitur in Stralsund und dem Studium in Rostock in der Warnow-Werft in Warnemünde als graduierter Diplomwirtschaftler vom Betriebsassistenten zum Abteilungsleiter und Haupttechnologen und parallel dazu politisch vom Parteisekretär der Werft zum Vorsitzenden des Bezirkswirtschaftsrates, weiter (1965) zunächst zum stellvertretenden Vorsitzenden des Volkswirtschaftsrates und schließlich zum Minister für den Bereich „bezirksgeleitete Industrie und Lebensmittelindustrie“ für die gesamte DDR. Welche Schwierigkeiten auch zu bewältigen waren, er wußte immer zuversichtliche Antworten. Vielleicht war das auch der Grund, weshalb die Partei Erhard Krack zu seiner eigenen Verblüffung 1974 als Nachfolger von Herbert Fechner zum Oberbürgermeister von Ost-Berlin bestimmte. Schon während seiner Amtszeit ging er für ein Jahr zu einem zusätzlichen Studium nach Moskau. Er war und wirkte stets wie der gefügige Angestellte seiner Partei. Politische Fragen für die Stadt und

Der Oberbürgermeister bei einem Rundgang über den Ostberliner Weihnachtsmarkt, Dezember 1984.

wesentliche Weichenstellungen wurden nicht von ihm, sondern vom SED-Bezirkssekretär entschieden. Er war insofern in der Stadt auch nicht die Nummer eins.

Auf seine 16jährige Leistungsbilanz ist er dennoch stolz: auf den Bau tausender Neubauwohnungen in Marzahn, Hohenschönhausen und Hellersdorf, auf das Schließen von Baulücken und die Sanierung von Altbauten, auf den Bau des Nikolaiviertels, die Wiederaufstellung des Schillerdenkmals vor dem Schauspielhaus, auf die Fertigstellung des ersten Bauabschnitts des Hauptbahnhofs und nicht zuletzt auf die Gestaltung der 750-Jahr-Feier der Stadt und manches andere mehr, weshalb er sich auch, zu seiner Amtszeit befragt, euphorisch zu dem pauschalen Satz verstieg: „Alles in allem erlebte Berlin die besten Jahre seiner bisherigen Geschichte." Hätte er bei dieser Erfolgsbilanz nicht sehr viel mehr Spielraum im Sinne seiner späteren Erkenntnisse nutzen können, als er in seinem voreiligen Gehorsam wahrgenommen hat?

Es folgen Auszüge aus dem Gespräch, das ich im Juni 1995 mit Erhard Krack geführt habe.

Appel: Mit welchen Empfindungen denken Sie heute, mehr als fünf Jahre nach der Wende und Ihrem Rücktritt, an Ihre Amtszeit als Oberbürgermeister Ost-Berlins zurück?

Krack: Ich habe kein gestörtes Verhältnis zur Geschichte. Deshalb interessierte und beeindruckte mich die widersprüchliche Geschichte der Stadt. Zugleich war mit bewußt: Historisch verärgert zu sein ist kein Programm für die Zukunft Berlins. Deshalb war für mich diese Tätigkeit von 1974 bis 1990 eine angenehme, anstrengende und zugleich in der letzten Phase sehr komplizierte Zeit. Angenehm deshalb, weil man Möglichkeiten hatte - und das hängt mit dem Verständnis der Stadt zusammen, das es bei mir in der DDR-Zeit gab -, weil ich Oberbürgermeister war in der „ertragreichen Zeit" dieser Stadt. Und das Angenehme entstand auch dadurch, weil es eine Periode gab, in der Berlin selbst sich nach außen darstellen konnte. Angenehm auch deshalb, weil Berlin in dieser Zeit ein sehr großer Bauplatz gewesen ist. Wenn man bedenkt, wieviel tausende Wohnungen etwa gebaut wurden - bis 1988 waren es 343.000! Und die Einwohnerzahl der Stadt stieg ständig. Das war angenehm, zugleich aber insofern auch anstrengend, weil jeder natürlich glaubte, er müsse seinen Anspruch an die Stadt nun auch in Berlin verwirklicht sehen. Und das brachte immer auch gewisse Widersprüche: Einerseits formulierte die Politik, was die sozialistische DDR alles könne, daraus entstand Anspruch. Andererseits war es nicht immer möglich - weil in jeder Etappe nur ganz bestimmte Dinge geleistet werden konnten -, diese von der Politik formulierten Vorgaben in der Stadt auch zu verwirklichen. Meine Amtszeit verdeutlichte, daß Ideal und Wirklichkeit äußerst komplizierte Prozesse darstellen.

Appel: Ihre Biographie weist aus: 1946 Eintritt in die FDJ, 1953 in die SED, danach Studium der Wirtschaftswissenschaft, Abschluß als Diplomwirtschaftler. Sie wurden also im Aufwachsen, in der Entwicklung mit dem System immer weiter verwoben. Sogar, als Sie bereits Oberbürgermeister waren, haben Sie noch ein Zusatzstudium Gesellschaftswissenschaften in Moskau gemacht, 1979/80. Das war ja eine noch stärkere Verknüpfung. Sie wurden dann ja auch Mitglied im Zentralkomitee. Hatte Ihre Hinwendung eigentlich schon in der Jugend begonnen?

Krack: Ganz richtig. Ich stamme aus einfachen Verhältnissen. Mein Vater war Heizungsmonteur, meine Mutter Verkäuferin. Wir sind von Danzig nach Stralsund umgesiedelt worden. Wir waren drei Kinder. Diese Zeit hat meinen Charakter stark geprägt - der Vater war nicht da, es gab nichts zu essen, wir wurden aus der Wohnung vertrieben. Als dann in Stralsund die Schulen wieder öffneten, ging ich in die Mittelschule, nach der demokratischen Schulreform Oberschule. Dort konnte ich 1951 mein Abitur machen. Es war eine Zeit des Suchens, des Experimentierens für mich - mit einem vorherrschenden Gedanken: Es darf nie wieder Krieg geben. Das band mich immer stärker an die damalige Ostzone und danach an die DDR. Ich bin immer bewußter meinen Weg gegangen. Die DDR - man mußte nicht mit allem, was dort geschah, einverstanden sein - erschien mir als das Bessere. Und je weiter ich mich entwickeln konnte, desto stärker wurde natürlich auch die Beziehung. Das große Problem meiner ganzen Biographie, bis hin zum ZK, bestand allerdings immer in folgendem: Ich stamme nicht aus einer kommunistischen Familie. Meine Eltern waren leidenschaftliche Sozialdemokraten gewesen. Und hatten große Schwierigkeiten mit der Vereinigung in der SED.

Appel: Haben sie mit Ihnen darüber gesprochen?

Krack: Ganz offen. Es gab keine Frage, die mit meinen Eltern - meine Mutter ist erst vor zwei Jahren verstorben - nicht offen besprochen werden konnte. Auch als ich dann in Berlin war, haben sie mich oft angerufen und gefragt: Was habt ihr da wieder für einen Blödsinn beschlossen, das versteht doch keiner - also ein ganz offenes Verhältnis. Dieses „häusliche Korrektiv" habe ich dann auch in meiner Familie fortgesetzt. Es gab keine Rede von mir, deren Text nicht vorher meine Frau kritisch gelesen hatte. Und ich habe ihre Hinweise stets beachtet. Ebenso wie die Hinweise meiner beiden Töchter zu Fragen, die die Jugend betrafen.

Appel: Kommen wir nun zu Ihrer Amtszeit, immerhin 6.100 Tage. Ich habe dazu viele Quellen studiert. *Der Tagesspiegel* titelte 1987 - da waren Sie 13 Jahre im Amt - einen Artikel über Krack: „Moskau liegt für Ost-Berlins Bürgermeister näher als West-Berlin". War das wirklich so, zählte das Interesse an der Bewahrung der Einheit des sozialistischen Lagers mehr als die lange Geschichte der Stadt?

West-Berlin-Kontakte Sache des Politbüros

Krack: Das Verständnis der DDR bestand darin: Unsere Hauptstadt Berlin macht keine eigenständige Außenpolitik. Sie wird durch das Außenministerium vertreten. So war es nur logisch, daß es zwar zwischen dem Magistrat von Berlin und anderen Hauptstädten Städtepartnerschaften gab - zuletzt waren es 39 -, jedoch keinerlei Beziehungen zu West-Berlin. Das war die „besondere politische Einheit", der „Pfahl im Fleisch der DDR" und wie man sonst noch formulierte. Allein das Außenministerium regelte die nötigen Kontakte zu West-Berlin, in Abstimmung mit der Sowjetunion. Ich habe sehr oft davon nur aus der Zeitung erfahren. Im Außenministerium gab es eine eigene Abteilung für West-Berlin-Fragen. Das hing natürlich zusammen mit der Gestaltung einer souveränen, eigenständigen DDR. Als es dann ab 1974 zu der großen diplomatischen Anerkennungswelle kam, verschob sich da plötzlich einiges. Jetzt wurden zu bestimmten praktischen Fragen - S-Bahn-Verkehr, Wasserversorgung etc. - die dafür zuständigen Ressorts meines Magistrats befragt. Alle West-Berlin-Fragen wurden grundsätzlich im Politbüro behandelt. Und wenn es da Vorlagen gab vom Verkehrsminister,vom Außenminister oder vom Umweltminister, so wurde zunehmend um eine Stellungnahme des Magistrats gebeten - gemeint war damit natürlich ich. Dann kam das Viermächteabkommen. Da sagte etwa der damalige sowjetische Botschafter Abrassimow zu mir: „Es wird Zeit, daß Sie auch einmal nach West-Berlin fahren, das ist eine schöne Stadt." Aber von uns fuhr keiner. Ich kannte fast die ganze Welt, wurde eingeladen von den Oberbürgermeistern der Hauptstädte, doch in die Westhälfte meiner eigenen Stadt fuhr ich nicht, konnte ich nicht fahren - übrigens auch, weil ich von keinem der dortigen Regierenden, außer am Ende von Walter Momper, jemals eine Einladung erhalten habe.

Appel: Aus eigenem Antrieb oder weil Sie vom Politbüro keine Erlaubnis bekamen?

Krack: Ich habe gar nicht erst nachgefragt, weil ich wußte, ich würde eine solche Genehmigung nicht erhalten. Doch weiter: Die DDR war vom ersten Tag ihres Bestehens an aufs engste an die Sowjetunion gebunden. Das galt für alle Elemente des Gesellschaftsystems - die Wirtschaft, die Staatsmacht, das Recht usw. Wir glaubten lange Zeit, von dort Erfahrungen übernehmen zu können. Hinzu kam, daß verschiedene europäische Staaten überhaupt nicht bereit waren, uns ihre Erfahrungen - etwa beim Straßenbau, bei Smogalarm u. ä. - mitzuteilen, wir stießen da auf eiserne Türen. So ergab sich also ganz logisch, daß ich eben nicht nach West-Berlin fuhr, wenn ich Erfahrungen für meine Stadt mitbringen wollte. Schlimm war nur, daß viele aus Moskau zurückkamen und ohne Betrachtung der historischen Besonderheiten, ohne Betrachtung der Spezifika von Berlin nun meinten, dies und das, was sie gesehen hatten, müßte nun hier genauso gemacht werden.

Appel: Trotzdem drängt sich natürlich die Frage auf, daß es da ja in der Stadt auch menschliche Bindungen zwischen Ost und West gab, die der Oberbürgermeister doch wenigstens spüren mußte. Sie aber waren ein treuer Mann der SED, haben alle Beschlüsse mitvollzogen, einschließlich der schlimmen Konsequenzen – wie die Schüsse an der Mauer, die Toten –, die sich daraus ergaben. Haben Sie Ihre Mitverantwortung für diese Konsequenzen der Politik manchmal, vielleicht im stillen, bedauert?

Krack: Wenn Sie sagen „im stillen", dann wäre es nun 1995 ja sehr einfach, das zu bejahen. Unser Problem war stets, mit wem man eigentlich darüber diskutieren konnte. Mich stört heute, daß es in der DDR so viele „Widerstandskämpfer" gegeben hat ... Ich kannte jedenfalls nur ganz wenige, und mit denen konnte man auch nur ganz bestimmte Dinge besprechen. Dieses West-Berlin war für die DDR-Führung ein Tabu, darüber wurde nicht diskutiert. Natürlich habe ich viele Briefe zu den von Ihnen angesprochenen persönlichen Problemen zwischen Ost- und West-Berlin bekommen – nur hatte ich überhaupt keine Entscheidungsgewalt in solchen Fragen, gar keine. Alle diese Fragen – Grenzregime an der Mauer, Ausreise, Besuche – liefen völlig am Magistrat vorbei. Die Grenze war Sache der Armee und damit des Warschauer Pakts. Die Polizei gehörte nicht zum Magistrat. Unsere Inneren Abteilungen waren doppelt unterstellt, die wichtigen Anweisungen kamen vom Ministerium des Inneren. Natürlich habe ich mir meine Gedanken gemacht, und die wurden immer stärker: Soll denn das eigentlich nie zu Ende gehen? Wenn wir auch froh waren, daß manches Negative von West-Berlin nicht zu uns herüberschwappen konnte, so sah ich doch auch die positiven Dinge, manchmal ganz kleine Sachen – etwa die Lichterketten am Kudamm zur Weihnachtszeit. Die hatte ich im Fernsehen erlebt und wollte das nun auch bei uns machen. Einigen kam ich da schon vor wie ein Gott, andere redeten über den Stromverbrauch ... Und unser Weihnachtsmarkt, der war schöner als der Westberliner, deshalb ist dann auch Momper mit mir dorthin gegangen. Das waren Dinge, auf die wir uns konzentriert haben, Dinge zum Nutzen und zur Freude der Bürger unsere Stadt. Ein weiterer Punkt: Ich hatte immer viel mit Botschaftern zu tun. Es gab da so ein Ritual, wenn die bei Honecker waren, hatten sie anschließend zu mir zu kommen. Ich kenne sie alle. Und man konnte mit allen über alles reden - nur zu Mauer oder Grenze fiel natürlich kein Wort. Das war eben so.

Appel: Ihre Antwort zeigt, daß der Spielraum des Ostberliner Oberbürgermeisters - was Teilung, Grenze usw. betraf - gleich null war. Es gab da keinerlei Zuständigkeiten . . .

Krack: Das war wohl bei den Westberliner Regierenden Bürgermeistern nicht viel anders . . .

Appel: Es gab ja stets in der DDR-Provinz Vorbehalte, ja Ärger angesichts der Privilegien der Hauptstadt. Das kulminierte dann zur 750-Jahr-Feier 1987. Ich höre noch heute bei Besuchen in den neuen Bundesländern: „Da hat der Honecker alles an Baukapazität in Berlin konzentriert und wir konnten sehen, wo wir blieben . . .“ Was sagt der ehemalige Oberbürgermeister dazu?

Krack: Dabei muß man folgendes sehen: Der Viermächtestatus von Berlin hat stets bei allen Entscheidungen der DDR-Führung eine Rolle gespielt. Einmal durfte man, einmal nicht . . . Denken Sie nur daran, wie sich die Bezeichnung der Stadt geändert hat: erst „Berlin“, dann „Hauptstadt der DDR“, einmal war ich der Oberbürgermeister von Berlin, dann wieder nicht - so ging das immer hin und her, je nach politischer Wetterlage. Warum sage ich das? Weil es erst nach dem Antritt Honeckers eine klare Haltung zu Berlin gab.

Amtsübernahme durch SED-Order

Nach dem VIII. Parteitag hieß es, man müsse in der Leitung Berlins eine Änderung vornehmen. Meine Vorgänger Ebert und Fechner waren Kommunalpolitiker. Ich nicht, ich kam aus der Wirtschaft. Ich erinnere mich noch, wie man mir sagte, ich hätte dieses Amt zu übernehmen - und die Disziplin in der SED war natürlich groß. Da entgegnete ich: „Ich verstehe nichts von Kommunalpolitik.“ Worauf es hieß: „Du sollst ja Berlin auch nur gestalten, alles andere machen wir schon allein.“ So ist das gewesen.

Appel: War das ein entscheidendes Wort?

Krack: Das war ein entscheidendes Wort: „Du sollst Berlin gestalten.“ Und jetzt konnte ich gestalten, aus der Stadt etwas machen. Da hatte man natürlich die 750-Jahr-Feier schon im Auge, die Überlegungen gingen schon bis zum Jahr 2000.

Appel: Wie war man überhaupt auf Sie gekommen?

Krack: Das weiß ich auch nicht. Ich war damals Vorsitzender des Wirtschaftsrates in Rostock (heute würde man sagen: Landes-Wirtschaftsminister) bei Harry Tisch. Dort haben wir eine mecklenburgische Industrie aufgebaut, die Handwerker bekamen eine Perspektive. Und plötzlich kam einer und sagte: „Du hast in 14 Tagen eine neue Tätigkeit in Berlin anzutreten." So kam ich nach Berlin und wurde dort zunächst Minister für bezirksgeleitete und Lebensmittelindustrie. Da hatte ich ein Produktionsvolumen von etwa 40 Milliarden Mark zu verantworten.

Appel: Danach die Berufung zum Oberbürgermeister, zum „Gestalter der Stadt". Hatten Sie in diesem „Gestaltungsprozeß" Kontakte mit Honecker?

Enge Zusammenarbeit mit Honecker, Prof. Gißke und Schalck-Golodkowski

Krack: Ich konnte ihn immer anrufen, wenn es Probleme gab. Er hatte mir zu Anfang meiner Tätigkeit gesagt: „Aus dieser Stadt mußt du etwas machen. Und wenn du etwas hast, dann komm zu mir." Er war kein Ökonom, sondern ein Revoluzzer der FDJ, der mit manchem umgehen konnte. Zu ihm konnte man gehen. Ich nenne zwei weitere Namen: Professor Gißke war ein kreativer Gestalter Berlins, und Schalck-Golodkowski - auch wenn das heute niemand hören will - hat der Stadt sehr geholfen. Das waren zwei Berliner, die die Welt kannten und tatsächlich Ratschläge geben konnten. Wir hatten bis 1989 einen Ausschuß zur Gestaltung der Stadt, da wurden alle anstehenden Probleme besprochen. Wir dachten großstädtisch, perspektivisch - oft hat man uns ausgelacht, manches konnten wir nicht realisieren, aber vieles doch. Das habe ich als mein Lebenswerk betrachtet: Wir haben über die Gestaltung von Marzahn, Hohenschönhausen und Hellersdorf diskutiert, über den Neuaufbau des Nikolaiviertels und über viele andere Areale der Stadt.

Appel: Und redete man Ihnen auch in diese Dinge hinein?

Krack: Das nahm von Mal zu Mal schärfere Formen an. In dem Umfang, wie die materiellen Fonds und Ressourcen der DDR immer knapper wurden, nahm das Hineinreden immer stärker zu. Da wurde dann auch das Stadtparlament manchmal regelrecht entmachtet. Doch wir haben sehr viele hauptstädtische Projekte durchgesetzt.

„Mach was aus dieser Stadt" - also wenn es den VIII. Parteitag nicht gegeben hätte ...

Appel: Können Sie den ein wenig charakterisieren?

Krack: Er verabschiedete ein „Programm zur Erhöhung des materiellen und kulturellen Lebensniveaus des Volkes". Das klang gut und kam an. Nicht so viele Leute nahmen den zweiten Teil zur Kenntnis: „auf der Grundlage eines hohen Entwicklungstempos der Produktion, der Erhöhung der Effektivität, des wissenschaftlich-technischen Fortschritts und des Wachstums der Arbeitsproduktivität". Auch für Berlin bedeutete das, produktiver zu werden, Industrie und Wissenschaft zu entwickeln.Wir arbeiteten dabei mit der Humboldt-Universität und mit der Akademie der Wissenschaften zusammen. „Kernstück" der Entwicklung nach dem VIII. Parteitag wurde dann das Wohnungsbauprogramm. Berlin hinkte damals hinter der übrigen DDR hinterher. Einen Prenzlauer Berg gab es so nirgendwo anders. Und so entstand der Gedanke bei Honecker: Berlin muß aufgebaut werden, eine FDJ-Initiative Berlin muß her, aus allen Bezirken müssen Bauleute nach Berlin kommen. Die wurden aus den Bezirkshauptstädten geholt, und die Baukapazität der Kreise verlagerte man in die Bezirksstädte. Das gab freilich viel Ärger und Unmut - die von Ihnen angesprochene Anti-Berlin-Stimmung im Lande. Die steigerte sich noch, als die hochgestochenen Ziele anläßlich der 750-Jahr-Feier veröffentlicht wurden.

Die 750-Jahr-Feier

Appel: Bei dieser 750-Jahr-Feier kam es dann ja zur ersten Begegnung Eberhard Diepgens mit Ihnen in der Ostberliner Gethsemanekirche. War das diplomatisch vorbereitet worden?

Krack: Natürlich gab es bei der Vorbereitung des Jubiläums auch Überlegungen, gewisse Berührungspunkte zu finden - es war ja das Jubiläum einer Stadt zu feiern, es hatte ja nie zwei gegeben bis 1948. Und ich hatte natürlich auch an Diepgen Einladungen geschickt, zum Oberbürgermeistertreffen im Rahmen der Feiern. Keine Antwort, nur kleines Hickhack und Zickzack. Während die westdeutschen Amtskollegen schon nach wenigen Tagen ihre Zusagen schickten, herrschte im Schöneberger Rathaus Schweigen. Das empfanden wir als kleinlich. Wir hatten wenigstens leise Töne einer Bereitschaft zur Zusammenarbeit erwartet - etwa bei der Gestaltung des Kulturprogramms.

750-Jahr-Feier Berlins, 1987. Konsistorialpräsident Manfred Stolpe erläutert eine ausgestellte frühe Stadturkunde aus Kirchenbesitz. V. l.: Partei- und Staatschef Erich Honecker, Volkskammerpräsident Horst Sindermann, der Ostberliner OB Krack sowie die Politbüromitglieder Krenz, Tisch und Mittag.

Doch nichts kam. Eine Zusammenarbeit war damals nicht möglich.

Appel: Aber es wurde doch dauernd mit Honecker geredet. Ging das nach dem schwäbischen Motto: „Geh zum Schmied, und nicht zum Schmiedle"?

Krack: Nun, bei diesen Gesprächen ging es ja hauptsächlich um wirtschaftliche Beziehungen. Ich habe hinterher immer diese Protokolle von Leipzig bekommen. Aber ansonsten? Funkstille. Und das hatte doch Gründe. Nach dem Vierseitigen Abkommen war ja der Status ein anderer geworden, Handel und Wandel nahmen zu, West-Berlin konnte seine alte Rolle nicht mehr spielen. Und dort hatte man große Probleme, sich auf die neue Rolle einzustellen. So wurden in West-Berlin noch Reden gehalten, die sich so anhörten, als würde Berlin morgen erobert werden. Das paßte nicht mehr in die Welt. Nun also die Begegnung mit Diepgen in der Gethsemanekirche. Sie hatte nur ein Ziel: Festzustellen, ob es möglich war, mit Herrn Diepgen ins Gespräch zu kommen. Ich ging ohne jedes Vorurteil hin, es war für mich so etwas wie ein Test. Ich war ganz allein dort, vermittelt durch Stolpe. Und ich kam ja nicht aus einer Bananenrepublik, schrieb auch nicht Blume mit „h". Das war dann schwierig. Ein Westpolitiker versuchte mich in die Ecke zu drängen. Da habe ich mir dann gesagt: So nicht. Wir paßten irgendwie nicht zusammen. Dieses Verhältnis änderte sich dann erst mit Momper.

Appel: Das ist jetzt die nächste Phase, also die politische Wende vom Oktober/November 1989. Wie haben Sie die in Erinnerung? Haben Sie das gespürt? Da gab es ja die berühmte Kundgebung vom 4. November, wo waren Sie da? Waren Sie dabei? Sagen Sie bitte etwas zu Ihren Möglichkeiten und Ihrer persönlichen Einstellung in dieser Phase bis hin zum Weihnachtsmarktbesuch mit Momper und schließlich am 22. Dezember der gemeinsamen Öffnung des Brandenburger Tores.

Festumzug zur 750-Jahr-Feier am 4. Juli 1987 in Ost-Berlin. Auf der Tribüne Erich Honecker und Erhard Krack mit ihren Gattinnen.

UdSSR-Außenminister Eduard Schewardnadse trägt sich anläßlich seines Besuchs zur 750-Jahr-Feier in das Ostberliner Goldene Buch der Stadt ein. Dahinter v. l. OB Krack sowie der sowjetische Botschafter in der DDR, Wjatscheslaw Kotschemassow.

Eine neue Entwicklung war auf Dauer nicht zu verhindern

Krack: Man kann die damalige Entwicklung in Berlin nicht von der Entwicklung in der DDR trennen. Darüber haben wir ja schon gesprochen, als es um meinen Lebenslauf ging. Ich gehörte nicht zu denen, die ganz flott ihr SED-Hemd aus- , ein neues angezogen und gesagt haben: Das war's dann. Ich habe mir viele Gedanken gemacht und hatte dabei stets – das hing mit meiner gesamten Tätigkeit in dieser Stadt zusammen – nur eins im Auge: Du mußt bei allem, was jetzt geschieht, und was ja auch in einer Katastrophe hätte enden können, eins erreichen: daß das Leben der Menschen, das Funktionieren der Stadt auch weiterhin gegeben ist. Und nur deshalb konnte ich das dann mit Walter Momper auch machen. Also 1989. Manche sagen, es war der März, der April. Ich sehe das auch so. Da ging einem sehr vieles durch den Kopf. Wenn die Erkenntnis auch zögernd eintrat – ich wachte nicht plötzlich in der Nacht auf und wurde ein Heiliger –,

Oberbürgermeister Krack beim Rundgang mit Michail Gorbatschow und Gattin Raissa auf dem Gendarmenmarkt, 1986.

so wurde mir doch klar, daß eine neue Entwicklung auf Dauer nicht zu verhindern war. Und das aus mancherlei Gründen.

Appel: Gründe wirtschaftlicher oder politischer Art? Oder war das die Politik Gorbatschows? Oder was sonst noch?

Krack: Viele Ideale, die man hatte, waren verlorengegangen. Es gab einen Aufbruch, damit hatte ich ja zu tun in meinem Rathaus, von Tausenden von Menschen hin zur Demokratie. Und ich füge hinzu: zur Würde. Es gab den Fall der Mauer, es gab eine friedliche Revolution. Und die Frage war immer: Wie wird das nun mit der Einheit? Was war die Ursache für all das? Wie ich es sehe: Wenn man die gesamte Sozialismus-Entwicklung in der DDR betrachtet, dann muß man eigentlich mit der Frage beginnen: Wie war damals das Sozialismusbild der Herren in der Komintern, und da lasse ich Wehner nicht aus? Da fing das ja an, in ihren Zimmern in Moskau. Viel später dann kam in der Sowjetunion die Perestroika. *„Gorbi, Gorbi!"* statt *„Honecker!"* Und als die Feier zum 40. Jahrestag der DDR war, stand ich auch auf der Tribüne, und die jungen Leute riefen nur „Gorbi", und nicht „Honecker". Danach saß ich beim Bankett mit Professor Dr. Ardenne an einem Tisch in dem Saal. Wir haben uns angeschaut und gesagt: „Nun, das war ja dann wohl die Beerdigung der DDR." Es hatte in Polen Solidarnosc gegeben. Was war das in der DDR für ein Spiel gewesen damit! Der Wunsch nach mehr Demokratie wurde mit Druck beantwortet. Oder: Es hatte einmal mit dem „Neuen Ökonomischen System" eine gewisse Demokratisierung der Wirtschaft in der DDR gegeben. Das entfiel aber sehr bald wieder. Oder nehmen Sie die zeitweilige Demokratisierung der Kultur nach dem mißlungenen Bitterfelder Weg, das waren ja Ansätze. Aber alles das wurde wieder eingeengt. Mehr noch: Ich habe vom VIII. Parteitag gesprochen. Das war schon eine Zäsur. Aber das blieb ohne Folgen. Das Problem war: Es gab kein Konzept für die neuen Anforderungen, es fand keine Erneuerung in der DDR statt. Und wer sich nicht erneuert, der entwickelt keine Kreativität mehr. Das war mir klar. Diskutieren darüber konnte ich nur mit einigen wenigen. Ansonsten stand einem da eine „Wand der Greise" gegenüber. Sagen Sie doch mal zu einem wie Sindermann, zu einem wie Honecker, der zehn Jahre im Zuchthaus Brandenburg gesessen hat: Du mußt weg! Die lebten bereits völlig abgehoben von der Realität. Wollen Sie ein Beispiel hören? Es gab viel Unmut, wenn die Wagenkolonne von und nach Wandlitz durch die Stadt fuhr und der gesamte andere Verkehr lange zu warten hatte, weil die Protokollstrecke auf Grün geschaltet war. Einem dieser Wandlitzfahrer trug ich das mal vor und sagte: Die Leute stehen und stehen vor roten Ampeln, die müssen doch auch pünktlich zur Arbeit kommen. Da meinte der: Das kann ich gar nicht verstehen, bei mir ist doch immer grün . . . Ich könnte noch vieles dazu sagen. Und, noch einmal: Es gab wenige, mit denen man über die wirklichen Probleme reden konnte. So manch einen der heutigen „Helden“ habe ich jedenfalls nie gekannt.

Ich war kein Widerstandskämpfer

Appel: Sie wollen damit sagen, daß sie kein Widerstandskämpfer gewesen sind . . .

Krack: Ich war kein Widerstandskämpfer. Aber ich gehörte zu denen, die von der Notwendigkeit einer anderen DDR überzeugt waren. Wir haben auch biologisch gedacht: Wenn der Honecker nicht mehr ist, dann wird ohnehin etwas anderes kommen. Und wir haben uns viele Gedanken gemacht. Jetzt zu 1989. Für mich stand die Frage: Wohin geht Berlin? Was wird aus dieser Stadt? Ich habe den Potsdamer Platz aufgemacht, mit Momper, und viele andere Dinge. Da haben mir Leute Blumen geschenkt. Und wie war die Situation? Ich bekam abends einen Anruf: Du gehst dorthin. Zwei Stunden später: Du gehst nicht hin. Kurz darauf: Wehe, du gehst dorthin. Schließlich: Was wirst du tun? Darauf ich: Ich gehe hin.

Appel: Also ein Phase, wo Sie endlich auch selbständig handeln konnten?

Krack: Je mehr der Zerfall der DDR fortschritt, desto größer wurde mein Spielraum. Aber auch nur deshalb, weil man sich selbst immer mehr eigene Gedanken machte.

Appel: Nun haben wir noch gar nicht über Ihre Zeit mit Momper gesprochen. Wie war denn das, als Sie plötzlich mit einer Administration zusammenarbeiten mußten, von der Sie die meiste Zeit Ihrer Tätigkeit als Oberbürgermeister - wie Sie geschildert haben - total abgeschottet waren?

Krack: Das ergab sich ja rein zwangsläufig . . .

Deutlich von der SED-Bezirksleitung abgesetzt

Appel: Und Sie konnten ja auch keinen mehr fragen, die waren ja alle nicht mehr da!

Krack: Doch, da waren sie noch, aber sie waren alle mit sich selbst beschäftigt. Und sie hatten nicht für eine Stadt zu denken, waren nicht zuständig für die U-Bahn. Nur für Formulierungen. Ich habe mich gleich nach dem Mauerfall deutlich von der SED-Bezirksleitung abgesetzt. Habe auch später abgelehnt, an PDS-Sitzungen teilzunehmen. Ich bin nicht in die PDS eingetreten.

Appel Und zuvor? Wie war Ihr Verhältnis zu diesen SED-Bezirkssekretären, zu Naumann und Schabowski?

Krack: Dle beiden kann man nicht miteinander vergleichen. Mein Verhältnis zu Naumann war sachlich, konkret - wobei ich immer zu wissen hatte, daß er der 1. Bezirkssekretär war. Doch das war ja überall so, ob in Suhl oder Dresden. Ohne seine Zustimmung konnte ich nichts machen.

Hauptproblem: Das Hineinregieren der SED in den Staatsapparat

Die Trennung zwischen Bezirksleitung und Magistrat war mir immer zu verschwommen, zu verwischt. Das führte dazu, daß sehr viele aus der Bezirksleitung und aus den Kreisleitungen in den Staatsapparat hineinregiert haben. Und da man kaum materielle Verantwortung hatte, war das ja auch verhältnismäßig einfach. Das war unser Hauptproblem.

Appel: Die haben in die Ressorts hineinregiert, Sie wurden gar nicht in Kenntnis gesetzt?

Krack: So war es. Doch zurück zu Naumann. Was war er noch? Wenn wir etwas besprochen hatten, dann sind wir beide zusammen in Sitzungen des Politbüros aufgetreten. Er hat mich nie sitzenlassen, nie. Das war auch Naumann. Seine Kapriolen mit Frauen interessierten mich nicht, gingen mich nichts an. Doch er öffnete auch Wege. Als etwa die Leipziger Straße gebaut wurde und dort nur Diplomaten einziehen sollten, machte er sich stark - und schon zogen dort Berliner Bürger ein. Nun zu Schabowski. Er war klug, intelligent. Wir hatten ein sehr sachliches Verhältnis, er ließ mich weitestgehend wirtschaften. Er hatte kaum ein Verständnis für wirtschaftliche Prozesse, das war nicht sein Metier. 1989 suchte er viele Wege, andere Wege, da haben wir auch oft miteinander gesprochen. Doch in Situationen, wo er beschädigt werden konnte, da ließ er mich fallen. Das war bei Naumann nicht so gewesen.

Krack nach der Wende

Appel: Sie sind dann aktiv geworden nach den Polizei-Übergriffen zum 40. Jahrestag der DDR . . .

Krack: Die Stadtverordnetenversammlung beschloß, mit meiner Unterschrift, die Einsetzung einer Untersuchungskommission. Wissen Sie, was das bedeutete? Der Magistrat, mit Krack an der Spitze, setzt eine Kommission ein, die die Polizei überprüft, sogar die Staatssicherheit! Was da los war! Und in der Kommission Abgeordnete und solche Persönlichkeiten wie Christa Wolf, Marianne Birthler, Professor Buchholz, Rechtsanwalt Frank, Professor Fink, Pfarrer Passauer, Rechtsanwalt Dr. Wolf, und, und . . .

Appel: Und da haben Sie von Krenz keine auf den Deckel bekommen?

Krack: Krenz, von dem hörte ich nichts dazu. Natürlich hat man mir gedroht: Wenn das alles anders kommen sollte . . . Dann haben wir uns den Bürgern gestellt, Gespräche auf der Rathaustreppe usw., da hat übrigens Schabowski mitgemacht, der war für so etwas. Diese Rathausgespräche haben wir übrigens längere Zeit durchgehalten.

Gespräche mit Momper

Und dann habe ich mich am 9. Oktober 1989 das erste Mal mit Walter Momper getroffen, im Palasthotel. Das übliche Gespräch, so dies und jenes. Schabowski war auch dabei, und Mompers Kanzleichef Schröder. Wir sprachen auch darüber, wie wir eine Zunahme der Brisanz in Berlin verhindern konnten. Da spielten ja auch noch Statusfragen eine Rolle. Also einigten wir uns darauf, Grundlage unserer Gespräche sei das Viermächteabkommen von 1971. Am Status Berlins sollte nicht gerüttelt werden. Damit hatten wir eine Basis gefunden. Und klar war, Krack und Momper würden sich künftig regel-

Drei Tage nach dem Mauerfall. Die beiden Bürgermeister Krack und Momper bei der Öffnung des Grenzübergangs Potsdamer Platz, 12. November 1989. In der Mitte der Präsident des Abgeordnetenhauses, Jürgen Wohlrabe.

mäßig treffen. Damit das öffentlich sichtbar wurde, haben wir das dann mit dem Weihnachtsmarkt gemacht.

Appel: Die Russen hielten sich aus dem Ganzen heraus?

Krack: Die existierten gar nicht. Und wir haben auch keine Rücksicht mehr auf sie genommen. Am 12. November gab es dann die Öffnung des Potsdamer Platzes. Hingehen, nicht hingehen - das habe ich schon geschildert. Doch inzwischen war mir eines klar: Die Einheit von Berlin wird hergestellt. Die Frage war nur: Wie? Das Ganze war ja von unten zustandegekommen, die Freude, der Jubel, die Euphorie der Menschen sind unvergessen. Vor mir standen die Offiziere der DDR-Grenztruppen. Es gab viele Beobachter. Ich konnte keinerlei Haß etwa feststellen, es gab keine Panik, alles verlief sehr geordnet und mit „bewußtem Schritt". Ich mußte mich nun bekennen und respektieren, daß die Berliner mit ihren Eigenschaften wie Energie und Schnauze, aber auch Besonnenheit und Charme die Einheit erzwungen hatten. Jetzt vollzog sie sich. Und die Frage für mich war: Was machst du nun? Wo ist dein Platz? Da faßte ich den Entschluß: Du mußt als Oberbürgermeister die Einheit der Stadt machbar machen und dafür deinen möglichen Beitrag leisten. Das nahm ich mir vor. Mit wem konnte ich darüber sprechen? Mit wenigen nur, einer davon war Christian Hartenhauer, mein Stadtrat für Kultur.

Der erste Runde Tisch

Sie müssen bedenken: Damals war noch nicht entschieden über die Zukunft der DDR. Man mußte sich also bekennen. Und manche bewegten sich da wie die Seiltänzer. Dann habe ich am 4. Dezember zum Runden Tisch in Berlin eingeladen - da gab es den späteren Zentralen Runden Tisch noch gar nicht. Also im Roten Rathaus, im Grünen Saal, ich werde das nie vergessen. Dort habe ich gesagt: Veränderungen sind notwendig, Reformen sind erforderlich, alle Teilnehmer hier müssen ihre Gedanken einbringen und können Forderungen stellen, für mich sind Andersdenkende keine Feinde, alle Meinungen sind gleichberechtigt. Nächsten Morgen ein Anruf von der Staatssicherheit: Wir sind erschüttert über deine Ausführungen. Die Konsequenzen wirst du zu tragen haben, wenn der ganze Rummel zu Ende ist . . .

Appel: Das war immerhin vier Wochen nach dem Mauerfall!

Krack: Ja, so war es. Ich fragte: Woher wißt ihr denn so gut bescheid, was hier am Runden Tisch gesprochen worden ist? Da muß doch einer für euch mitgeschrieben haben! Natürlich schwiegen sie. Am 5. Dezember dann wieder ein Treffen mit Momper, im Hotel „Stadt Berlin“. Dort haben wir uns über die Grundsätze der Zusammenarbeit verständigt. Wir trafen Vereinbarungen zum Öffentlichen Nahverkehr in der Stadt, S-Bahn, U-Bahn, usw.

Appel: Haben Sie da vorher jemanden gefragt?

Krack: Ich habe keinen mehr gefragt. Ich hatte nichts mehr zu verlieren nach dieser Stasi-Drohung. Ich war nur noch auf ein einheitliches Berlin orientiert, auf das Ende dieser widersinnigen Trennung der Stadt in Ost und West. Und die sich nun bietende Chance mußte genutzt werden. Da haben wir auch bereits über einen gemeinsamen Stadtentwicklungsplan gesprochen, und über viele weitere ganz praktische Fragen, bis hin zu Olympia 2000. Und wir beschlossen die Kooperation der beiden Stadtverwaltungen. Stellen Sie sich vor, was das für mein Rathaus bedeutete! Für alle Ressortchefs und Mitarbeiter, die stets nur auf Anweisung gehandelt hatten! Ich ordnete an: Jedes Ressort regelt seine Zusammenarbeit mit dem Westberliner Ressort alleine. Jeder Stadtbezirksbürgermeister regelt seine Zusammenarbeit

Mit seinem West-Berliner Amtskollegen Walter Momper im Rathaus Schöneberg bei der Installierung des provisorischen Regionalausschusses Berlin, 22. Dezember 1989.

mit dem Partnerstadtbezirk in West-Berlin alleine. Viele wollten mich glatt vergiften. Es waren grundsätzliche Veränderungen, Welten brachen zusammen . . . Mit dem Dialog der beiden Stadthälften mußte sich auch eine neue Diskussionskultur entwickeln. Und das war nicht nur unser Problem. Im Dezember haben wir dann auch die Ehrenbürgerschaft Erich Honeckers aufgehoben. Es war nicht einfach, dafür in der Stadtverordnetenversammlung eine Mehrheit zu bekommen.

Appel: Kurz zu Ihrem Prozeß. Die Wahlmanipulation erfolgte noch zu einem Zeitpunkt Ihrer vollkommen Einbindung? Sie haben dazu ja eine eindrucksvolle Erklärung abgegeben.

Krack: Solange die DDR existierte, gab es auch in Berlin immer wieder Dinge mit den Wahlen. Wir mußten immer besser sein, als wir sein konnten. Nun zu den fraglichen Wahlen. Das hängt wieder mit der kritischen Phase von März/April 1989 zusammen, als der Prozeß des Nachdenkens kulminierte. Da war schon erkennbar, daß das mit den üblichen hohen Prozentzahlen nicht mehr hinhauen würde. Das Problem der fehlenden Reisefreiheit - für mich schon lange unerträglich - wurde immer drängender. Wir wollten endlich erreichen, daß ehrliche Wahlergebnisse zustandekamen. Doch damit sind wir nicht durchgekommen.

Appel: Aber bei Schabowski habe ich gelesen, er hätte damals gesagt: Schreibt die wirklichen Zahlen auf . . .

Ich bekenne mich zur Wahlmanipulation

Krack: Ich kann nur berichten, was ich erlebt habe. Was andere in Büchern schreiben, na ja . . . Die Wahlen wurden dann nach dem Satz gemacht - und den habe ich gesagt -: Sie sollen nicht schlechter sein als 1986. Das habe ich den Stadtbezirksbürgermeistern gesagt. Einer meinte: Das wird nichts werden. Darauf ich: Du, Prenzlauer Berg, hast doch immer den großen Mund gehabt. Nun zeigt mal, was ihr könnt. Und so lief das dann. Dafür habe ich die Verantwortung übernommen, dazu stehe ich.

Appel: So kann man Sie auch zitieren?

Krack: Absolut. Ich konnte doch meine Stadtbezirksbürgermeister nicht ertrinken lassen. Die SED-Sekretäre waren ja alle plötzlich nicht mehr da. Nur zwei haben sich zu ihrer Verantwortung bekannt: Wendel aus Weißensee und Kimmel aus Friedrichshain. Alle anderen sind für mich erbärmliche Feiglinge. Und nicht nur die allein. Ich habe gesagt: Ich übernehme die politische Verantwortung, ich war der Wahlleiter.

Appel: Aber nicht sofort . . .

Krack: Da gab es allerhand Handgemenge. Entscheidend für mich ist: Es gibt meine Erklärung vom 23. Februar 1990. Da sage ich, daß ich zurücktrete. Und dort steht folgendes: „Die Fälschung von Wahlergebnissen und damit die Verfälschung des politischen Willens der Bürger ist durch nichts zu rechtfertigen und auf das höchste verwerflich. Als Politiker kann ich mich von einer Mitverantwortung für diese Auswüchse eines, wie wir heute wissen, deformierten politischen Systems nicht freisprechen.“ Dazu stehe ich auch heute unverändert.

Appel: Sie haben verschiedene Gründe angeführt, warum es zum Scheitern der DDR kommen mußte. Bedauern Sie eigentlich die Entwicklung?

Krack: Bedauern ist nicht das richtige Wort. Wenn eine Gesellschaft nicht in der Lage ist, Konzepte für eine neue Entwicklung zu erarbeiten, mehr für die Menschen zu tun - bei allem Wohnungsbauprogramm! -, dann wird diese Gesellschaft überholt werden. Und so ist die DDR in ihrer gesellschaftlichen Konzeption überholt worden. Das bedeutet nun überhaupt nicht, daß die sozialistische Idee etwa nicht machbar wäre. Nur, dieses Machbare ist gegenwärtig an keinem Horizont zu erkennen. Ich kann auch überhaupt nicht sagen, wohin die gesellschaftliche Entwicklung gehen wird. Die Welt ist nicht ruhiger geworden, und das beunruhigt wohl nicht nur mich.

Appel: Ihre Biographie betrachtend, möchte ich Sie abschließend fragen: Ist das beträchtliche Stück Leben, das Sie mit der DDR und auch mit der SED verbunden haben, nun für Sie ein weggeworfenes?

Krack: Der Geschichtsprozeß, den ich erlebte, ist für mich nicht nur Belastung, sondern zuerst Grundlage meiner Identität. Mein Leben ist nicht weggeworfen. Das hieße ja, meine Philosophie wegzuwerfen. Das hieße ja, meine Lebenserfahrungen wegzuwerfen. Das hieße, gegenüber meinen Kindern nicht ehrlich zu sein. Nein, das ist nicht weggeworfen. Meine Biographie ist die des typischen DDR-Bürgers, ich kann sie nicht „reparieren" und will dies auch gar nicht. Ich habe mich für eine Entwicklung eingesetzt, weil ich von ihr überzeugt war, weil da viele meiner Ideale waren. Ich weiß aber auch, daß einiges in dieser Entwicklung nicht richtig gewesen ist. Diese Erkenntnis ist natürlich auch da.

Lassen Sie mich noch anmerken: Vor der Weltstadt Berlin stehen viele qualitativ neue Probleme. Arbeitsplätze müssen her, Wohnen muß bezahlbar bleiben, Verkehrsfragen sind zu lösen, und anderes mehr. Die Stadt muß weiter architektonisch gestaltet werden, dabei ist neues Denken angezeigt. Widersprüche und Spannungen müssen abgebaut, der Zusammenschluß von Berlin und Brandenburg zu einer Region muß gewagt werden. Darum muß das Tor aufgemacht werden, damit alle teilnehmen können an der Gestaltung dieser komplizierten Prozesse auf dem Weg zu einer wirklich geeinten Weltstadt Berlin.

Appel: Herr Krack, vielen Dank für das Gespräch.

Zeittafel

1948	Geboren am 2. Mai in Chemnitz als Sohn eines Angestellten.
1968-1974	Studium der Wirtschaftswissenschaft an der Hochschule für Ökonomie in Berlin-Karlshorst, Promotion zum Dr. rer. oec.
1975-1984	Tätigkeit bei der Staatsjugendorganisation FDJ, ab 1979 Erster Sekretär der FDJ-Kreisleitung Berlin-Mitte.
1985-1990	Tätigkeit beim Magistrat, 1986 bis 1989 Stadtrat für Kultur unter OB Krack.
1990	27. Februar: Nach Rücktritt von Krack Wahl zum Ostberliner Übergangs-OB bis zu den freien Wahlen vom Mai 1990.

Christian Hartenhauer

Februar 1990 - Mai 1990

Der letzte SED-Oberbürgermeister in der „Hauptstadt der DDR" amtierte als Abruf-Funktionär gerade noch 72 Tage. Dr. Christian Hartenhauer, ehemals Kultur-Stadtrat, übernahm das Amt von seinem Parteifreund Erhard Krack, der im Februar 1990 wegen erwiesener Wahlfälschung von seinem Amt hatte zurücktreten müssen. Hartenhauers Wahl erfolgte also am 27. Februar 1990 noch von jener Ostberliner Stadtverordnetenversammlung, deren Zusammensetzung durch die Wahlfälschungen ein Jahr zuvor zustandegekommen war. Aber für die Übergangszeit von der zwar schon gescheiterten SED-Herrschaft bis zur demokratisch frei gewählten Führung brauchte man neben den spontan gebildeten „Runden Tischen" eine verantwortliche und weisungsbefugte Spitze für die kommunale Exekutive. So entschloß man sich, obwohl die Farce erkennbar war, von der alten Stadtverordnetenversammlung doch noch einen Interims-Oberbürgermeister wählen zu lassen.

Beinahe wäre allerdings dieser Schlußakt Ostberliner SED-Politik schiefgegangen. Als erste Nachfolgekandidatin wäre zunächst Bürgermeisterin Dr. Ingrid Pankratz (SED) in Frage gekommen, aber diese winkte unter Hinweis auf ihre beiden schulpflichtigen Kinder ab, so daß der abtretende OB Krack seinen Parteifreund Christian Hartenhauer noch zwei Tage vor der Wahl überreden mußte, sich der Wahlprozedur zu stellen. Von den 225 Stadtverordneten waren am 23. Februar 1990 nur noch 132 erschienen. 40 stimmten gegen ihn, sieben enthielten sich, drei Stimmen waren ungültig, so daß er mit 82 Stimmen zum Oberbürgermeister Ost-Berlins gewählte wurde. Hartenhauer war sich seiner Übergangsrolle voll bewußt und plädierte sofort dafür, so schnell wie möglich die Einheit der Stadt wiederherzustellen, freie Wahlen auszuschreiben und bis zu diesem Zeitpunkt eng mit dem Westberliner Senat zusammenzuarbeiten. Im übrigen wollte er gemeinsam mit dem „Runden Tisch" regieren, und dieser war bereit, Mitverantwortung zu tragen.

Der Ost-Berliner Übergangs-OB auf der konstituierenden Sitzung der Stadtverordnetenversammlung im Roten Rathaus, drei Wochen nach den DDR-Kommunalwahlen, 28. Mai 1990. V. l.: Christian Hartenhauer, der Regierende Bürgermeister Walter Momper, der Chef der Senatskanzlei, Dr. Dieter Schröder sowie der Vorsitzende der Jüdischen Gemeinde zu Berlin, Heinz Galinski.

Christian Hartenhauer wurde am 2. Mai 1948 in Chemnitz als Sohn eines Angestellten geboren. Er besuchte nach dem Abitur und einer Drechslerlehre die Hochschule für Ökonomie (Fachrichtung Außenwirtschaft) in Berlin, promovierte 1974 zum Dr. oec. und wurde nach verschiedenen leitenden staatlichen und gesellschaftlichen Funktionen, von 1985 an auch beim Magistrat, 1986 schließlich zum Stadtrat für Kultur gewählt. Wie er als Computerrechtsfachmann und Außenwirtschaftsökonom zum Kulturstadtrat in Berlin berufen werden konnte, dürfte für Außenstehende wohl ein Rätsel bleiben. Nach seiner Wahl zum Oberbürgermeister auf Abruf erinnerten sich einige Ostberliner Künstler seiner ehemaligen Arbeit als Stadtrat und beschimpften ihn als „Kultur-Stalinisten“ und „Politikfunktionär“. Aber er ließ sich nicht beirren; wie sein Freund Krack blickte er nur noch nach vorn, räumte ein, daß sein Blick seit dem Zusammenbruch anders geworden sei und nahm sich vor, bis zu den freien Kommunalwahlen in Ost-Berlin „den Magistrat handlungsfähig zu halten" und den Bürgern „ein Gefühl der Ordnung, Sicherheit und Geborgenheit" zu vermitteln .

Hartenhauer war klar, daß der alte Ostberliner SED-Magistrat zwischen dem neuen, aus freien Wahlen hervorgehenden Ministerrat (seit den März-Wahlen die Regierung de Maizière) und den örtlichen Volksvertretungen in Form der Runden Tische „zermahlen" werden würde, weshalb er für einen möglichst frühen Kommunalwahl-Termin, den 6. Mai, plädierte. Auf die Frage: „Machen Sie nach Ihrer Amtzeit drei Kreuze?", erwiderte er: „Eigentlich ja."

Bis zum Wahltermin stürmte aber bereits der ganze Unmut der Bevölkerung mit unzähligen Fragen auf ihn ein. Täglich wurden vom Magistrat tausende von Auskünften über Eigentumsverhältnisse ver-

Mit Bundesinnenminister Dr. Wolfgang Schäuble beim Etappenstart zur Internationalen Friedensfahrt der Radamateure in Berlin, Mai 1990.

langt, 80.000 Wohnungsanträge und 20.000 Gewerbeanträge lagen vor und Hartenhauer saß, wie er sich ausdrückte, „zwischen drei Stühlen". Besonders die Bauvorhaben in Altglienicke und in Marzahn bereiteten Probleme, weil viele der dortigen Bürger und die Bauleute mit den alten Projekten weiterarbeiten wollten, er aber protestierende Bürgerinitiativen nicht übergehen mochte. „Ich sehe nicht ein, daß ich die verfehlte Baupolitik vergangener Jahre in 72 Tagen geradebiegen soll", wehrte er sich gegen Kritik an seiner Amtsführung. Für die meisten Beschlüsse seines Magistrats suchte er die Übereinkunft mit dem „Runden Tisch", aber weil das nicht immer gelang, blieb manches dringende Problem ungelöst und er lehnte es ab, „mit der Brechstange" vorzugehen. Die Alltagswirklichkeit des sich vereinigenden Berlin nach dem Mauerfall verlangte nach seiner Erkenntnis völlig neue einheitliche Verwaltungsstrukturen und auf vielen Gebieten neue Entscheidungen; beispielsweise auch eine einheitliche Verkehrsordnung, denn die Verbindungen zwischen dem Osten und dem Westen der Stadt waren frei und mußten ständig verbessert werden. Das hieß für Hartenhauer vor allem Fortsetzung der Gespräche mit West-Berlin, denen er sich auch engagiert stellte.

Als dann der sozialdemokratische Spitzenkandidat Tino Schwierzina bei den ersten freien Ostberliner Kommunalwahlen seit 44 Jahren am 5. Mai mit 34,3 Prozent den höchsten Stimmenanteil erzielt hatte und am 30. Mai 1990 mit 74 von 134 Stimmen zum neuen Oberbürgermeister gewählt worden war, gehörte - nach dem Westberliner Regierenden Walter Momper - Christian Hartenhauer, der letzte SED-Oberbürgermeister zu den ersten Gratulanten. „Ich werde jetzt ordentlich meine Geschäfte übergeben, und ich denke, daß sich für einen 41jährigen gelernten Kaufmann Arbeit finden wird", war sein Resümee.

Zeittafel

1927	Geboren am 30. Mai in Königshütte/Oberschlesien als Sohn eines Arztes.
1933-1943	Schulbesuch in Magdeburg.
1944-1948	Kriegsdienst und amerikanische Gefangenschaft, nach Rückkehr Nachholung des Abiturs.
1948-1952	Studium der Rechtswissenschaft an der Humboldt-Universität.
1953-1989	Justitiar in verschiedenen DDR-Außenhandelsbetrieben in Berlin.
1989	November: Mitgründer der SDP (später Ost-SPD).
1990	Mai: Wahl zum Oberbürgermeister von Ost-Berlin, Schwierzina orientiert sofort auf eine gemeinsame Landesregierung mit dem Westberliner Momper-Senat.
1991	11. Januar: Rücktritt vom Amt, um den Weg freizumachen für das erste gesamtberliner Parlament unter Eberhard Diepgen.
1991-1995	Vizepräsident des Abgeordnetenhauses von Berlin.

Tino Schwierzina

Mai 1990 - Januar 1991

„Wenn mir unterstellt wird, ich hätte von Anfang an eine politische Spitzenposition angestrebt - also das ist ein Witz." Lächelnd, aber auch ein wenig trotzig reagierte Tino Schwierzina 1995 - inzwischen Vizepräsident des Berliner Abgeordnetenhauses - auf meine Frage nach seinem Weg zum Ostberliner Oberbürgermeister. Seine Antwort formulierte er, als ob ihm jemand unzulässigen Ehrgeiz ankreiden könnte oder er sich dafür entschuldigen müßte, daß er, der Ex-DDR-Bürger, im Mai 1990 nach über 57 Jahren als erster aus freien Wahlen hervorgegangener Ost-Oberbürgermeister (des noch geteilten) Berlins in das Rote Rathaus eingezogen war.

Zwar war er nur knapp neun Monate im Amt - vom 30. Mai 1990 bis 24. Januar 1991-, aber das war ein entscheidender, spannender Zeitabschnitt für Berlin, denn es galt nach dem Fall der Mauer im November 1989, und damit 45 Jahre nach der Spaltung, die Einheit der Stadt wiederherzustellen. Schwierzinas oberstes politisches Ziel nach seiner Wahl war deshalb, auch als die formal-rechtliche Wiedervereinigung Deutschlands durch das Verhalten der Alliierten noch nicht ganz klar erschien, die unnatürliche Teilung Berlins so schnell wie möglich in jeder Beziehung wieder aufzuheben.

Diesem Vorsatz ordnete der Wirtschaftsjurist und Sozialdemokrat vom Herbst 1989 an alles andere unter. Und als der 63jährige, aus Königshütte in Oberschlesien stammende Wahl-Berliner mit polnischen und italienischen Vorfahren nach der ersten gesamtberliner Wahl im Dezember 1990 sein Amt nach 239 Tagen wieder abgeben mußte, war er zwar enttäuscht, daß die im Bund von Lafontaine geführte SPD auch im Berliner Abgeordnetenhaus die Mehrheit wieder verloren hatte, aber sein politisches Hauptziel, die Wiedervereinigung Berlins, war tatsächlich erreicht.

„Das war für mich der größte und ergreifendste Moment, zugleich auch der schönste Lohn für die Arbeit, die ich in der Kommune für

Der Spitzenkandidat der SPD für das Amt des Ost-Berliner Oberbürgermeisters mit Walter Momper am Abend der gewonnenen Kommunalwahl im Roten Rathaus, 6. Mai 1990.

die Einheit Berlins und Deutschlands gemacht habe", sagte mir der Ex-OB fünf Jahre später, den Zeitabschnitt resümierend, als ich ihn in seinem Amtszimmer als Vizepräsident des Berliner Abgeordnetenhauses im ehemaligen preußischen Landtagsgebäude aufsuchte und ihn zu seiner persönlichen und politischen Biographie befragte.

Schwierzina gehört zu den wenigen herausragenden politischen Persönlichkeiten der Ex-DDR, die bald nach der Wende bundesweit bekannt wurden, weil sie öffentliche Veranwortung trugen und auch noch Jahre danach nicht in der Versenkung verschwanden, sondern weiterhin Staatsaufgaben wahrnahmen. Etliche starteten ja steil und fielen bald in das Meer der Vergessenheit. Schwierzina blieb nicht ganz oben, aber doch oben. Dabei hatte sich sein Lebensweg eher abseits von der Politik entwickelt. Er war als junger Mann natürlich Mitglied der FDJ gewesen, später im FDGB, aber eben nicht in der SED.

Nachfolgend ein Auszug aus unserem Gespräch:

Schwierzina: Ich bin der typische Vertreter der Nischen-Generation in der DDR. Ich hatte ein relativ gutes Auskommen; meine Frau ist Ärztin, ich war Justitiar in einem Im- und Exportbetrieb der Lebensmittelindustrie. Ich war niemals in der Partei, hatte mich dem Regime gegenüber nicht gerade freundlich gezeigt - das Regime mir gegenüber auch nicht; ich wurde einmal angeklagt wegen Nichtanzeige eines Staatsverbrechens, das darin bestand, daß ich meinen neuen Schwager nicht anzeigte, der Tunnel gebuddelt hatte und Leute vom Osten in den Westen rüberholte. Das war also das Staatsverbrechen, das ich da begangen hatte. Doch das hinderte mich nicht daran zu sagen: Es geht einfach nicht, daß jeder eine Abstimmung gegen seinen Staat mit den eigenen Füßen durchführt. Es muß ja auch Leute geben, die in Berlin und in der DDR bleiben. So haben wir uns dann durchgerungen: Wir bleiben in Berlin. Es wäre ja auch einfach unmöglich, daß die Bundesrepublik auf einen Schlag 17 Millionen Bürger, die mit diesem Staat nicht einverstanden waren, oder auch nur 15 Millionen, aufnehmen könnte. Das würde ja zu Verwerfungen innerhalb der Harmonie dieses Staates Bundesrepublik führen.

Immer wieder aber habe ich mir dann auch die Frage gestellt: Wie würdest du dich verhalten, wenn du politisch aktiv wärest? Als ich dann die Umbruchszeit des Herbstes 1989 spürte, habe ich mir gesagt: Du kannst nicht nur inaktiv warten. Wenn du politisch etwas verändern willst, können nicht andere für dich die Veränderung vornehmen. Du mußt mitmachen. So überlegte ich, wo ich mich politisch einbringen könnte, und kam sehr schnell dahinter, daß dies nur in einer politischen Partei sein konnte, mit der man agieren kann. Da war dann die Frage, in welche der bestehenden Parteien trittst du ein. Nach reiflicher Prüfung sagte ich: Keiner der vorhandenen Parteien kannst du dich anschließen. So überlegte ich mit Freunden: Was machen wir, gründen wir eine Partei? Und wir sagten: Ja, wir gründen die SPD. Ich habe dann mit einigen Freunden die SPD in Berlin und in Berlin-Weißensee gegründet. Dort fand ich meine politische Heimat und habe mich bereit erklärt, im Rahmen der Möglichkeiten, die wir sahen, mitzuarbeiten.

Ich hatte zunächst die Vorstellung, mich im Stadtbezirk zu betätigen. Daß ich dann darüber hinaus gefragt war, lag an den Umständen, wie sie sich ergaben. Es waren nur wenige da, die sich artikulieren konnten. Und diese wenigen rückten dann natürlich schnell in den Mittelpunkt. Ich gehörte zu denen, die Forderungen und Wünsche artikulierten, welche die Partei aufnahm und als richtig befand. So kam ich in die Stadtverordnetenversammlung und später ins Rote Rathaus.

Wie ich Oberbürgermeister wurde

Appel: Und wer hat Sie als Kandidaten für das Amt des Oberbürgermeisters nominiert?

Schwierzina: Nominiert wurde ich in Weißensee. Wir haben dort unter dem Dach der Kirche - das muß ich dankbar feststellen - im Oktober/November 1989 die Partei SPD gegründet, also noch zu Zeiten der DDR. Wer sich da bereit erklärte, etwas zu machen, war so gut wie nominiert. Ich wurde Schatzmeister der SPD für ganz Ost-Berlin. Ich ging mit eigenen 5 Mark zur Sparkasse und richtete ein Konto für die SPD ein. Maßloses Erstaunen bei der Filialleiterin, wie ich denn für eine Partei, deren Namen sie zwar kannte, die es ja aber in Ost-Berlin bisher nicht gab, ein Konto einrichten könnte? Ich habe ihr dann klar gemacht, daß das geht - und den betreffenden Beleg habe ich heute noch, als Kuriosität gewissermaßen, wie ich mit eigenen 5 Mark der Finanzier der Sozialdemokraten in Ost-Berlin wurde. Wir wurden dann immer schneller mehr Mitglieder, das war eine Zeit des Umbruchs, auch der Euphorie und des Wollens vieler Leute.

Appel: Konnten Sie sich öffentlich artikulieren, hat die Presse das registriert?

Schwierzina: Wir haben mit Handzetteln und Plakaten propagiert, wo wir uns trafen - meist in Kirchen, Kirchsälen. Und wenn ich daran denke, wie viele Wahlveranstaltungen ich z.B. mit Hans-Jochen Vogel gemacht habe . . .

Appel: Die Mauer war aber bereits gefallen. Und Herr Krack regierte noch als Oberbürgermeister?

Schwierzina: Ja. Es war immer eine Gratwanderung. Wir haben zwar gewußt, daß die DDR immer noch reagieren konnte, wenn wir gegen bestehende Gesetze verstoßen, aber wir haben immer auf die Gesetze gepocht und auf die Zeichen der Zeit gesetzt.

Appel: Die Stasi gab es ja auch noch. Haben die nicht dazwischengefunkt?

Schwierzina: Man kann gewiß sein, daß die Stasi auch bei solchen Unterredungen, die wir hatten, und bei Versammlungen dabei war -

davon bin ich überzeugt. Die werden auch ihre Berichte geschrieben haben, denn es gab ja noch die alten Strukturen. Sie waren ja noch nicht zerschlagen, das erfolgte erst wesentlich später. Das war so die Zeit, in der wir halb legal, halb illegal ein bißchen geduldet wurden.

Appel: Es gab auch schon Kontakte zum Westen, wenn Sie etwa Jochen Vogel erwähnen.

Schwierzina: Ganz eindeutig. Wir haben sehr rasch Kontakte aufgenommen mit sozialdemokratischen Genossen aus Schöneberg; Weißensee hatte Schöneberg zum Partner bekommen.

Appel: Wurden Sie sofort als Sozialdemokraten akzeptiert?

Schwierzina: Als Menschen, die die sozialdemokratischen Vorstellungen mit in die Tat umsetzen wollten. Wir hatten uns ja zunächst SDP genannt, nicht SPD. Das gab zunächst einige Diskussionen, ich habe mich dabei auf den Standpunkt gestellt, der sich als richtig erweisen sollte: Es läßt sich viel leichter etwas bewerkstelligen, wenn man die Einheit Berlins will - und das wollte ich von Anfang an -, wenn man auch die Einheit der Partei herstellt. Viele wollten, daß ich an die Spitze der Ostpartei ging, doch ich wollte niemals meine Möglichkeiten in der Partei ausschöpfen, sondern in der Kommune. Ich hatte auch nie den Wunsch, in den Bundestag zu gehen, wozu mich viele drängten, auch Leute aus der ersten Garnitur der SPD, die sagten: Du wärst wirklich ein geeigneter Mann. Ich aber sagte: Ich bin so verwurzelt mit Berlin, mit meinem Stadtbezirk, daß ich meine Chance darin sehe, in der Kommune zu bleiben.

Appel: Wer war denn an der Spitze der Partei in Ost-Berlin damals? Ibrahim Böhme, der später als „Informeller Mitarbeiter“ (IM) der Stasi decouvriert wurde?

Schwierzina: Nur in der allerersten Zeit. Dann arbeiteten wir mit Markus Meckel, Wolfgang Thierse, der Angelika Barbe. Die wurden dann alle Mitglieder der ersten frei gewählten Volkskammer. Zu der Zeit hatte ich ein sehr interessantes Gespräch mit Hans-Jochen Vogel. Der sagte mir: Warum bist du eigentlich nicht auf die Kandidatenliste für die Volkskammer gegangen? Und ich antwortete: Weißt du, 140 Bewerber für die Volkskammer wirst du ganz leicht finden. Aber 10.000 notwendige Kandidaten für die Kommunal- und Landtagswahlen, das ist viel schwieriger. Laß mich da tätig werden. Und Vogel meinte, das sei eine hervorragende Antwort, das könne er akzeptieren. Aber wenn - sagte er -, dann mußt du schon etwas weiter oben ansiedeln als nur im Stadtbezirk. So kam ich nach oben.

Appel: Dann kam die Zeit zwischen 18.März, der ersten freien Volkskammerwahl, und 6. Mai 1990, der ersten freien Kommunalwahl.

Schwierzina: In der Zeit haben wir schon gemeinsame Wahlveranstaltungen gemacht, mit Hans-Jochen Vogel und viel weiterer Prominenz der SPD aus Bonn, in Kinos, in Kirchen. Und Vogel wunderte sich immer, daß wir beide als Katholiken in protestantischen Kirchen für die SPD auftraten, das war neu für ihn.

Appel: Wie ging es denn mit Momper, dem Regierenden Bürgermeister Westberlins?

Schwierzina: Gut. Er war für mich ein Mann mit sehr viel Ideen und mit Durchsetzungsvermögen - so einen Politiker kannte ich persönlich ja noch gar nicht. Ich hatte immer die Auffassung, auch wenn ich später mit ihm als gleichwertig in der Rangfolge gestellt wurde, daß es jemand geben mußte, der eine viel längere politische Erfahrung hatte, und das war eben Walter Momper. Ich hatte keine Schwierigkeiten, nach Durchdenken seiner Thesen zu sagen: Gut, ich schließe mich an. Manchmal hatte ich Einwände, aber daß wir uns diametral gegenüberstanden, das war nicht der Fall. Denn ich sagte mir stets: Ich will die Einheit Berlins, und da ist einer, der mir dafür garantieren kann, daß er die Verwaltung mitbringt. Denn das erschien mir ganz dringend: Die Verwaltung Ost- und West-Berlins mußte zusammengeführt werden. Von da stammt auch mein Spruch: Eine Verwaltung, die 30, 40 Jahre lang gut gearbeitet hat und in West-Berlin beheimatet ist, ist für mich die Verwaltung, der sich unsere in Ost-Berlin anzuschließen hat. Das ist eine Äußerung, wie ich sie heute vielleicht in dieser Form nicht mehr machen würde, nachdem ich Verwaltung kennengelernt habe. Doch damals war das meine feste Überzeugung.

Einführung der Einzelfallüberprüfung

Stolz bin ich darauf, daß ich in Berlin das Prinzip der Einzelfallüberprüfung eingeführt habe. Denn ich habe damals gesagt: Ich kann nicht alle, die mal in der SED waren, rausschmeißen. Dazu habe ich viel zu viele Leute kennengelernt in unterschiedlichster Prägung - von „hervorragenden Dienern" im Sinne des SED-Staates (also Mittäter) bis wirklich zu Menschen, die sich nichts hatten zuschulden kommen lassen. So sagte ich: Wer als Mensch eine saubere Weste und eine saubere Hand hat in der Verwaltung Ostberlins, hat den Anspruch darauf, überprüft zu werden, ob er seinen Arbeitsplatz behalten kann.

Appel: Können Sie sagen, wie viele da prozentual geblieben sind?

Schwierzina: Die Mehrheit ist geblieben. Wobei ich jedoch immer gesagt habe: Je höher der Betreffende gestanden hat, umso genauer wird er sich die Überprüfung gefallen lassen müssen. Für mich war die kleine Sekretärin oder der Kraftfahrer niemals einer, der ein Staatsgefüge durcheinander bringen kann. Aber ein Stadtrat für Inneres, der die Ausreisegenehmigungen anzuweisen hatte, das war schon eine Angelegenheit genauer Überprüfung.

Appel: Wie erfolgte eigentlich die Nominierung zum SPD-Oberbürgermeisterkandidaten für Ost-Berlin?

Schwierzina: Das hat der gemeinsame Vorstand Ost und West in einer Sitzung im April beschlossen. Die hatten mich schon ausgeguckt, einer sagte, ich hätte so den Habitus eines gutsituierten Sozialdemokraten.

Appel: Dann ist ja die erste Wahl erstaunlich gut ausgegangen, mit 34,9 Prozent für die SPD. Und Sie haben zunächst versucht, wie in West-Berlin einen Rot-Grün-Senat zu bilden, was aber wegen des knappen Ausgangs für Bündnis 90/Grüne nicht ging. Sie haben sich dann doch für eine große Koalition entschieden.

Schwierigkeiten mit „Bündnis 90"

Schwierzina: Ich habe mich zunächst an die Kräfte gewandt, die eine gewisse Zeit Weggefährten von mir gewesen waren - also an das Bündnis 90, nicht an die Leute der Ost-CDU. Rechnerisch wäre das vielleicht noch gegangen, aber die Bürgerbewegten, wie wir sie heute nennen, waren zu der Zeit in Berlin nicht sehr flexibel. Sie konnten nicht über den Tellerrand gucken, sie waren nicht zu einer großen Politik zu bewegen. Sie wußten in ihrem Kiez genau, welcher Baum wo stand, wußten, warum eine Straßenbahnhaltestelle an dieser und nicht an einer anderen Stelle war - darin waren sie hervorragend. Aber einmal fünf gerade sein zu lassen, weil es die Umstände erforderten, dazu waren sie nicht in der Lage.

Appel: Wer stand da an der Spitze?

Schwierzina: Das war Frau Bohley, sie bereitete die größten Schwierigkeiten, und Frau Köppe, die dann später in den Bundestag ging. Die waren so fundamental ausgerichtet, daß es ganz schwer war, mit ihnen auf einen Nenner zu kommen. Es gab andere Bürgerbewegte, etwa Herrn Pflugbeil, den ich haben wollte, denen ich große Avancen machte - ich habe ja bis zur letzten Minute mit den Bürgerbewegten verhandelt. Leider vergeblich. Nun wäre es ja töricht gewesen, wenn ich die Chance zum Regieren für die SPD nicht genutzt hätte. Also habe ich die Regierung mit der CDU gemacht. Dann hatten wir - wie immer wieder gesagt wird - eine große Koalition zwischen SPD und CDU. Ich weigerte mich allerdings immer, den Namen große Koalition auszusprechen, denn rechnerisch war es die kleinste überhaupt mögliche Koalition. Nur 51 Prozent hatten beide zusammen. Groß war nur der Mut von mir, in eine solche Koalition zu gehen. Doch ich sagte: Man muß das probieren, wenn man die Chance hat.

Appel: Wie war eigentlich das Verhältnis zu Ihren SED-Vorgängern, was für eine Verwaltung haben Sie übernommen?

Schwierzina: Im nachhinein betrachtet, kann ich sagen, eine funktionierende Verwaltung in Ost-Berlin übertragen bekommen zu haben. Es haperte natürlich an einigen Ecken, und gemessen an der Westberliner Verwaltung war von Anfang an eins zu sehen: Diese Verwaltung hier war immer darauf ausgerichtet gewesen, Lücken und Mängel zu beseitigen, mit anderen Worten, sie war immer Pannen- und Reparaturdienst gewesen. Sie war viel flexibler, man mußte nicht so viel Papier bewegen, um sie in Gang zu setzen. Das war etwas, das mich an dieser Verwaltung angenehm überrascht hat. Und der Wille der dort Beschäftigten, das im Interesse der Bevölkerung laufen zu lassen, war immer zu spüren.

Appel: Sie waren also loyal, obwohl doch sicher viele SED-Mitglieder darunter waren?

Schwierzina: Ich erinnere mich an ein Gespräch, wo ich viele Mitarbeiter zusammengerufen hatte und mich vorstellte. Ich sagte, das und das erwarte ich von Ihnen, und einer sagte darauf: Viele von uns sind zwar unterschiedlicher Auffassung mit Ihnen, aber eines dürfen Sie mitnehmen - wir sehen unsere Arbeit auch darin, die Interessen der Bevölkerung zu vertreten. Und das habe ich dann sehr gespürt.

Appel: Haben Sie eigentlich Herrn Krack und Ihren unmittelbaren Vorgänger, Herrn Hartenhauer, persönlich kennengelernt?

Schwierzina: Herrn Krack habe ich in seiner Funktion als Oberbürgermeister nicht gekannt, während ich dann, als ich bereits wußte, daß ich Oberbürgermeister werden würde, mich ein- oder zweimal mit Herrn Hartenhauer zusammengesetzt habe, um die notwendigen Übergabeformalitäten, Schlüssel und so, zu besprechen. Dabei haben wir bei einer Tasse Kaffee dieses und jedes beredet, aber keine großen politischen Themen, nur rein technische Dinge.

Appel: Was waren Ihre Hauptprobleme, als Sie dann nach dem 6.Mai die Regierung gebildet hatten?

Schwierzina: Das Erstaunliche war, ich habe alle bewegt, mir an den nächsten Tagen genau zu sagen, wie die Versorgungslage in Ost-Berlin aussah. Denn für mich war eminent wichtig: Am nächsten Tag muß es in den Geschäften Brot und Milch zu kaufen geben. Es darf keine Versorgungslücke entstehen.

Appel: Gab es denn da Probleme?

Schwierzina: Die hätte es jedenfalls ganz leicht geben können. Das war mein Hauptaugenmerk - eine stabile Versorgungssituation für Grundnahrungsmittel. Denn da war die Decke immer nicht sehr groß. Es gab Transportprobleme, und die Grundversorgung mußte sichergestellt werden, damit die Garantie da war: Am nächsten Morgen gibt es Wasser, gibt es Strom und es gibt etwas zu essen.

Die deutsche Einheit war im April/Mai 1990 noch nicht ganz klar

Appel: Mit welchen Forderungen und Wünschen ist eigentlich der Wahlkampf geführt worden? Was hat die SPD genannt, das im Falle eines Wahlsiegs zu realisieren versucht würde?

Schwierzina: Mein Hauptziel, dem ich alles unterordnete, war die Einheit Berlins. Es war ja zu der Zeit staatsrechtlich noch nicht abzusehen, was wird, der Kanzler in Bonn hat ja jeden Tag neue Versionen verkündet und die Alliierten haben sich noch sehr zurückgehalten. Es war ja noch nicht klar im April/Mai 1990, als wir da Wahlkampf machten, daß es wirklich zur Einheit Deutschlands kommen würde. Die Mauer war zwar gefallen, aber immer noch waren da zwei Staatsgefüge. Und zwei Stadthälften in dieser Stadt, repräsentiert durch den Regierenden Bürgermeister und den Oberbürgermeister. Ich sah es als meine Aufgabe, wenn ich als Oberbürgermeister gewählt werden würde: So schnell wie möglich die widerrechtliche Trennung Berlins in Ost und West zu überwinden. Dem ordnete ich jedes andere Ziel unter.

Appel: Und Ihr Wahlerfolg von fast 35 Prozent ist auf diese Einstellung zurückzuführen?

Schwierzina: Ganz sicher. Das war ein Wahlziel, mit dem sich die Mehrheit der Bevölkerung identifizieren konnte. Daß es Schwierigkeiten dabei geben würde, war uns klar. Die aber wollten wir überwinden, den Elan hatten wir.

Appel: Wenn Sie auf diese Schwierigkeiten noch einmal zurückblicken, was stand dann im Katalog an der Spitze?

Schwierzina: Das fing schon damit an, daß wir einen Weg finden mußten, daß die beiden, sich ja nun nicht mehr feindlich gegenüber stehenden Stadthälften in ihren Verwaltungsentscheidungen nicht unterschiedliche Wege gehen. Also sagten wir, Walter Momper und ich: Laßt uns so schnell wie möglich - es erfolgte schon im Juni - den sogenannten „Magisenat“ installieren. Das haben die schlagfertigen Berliner in der Kombination von Magistrat (Ost) und Senat (West) so genannt. Wie sie auch von der „Schwierzomper“-Regierung sprachen. Ich kann feststellen, daß in der Bevölkerung diese Zeit auch heute noch nicht negativ gesehen wird. Man grüßt mich auch heute noch, und ich werde nicht beschimpft.

Momper und ich durften keine Entscheidungen treffen, die aneinander vorbei gingen. Wir mußten Entscheidungen haben, von denen auch der andere wußte, und man mußte auch über die Auswirkungen bescheid wissen. Also da sagten wir, wir tagen zusammen, abwechselnd im Roten Rathaus und in Schöneberg. Bald darauf verständigten wir uns und tagten dort, wo die Möglichkeiten am besten waren - das war nun einmal das Schöneberger Rathaus. Dort tagte dann jede Woche Dienstag der Magisenat. Also der Grund war nicht etwa ein Führungsanspruch West-Berlins, sondern die besseren technischen Möglichkeiten dort. Das habe ich auch öffentlich gesagt, denn das Wort Befindlichkeit wurde zu dieser Zeit nicht nur erfunden, sondern sehr groß geschrieben. Das hatte ich immer sehr im Auge: Daß eine Verwaltungsentscheidung nicht den Kopf des Ostbürgers in Form eines Hammerschlages tangierte.

Appel: Der Ostbürger hat ja dann sehr lange - auf ganz Deutschland bezogen - den Eindruck eines überfallartigen, aktiven, vom Westen ausgehenden, ja fast vereinnahmenden Kolonialsystems gehabt, um es zugespitzt auszudrücken. Wie hat sich das im Verhältnis der beiden Berlinhälften abgespielt?

Schwierzina: Nun, der Magisenat verkörperte ja die größte Koalition, die es je gegeben hat: da war der rot-grüne Westsenat und der rotschwarze Ostmagistrat - also alle Farben, die es in Berlin gab, waren vertreten. Da herrschte nicht immer Eiapopeia-Stimmung, es gab auch harte Auseinandersetzungen, aber sie waren immer sachbezogen. Daß wir aus heutiger Sicht vielleicht dieses oder jenes hätten anders machen und entscheiden müssen, lag auch daran, daß wir

Oft traten die beiden Bürgermeister bei der Wiedereröffnung ehemaliger „Geisterbahnhöfe" in Ost-Berlin gemeinsam in Aktion. Hier bei der Abfertigung des ersten Zuges der U-Bahn-Linie 8 auf der Station Alexanderplatz, Juli 1990.

uns ja erst einmal mit den demokratischen Regeln vertraut machen mußten. Heute kann man uns nicht mehr so leicht ein X für ein U vormachen, aber damals mußten wir das erst lernen.

Appel: Würden Sie also heute - wir sprechen 1995 miteinander - sagen, daß Sie auch durch Mangel an Erfahrung vielleicht über den Tisch gezogen worden sind?

West-Berlin hat seine Interessen knallhart vertreten

Schwierzina: So hart will ich es nicht ausdrücken. Also daß hinter den Bemühungen der anderen Seite die Absicht des Über-den-Tisch-Ziehens stand. Aber sie haben versucht, ihre Interessen durchzusetzen. Und ich habe eins gelernt: Wer es nicht versteht, seine Interessen zu artikulieren, hat nie einen Anspruch, den er wirklich realisieren kann. Ich habe mich immer gewundert: Warum reden die, verdammt noch mal, so viel? Das kann man doch viel knapper formulieren. Dann aber habe ich gelernt: Man muß für seine Vorstellungen ausführlich argumentieren. Also, ich will nichts unterstellen, aber sie haben natürlich ihre Interessen knallhart vertreten.

Appel: Wie das so üblich ist, auch bei den alten Bundesländern untereinander . . .

Schwierzina: Das habe ich im ersten Augenblick nicht ganz begriffen, heute weiß ich, daß das ganz legitim ist. Es wäre natürlich einfacher gewesen, wenn ich einen Bonus des Wohlwollens mitbekommen hätte, aber der war von Anfang an nicht da. Dazu waren wir andererseits auch gar nicht willens, uns etwa hätscheln zu lassen. Ich habe immer gesagt: Tut mir einen Gefallen, behandelt uns nicht so, als ob wir kleine Kinder wären, mit fünf Jahren an der Hand genommen und über die Straße gebracht werden müßten. Und den Ostlern habe ich gesagt: Seid nicht immer so pikiert, wenn einer aus dem Westen euch etwas sagt, und empfindet das nicht als Besserwisserei. Und dann wurde ein ganz gutes Miteinander möglich.

Mompers Fahrer verdiente mehr als der Ostberliner OB

Appel: Ein Problem war ja auch die unterschiedliche Bezahlung . . .

Schwierzina: Ja, aber andererseits waren viele Tarife - Strom, Gas, Wasser usw. - viel niedriger. Und wir haben das gedeckelt, und zwar ziemlich lange. Ich wurde immer gefragt: Was verdienen Sie denn als Oberbürgermeister? Da konnte ich dann den Presseleuten süffisant sagen: Ich verdiene 1.000 Mark weniger als der Kraftfahrer von Herrn Momper. Der verdient 3.800 Mark, und ich bekomme als OB 2.800. Ich bin zwar nicht in die Politik gegangen, um Geld zu verdienen, fügte ich dann hinzu, aber ich werde das regeln - denn ein Bezirksbürgermeister z. B. verdiente damals 1.100 Mark, ich hatte schon sieben Kündigungen da, die lieber zur Müllabfuhr gegangen wären, weil sie dort als Kraftfahrer das dreifache verdient hätten.

Appel: Das beschreibt sehr schön die Schwierigkeiten des Ost-West-Integrationsprozesses, besonders hier in Berlin, wo Ost und West ja hautnah beieinander liegen.

Schwierzina: Ein anderes Beispiel, das ich oft anführte, wurde sehr gern aufgegriffen: Man weiß, daß eine Krankenschwester in Hannover ungefähr dreimal soviel verdient wie eine Krankenschwester in Magdeburg. Dasselbe ist in Berlin der Fall. Nur: Hannover und Mag-

Besuch in der Ost-Berliner Gethsemanekirche, einem Zentrum der friedlichen Revolution von 1989. V. l.: Pastor Albani, der Westberliner Regierende Momper, der Bezirksstadtrat von Prenzlauer Berg Zoels sowie der Ostberliner OB Schwierzina, November 1990.

deburg sind 150 Kilometer voneinander entfernt, während die beiden vergleichbaren Krankenschwestern hier in Berlin vielleicht nur eine Straße entfernt voneinander wohnen. Alles in Berlin spielt sich also unmittelbarer, drastischer ab.

Appel: Bleiben wir bei Ihrem Beispiel. Hat das nicht auch zur Folge gehabt, daß die Ost-Krankenschwester - ethische Verpflichtungen hin und her - an eine Westberliner Klinik gegangen ist?

Schwierzina: Natürlich, wir hatten viele solche Probleme. Und dann mußte ich also wieder als Verhinderer des Dauerweggangs in Aktion treten. Vor allem in solchen Bereichen wie Krankenhäuser oder öffentliche Verkehrsmittel haben wir da auch reglementiert, und ich weiß, daß ich da manchem Berliner nicht sehr hilfreich gewesen bin. Doch dazu zwangen übergeordnete Interessen der Stadt.

Lafontaines Fehler

Appel: Nun war ja mit dem Fall der Mauer eine Erwartungshaltung entstanden, die durch viele Westpolitiker, Kanzler Kohl und andere, noch zusätzlich gepflegt wurde. Und aus der Euphorie nach dem 9. November 1989 entstand dann, als nicht alle Erwartungen sofort eintrafen, allmählich eine Enttäuschung. Wie sehen Sie das?

Schwierzina: Zweifellos hatten wir eine sehr starke Phase der Euphorie. Das war andererseits auch gut so, denn da konnte man noch recht viel bewegen. Nachher kamen dann die Leute, die überlegten, was es kosten würde. Dazu gehörte auch mein Parteifreund Lafontaine, der da allein mit nackten Zahlen operierte und sich nicht wundern durfte, daß man damit keinen Wahlkampf gewinnen konnte, wenn man nur die Kostenseite der Einheit Deutschlands in den Vordergrund stellte. Das war ein Fehler, meiner Meinung nach. Obwohl er rechnerisch die Sache beinahe auf den Punkt gebracht hatte. Es war also ganz gut, daß wir hier in Berlin die Phase der Euphorie noch recht weit nach hinten schieben konnten. Doch es wurde zunehmend realistischer. Als ich den ersten Haushalt für Ost-Berlin aufstellen mußte, klaffte mir eine große Deckungslücke entgegen. Und als ich dann mit meinen Stadträten zusammensaß, sagte ich: Wie bei der Papstwahl - erst wenn weißer Rauch kommt, gehen wir auseinander. Wir müssen uns ja noch in die Augen sehen können. Ich kann alles kürzen, ihr aber müßt mir sagen, was unbedingt sein muß. Wir saßen viele Stunden zusammen, das ist auch heute noch die Grundlage meiner vertrauensvollen Arbeit über alle Fraktionen hinweg. Wir dienen dem Bürger. Ich jedenfalls sehe meine Arbeit darin, dem Bürger, der uns gewählt hat, zu dienen. Da bin ich viel zu sehr Preuße, um das nicht so zu sehen.

Das erste gesamtberliner Parlament

Appel: Ihre Amtszeit ging ja dann mit der ersten gesamtberliner Wahl im Dezember 1990 zuende, weil die SPD nicht mehr so erfolgreich abschnitt.

Schwierzina: Als ob ich es ahnte, muß ich sagen, haben wir in Ost-Berlin in der kurzen Amtszeit ein Werk in Angriff genommen, von dem die meisten sagten: Bist du größenwahnsinnig, was soll das eigentlich? Wir haben uns eine eigene Verfassung gebaut, natürlich mit

Pressekonferenz des Momper/Schwierzina-„Magisenats“ zum Thema „Bilanz der Regierungspolitik zum Ende der Legislaturperiode“, Oktober 1990 im Rathaus Schöneberg.

vielen Übernahmen aus der Verfassung West-Berlins, doch mit durchaus eigenen und modernen Grundsätzen. Heute gibt es Rechtswissenschaftler, die diese unsere Ostberliner Verfassung als eine der modernsten des Jahrhunderts bezeichnen. Wir haben gesagt: Wenn es die erste gesamtberliner Wahl gibt und das erste gesamtberliner Parlament sich konstituiert - dann tritt der erste frei gewählte Oberbürgermeister Ost-Berlins von seinem Amt zurück und der Magistrat von Ost-Berlin betrachtet sich als aufgelöst. Als wir am 11. Januar 1991 in der Nikolaikirche zur ersten konstituierenden gesamtberliner Versammlung zusammentraten, bin ich Stunden vorher als OB-Ost zurückgetreten. Es gab dabei einen tränenreichen Abschied. Wir haben uns als aufgelöst betrachtet und konnten nahtlos das, wofür der Wähler im Dezember 1990 votiert hatte, im Januar 1991 in Kraft setzen - nämlich das erste gesamtberliner Parlament.

Fazit der Amtszeit

Appel: Wenn Sie auf ihre Amtszeit zurückblicken - was waren für Sie die herausragenden Dinge und Ereignisse, im Positiven wie im Negativen?

Schwierzina: Ich hatte immer von der Einheit Berlins und auch Deutschlands geträumt. Als ich dann Gelegenheit hatte, etwas dafür zu tun, habe ich es getan. Und als dann der Akt der staatlichen Einheit am 3. Oktober 1990 tatsächlich stattfand, war das für mich der größte und ergreifendste Moment, zugleich schönster Lohn für die Arbeit, die ich in der Kommune gemacht habe für die Einheit Berlins und Deutschlands.

Und das negativste? Das ist kein einmaliges Ereignis, sondern eine permanente Beobachtung: Daß eben viele Leute ihren Stallgeruch aus der alten SED-Zeit nicht loswerden *wollen*, einfach die Augen verschließen vor dem, was sich positiv im Verlaufe der Jahre entwickelt hat. Das ist etwas, was mich sehr nachdenklich stimmt - daß es offenbar nicht möglich ist, sie dazu zu bewegen, daß sie all das, was wir erreicht haben, anerkennen.

Wenn ich gefragt werde: Würdest du noch einmal kandidieren?, dann sage ich: Ja, ich würde mich mit aller Kraft wieder für dasselbe einsetzen. Allerdings würde ich, lernend aus den gemachten Fehlern, dieses oder jenes heute anders machen. Ich würde sagen: Leute, es ist nicht machbar, in absehbar kurzer Zeit alles auf einen gleichen Level wie im Westen zu bringen. Das ist wirklich nicht machbar. So schön man das wünschen und fordern kann, machbar ist es nicht.

Und wenn man mit dem Berliner darüber spricht, dann sieht er das ja auch, *aber*. . . Nehmen Sie zum Beispiel das: Über 73 Prozent aller Haushalte in Ost-Berlin geben an, daß es ihnen jetzt besser geht als vor fünf Jahren. Und trotzdem meckern viele dabei. Und wenn man dann nachfragt, hört man: Na ja, ich nicht, aber ich kenne da jemand . . . Und der kennt auch wieder jemand, dem es schlecht geht . . . Natürlich gibt es noch solche Leute. Und jeder, dem es schlecht geht, ist einer zuviel. Insgesamt aber, wenn man wirklich nachfragt, kann man feststellen, daß die Unzufriedenheit zwar etwas leicht von der Lippe geht, ernsthaft aber nicht vorhanden ist - was dann auch zugegeben wird: Hast ja recht, ist eigentlich Quatsch, was ich da sage . . . Und die Westberliner haben diese Haltung sehr schnell übernommen. Natürlich ist bei denen jetzt vieles weggefallen, Berlin-Zulage usw., das macht sich im kleinen Portemmonaie doch sehr bemerkbar. Das kann ich schon verstehen. Also: Alle Schwierigkeiten, die sich aus der Wiedervereinigung ergeben, sind wohl in Berlin wesentlich stärker und konzentrierter zu finden als anderswo in Deutschland.

Appel: Herr Schwierzina, vielen Dank für das Gespräch.

Zeittafel

1941	Geboren am 13. November in Berlin.
1960-1964	Studium der Rechtswissenschaft an der Freien Universität, 1962 Eintritt in die CDU, als Mitglied der Jungen Union ab 1963 Asta-Vorsitzender an der Uni.
1965-1979	Rechtsanwalt in Berlin.
ab 1971	Mitglied der CDU-Fraktion im Berliner Abgeordnetenhaus.
1980-1984	Vorsitzender der CDU-Fraktion.
1984-1989	Regierender Bürgermeister.
1989-1990	Nach Wahlniederlage der CDU wieder Fraktionsvorsitzender im Abgeordnetenhaus.
seit 1991	Erneut Regierender Bürgermeister, nunmehr der wiedervereinten Stadt.
1996	Januar: Eberhard Diepgen wird für eine weitere Amtsperiode als „Regierender“ bestätigt.

Eberhard Diepgen (II)

Januar 1991 -

Daß Eberhard Diepgen, der Regierende von 1984 bis 1990, nach zweijähriger Oppositionszeit im Berliner Abgeordnetenhaus im Dezember 1990 die Regierungverantwortung wieder zurückeroberte, gehört nicht nur zu den Einmaligkeiten der Berliner Stadtgeschichte, sondern zu den Seltenheiten in der Politik überhaupt. Weder im Bundestag noch in den Landtagen ist es einem ehemaligen Regierungschef, der in die Opposition mußte, je wieder gelungen, in sein Amt zurückzukehren.

Bei der Wahl vom 2. Dezember 1990 konnten die Berliner nach 44 Jahren erstmals wieder ihr Abgeordnetenhaus für die vereinigte Stadt wählen. Gleichzeitig mit der Wahl des Berliner Abgeordnetenhauses fand die erste freie gesamtdeutsche Bundestagswahl statt. Vergleichbare nationale Wahlen hatte es seit 1932 in Deutschland nicht wieder gegeben.

Die Atmosphäre in Berlin war im Dezember 1990 beim Gang zur Urne noch von der Euphorie der im Oktober zuvor förmlich vollzogenen Wiedervereinigung Deutschlands bestimmt. Bundeskanzler Kohl (CDU) wurde als Einheitskanzler gefeiert. Eberhard Diepgen konnte aus dieser Stimmungslage wie auch aus dem Scheitern des rot-grünen Vorgängersenats Nutzen ziehen. Mit 48,8 Prozent im Westteil der Stadt (Gesamt-Berlin: 40,3 Prozent) distanzierte er die SPD unter Führung von Walter Momper auf 30,5 Prozent Stimmenanteil. Die AL stürzte auf 5 Prozent ab, während die PDS 9,2 Prozent und die FDP 7,9 Prozent erhielten. Da aber für eine CDU/FDP-Koalitionsregierung an der Mehrheit drei Mandate fehlten, mußte Diepgen als „Bündnis auf Zeit" eine große Koalition mit der SPD eingehen. Walter Momper (siehe auch dessen Porträt) verzichtete persönlich auf eine Senatsbeteiligung und blieb noch eine Zeitlang SPD-Landesvorsitzender. Mit den Stimmen von CDU und SPD wurde Diepgen am 24. Januar 1991 zum dritten Mal vom Abgeordnetenhaus zum Regierenden Bürgermeister gewählt. Das Amt

Nun auch Verantwortung für den Ostteil der Stadt: Der Regierende Bürgermeister begutachtet die begonnenen Rekonstruktionsarbeiten an den Wohngebäuden der Karl-Marx-Allee im Stadtbezirk Friedrichshain, Februar 1992.

Arbeitsgemeins
Pilot - Objekt Fassade
Karl - Marx - A

des Bürgermeisters übernahm die Senatorin für Arbeits- und Frauenfragen, Christine Bergmann (SPD), aus dem Ostteil der Stadt. Erstmals seit Kriegsende konnte Berlins Regierender nun nach dem Wegfall der alliierten Vorbehalte uneingeschränkt die Richtlinien der Politik bestimmen.

Eberhard Diepgen hat über die folgende Regierungsperiode bis 1995 eingeräumt, daß seine erste Amtszeit von 1984 bis 1989 in West-Berlin „leichter" gewesen sei, weil der Westteil der Stadt überschaubar war, sein Selbstverständnis hatte und sich auf die westliche Solidarität habe verlassen können. Das geeinte Berlin aber sei nun eine Stadt voller Gegensätze, in der neue gesellschaftliche und ökonomische Grundlagen geschaffen werden müßten, weil die „Solidarität von außen einfach weggebrochen" sei, gleichgültig, ob sie nun je von Herzen kam oder nur aus politischer Vernunft herrührte.

Der ziemlich abrupte Abbau der Berlinförderung und der Arbeitnehmerzulage sowie die Schwierigkeiten, die unterschiedlichen Lebensverhältnisse im Ost- und Westteil, die nirgendwo in Deutschland so unmittelbar aufeinanderprallen wie in Berlin, auf einen gemeinsamen gerechten Nenner zu bringen, verursachte Spannungen, die verschiedentlich die Freude über das Ende der Teilung Berlins vergessen lassen. Diepgen stemmte sich immer wieder vehement gegen diesen Stimmungseinbruch, der im Westteil der Stadt z. B. das Gefühl entstehen ließ, auf einer „Benachteiligungsinsel" angekommen zu sein, und im Ostteil, daß der Westen für die zwangsläufig entstandenen unterschiedlichen Biographien nicht genügend Verständnis aufbringe. Zum frühestmöglichen Zeitpunktt zog Diepgen vom Schöneberger Rathaus ins Rote Rathaus nach Berlin-Mitte um und setzte sich dafür ein, rascher als es andere zulassen wollten, die gleiche Entlohnung im Ostteil wie im Westteil der Stadt zu erreichen. Im Tauziehen um die Verlegung des Parlaments- und des Regierungssitzes nach Berlin konnte er 1991 nach manchen enttäuschenden Erfahrungen mit westdeutschen Politikern durch den Mehrheitsbeschluß im Bundestag schließlich einen für die Zukunft der Stadt entscheidenden Erfolg verbuchen. Nach zwölfstündiger Marathondebatte hatte sich der Deutsche Bundestag im Juni 1991 mit 337 zu 330 Stimmen für Berlin als Parlaments- und Regierungssitz entschieden. Was in Bonn Trauer auslöste, wurde in Berlin stürmisch gefeiert. Wenige Tage später bekundeten der brandenburgische Ministerpräsident Stolpe und der Berliner Regierende Diepgen den Willen zum Zusammenschluß der beiden Länder.

Allerdings erlitt Diepgen – infolge falscher Einschätzung der in-

Feierliche Verabschiedung der Westallierten aus Berlin, 9. September 1994. Auf dem Gruppenfoto im Park von Schloß Charlottenburg v. l. US-Außenminister Warren Christopher, Bundesaußenminister Klaus Kinkel, der französische Staatspräsident François Mitterrand, Bundeskanzler Dr. Helmut Kohl, der britische Premierminister John Major sowie der Regierende Bürgermeister Diepgen.

ternationalen Stimmungslage – 1993 eine blamable Niederlage mit der Bewerbung Berlins um die Olympischen Spiele im Jahr 2000, die den Steuerzahler 96 Millionen Mark gekostet hat. Die CDU wählte ihn zwar 1993 wieder zu ihrem Vorsitzenden, aber das Vertrauensvotum fiel geringer denn je aus.

Mit dem Abzug der westalliierten und russischen Truppen im Sommer 1994 wurde dann in Berlin ein entscheidendes Stück Nachkriegszeit beendet. Die getrennten Zeremonien vollzogen sich in einer ebenso feierlichen wie versöhnlichen Atmosphäre.

Der Alltag einer ost-west-vereinigten, einer werdenden Hauptstadt mit seinen zahlreichen Übergangsproblemen politischer, wirtschaftlicher und psychologischer Art fordert indes seinen Tribut. Diepgen benutzt gern das Bild vom Spagat, den er beschreiten und aushalten muß.

Weil er, der Mann aus dem Wedding, die politische Steuerung dieser Stadt zu seinem Lebensinhalt gemacht hat, nimmt er wohl, wie es scheint, gleichmütig in Kauf, daß man ihm auch immer wieder einmal - gemessen an den bevorstehenden Aufgaben - Provinzialismus und Mittelmäßigkeit vorwirft. Inzwischen regiert er länger als jeder demokratisch gewählte Bürgermeister vor ihm und er kommt seinem Traumziel, das er 1984 nach seiner ersten Wahl etwas übermütig nannte, nämlich 16 Jahre im Amt zu bleiben, immer näher.

Jüngste Hürde war die Wahl zum Abgeordnetenhaus im Oktober 1995. Die CDU büßte unter seiner Führung zwar drei Prozent der Stimmen gegenüber 1990 ein, aber sie blieb überlegen mit 37,4 Prozent die stärkste Partei und vergrößerte nochmals ihren Abstand zur SPD, die mit 23,6 Prozent unter ihrer Spitzenkandidatin Ingrid Stahmer ihr schlechtestes Nachkriegsergebnis, ja das schlechteste ihrer Parteigeschichte überhaupt, hinnehmen mußte. Die Grünen verbesserten sich auf einen Stimmenanteil von 13,2 Prozent, und die PDS, die Nachfolgepartei der SED, avancierte mit 14,6 Prozent zur drittstärksten Partei in Berlin. Die Wahlbeteiligung lag bei 63,7 Prozent. Fast ein Drittel der Wahlberechtigten verzichtete also 1995 auf die Stimmbgabe. Nur bei der Wahl zur Stadtverordnetenversammlung von 1925 - also 70 Jahre zuvor - hatte es mit einer Quote von 61,7 Prozent eine noch niedrigere Wahlbeteiligung gegeben.

Die Möglichkeiten für die Regierungsbildung waren praktisch auf die große Koalition zwischen der CDU und der SPD beschränkt, weil eine rot-grüne Koalition keine Parlamentsmehrheit ergeben hätte. Mit den zahlreichen Ex-Kommunisten der PDS wollte keiner koalieren, obschon die Erkenntnis vorhanden ist, daß die vielen nichtkommunistischen PDS-Protestwähler zurückgewonnen werden sollten. In der SPD wiederum war nach der empfindlichen Wahlschlappe verständlicherweise eine neuerliche Regierungsbeteiligung als Juniorpartner höchst umstritten. Erst nach 95 Tagen und mehreren Krisen hatten sich CDU und SPD für eine Zusammenarbeit geeinigt. Am 25. Januar 1996 wählte das Abgeordnetenhaus Eberhard Diepgen mit 123 von 203 Stimmen zum vierten Mal zum Regierenden Bürgermeister Berlins. 17 Abgeordnete aus den Koalitionsfraktionen verweigerten ihm die Gefolgschaft.

Nach dieser Wahl befragte ich ihn in seinem Amtszimmer im Roten Rathaus zu seiner Regierungszeit seit der Wende:

Regierender des wiedervereinten Berlin

Appel: Herr Diepgen, nach der Zwischenperiode Momper wurden Sie im Januar 1991 als Regierender Bürgermeister Gesamtberlins wiedergewählt. Jetzt standen ja völlig andere, neue Aufgaben vor Ihnen. Die Stadt war eine völlig andere. Die ganze Symbolträchtigkeit West-Berlins als „Insel der Freiheit", das weitgehende Ausgehaltensein vom Bund, diese Insel- und Subventionsmentalität - das wurde ja Stück um Stück abgebaut. Es folgte das Problem des Zusammenwachsens von Ost- und Westteil, was ja bis heute noch nicht ganz gelungen ist.

Diepgen: Wir hatten eine Schwierigkeit, wobei ich jetzt auf diese Zwischenperiode nicht zu stark schimpfen will, das bringt ja nichts. Die positive Entwicklung, die wir eigentlich in den achtziger Jahren hatten, wurde abrupt unterbrochen. Auch für den Westteil der Stadt sind z. B. in den Fragen der Wissenschaftspolitik - nehmen Sie die Auflösung der gerade erst gegründeten Akademie der Wissenschaften - oder auch im kulturellen Bereich Entscheidungen getroffen worden, die das Klima der Stadt massiv veränderten. Damit war die Anknüpfung an die „fetten" achtziger Jahre nicht mehr möglich. Bei den danach folgenden Wahlen würde ich nie davon sprechen, daß ich dort gewählt wurde, sondern: Da ist jemand abgewählt worden. Rot-Grün ist von den Berlinern in einem Ausmaß abgewählt worden, das ich nie für möglich gehalten hätte - im Westteil der Stadt gab es mehr als 50 Prozent Stimmen für die CDU! Das war also schon ein richtiger Einbruch. Und weil das so war, konnte nun nicht einfach an Entwicklungen angeknüpft werden, die die Berliner eindeutig als Fehler ansahen. Und damit also auch nicht an das, was als Faszination von der Wiedervereinigung ausgegangen war. Eine Faszination, der wir doch alle erlegen waren.

Damals gab es ja sehr unterschiedliche Positionen. Ich hatte beispielsweise gleich nach dem 9.November, vielleicht zu früh, in der Opposition die Forderung nach einer Viermächtekonferenz erhoben, mit dem Ziel der deutschen Wiedervereinigung. In dieser Zeit redete Momper überhaupt nicht von Wiedervereinigung, sondern von Wiedersehen. Meine Philosophie aber begriff, auch schon in der vorangegangenen Amtszeit, die Stadt immer als Einheit. Auch dazu noch ein Beispiel: Der Flächennutzungsplan wurde auch in der Zeit der Teilung immer so gemacht, daß man die ganze Stadt dabei sah. Und wir haben auch das Gebiet vor dem Reichstag geplant, einschließlich der Überlegungen zur Rekonstruktion des Reichstags. Und das war 1987/88. Was die Kuppel betraf, so vertrat ich damals unbedingt die

Wiedererrichtung. Damit die Kuppeln von Reichstag und Dom über die Mauer hinweg korrespondieren - das war der Punkt. Ich hatte damals zu den Unterlagen bemerkt: Planung aufstellen, Flächen für Regierungsbauten usw. auf beiden Seiten der Mauer freihalten. Und da gibt es dann bei den Unterlagen einen Vermerk von später, in dem Momper geschrieben hatte: An den Dingen sind wir nicht weiter interessiert. Und das im Mai oder Juni 1989! Daran sehen Sie ein Stückchen unterschiedliche Philosophie, nur deswegen erwähne ich es.

Appel: Keiner konnte mit Sicherheit voraussagen, wie die Entwicklung verlaufen würde. Auch der Bundeskanzler hat ja mit seinem 10-Punkte-Plan für eine Konföderation beider deutscher Staaten noch nicht die Wiedervereinigung gefordert, obwohl der Plan bereits einen ungeheuren Fortschritt darstellte.

Diepgen: Zweifellos. Ich habe das nur zu Ihrer Frage gesagt, wie das eigentlich vorher war - also da gab es schon vorher den Bruch.

Das Schwungrad war verlangsamt

Appel: Verstehe ich Sie richtig - es gab in West-Berlin eine Entwicklung wie mit einem Schwungrad, und dieses Schwungrad lief durch die Momper-Regierung langsamer?

Diepgen: Das Schwungrad war zumindest verlangsamt. Der Aufbruch war unterbrochen, und selbst die Wiedervereinigung hat dieses Schwungrad für West-Berlin nicht ausreichend wieder ins Tempo gebracht. Dies hat auch mit Regierungsphilosophie zu tun, obwohl die sich dann ganz intensiv um die Zusammenführung der Stadt und dergleichen bemühte. Deshalb kann nicht einfach angeknüpft werden an das, was in den achtziger Jahren an positiver Entwicklung da war. Und heute, nach der Wiedervereinigung, lautet die Philosophie: Schaffung einheitlicher Lebensverhältnisse; Bereitschaft, mit jedermann darüber zu streiten, das sehen Sie an der Tariffrage; klare Positionen zu Aufbau Ost vor Ausbau West - mit dem Lernprozeß, daß die psychologischen Fragen viel, viel tiefgreifender sind als die ökonomischen; und klare Positionen zu den unendlichen Belastungen, die uns die Bundespolitik zugemutet hat und weiterhin zumutet. Denn die Stadt blutet ja auch heute noch aus vielen Wunden, die mit diesem ganz schnellen Veränderungsprozeß zu tun haben: Abbau von Berlinförderung und Berlinhilfe, Kern-Rand-Wanderung, internationale Rezession. Die Westberliner mußten auch raus aus ihren Nischen,

Besuch der britischen Queen in Berlin, Oktober 1992. Auf den Portalstufen des Roten Rathauses v. l. der Regierende Bürgermeister Diepgen, die Präsidentin des Abgeordnetenhauses, Dr. Hanna-Renate Laurien, Königin Elizabeth II. und Bundespräsident Richard von Weizsäcker.

sind darauf aber psychologisch kaum vorbereitet gewesen; allerdings wurden sie nicht ganz so ins kalte Wasser geworfen wie die Ostberliner. Daraus erklären sich die unterschiedlichen Zeiten, in denen man mit den Prozessen fertig wird. Zu dieser Funktion als „Werkstatt der Einheit" kommt nun in dieser Legislaturperiode die Rolle Berlins als Hauptstadt. Wir haben also jetzt wichtige Planungsentscheidungen voranzutreiben und die neue wirtschaftliche Basis vorzubereiten, von der Industriestadt mit all ihren Schwierigkeiten als verlängerter Werkbank hin zu einer neuen Dienstleistungsstadt. Und natürlich auch neue, internationale Unternehmen herzuholen. Dieser Veränderungsprozeß verlangt den Menschen unendlich viel ab. Wir müssen ihn sozial verträglich gestalten und auch die Stadt so gestalten, daß die vorhandenen Spannungen möglichst gedämpft werden – Spannungen, die mit psychologischen Unterschieden, unterschiedlichen Erfahrungen mit der Geschichte, mit Gefühlen von Benachteiligung sowie tatsächlicher Benachteiligung zu tun haben. Und die Veränderungen haben den Westberlinern ja auch ein Stück ihrer Identität genommen, denn bisher hatte man ihnen ja immer Solidarität bekundet, wenn auch manchmal vielleicht mit der Faust in der Tasche, aber plötzlich war nichts mehr da an Solidarität - vielleicht noch ab und zu ein freundliches Wort, aber de facto regionale Konkurrenz bis aufs Messer.

Appel: Also Normalität wurde den Berlinern abverlangt . . .

Diepgen: Ja, Normalität vor dem besonderen, schwierigen Hintergrund, daß die Westberliner, je weiter man nach Westen kommt, immer noch als die Subventionshansel angesehen werden und das erst überwunden werden muß. Die Ostberliner hingegen gelten im Osten als diejenigen, die immer alles an sich gezogen haben in der „Hauptstadt der DDR".

Appel: Ich habe ja zwei Jahre hier in Berlin die Überführung von DS Kultur in das gemeinsame Deutschlandradio begleitet. Dabei mußte ich cum grano salis feststellen, daß beide Stadtteile noch immer nebeneinander herleben. Wobei Sie ja mit dem Umzug ins Rote Rathaus ein gutes Gegenbeispiel für neue Akzentuierungen in der Stadt geliefert haben.

Diepgen: Ich bin ganz bewußt, und das ist ja auch unsere Politik, umgezogen. Das ist der wichtigste Punkt: die Stadt massiv zusammenzubringen. Beispiel Polizei - Beamte aus dem Westteil werden gezwungen, auch in den Ostteil zu gehen; und umgekehrt. Verwaltungen wurden umgelagert, das Rathaus ist nur ein Beispiel. Die Mischung von Lebenserfahrungen müssen wir auch ein Stück erzwingen. Sie ist einfach notwendig, damit bei allen Schwierigkeiten so einer Übergangsphase auch ein Stück Normalität und Gemeinsamkeit entsteht, soweit das in einer so großen Stadt überhaupt hinzukriegen ist.

Appel: Wie kann man das den Menschen vermitteln, wie kann man also dann auch die Wähler erreichen?

„Werkstattrolle" Berlins

Diepgen: Das ist ein Stück meiner Erfahrungen und auch Enttäuschungen. Es hat zu tun mit der „Werkstattrolle" Berlins. Das Nebeneinander in der Breite einer Straße ist eben etwas anderes als das

Nebeneinander mit mehreren Kilometern Zwischenraum. In der Hektik und in den Belastungen des Neuaufbaus, bei den Veränderungen, die sich für alle ergaben, waren nur sehr wenige in Deutschland bereit, hinzuschauen, zuzuhören und die Erfahrungen aufzunehmen, die wir hier in Berlin gesammelt haben. Hinzu kam noch der Hauptstadtstreit, der ja alte Fronten wieder aufgemacht hat, der ja historische Tatsachen einfach verkannt hat - etwa: Bonn steht für Westbindung; falsch, denn *hier* in Berlin ist die Ursache der Westbindung, mit der Luftbrücke. Zu den Enttäuschungen gehört, daß man diese Berliner Erfahrungen einfach nicht wahrhaben wollte. Was ich immer versucht habe einzubringen ist, Menschen auf alle Fälle mitzunehmen, auch wenn sie andere Erfahrungen haben. Auch die Fähigkeit und Bereitschaft der Menschen zum Dazulernen zu akzeptieren. Daß die Entwicklung vom Saulus zum Paulus keine einmalige Erscheinung der Geschichte ist. Das ist die Frage des Umgangs mit der Geschichte, und ich bin dabei immer mehr für die Integration - auch was den Umgang mit den Akten der Staatssicherheit betrifft. Den Grundsatz des Einigungsvertrages, Rückübertragung statt Entschädigung, hielt ich immer für falsch, jetzt ist es zu spät, kann man es nicht mehr korrigieren. Das alles gehört zur neuen Situation Berlins; einer Konkurrenzsituation, in der die Bereitschaft Bonns zum Zuhören in der Konkurrenz Bonn-Berlin plötzlich nicht mehr da ist, das alles hat unsere Situation hier erheblich erschwert. Es gehört zur Philosophie und zu den Handlungsdeterminanten, sicherzustellen, daß die Berliner akzeptieren: Wir müssen die eigene Kraft in den Vordergrund stellen.

Appel: Ist der Hauptstadtbeschluß für Sie unumkehrbar?

Diepgen: Ja.

Appel: Berlin hat nun ja auch das Image, Zentrum und Metropole für Wilhelm II. und Adolf Hitler gewesen zu sein. Es strahlt heute immer noch nicht genügend neue, große Anziehungskraft aus. Sie haben beim „Dritten Berliner Gespräch“ geäußert, die Stadt brauche prägende Gestalten, die Rede ist von einer Renaissance . . .

Erfahrungen der geteilten Stadt

Diepgen: Die geteilte Stadt hat ja dazu geführt, daß viele abwandern mußten, weil die wirtschaftliche Basis nicht ausreichte. Erst in den achtziger Jahren gab es eine gewisse Verbesserung, aber das reichte nicht aus. Die Führungsetagen sind eben weggegangen. Auch die Ausstrahlung entstand ja nicht aus Führungsetagen heraus, sondern weil es eine gewisse wirtschaftliche Belebung gab, auch Belebung im kulturellen Bereich, und aufgrund bestimmter Akzente im mittelständischen Bereich, wie etwa dem Gründerzentrum. Im Verhältnis zu anderen Ballungsgebieten aber wirkte es sich eben immer nachteilig aus - bis heute übrigens -, daß die Führungsetagen nicht hier sind. Das hat auch Auswirkungen für die Menschen in der Stadt, die Leistungsträger in der Stadt. Und da brauchen wir einen Zuwachs. Übrigens: Die Westberliner machen jetzt die für viele unangenehme Erfahrung, daß die Leistungseliten des Ostens stets in Ost-Berlin konzentriert waren. Auch das macht ein Stück der Spannungen aus. Hier die Abwanderung der Eliten, und im Ostteil die Präsenz der - sicher stärker systemorientierten - Eliten. Auch das sind Spannungen, die wir ausgleichen müssen. Und hier müssen wir auf viele Dinge Rücksicht nehmen, die manchmal sogar wirtschaftlich unsinnig sind, die man aber dennoch machen muß, um das alles richtig zusammenzukriegen. Nehmen Sie ein Beispiel aus der Universitätspolitik. Wir müßten im Grunde viel mehr Reduzierungen vornehmen. Wir brauchen in der Stadt nicht so viele Klinikbetten und so viel medizinische Ausbildungsstätten. Wir wollen aber die Charité erhalten, deswegen bauen wir sie aus, und erst, wenn dort ein gewisser Standard erreicht ist, passen wir sie dann ein in den Gesamtbereich Rudolf-Virchow-Krankenhaus. Und wenn Sie etwas Lustiges hören wollen: Es ist ja in Berlin alles doppelt gebaut worden. Wir haben also den Zoologischen Garten im Westteil der Stadt, wir haben den Tierpark im Ostteil. Dort gab es ein Aquarium mit Schlangen, die waren da nicht richtig untergebracht. Aber es war ein Riesenproblem, eine Schlange aus einem desolaten Aquarium Ost in ein Aquarium West zu überführen. Es gab einen Riesenaufstand, weil der Osten eine Attraktion an den Westen abgeben sollte. Inzwischen aber ist es so, nachdem das Ganze mit Riesenkrach über die Bühne gegangen ist, daß die beiden Teile der Zoologischen Gärten prima zusammenarbeiten und mittlerweile an die hundert Tierarten jeweils so ausgetauscht wurden, daß sie nun optimal untergebracht sind. Genauso muß es in allen anderen Bereichen laufen. Ich nenne das übrigens immer als Beispiel bei meinen Reden in Westdeutschland. Erst amüsieren sich die Leute königlich, dann aber kapieren sie, was da eigentlich passiert ist.

Die Hauptstadtentscheidung

Appel: War die Hauptstadtentscheidung im Deutschen Bundestag von existenzieller Bedeutung für Berlin?

Diepgen: Es war eine Entscheidung über Glaubwürdigkeit deutscher Politik; eine Entscheidung über Bereitschaft, die Einheit Deutschlands wirklich aufzunehmen. Es war eine wichtige Entscheidung für das Selbstverständnis Berlins und auch für die weitere wirtschaftliche Entwicklung der Stadt. Berlin kann sich nie nur begreifen als Bundeshauptstadt. Berlin ist zugleich auch immer - vielleicht sogar in erster Linie - die große Metropole in der Mitte Europas. Aber dazu gehört, was Entwicklungschancen betrifft, die Hauptstadtwerdung im Sinne der Verlagerung von Regierungsfunktion von Bonn nach Berlin. Gegenwärtig registriere ich eine Unsitte: Bei allem, was in der Stadt besprochen wird, steht immmer am Beginn dieses „Wir als Hauptstadt". Wir müssen nicht alles und jedes als „Hauptstadt" machen, viele Dinge müssen wir einfach als große Stadt machen. Wenn es um gute Verkehrsanbindung etc. geht, so brauchen wir das eben nicht nur als Hauptstadt, sondern ganz einfach als Stadt.

Appel: Wenn ich an die Dramatik der Entscheidung zurückdenke, die wir ja beide miterlebt haben - Sie ganz unmittelbar als Regierender Bürgermeister, ich als beobachtender politischer Journalist -, so möchte ich noch einmal fragen: Was hat Ihre Regierung damals ganz direkt getan, um eine Entscheidung des Bundestags für Berlin zu begünstigen?

Diepgen: Im Grunde verlief das wie eine Nominierungskampagne, mit Einzelgesprächen, mit öffentlichen Aktionen, mit taktischen Finessen, mit dem Versuch, auch Kompromißlinien aufzubauen - Sicherung der Hauptstadtrolle, der Verlagerung der Verfassungsorgane nach Berlin; zugleich ging es aber auch um ein Stück Absicherung für Bonn. Wir hatten Gespräche mit allen Fraktionen des Bundestages. Unsere öffentlichen Aktionen umfaßten „Testimonials", Anzeigen und anderes mehr.

Appel: Was hat sich dabei als schwierigster Widerstand erwiesen?

Diepgen: Ein von mir in dieser Art nie für möglich gehaltenes BRD-Bewußtsein. Was meine ich damit? „BRD" war ein Kampfbegriff der DDR: Bundesrepublik Deutschland, der Westteil, als eigenständiger Staat, mit eigenem Selbstverständnis in der Abgrenzung zur DDR. Und in der späteren Hauptstadtdiskussion haben sich das Beharrungsvermögen, die Westorientierung, die gesamte in sich äußerst gefestigte gesellschaftliche Entwicklung der Bundesrepublik Deutsch-

Hauptstadtentscheidung im Deutschen Bundestag, 20. Juni 1991. Ein aufs äußerste angespannter Eberhard Diepgen unmittelbar vor Bekanntgabe des Ergebnisses: Mit 338 gegen 320 Stimmen votierten die Abgeordneten für Berlin.

land als ein sehr großer Eigenwert dargestellt. Mit allen Ängsten, allen Egoismen, mit allen geschichtlichen Gegensätzen, die es zwischen Ost und West in Deutschland gegeben hat.

Appel: Bis in die Reihen Ihrer politischen Freunde ...

Diepgen: Da gab es keine Unterschiede zwischen Parteien. Im Grunde ist es heute müßig, im Rückblick festzuhalten: Die CDU war die Partei, die am Geschlossensten dafür war - wenn ich von der CDU-, und nicht von der CDU/ CSU-Bundestagsfraktion spreche. Wir sind da mit großem psychologischem Einfühlungsvermögen vorgegangen. Hauptwiderstände aber waren die sehr starke Westorientierung, eine Entwicklung hin zu föderalistischen Überlegungen, die sich verbanden mit Angst vor einer Hauptstadt, die angeblich Zentralismus bedeutet. Für mich besonders schmerzhaft und ärgerlich war die Tatsache, daß diese Republik im Jahre 1990, im Zuge all der grundsätzlichen Entscheidungen, nicht die Kraft aufbrachte, sich schon damals klar und deutlich für die Hauptstadt Berlin auszusprechen, klar und deutlich am Reichstag damals zu erklären: Jetzt sind wir hier, und jetzt bleiben wir hier. Daß statt dessen um die Hauptstadtfrage ein politisches Tauziehen entstand, bei dem einzelne Länder versuchten, ihre Machtposition zu verstärken; daß zu einem Zeitpunkt, da die Gestaltung der deutschen Einheit noch nicht in allen Details festlag, bereits erste Verlagerungen von Funktionen aus Berlin heraus beschlossen wurden - das waren für mich ausgesprochen schmerzhafte Erfahrungen, ein Widerstand, der gerade noch verstehbar, aber keineswegs verständlich war.

Appel: Kamen Sie sich vor wie in einer „Republik der Sonntagsreden“, da nun am Tag anstehender Entscheidungen die Verantwortlichen plötzlich kniffen?

Diepgen: Mir ist es so vorgekommen, daß man lange Zeit Sonntagsreden gehalten hatte in der Gewißheit, die Einheit wird es ja ohnehin auf absehbare Zeit nicht geben. Dafür könnte ich übrigens Beispiele im praktischen Verhalten gegenüber Berlin aus der Zeit vor dem Mauerfall anführen. Doch lassen wir das, ich beklage mich inzwischen darüber nicht mehr. Ich stelle es nur rückblickend fest, mit gewissem Bedauern. Hinzu kommt noch etwas. Ich bin ja auf der - wie ich immer sage - regierungslosen Seite zwei Jahre lang nicht in der Ministerpräsidenten-Konferenz gewesen. Bei Rückkehr in die Runde fiel mir auf, und dies hatte etwas mit der Wiedervereinigung zu tun, daß dort mittlerweile eine Verstärkung, eine Renaissance des Föderalismus zu verzeichnen war. Vor der Einheit hatte es das gemeinsame Verständnis vom Staat Bundesrepublik gegeben, jetzt aber waren die Eigeninteressen der Länder, ja sogar das Verständnis und

Hohe Gäste auf dem Balkon des Roten Rathauses, Juli 1994. Der Regierende Bürgermeister mit v. l. Bundeskanzler Dr. Kohl und Gattin Hannelore sowie US-Präsident Bill Clinton mit Gattin Hillary.

Selbstbewußtsein der einzelnen Bundesländer als Staaten nicht zu übersehen.

Appel: Auch als Ausdruck der Sorge, daß sich mit der Hauptstadt Berlin neuer Zentralismus entwickeln könnte?

Diepgen: Das lief sicher parallel: Suche nach eigener Identität in der ehemaligen DDR über die Länder, und zugleich Sorge vor neuem Zentralismus. Bei ersterem wurde ja auch an Geschichte angeknüpft - Freistaat Sachsen beispielsweise. Hinter der Solidarleistung zur Gestaltung der deutschen Einheit steht doch eigentlich nationales Gedankengut. Das ist ja von West nach Ost nur zu verstehen, wenn man sich bekennt zu diesem einen Staat, zu einer Nation und zur Solidarität der Menschen innerhalb dieser Nation. Doch ich weiß nicht, ob dieses Bewußtsein von der einen Nation nun tatsächlich vorherrscht oder nur das alte Verständnis von der Bundesrepublik Deutschland. Dort hatte man ja viele Jahre lang das Problem, wie man mit dieser Stadt Berlin umgehen sollte. Klar war: Solidarität im Antikommunismus, das schloß Berlin auf jeden Fall ein, niemand durfte und wollte das in Frage stellen, es war ein Tabu. Mit dem Fall der Mauer ist dieses Tabu gebrochen, und wenn ein Tabu gebrochen ist, geht es über den Betroffenen so richtig her. Das haben wir schmerzhaft erfahren müssen - denken Sie etwa an den Abbau der Berlinförderung, Abbau der verschiedensten Wirtschaftshilfen. Mit keiner Region der Bundesrepublik ist jemals so abrupt umgegangen worden. Die Kohlesubvention an der Ruhr gibt es heute noch.

Appel: Sie haben sehr differenziert unterschieden zwischen verständlichem oder nur verstehbarem Widerstand gegen Berlin. In diesem Zusammenhang wüßte ich gern von Ihnen, worin sich die Hauptstadt des wiedervereinigten Deutschland vom Berlin der Vergangenheit - dem preußischen, dem wilhelminischen, dem Weimarer, dem faschistischen, dem SEDistischen Berlin unterscheiden sollte. Alle diese Perioden spielen ja bei den jetzigen Vorbehalten eine Rolle.

Diepgen: Das Image der Stadt hat wohl hauptsächlich darunter gelitten, daß viele Leute an die Hauptstadt des Dritten Reiches denken - „Hauptstadt der Bewegung“ war Berlin allerdings nicht. Auch wird Berlin häufig gleichgesetzt mit „Preußentum“, wobei die meisten dieser Stimmen von Preußentum nichts verstehen und Wilhelminismus mit Preußentum gleichsetzen, zugleich nicht erkennen, daß Preußen 1871 untergegangen ist. Was Berlin auszeichnet und auch in Zukunft auszeichnen muß, ist die Übernahme der kulturellen Vielfalt und Offenheit der zwanziger Jahre. Nötig ist das klare Bekenntnis, daß dieses Berlin nun Bundeshauptstadt ist.

Berliner Republik

Ich spreche in diesem Zusammenhang gern von „Berliner Republik“ und sage: Wenn man einmal in zwanzig Jahren zurückblickt und nach der Veränderung in Deutschland fragt, die mit der Verlagerung von Bonn nach Berlin eingetreten ist, so muß deutlich werden eine Modernisierung des Staates, eine Fortsetzung der Westbindung in neuer internationaler Verantwortung der Bundesrepublik Deutschland und eine neue Öffnung nach Osten, nach Zentral- und Osteuropa. Wir müssen uns ja zum Beispiel erst daran gewöhnen, daß Prag eine Stadt ist, die westlich von Wien liegt.

Appel: Sie sprechen nicht erst heute von der „Berliner Republik“. Ich war vor einiger Zeit unter den Zuhörern, als Sie dieses Konzept vor der Deutschen Auswärtigen Gesellschaft erläutert haben. In Bonn wurde das sofort mißtrauisch zur Kenntnis genommen. Nun kann ja der Begriff aber auch zweideutig verstanden werden - etwa als Versuch einer Abwendung von der „Bonner Republik“, die über Jahrzehnte die Basis für freie und demokratische Entwicklung darstellte.

Diepgen: Nicht Abwendung, sondern Weiterentwicklung. Denn das neue, vereinte demokratische Deutschland ist ein anderes als jener ehemalige Westteil Bundesrepublik. In der Diskussion haben wir sehr stark darunter zu leiden gehabt, daß immer behauptet wurde, Berlin werde die Orientierung nach Osten bringen und die Absage an die Westbindung. Immer wieder bekamen wir zu hören, Berlin symbolisiere den Nationalsozialismus, Bonn hingegen den gesamten Neuanfang nach dem Krieg, auch und besonders in der Westbindung. Das stimmt ja nicht. Berlin ist gerade auch Symbol für die Westbindung - denken Sie nur an die Blockade, an die Luftbrücke, das war der entscheidende Ausgangspunkt für die Versöhnung Deutschlands mit dem Westen. Und damit ist eben Berlin verbunden, nicht Bonn. Zur „Berliner Republik“ gehört auch das transatlantische Bündnis, die enge Verknüpfung mit Amerika, etwas, das stets auf besondere Weise mit Berlin verbunden bleiben wird. Natürlich betraf das nur den Westteil der Stadt, während der Ostteil historisch fest mit Moskau verbunden war. Also, dies alles spielte in der Hauptstadtdiskussion eine Rolle, und wir waren bis zum Schluß nicht sicher, wie das Ganze ausgehehen würde.

Bundeshauptstadt Berlin und Fusion Berlin/Brandenburg

Appel: Wie wird sich Ihrer Meinung nach die Hauptstadt des wiedervereinten Deutschland entwickeln?

Diepgen: Ich spreche von der Bundeshauptstadt. Die Berliner waren in der gesamten Geschichte der Stadt stets ein etwas rebellisches Volk. Sie haben den preußischen Königen nicht immer das Beste angetan, das Rathaus haben sie etwas höher als das Schloß gebaut, den Nazis haben sie auch noch 1933 nicht die Mehrheit ihrer Stimmen gegeben - also sehr verknappt: Sie waren immer selbstbewußte Leute und haben dieses Selbstbewußtsein auch auf verschiedenste Weise demonstriert.

Appel: Genauer gefragt: Müßten Sie einen geistig-politischen Willen, eine Orientierung formulieren, wie wünschten Sie sich dann die

Feierliche Unterzeichnung des Staatsvertrags über den Zusammenschluß der Länder Berlin und Brandenburg durch die beiden Regierungschefs Eberhard Diepgen und Manfred Stolpe im Jagdschloß Glienicke, 27. März 1995. Im Mai 1996 entscheidet das Votum der Bürger beider Länder bei einer Volksbefragung über das Inkrafttreten.

Entwicklung der Bundeshauptstadt - ich nehme Ihre Bezeichnung auf -, mit Blick auf die Vergangenheit ebenso wie die Zukunft?

Diepgen: Berlin muß für die Bundesrepublik Deutschland ein wichtiger Ort der Diskussion aller gesellschaftlichen, wissenschaftlichen und kulturellen Fragen sein. Das verstehe ich unter Hauptstadt. Dazu ist Offenheit nötig, Internationalität und Vielfalt.

Appel: Nun steht ja mit der Abstimmung über die Fusion der Länder Berlin und Brandenburg eine weitere wichtige Zäsur bevor.

Diepgen: Die Fusion ist ein weiterer Punkt der Beendigung der Nachkriegszeit.

Appel: Tritt dann die Stadt hinter dem gemeinsamen Land zurück? Werden die Regierenden, die Parlamentarier, die Diplomaten das Bild der Stadt stärker bestimmen als ihre „eigentlichen“ Bürger? Wird sich die Fusion also verändernd auswirken? Und ich füge hinzu: Wenn Sie das so sehen, ist es gewollt?

Diepgen: Ich verstehe Ihre Frage eigentlich nicht. Diese große Stadt Berlin ist Bundeshauptstadt. Es wird immer nur eine Bundeshauptstadt geben, aber eine Vielzahl von Ländern. Die Stadt in all ihrer Vielfalt wird großes Gewicht bei sämtlichen gesellschaftspolitischen Diskussionen in der Bundesrepublik besitzen. Und dabei spielen die Berliner eine ganz wichtige Rolle. Ich hoffe, typisch für die Bundeshauptstadt wird auch die Erfüllung des Verfassungsauftrags sein - daß nämlich Beamte aus allen Regionen Deutschlands hier in der Regierung tätig sein werden und nicht nur, wie das gegenwärtig für Bonn noch typisch ist, aus einem Landstrich.

Appel: Berlin als „Schmelztiegel" also?

Diepgen: Selbstverständlich. Das ist die Stadt bereits heute, und mit dem hinzukommenden Teil Bundeshauptstadt darf das nicht anders sein. Dazu werden die Berliner, endlich befreit von Mauermentalität, ihren gehörigen Teil beitragen - mit ihrer Originalität, ihrem sprichwörtlichen Herz mit Schnauze, mit der Offenheit, die sie haben und die sie gleichzeitig dazu befähigt, quasi das Feuer unter dem Schmelztiegel zu sein.

Appel: Sehen Sie bei „Ihren" Berlinern allein optimistische Züge?

Diepgen: Natürlich sind sie auch kritisch, mäkeln gern und rasch, sind nicht nur euphorisch, was bestimmte Erfolge betrifft. Höchstes Lob bedeutet bei ihnen der Satz: „Da kannste nich meckern." Das ist Berliner Mentalität. Aber eben nicht nur Schnauze, sondern ebenso der Satz: „Haste't nich 'ne Nummer kleener?"

Appel: Blicken Sie auf die Regierenden Bürgermeister seit 1945 zurück, wer war für Sie der für die Wiedergeburt einer vereinten Stadt wichtigste und wirksamste? Oder, nicht an einer Person festgemacht, was war der entscheidende Zeitpunkt für die Weichenstellung?

Diepgen: Die Frage ist kompliziert. Für das Selbstverständnis der Stadt, das dann auch zu einer gewissen Verengung geführt hat, war Ernst Reuter verantwortlich - „Ihr Völker der Welt, schaut auf diese Stadt!" Was dann die Rolle der Stadt im Vereinigungsprozeß betrifft, das hat objektiv mit Weizsäcker angefangen und ist dann nach ihm fortgeführt worden, im Sinne von: Wir betreiben eine an der Gesamtstadt orientierte Politik.

Appel: Brandt lassen Sie aus?

Diepgen: Er hat zweifellos Reuters Linie in den sechziger Jahren ebenso entschieden wie entschlossen weiterverfolgt, was ganz wichtig war, denken Sie nur an den Mauerbau. Aber Sie haben nach den positionsbestimmenden Persönlichkeiten gefragt. Und was die Wiedervereinigung der Stadt betrifft, waren dann natürlich die Regierenden der achtziger Jahre am Intensivsten in den Prozeß eingebunden.

Wahlkampf im „Diepgen-Mobil“, hier zusammen mit dem Senator für Bundesangelegenheiten, Peter Radunski, Spätsommer 1995.

Appel: Zurück zur Gegenwart. Sie sind heute als Regierender von Berlin auch Repräsentant für den Ostteil der Stadt. Haben Sie Verständnis für einige CDU-Politiker, die in jüngster Zeit von stärkerer regionaler Identität sprechen und eine selbstbewußtere Ost-CDU fordern?

Diepgen: Das Gerede von einer besonderen Ostidentität, von einer „anderen“ Identität, halte ich - derart generalisiert - für Unsinn. Das gleiche sagt auch, nur aus anderer Machtposition heraus, Herr Stoiber für Bayern. Das hat nichts mit Ost und West zu tun, sondern mit den Regionalismen in Deutschland. Betrachte ich das Problem im Licht der Bundespolitik wie im Licht der unterschiedlichen Lebenserfahrungen, so muß ich sagen, daß die Forderung nach einer stärkeren „Ost-CDU“ gerade der falsche Weg ist. Das Gegenteil ist der Fall. Die Politik muß im Zusammenführen bestehen, dies gilt hier in Berlin noch stärker als in anderen Regionen. Laßt uns integrieren, nicht erneut separieren! Das schließt differenzierte Auseinandersetzung mit dem Problem nicht aus.

Appel: Es ist doch aber nicht wegzureden, daß die Lebensverhältnisse in Ost und West immer noch unterschiedlich sind.

Diepgen: Stärker die Lebensläufe. Natürlich gibt es Unterschiede, und sie sind wahrscheinlich vom Föderalismus auch so gewollt. Die Lebensverhältnisse im Emsland sind auch andere als etwa rund um Stuttgart. Daß wir im Moment noch große Probleme haben mit dem Aufholprozeß in den neuen Bundesländern, soll damit nicht „weggeredet" werden.

Appel: Das erklärt ja wohl auch die vielen, durchaus nicht kommunistischen Protestwähler, die der PDS ihre Stimme geben.

Diepgen: Ich kämpfe um jeden PDS-Wähler. Und die repräsentieren ein sehr breites Spektrum. Da gibt es die alten Kader, aber da gibt es eben auch den Protestler, der eigentlich ein Hippie ist. Das ist ja eine breite Strömungspartei, dort finden Sie auch viele Grüne, die glauben, sonst keine politische Heimat in den neuen Ländern zu haben. Dieses Spektrum konnte man beim letzten PDS-Parteitag in Magdeburg sehr gut erkennen - die Alten, die schon Ulbricht zugejubelt haben, und die ganz anderen, teils grellbunten Jungen. Dazwischen finden sie die altlinken Ideologen, und dazu die kommunistische Plattform, der harte Kern um Frau Wagenknecht. Das ist die PDS, eine absolute Vielfalt. Ich muß mich also mit dem einzelnen Wähler und dessen Interessen auseinandersetzen. Die Partei lebt zudem noch stark von den alten Erwartungen von Gesellschaft, die durch Sozialismus, durch ein staatliches System sozialer Wohlfahrt von der Wiege bis zur Bahre geprägt wurde, im Gegensatz zu dem, was im Westen der Fall ist. Mit solchen Mitgliedern muß man sich natürlich anders auseinandersetzen als mit dem harten kommunistischen Kern. Das heißt nicht Verzicht auf ideologische Auseinandersetzung, aber man muß auf die Probleme des Einzelnen sehr wohl eingehen. Und, hier komme ich auf das eben Gesagte zum Regionalismus in Deutschland zurück: Die PDS ist eine ostdeutsche Regionalpartei, die die Sorgen all jener Menschen voll ausnutzt, die da der Meinung sind, sie würden von den Wessis übervorteilt. Wenn nun etwa der mecklenburg-vorpommerische CDU-Fraktionsvorsitzende Rehberg sagt: Dagegen kann ich nur mit einem Instrument angehen, in dem ich allein Ossis für Ossiprobleme sprechen lasse, so halte ich das für falsch. Es braucht ebenso glaubwürdige Wessis, die die gleichen Positionen vertreten. Ich zum Beispiel bemühe mich genau darum. Aus diesem Grund engagiere ich mich in der Frage des Renten-Anpassungsgesetzes, der Anerkennung von Examina. Aus diesem

Der wiedergewählte Regierende Bürgermeister nimmt am 25. Januar 1996 die Glückwünsche des SPD-Fraktionsvorsitzenden im Abgeordnetenhaus, Klaus Böger, entgegen. Dahinter Justizsenatorin Lore-Maria Peschel-Gutzeit und Wirtschaftssenator Elmar Pieroth.

Grund sage ich: Es war zu kurz gegriffen, nur die wissenschaftlichen Einrichtungen im Osten zu evaluieren, dies wäre dem Westen ebenso gut bekommen. Wir sind hier in Berlin noch stärker zu einer solchen Haltung verpflichtet, im Interesse des raschen Zusammenwachsens einer Stadt. Hier war das alte West-Berlin - antikommunistisch in den Traditionen Ernst Reuters. Und da war Ost-Berlin - Konzentrationspunkt des kommunistischen Machtsystems. Wenn man diese beiden Gegensätze, mit neuen Erfahrungen, nun zusammenführen will, dann muß man vor allem die Gemeinsamkeiten immer wieder hervorheben und deutlich machen, sonst geht diese Stadt kaputt. Das ist mein Selbstverständnis vom Zusammenwachsen der Stadt.

Die Regierungschefs Manfred Stolpe (Brandenburg) und Eberhard Diepgen (Berlin) bei einer Werbeaktion für die Länderfusion in Vorbereitung der Mai-Volksabstimmung, Januar 1996.

Appel: Akzeptieren Sie nicht, daß es für die Übergangszeit, also bis Berlin und die Bundesrepublik Deutschland tatsächlich zusammengewachsen sind, in den neuen Ländern das Bedürfnis nach dem Erhalt eines „Wir-Gefühls" gibt?

Diepgen: Durchaus. Denn die Übergangszeit dauert ja gerade erst fünf Jahre, eine sehr kurze Zeit für solch einen gravierenden Umbruch, vor allem für die psychologische Seite des Prozesses. Gleichzeitig sage ich: Politik wie Medien müssen viel stärker ihrer Verpflichtung nachkommen, auch andere Zeichen zu setzen. Ich habe zum Beispiel für die bevorstehenden Landesvorstands-Wahlen der Berliner CDU sehr genau darauf geachtet, ob sich bei den Kandidaten diese unterschiedlichen Biographien auch entsprechend wiederfinden. Was ich in der CDU für unabdingbar halte, ist Auseinandersetzung, die dann zur einheitlich formulierten Politik führt; nicht aber eine Darstellung der Ergebnisse nach außen in der Unterscheidung zwischen ehemals Ost und West. Als Problem sehe ich, daß es in der Bundesrepublik Deutschland zu viele, auch politische, Funktionsträger gibt, die sich bisher noch nie wirklich politisch auseinandersetzen mußten. Es ist schon sehr hilfreich, sich etwa mit alten NVA-Leuten auseinanderzusetzen, die da sagen: Nun, an der Grenze zwischen Mexiko und den USA gibt es ja auch Stacheldraht, wird ja auch geschossen. Dies als Argument für Mauer und Stacheldraht in Berlin. Und dies geäußert noch heute, fünf Jahre nach dem Mauerfall. Es würde jedem Bundestagsabgeordneten aus dem Saarland oder aus Baden-Württemberg sehr gut tun, solche Diskussion einmal führen zu müssen, ganz unmittelbar und direkt. Ich bin ja von Schöneberg ins Rote Rathaus nicht nur deshalb gezogen, um zu demonstrieren, daß die Stadt von der Mitte her regiert wird, sondern ich will damit Normalität der zusammenwachsenden Stadt in der Praxis beweisen. In den Medien finde ich von dieser wichtigen Thematik allerdings sehr wenig.

Appel: Was betrachten Sie als wichtigste Aufgabe Ihrer vor kurzem begonnenen dritten Legislaturperiode?

Diepgen: In historischer Dimension gesehen ohne Frage die Fusion Berlin-Brandenburg. Das müssen wir - positives Votum der Bürger vorausgesetzt - entsprechend organisieren und gestalten, immer mit Blick auf das bereits mehrfach angesprochene Zusammenwachsen, nun nicht mehr nur in der Stadt Berlin, sondern in der größeren Region Berlin-Brandenburg. Zweiter Schwerpunkt wird die Sicherung und teilweise neue Strukturierung der wirtschaftlichen Grundlagen der Stadt sein. Die Hauptstadtgestaltung nenne ich hier nicht, denn die wichtigsten Entscheidungen auf diesem Gebiet sind bereits getroffen. Jetzt geht es „nur noch“ um die entsprechende Realisierung.

Appel: Herzlichen Dank für das Gespräch.

Die Oberbürgermeister von Berlin 1871 - 1945

bis 1872	Karl Seydel
1872-1878	Arthur Hobrecht (nationalliberal)
1878-1892	Dr. Maximilian von Forckenbeck (Fortschrittspartei, seit 1866 nationalliberal, seit 1880 freisinnig)
1892-1898	Robert Zelle (freisinnig)
1899-1912	Martin Kirschner (nationalliberal, später freisinnig)
1912-1920	Dr. Adolf Wermuth (parteilos)
1920-1929	Dr. Gustav Böß (DDP)
1929-1931	Arthur Scholz (DVP), kommissarischer OB
1931-1935	Dr. Heinrich Sahm (DNVP, 1933-1935 NSDAP)
1935-1937	Dr. Oskar Maretzky (DVP, dann DNVP), kommissarischer OB
1937-1940	Dr. Julius Lippert (NSDAP)
1940-1945	Ludwig Steeg (NSDAP), bis 1944 kommissarischer OB

Nach: Wolfgang Ribbe (Hrsg.), Stadtoberhäupter. Berlin 1992.

Auswahlbibliographie

I. Übersichtsdarstellungen

Berlin. Behauptung und Selbstverwaltung 1946-1948. Berlin 1982.

Berlin in Geschichte und Gegenwart. Jahrbuch des Landesarchivs Berlin. Diverse Bde.

Die Chronik Berlins. Dortmund 1986.

Diepgen, Eberhard (Hrsg.): 750 Jahre Berlin. Anmerkungen - Erinnerungen - Betrachtungen. Berlin 1987.

Kaempfer, Yorck/ Rotenberg, Dirk: Die Magistrate von Groß-Berlin nach 1945 und die Senate des Landes Berlin 1950-1987. In: G. Kotikowski/H. J. Reichardt: Berlin als Hauptstadt im Nachkriegsdeutschland und Land Berlin 1945-1985. Berlin 1987.

Keiderling, Gerhard/ Stulz, Percy: Berlin 1945-1986. Geschichte der Hauptstadt der DDR. Berlin (DDR) 1987.

Paul, Wolfgang: Kampf um Berlin. München 1985.

Ribbe, Wolfgang (Hrsg.): Stadtoberhäupter. Biographien Berliner Bürgermeister im 19. und 20. Jahrhundert. Berlin 1992. (Die betreffenden Beiträge des Bandes sind bei den Bürgermeistern verzeichnet.)

Ribbe, Wolfgang: Berlin zwischen Ost und West (1945 bis zur Gegenwart). In: ders. (Hrsg.): Geschichte Berlins. 2 Bde. München 1987.

II. Literatur zu den einzelnen Bürgermeistern

1. Arthur Werner

Berlin 1945-1951. Quellen und Dokumente. Berlin 1961.

Berlin. Kampf um Freiheit und Selbstverwaltung 1945-46. Berlin 1961.

Wernicke, Kurt: Arthur Werner. In: W. Ribbe (Hrsg.): Stadtoberhäupter, a. a. O.

2. Otto Ostrowski

Ribbe, Wolfgang: Otto Ostrowski. In: ders. (Hrsg.): Stadtoberhäupter, a. a. O.

Schulz, Klaus-Peter: Auftakt zum Kalten Krieg. Der Freiheitskampf der SPD in Berlin 1945/46. Berlin 1965.

3. Louise Schroeder

Herz, Hans-Peter: Louise Schroeder. In: Demokraten. Profile unserer Republik. Königstein/Taunus 1983.

Koerfer, Marthina: Louise Schroeder. Eine Frau in den Wirren deutscher Politik. Berlin 1987.

Koerfer, Marthina: Louise Schroeder. In: W. Ribbe (Hrsg.): Stadtoberhäupter, a. a. O.

Scholz, Arno/Oschilewski, Walther (Hrsg.): Louise Schroeder. Ein Frauenleben in unserer Zeit. Berlin 1956 (= Köpfe der Zeit. Festschrift zu Louise Schroeders 70. Geburtstag).

Schroeder, Louise: Ein Jahr stellvertretender Oberbürgermeister von Groß-Berlin. Reden und Ansprachen in den Stadtverordnetenversammlungen von Groß-Berlin, Mai 1947 bis Mai 1948. Berlin 1949.

3.1. Ferdinand Friedensburg

Baldauf, Andreas: Ferdinand Friedensburg. In: W. Ribbe (Hrsg.): Stadtoberhäupter, a. a. O.

Friedensburg, Ferdinand: Berlin. Schicksal und Aufgabe. Berlin 1953.

Friedensburg, Ferdinand: Es ging um Deutschlands Einheit. Rückschau eines Berliners auf die Jahre nach 1945. Berlin 1971.

Friedensburg, Ferdinand: Lebenserinnerungen. Frankfurt/M. 1969.

4. Friedrich Ebert

Ebert, Friedrich: Der Sozialismus - die Zukunft Deutschlands. Berlin (DDR) 1964.

Ebert, Friedrich: Wir erfüllten unsere historische Aufgabe. In: Vereint sind wir alles. Erinnerungen an die Gründung der SED. Berlin (DDR) 1971.

Kubatzki, Rainer: Friedrich Ebert. In: W. Ribbe (Hrsg.): Stadtoberhäupter, a. a. O.

Voßke, Heinz: Friedrich Ebert. Ein Lebensbild. Berlin (DDR) 1987.

5. Ernst Reuter

Altrichter, Helmut: Ernst Reuter. In: Walter L. Bernecker/Volker Dotterweich(Hrsg.): Persönlichkeit und Politik in der Bundesrepublik Deutschland. Politische Porträts. Bd. 2. Göttingen 1982.

Brandt, Willy/ Löwenthal, Richard: Ernst Reuter - Ein Leben für die Freiheit. Eine politische Biographie. München 1957.

Buchholz, Friedrich: Ernst Reuter. Leben und Arbeit. Berlin 1954.

Engert, Jürgen: Ernst Reuter. In: Demokraten. Profile unserer Republik. Königstein/Taunus 1983.

Erinnerungen an Ernst Reuter. Berlin 1978.

Fuhr, Eckhard: Ernst Reuter - Ein Zivilist im kalten Krieg. München 1987.

Harpprecht, Klaus: Ernst Reuter. Eine Biographie in Bildern und Dokumenten. München 1957.

Koerfer, Daniel: Ernst Reuter. In: W. Ribbe (Hrsg.): Stadtoberhäupter, a. a. O.

Oschilewski, Walther (Hrsg): Ein Leben für Freiheit und Sozialismus. Ernst Reuter zum 60.Geburtstag. Berlin 1948.

Oschilewski, Walther: Ernst Reuter. Ein Leben für Freiheit und Menschlichkeit. Berlin 1954.

Reuter, Ernst: Aus Reden und Schriften. Mit einer Langspielplatte. Berlin 1963.

Reuter, Ernst: Schriften und Reden. 4 Bde. Berlin 1972-75.

6. Walther Schreiber

Escher, Felix: Walther Schreiber. In: W. Ribbe (Hrsg.): Stadtoberhäupter, a. a. O.

Reichardt, H. J./Drogmann J./ Treutler H. U. (Hrsg.): Berlin. Chronik der Jahre 1951-1954. Berlin 1968.
Dies. (Hrsg.): Berlin. Chronik der Jahre 1957-1958. Berlin 1974.

7. Otto Suhr

Hülsbergen, Henrike: Otto Suhr. In: W. Ribbe (Hrsg.): Stadtoberhäupter, a. a. O.
Oschilewski, Walther: Otto Suhr. Politik und Wissenschaft. Berlin 1954.
Suhr, Otto: Die Funktion der Hauptstadt Berlin. In: Aufgaben und Leistung der deutschen Sozialdemokratie in Ländern und Gemeinden. Berlin 1956
Suhr, Otto: Eine Auswahl aus Reden und Schriften. Mit einer biograph. Einleitung von Susanne Suhr. Tübingen 1967.

8. Willy Brandt

Bekant, Jan Peter: Willy Brandt. Hannover 1972.
Boelsch, Hermann O./ Leicht, Hans Dieter: Der lange Marsch des Willy Brandt. Tübingen 1970.
Brandt, Willy: Begegnungen mit Kennedy. München 1964.
Brandt, Willy: Begegnungen und Einsichten. Hannover 1970.
Brandt, Willy: Erinnerungen. Frankfurt/M. 1990.
Brandt, Willy: Mein Weg nach Berlin. München 1960.
Brandt, Willy: Mit Herz und Hand. Ein Mann in der Bewährung. Hannover 1962.
Kettlein, Rudolf: Willy Brandt ruft die Welt. Ein dokumentarischer Bericht. Berlin 1959.
Koch, Peter: Willy Brandt. Eine politische Biographie. Berlin 1989.
Rotenberg, Dirk: Willy Brandt. In: W. Ribbe (Hrsg.): Stadtoberhäupter, a. a. O.
Stern, Carola: Willy Brandt. Reinbek 1975.
Zudeick, Peter: Willy Brandt. In: Hans Klein (Hrsg.): Die Bundeskanzler. Berlin 1993.

9. Heinrich Albertz

Albertz, Heinrich: Blumen für Stukenbrok. Biographie. Stuttgart 1981.

Albertz, Heinrich: Dagegen gelebt. Von den Schwierigkeiten, ein politischer Christ zu sein. Reinbek 1976.

Albertz, Heinrich: Die Reise. Vier Tage und siebzig Jahre. München 1985.

Albertz, Heinrich: „Ein radikaler Demokrat möchte ich schon sein". Ein Gespräch mit Hanns Werner Schwarze. Berlin 1986.

Hemkys, Reinhard (Hrsg.): Und niemandem untertan. Heinrich Albertz zum 70.Geburtstag. Reinbek 1985.

Jens, Walter (Hrsg.): Festgabe zum 70.Geburtstag von Heinrich Albertz. Stuttgart 1985.

Langguth, Gert (Hrsg.): Vom Brennpunkt der Teilung zur Brücke der Einheit. Bonn 1986.

Martin, Angela: Heinrich Albertz. In: W. Ribbe (Hrsg.): Stadtoberhäupter, a. a. O.

10. Herbert Fechner

Keiderling, Gerhard: Berlin 1945-1986. Geschichte der Hauptstadt der DDR. Berlin (DDR) 1987.

Ribbe, Wolfgang: Herbert Fechner. In: ders. (Hrsg.): Stadtoberhäupter, a. a. O.

11. Klaus Schütz

Rotenberg, Dirk: Klaus Schütz. In: W. Ribbe (Hrsg.): Stadtoberhäupter, a. a. O.

Schütz, Klaus: Logenplatz und Schleudersitz. Erinnerungen. Berlin 1992.

Schwenger, Hannes (Hrsg.): Worte des Regierenden Klaus Schütz. Berlin 1968.

12. Dietrich Stobbe

Gehm, Karl Heinz: Der Machtzerfall der sozialliberalen Koalition in Berlin. Berlin 1983.

13. Hans-Jochen Vogel

Kaiser, Carl-Christian: Hans-Jochen Vogel - gefragt. Bornheim 1982.

Rühmkorf, Eva (Hrsg.): Vogelkunde. Hans-Jochen Vogel zum 60. Geburtstag. Bonn 1986.

Vogel arbeitet für Berlin. Der Wechsel hat stattgefunden. Berlin 1981.

14. Richard von Weizsäcker

Filmer, Werner/Schwarz, Heribert (Hrsg.): Richard von Weizsäcker. Profile eines Mannes. Düsseldorf 1984.

Pflüger, Friedbert: Richard von Weizsäcker. Ein Porträt aus der Nähe. Stuttgart 1990.

Richard von Weizsäcker im Gespräch mit Gunter Hofmann und Werner A. Perger. Frankfurt/M. 1992.

Weizsäcker, Richard von: Reden und Interviews. 8 Bde. Bonn 1981-1993.

Weizsäcker, Richard von: Die menschliche Brücke zwischen Juden und Deutschen trägt wieder. 4 Reden des Regierenden Bürgermeisters. Berlin 1982.

Weizsäcker, Richard von: Die deutsche Geschichte geht weiter. Berlin 1983.

15. Eberhard Diepgen

Diepgen, Eberhard/Burt, Richard/Gangler, Eduard: Tagesordnung der Zukunft. Bonn 1986.

Diepgen, Eberhard (Hrsg.): Berlinpolitik. Rechtsgrundlagen, Risiken und Chancen. Berlin 1989.

Diepgen, Eberhard (Hrsg.): Nicht der Geschichte letztes Wort. 21 ausgewählte Berliner Reden aus dem Jahr 1987. Berlin 1987.

16. Walter Momper

Lietke, Klaus (Hrsg.): Vier Tage im November. Hamburg 1990.

Momper, Walter: Grenzfall. Berlin im Blickpunkt deutscher Geschichte. Vorwort von Willy Brandt. München 1991.

17. Erhard Krack

Hülsbergen, Henrike: Erhard Krack. In: W. Ribbe (Hrsg.): Stadtoberhäupter, a. a. O.

Krack, Erhard: Hauptstadt Berlin und ihre Bürger. Berlin (DDR) 1987.

Für dieses Buch wurden diverse Jahrgänge folgender Zeitungen und Zeitschriften ausgewertet:

Tägliche Rundschau/ Neues Deutschland/ Berliner Zeitung/ Nacht-Express/ Der Tagesspiegel/ Frankfurter Allgemeine Zeitung/ Berliner Stimme/ Berlin am Mittag/ Süddeutsche Zeitung/ Der Morgen/ B. Z./ Berliner Allgemeine/ Neue Zeit/ Vorwärts/ Der Tag/ Der Kurier/ Telegraf/ Neue Zeitung/ Spandauer Volksblatt/ Christ und Welt/ Generalanzeiger Bonn/ Westdeutsche Neue Presse/ Das Parlament/ Frankfurter Rundschau/ Berliner Morgenpost/ Die Zeit/ Die Welt/ SPD-Pressedienst/ Die Woche/ Hamburger Abendblatt/ Badische Neueste Nachrichten/ Kölner Stadtanzeiger/ Bremer Nachrichten/ Parlamentarisch-Politischer Pressedienst/ Stuttgarter Zeitung/ Stern/ Die Tageszeitung/ Der Spiegel.

Außerdem die „Stenographischen Berichte des Deutschen Bundestages", das „Bulletin der Bundesregierung" sowie das „Internationale Biographische Archiv" (Munzinger-Archiv). Auch verschiedene Hörfunksendungen von Manfred Rexin im RIAS Berlin dienten als Quelle.

Personenregister

Bildnachweis

Landesbildstelle Berlin (89)
Ullstein Bilderdienst, Berlin (62)
Archiv für Kunst und Geschichte, Berlin (7)
dpa/Zentralbild, Berlin (8)
dpa Bildarchiv, Frankfurt/M. (2)
Bundesarchiv, Koblenz (4)
Archiv des Autors (6)

Verlag und Autor bedanken sich bei allen Leihgebern.

edition q – Buchtip

Ein politisches Standardwerk – bereits in 3. Auflage

Hans Klein (Hrsg.)
Die Bundeskanzler
432 Seiten mit 120 Fotos,
Hardcover mit Schutzumschlag
Format 14,8 × 22 cm
ISBN 3-86124-188-9

Die sechs Bundeskanzler aus der Sicht von sechs Autoren, die jeweils „ihrem" Kanzler nahestanden oder -stehen. Das ergibt in der Zusammenschau ein Buch von zeitgeschichtlichem Rang.
Es schrieben Horst Osterheld über ADENAUER, Hans Klein über ERHARD, Günter Diehl über KIESINGER, Peter Zudeick über BRANDT, Reinhard Appel interviewte SCHMIDT und Oskar Fehrenbach schrieb über KOHL. 120 seltene Fotos, biographische Zeittafeln sowie Auswahlbibliographien zu den Kanzlern machen das Buch zu einem politischen Standardwerk.

Pressestimmen nach Erscheinen der 1. Auflage

„Ein äußerst informatives und plastisches Bild deutscher Nachkriegsgeschichte" *(Welt am Sonntag)*

„Hans Klein hat ein wichtiges Buch herausgegeben" *(Deutschland Magazin)*

„Neben der Kompetenz der Autoren machen nicht zuletzt auch die zahlreichen Fotos die Lektüre zu einem spannenden Exkurs durch die noch junge Geschichte der Bundesrepublik" *(RIAS Berlin)*

edition q Verlags-GmbH

edition q – Buchtip

2., aktualisierte Auflage –
mit den Texten der wichtigsten
Reden des Bundespräsidenten

Stefan Reker
Roman Herzog
308 Seiten mit 41 Fotos
Hardcover mit Schutzumschlag
Format 14,8 × 22 cm
ISBN 3-86124-287-7

Im vorliegenden Buch zeichnet der Bonner Journalist Stefan Reker nach intensiven Gesprächen mit dem Bundespräsidenten ein Porträt des 1934 geborenen „Überfliegers". Der erste Teil verfolgt die Stationen im Leben Roman Herzogs, während im zweiten Teil Positionen seines politischen Denkens dargestellt werden.
Den dokumentarischen Wert des Bandes erhöhen sieben im Anhang abgedruckte wichtige Reden Herzogs, eine detaillierte biographische Zeittafel sowie über 40 historische Fotos.

Pressestimmen nach Erscheinen der 1. Auflage

„Bestimmt das solideste Buch über den neuen Bundespräsidenten" *(Die Welt)*

„Rekers flüssig geschriebenes Buch enthält neben Biographischem und Anekdotischem vor allem einen fundierten Exkurs in die Gedankenwelt des neuen Bundespräsidenten" *(Rheinischer Merkur)*

edition q Verlags-GmbH

Berlin ab 1990